O EVANGELHO
SEGUNDO O ESPIRITISMO

10ª edição
Do 100º ao 110º milheiro
10.000 exemplares
Maio/2025

© 2019 - 2025 by Boa Nova Editora

Capa e projeto gráfico
Juliana Mollinari

Diagramação
Rui Joazeiro

Assistente editorial
Ana Maria Rael Gambarini
Roberto de Carvalho

Conselho Editorial
Ailton Balieiro
Cleber Galhardi
Ronaldo A. Sperdutti

Coordenação Editorial
Ronaldo A. Sperdutti

Impressão
Rettec Gráfica

Todos os direitos reservados.
Nenhuma parte desta obra pode ser reproduzida ou transmitida por qualquer forma e/ou quaisquer meios (eletrônico ou mecânico, incluindo fotocópia e gravação) ou arquivada em qualquer sistema ou banco de dados sem permissão escrita da Editora.

O produto da venda desta obra é destinado à manutenção das atividades assistenciais da Sociedade Espírita Boa Nova, de Catanduva, SP.

1ª edição: Maio de 2019 - 10.000 exemplares

O EVANGELHO
SEGUNDO O ESPIRITISMO

Com

A EXPLICAÇÃO DAS MÁXIMAS MORAIS DO CRISTO EM CONCORDÂNCIA COM O ESPIRITISMO E SUAS APLICAÇÕES ÀS DIVERSAS CIRCUNSTÂNCIAS DA VIDA.

Fé inabalável só o é a que pode encarar frente a frente a razão, em todas as épocas da Humanidade.

Tradução de Guillon Ribeiro

Instituto Beneficente Boa Nova
Entidade coligada à Sociedade Espírita Boa Nova
Av. Porto Ferreira, 1.031 | Parque Iracema
Catanduva/SP | CEP 15809-020
www.boanova.net | boanova@boanova.net
Fone: (17) 3531-4444

Dados Internacionais de Catalogação na Publicação (CIP)
(Câmara Brasileira do Livro, SP, Brasil)

Kardec, Allan, 1804-1869
  O Evangelho segundo o Espiritismo / Allan Kardec ; tradução de Guillon Ribeiro. -- Catanduva, SP : Nova Visão Editora, 2019.

  Título original: L'Évangile selon le spiritisme.
  "Com a explicação das máximas morais do Cristo em concordância com o espiritismo e suas aplicações às diversas circunstâncias da vida."
  ISBN 978-85-92793-33-3

  1. Espiritismo 2. Jesus Cristo - Interpretações espíritas I. Título.

19-25737   CDD-133.9

Índices para catálogo sistemático:

1. Espiritismo   133.9

Cibele Maria Dias - Bibliotecária - CRB-8/9427

Sumário

Prefácio 11
Introdução 13

I – Objetivo desta obra. II – Autoridade da Doutrina Espírita. Controle universal do ensino dos Espíritos. III – Notícias históricas. IV – Sócrates e Platão, precursores da ideia cristã e do Espiritismo. Resumo da doutrina de Sócrates e Platão.

Capítulo I – Não vim destruir a lei 53
As três revelações: Moisés, Cristo, Espiritismo: 1 a 7. – Aliança da Ciência e da Religião: 8. – *Instruções dos Espíritos*: A nova era: 9 a 11.

Capítulo II – Meu Reino não é deste mundo 67
A vida futura: 1 a 3. – A realeza de Jesus: 4. – O ponto de vista: 5 a 7.
– *Instruções dos Espíritos*: Uma realeza terrestre: 8.

Capítulo III – Há muitas moradas na casa de meu Pai 77
Diferentes estados da alma na erraticidade: 1 e 2. – Diferentes categorias de mundos habitados: 3 a 5. – Destinação da Terra. Causas das misérias humanas: 6 e 7. – *Instruções dos Espíritos*: Mundos inferiores e mundos superiores: 8 a 12. – Mundos de expiações e de provas: 13 a 15. – Mundos regeneradores: 16 a 18. – Progressão dos mundos: 19.

Capítulo IV – Ninguém poderá ver o Reino de Deus se não nascer de novo 93
Ressurreição e reencarnação: 1 a 17. – A reencarnação fortalece os laços de família, ao passo que a unicidade da existência os rompe: 18 a 23. –*Instruções dos Espíritos*: Limites da encarnação: 24. – Necessidade da encarnação: 25 e 26.

Capítulo V – Bem-aventurados os aflitos 111
Justiça das aflições: 1 a 3. – Causas atuais das aflições: 4 e 5. – Causas anteriores das aflições: 6 a 10. – Esquecimento do passado:

11. – Motivos de resignação: 12 e 13. – O suicídio e a loucura: 14 a 17. – *Instruções dos Espíritos*: Bem e mal sofrer: 18. – O mal e o remédio: 19. – A felicidade não é deste mundo: 20. – Perda de pessoas amadas. Mortes prematuras: 21. – Se fosse um homem de bem, teria morrido: 22. – Os tormentos voluntários: 23. – A desgraça real: 24. – A melancolia: 25. – Provas voluntárias. O verdadeiro cilício: 26. – Dever-se-á pôr termo às provas do próximo?: 27. – Será lícito abreviar a vida de um doente que sofra sem esperança de cura?: 28. – Sacrifício da própria vida: 29 e 30. – Proveito dos sofrimentos para outrem: 31.

Capítulo VI – O Cristo Consolador 153
O jugo leve: 1 e 2. – Consolador prometido: 3 e 4. – *Instruções dos Espíritos*: Advento do Espírito de Verdade: 5 a 8.

Capítulo VII – Bem-aventurados os pobres de espírito ..
.... 161
O que se deve entender por pobres de espírito: 1 e 2. – Aquele que se eleva será rebaixado: 3 a 6. – Mistérios ocultos aos doutos e aos prudentes: 7 a 10. – *Instruções dos Espíritos*: O orgulho e a humildade: 11 e 12. – Missão do homem inteligente na Terra: 13.

Capítulo VIII – Bem-aventurados os que têm puro o coração 179
Simplicidade e pureza de coração: 1 a 4. – Pecado por pensamentos. Adultério: 5 a 7. – Verdadeira pureza. Mãos não lavadas: 8 a 10. – Escândalos. Se a vossa mão é motivo de escândalo, cortai-a: 11 a 17. –..*Instruções dos Espíritos*: Deixai que venham a mim as criancinhas: 18 e 19. – Bem-aventurados os que têm fechados os olhos: 20 e 21.

Capítulo IX – Bem-aventurados os que são brandos e pacíficos 197
Injúrias e violências: 1 a 5. – *Instruções dos Espíritos*: A afabilidade e a doçura: 6. – A paciência: 7. – Obediência e resignação: 8. – A cólera: 9 e 10.

Capítulo X – Bem-aventurados os que são misericordiosos 207
Perdoai, para que Deus vos perdoe: 1 a 4. – Reconciliação com os adversários: 5 e 6. – O sacrifício mais agradável a Deus:

7 e 8. – O argueiro e a trave no olho: 9 e 10. – Não julgueis, para não serdes julgados. Atire a primeira pedra aquele que estiver sem pecado: 11 a 13. – *Instruções dos Espíritos*: Perdão das ofensas: 14 e 15. – A indulgência: 16 a 18. – É permitido repreender os outros, notar as imperfeições de outrem, divulgar o mal de outrem?: 19 a 21.

Capítulo XI – Amar o próximo como a si mesmo...... 225
O mandamento maior. Fazermos aos outros o que queiramos que os outros nos façam. Parábola dos Credores e dos Devedores: 1 a 4. – Dai a César o que é de César: 5 a 7. – *Instruções dos Espíritos*: A lei de amor: 8 a 10. – O egoísmo: 11 e 12. – A fé e a caridade: 13. – Caridade para com os criminosos: 14. – Deve-se expor a vida por um malfeitor?: 15.

Capítulo XII – Amai os vossos inimigos 243
Retribuir o mal com o bem: 1 a 4. – Os inimigos desencarnados: 5 e 6. – Se alguém vos bater na face direita, apresentai-lhe também a outra: 7 e 8. – *Instruções dos Espíritos*: A vingança: 9. – O ódio: 10. – O duelo: 11 a 16.

Capítulo XIII – Não saiba a vossa mão esquerda o que dê a vossa mão direita.. 263
Fazer o bem sem ostentação: 1 a 3. – Os infortúnios ocultos: 4. – O óbolo da viúva: 5 e 6. – Convidar os pobres e os estropiados. Dar sem esperar retribuição: 7 e 8. – *Instruções dos Espíritos*: A caridade material e a caridade moral: 9 e 10. – A beneficência: 11 a 16. – A piedade: 17. Os órfãos: 18. – Benefícios pagos com a ingratidão: 19. – Beneficência exclusiva: 20.

Capítulo XIV – Honrai a vosso pai e a vossa mãe 295
Piedade filial: 1 a 4. – Quem é minha mãe e quem são meus irmãos?: 5 a 7. – A parentela corporal e a parentela espiritual: 8. – *Instruções dos Espíritos*: A ingratidão dos filhos e os laços de família: 9.

Capítulo XV – Fora da caridade não há salvação 311
O de que precisa o Espírito para ser salvo. Parábola do Bom Samaritano: 1 a 3. – O mandamento maior: 4 e 5. – Necessidade da caridade, segundo Paulo: 6 e 7. – Fora da Igreja não há salvação. Fora da verdade não há salvação: 8 e 9. – *Instruções dos Espíritos*: Fora da caridade não há salvação: 10.

Capítulo XVI – Não se pode servir a Deus e a Mamon.....323

Salvação dos ricos: 1 e 2. – Preservar-se da avareza: 3. – Jesus em casa de Zaqueu: 4. – Parábola do Mau Rico: 5. – Parábola dos Talentos: 6. – Utilidade providencial da riqueza. Provas da riqueza e da miséria: 7. – Desigualdade das riquezas: 8. – *Instruções dos Espíritos*: A verdadeira propriedade: 9 e 10. – Emprego da riqueza: 11 a 13. – Desprendimento dos bens terrenos: 14. – Transmissão da riqueza: 15.
Capítulo XVII – Sede perfeitos 349
Caracteres da perfeição: 1 e 2. – O homem de bem: 3. – Os bons espíritas: 4. – Parábola do Semeador: 5 e 6. – *Instruções dos Espíritos*: O dever: 7. – A virtude: 8. – Os superiores e os inferiores: 9. – O homem no mundo: 10. – Cuidar do corpo e do espírito: 11.
Capítulo XVIII – Muitos os chamados, poucos os escolhidos 369
Parábola do Festim das Bodas: 1 e 2. – A porta estreita: 3 a 5. – Nem todos os que dizem: "Senhor! Senhor!" entrarão no Reino dos Céus: 6 a 9. – Muito se pedirá àquele que muito recebeu: 10 a 12.
– *Instruções dos Espíritos*: Dar-se-á àquele que tem: 13 a 15. – Pelas suas obras é que se reconhece o cristão: 16.
Capítulo XIX – A fé transporta montanhas 387
Poder da fé: 1 a 5. – A fé religiosa. Condição da fé inabalável: 6 e 7.–........................Parábola da Figueira que Secou: 8 a 10. – *Instruções dos Espíritos*: A fé: mãe da esperança e da caridade: 11. – A fé humana e a divina: 12.
Capítulo XX – Os trabalhadores da última hora 399
Instruções dos Espíritos: Os últimos serão os primeiros: 1 a 3. – Missão dos espíritas: 4. – Os obreiros do Senhor: 5.
Capítulo XXI – Haverá falsos cristos e falsos profetas 409
Conhece-se a árvore pelo fruto: 1 a 3. – Missão dos profetas:
4. – Prodígios dos falsos profetas: 5. – Não creais em todos os Espíritos: 6 e 7. – *Instruções dos Espíritos*: Os falsos profetas: 8. – Caracteres do verdadeiro profeta: 9. – Os falsos profetas da erraticidade: 10. – Jeremias e os falsos profetas: 11.
Capítulo XXII – Não separeis o que Deus juntou 427

Indissolubilidade do casamento: 1 a 4. – O divórcio: 5.

Capítulo XXIII – Estranha moral 433

Odiar os pais: 1 a 3. – Abandonar pai, mãe e filhos: 4 a 6. – Deixar aos mortos o cuidado de enterrar seus mortos: 7 e 8. – Não vim trazer a paz, mas a divisão: 9 a 18.

Capítulo XXIV – Não ponhais a candeia debaixo do alqueire 449

Candeia sob o alqueire. Por que fala Jesus por parábolas: 1 a 7.

– Não vades ter com os gentios: 8 a 10. – Não são os que gozam saúde que precisam de médico: 11 e 12. – Coragem da fé: 13 a 16. – Carregar sua cruz. Quem quiser salvar a vida, perdê-la-á: 17 a 19.

Capítulo XXV – Buscai e achareis 463

Ajuda-te a ti mesmo, que o céu te ajudará: 1 a 5. – Observai os pássaros do céu: 6 a 8. – Não vos afadigueis pela posse do ouro: 9 a 11.

Capítulo XXVI – Dai gratuitamente o que gratuitamente recebestes 473

Dom de curar: 1 e 2. – Preces pagas: 3 e 4. – Mercadores expulsos do templo: 5 e 6. – Mediunidade gratuita: 7 a 10.

Capítulo XXVII – Pedi e obtereis 481

Qualidades da prece: 1 a 4. – Eficácia da prece: 5 a 8. – Ação da prece. Transmissão do pensamento: 9 a 15. – Preces inteligíveis: 16 e 17. – Da prece pelos mortos e pelos Espíritos sofredores: 18 a 21.

– *Instruções dos Espíritos*: Maneira de orar: 22. – Felicidade que a prece proporciona: 23.

Capítulo XXVIII – Coletânea de preces espíritas 503

Preâmbulo: 1.

I – *Preces gerais* 506

Oração dominical: 2 e 3. – Reuniões espíritas: 4 a 7. – Para os médiuns: 8 a 10.

II – *Preces por aquele mesmo que ora* 522

Aos anjos guardiães e aos Espíritos protetores: 11 a 14. – Para afastar os maus Espíritos: 15 a 17. – Para pedir a corrigenda de um defeito: 18 e 19. – Para pedir a força de resistir a uma tentação: 20 e 21. – Ação de graças pela vitória alcançada sobre uma tentação: 22 e 23. – Para pedir um conselho: 24 e 25. – Nas aflições da vida: 26 e 27. – Ação de graças por um favor obtido: 28 e 29. – Ato de submissão e de resignação: 30 a 33. – Num perigo iminente: 34 e 35. – Ação de graças por haver escapado a um perigo: 36 e 37. – À hora de dormir: 38 e 39. – Prevendo próxima a morte: 40 e 41.

    III – *Preces por outrem* 542

Por alguém que esteja em aflição: 42 e 43. – Ação de graças por um benefício concedido a outrem: 44 e 45. – Pelos nossos inimigos e pelos que nos querem mal: 46 e 47. – Ação de graças pelo bem concedido aos nossos inimigos: 48 e 49. – Pelos inimigos do Espiritismo: 50 a 52. – Por uma criança que acaba de nascer: 53 a 56. – Por um agonizante: 57 e 58.

    IV – *Preces pelos que já não são da Terra* 552

Por alguém que acaba de morrer: 59 a 61. – Pelas pessoas a quem tivemos afeição: 62 e 63. – Pelas almas sofredoras que pedem preces: 64 a 66. – Por um inimigo que morreu: 67 e 68. – Por um criminoso: 69 e 70. – Por um suicida: 71 e 72. – Pelos Espíritos penitentes: 73 e 74. – Pelos Espíritos endurecidos: 75 e 76.

    V – *Preces pelos doentes e pelos obsidiados* 568

Pelos doentes: 77 a 80. – Pelos obsidiados: 81 a 84.

Nota Explicativa 579

Índice Geral 587

PREFÁCIO

Os Espíritos do Senhor, que são as virtudes dos Céus, qual imenso exército que se movimenta ao receber as ordens do seu comando, espalham-se por toda a superfície da Terra e, semelhantes a estrelas cadentes, vêm iluminar os caminhos e abrir os olhos aos cegos.

Eu vos digo, em verdade, que são chegados os tempos em que todas as coisas hão de ser restabelecidas no seu verdadeiro sentido, para dissipar as trevas, confundir os orgulhosos e glorificar os justos.

As grandes vozes do Céu ressoam como sons de trombetas, e os cânticos dos anjos se lhes associam. Nós vos convidamos, a vós homens, para o divino concerto. Tomai da lira, fazei uníssonas vossas vozes, e que, num hino sagrado, elas se estendam e repercutam de um extremo a outro do Universo.

Homens, irmãos a quem amamos, aqui estamos junto de vós. Amai-vos, também, uns aos outros e dizei do fundo do coração, fazendo as vontades do Pai, que está no Céu: Senhor! Senhor!... e podereis entrar no Reino dos Céus.

O Espírito de Verdade

Nota – A instrução acima, transmitida por via mediúnica, resume a um tempo o verdadeiro caráter do Espiritismo e a finalidade desta obra; por isso foi colocada aqui como prefácio.

INTRODUÇÃO

I – Objetivo desta obra

Podem dividir-se em cinco partes as matérias contidas nos Evangelhos: *os atos comuns da vida do Cristo; os milagres; as predições; as palavras que foram tomadas pela Igreja para fundamento de seus dogmas; e o ensino moral*. As quatro primeiras têm sido objeto de controvérsias; a última, porém, conservou-se constantemente inatacável. Diante desse código divino, a própria incredulidade se curva. É terreno onde todos os cultos podem reunir-se, estandarte sob o qual podem todos colocar-se, quaisquer que sejam suas crenças, porquanto jamais ele constituiu matéria das disputas religiosas, que sempre e por toda a parte se originaram das questões dogmáticas. Aliás, se o discutissem, nele teriam as seitas encontrado sua própria condenação, visto que, na maioria, elas se agarram mais à parte mística do que à parte moral, que exige de cada um a reforma de si mesmo. Para os homens, em particular, constitui aquele código uma regra de proceder que abrange todas as circunstâncias da vida privada e da vida pública, o princípio básico de todas as relações sociais que se fundam na mais rigorosa justiça. É, finalmente e acima de tudo, o roteiro infalível para a felicidade vindoura, o levantamento de uma ponta do véu que nos oculta a vida futura. Essa parte é a que será objeto exclusivo desta obra.

Toda a gente admira a moral evangélica; todos lhe proclamam a sublimidade e a necessidade; muitos, porém, assim se pronunciam por fé, confiados no que ouviram dizer, ou firmados em certas máximas que se tornaram proverbiais. Poucos, no entanto, a conhecem a fundo e menos ainda são os que a compreendem e lhe sabem deduzir as consequências. A razão está, por muito, na dificuldade que apresenta o entendimento do Evangelho que, para o maior número dos seus leitores, é ininteligível. A forma alegórica e o intencional misticismo da linguagem fazem que a maioria o leia por desencargo de consciência e por dever, como leem as preces, sem as entender, isto é, sem proveito. Passam-lhes despercebidos os preceitos morais, disseminados aqui e ali, intercalados na massa das narrativas. Impossível, então, apanhar-se-lhes o conjunto e tomá-los para objeto de leitura e meditações especiais.

É certo que tratados já se hão escrito de moral evangélica; mas o arranjo em moderno estilo literário lhe tira a primitiva simplicidade que, ao mesmo tempo, lhe constitui o encanto e a autenticidade. Outro tanto cabe dizer-se das máximas destacadas e reduzidas à sua mais simples expressão proverbial. Desde logo, já não passam de aforismos, privados de uma parte do seu valor e interesse, pela ausência dos acessórios e das circunstâncias em que foram enunciadas.

Para obviar a esses inconvenientes, reunimos, nesta obra, os artigos que podem compor, a bem dizer, um código de moral universal, sem distinção de culto. Nas citações, conservamos o que é útil ao desenvolvimento da ideia, pondo de lado unicamente o que se não prende ao assunto. Além disso, respeitamos escrupulosamente a tradução de Sacy, assim como a divisão em versículos. Em vez, porém, de nos atermos a uma ordem cronológica impossível e sem vantagem real para o caso, grupamos e classificamos metodicamente as máximas, segundo as respectivas naturezas, de modo que decorram umas das outras, tanto quanto possível. A indicação dos números de ordem dos capítulos e dos versículos permite se recorra à classificação vulgar, quando oportuno.

Esse, entretanto, seria um trabalho material que, por si só, apenas teria secundária utilidade. O essencial era pô-lo ao alcance de todos, mediante a explicação das passagens obscuras e o desdobramento de todas as consequências, tendo em vista a aplicação dos ensinos a todas as condições da vida. Foi o que tentamos fazer, com a ajuda dos bons Espíritos que nos assistem.

Muitos pontos dos Evangelhos, da *Bíblia* e dos autores sacros em geral por si sós são ininteligíveis, parecendo alguns até irracionais, por falta da chave que faculte se lhes apreenda o verdadeiro sentido. Essa chave está completa no Espiritismo, como já o puderam reconhecer os que o têm estudado seriamente e como todos, mais tarde, ainda melhor o reconhecerão.

O Espiritismo se nos depara por toda a parte na Antiguidade e nas diferentes épocas da Humanidade. Por toda a parte se lhe descobrem os vestígios: nos escritos, nas crenças e nos monumentos. Essa a razão por que, ao mesmo tempo que rasga horizontes novos para o futuro, projeta luz não menos viva sobre os mistérios do passado.

Como complemento de cada preceito, acrescentamos algumas instruções escolhidas, dentre as que os Espíritos ditaram em vários países e por diferentes médiuns. Se elas fossem tiradas de uma fonte única, houveram talvez sofrido uma influência pessoal ou a do meio, ao passo que a diversidade de origens prova que os Espíritos dão indistintamente seus ensinos e que ninguém a esse respeito goza de qualquer privilégio.[1]

---

[1] Nota de Allan Kardec: Houvéramos, sem dúvida, podido apresentar, sobre cada assunto, maior número de comunicações obtidas numa porção de outras cidades e centros, além das que citamos. Tivemos, porém, de evitar a monotonia das repetições inúteis e limitar a nossa escolha às que, tanto pelo fundo quanto pela forma, se enquadravam melhor no plano desta obra, reservando para publicações ulteriores as que não

Esta obra é para uso de todos. Dela podem todos haurir os meios de conformar com a moral do Cristo o respectivo proceder. Aos espíritas oferece aplicações que lhes concernem de modo especial. Graças às relações estabelecidas, doravante e permanentemente, entre os homens e o mundo invisível, a lei evangélica, que os próprios Espíritos ensinaram a todas as nações, já não será letra morta, porque cada um a compreenderá e se verá incessantemente compelido a pô-la em prática, a conselho de seus guias espirituais. As instruções que promanam dos Espíritos são verdadeiramente as *vozes do Céu* que vêm esclarecer os homens e convidá-los à *prática do Evangelho*.

II – Autoridade da Doutrina Espírita
Controle universal do ensino dos Espíritos

Se a Doutrina Espírita fosse de concepção puramente humana, não ofereceria por penhor senão as luzes daquele que a houvesse concebido. Ora, ninguém, neste mundo, poderia alimentar fundadamente a pretensão de possuir, com exclusividade, a verdade absoluta.

---

puderam caber aqui. Quanto aos médiuns, abstivemo-nos de nomeá-los. Na maioria dos casos, não os designamos a pedido deles próprios e, assim sendo, não convinha fazer exceções. Ademais, os nomes dos médiuns nenhum valor teriam acrescentado à obra dos Espíritos. Mencioná-los mais não fora, então, do que satisfazer ao amor-próprio, coisa a que os médiuns verdadeiramente sérios nenhuma importância ligam. Compreendem eles que, por ser meramente passivo o papel que lhes toca, o valor das comunicações em nada lhes exalça o mérito pessoal; e que seria pueril envaidecerem-se de um trabalho de inteligência ao qual é apenas mecânico o concurso que prestam.

Se os Espíritos que a revelaram se houvessem manifestado a um só homem, nada lhe garantiria a origem, porquanto fora mister acreditar, sob palavra, naquele que dissesse ter recebido deles o ensino. Admitida, de sua parte, sinceridade perfeita, quando muito poderia ele convencer as pessoas de suas relações; conseguiria sectários, mas nunca chegaria a congregar todo o mundo.

Quis Deus que a nova revelação chegasse aos homens por mais rápido caminho e mais autêntico. Incumbiu, pois, os Espíritos de levá-la de um polo a outro, manifestando-se por toda parte, sem conferir a ninguém o privilégio de lhes ouvir a palavra. Um homem pode ser ludibriado, pode enganar-se a si mesmo; já não será assim, quando milhões de criaturas veem e ouvem a mesma coisa. Constitui isso uma garantia para cada um e para todos. Ademais, pode fazer-se que desapareça um homem; mas não se pode fazer que desapareçam as coletividades; podem queimar-se os livros, mas não se podem queimar os Espíritos. Ora, queimassem-se todos os livros e a fonte da doutrina não deixaria de conservar-se inexaurível, pela razão mesma de não estar na Terra, de surgir em todos os lugares e de poderem todos dessedentar-se nela. Faltem os homens para difundi-la: haverá sempre os Espíritos, cuja atuação a todos atinge e aos quais ninguém pode atingir.

São, pois, os próprios Espíritos que fazem a propagação, com o auxílio dos inúmeros médiuns que, também eles, os Espíritos, vão suscitando de todos os lados. Se tivesse havido unicamente um intérprete, por mais favorecido que fosse, o Espiritismo mal seria conhecido. Qualquer que fosse a classe a que pertencesse, tal intérprete houvera sido objeto das prevenções de muita gente e nem todas as nações o teriam aceitado, ao passo que os Espíritos se comunicam em todos os pontos da Terra, a todos os povos, a todas as seitas, a todos os partidos, e todos os aceitam. O Espiritismo não tem nacionalidade e não faz parte de nenhum culto existente; nenhuma classe social o impõe, visto que qualquer pessoa pode receber instruções de seus parentes e amigos de além-túmulo. Cumpre seja assim, para que ele possa conduzir todos os homens à fraternidade. Se não se mantivesse em terreno neutro, alimentaria as dissensões, em vez de apaziguá-las.

Nessa universalidade do ensino dos Espíritos reside a força do Espiritismo e, também, a causa de sua tão rápida propagação. Ao passo que a palavra de um só homem, mesmo com o concurso da imprensa, levaria séculos para chegar ao conhecimento de todos, milhares de vozes se fazem ouvir simultaneamente em todos os recantos do planeta, proclamando os mesmos princípios e transmitindo-os aos mais ignorantes, como aos mais doutos, a fim de que não haja deserdados. É uma vantagem de que não gozara ainda nenhuma das doutrinas surgidas até hoje. Se o Espiritismo, portanto, é uma verdade, não teme o malquerer dos homens, nem as revoluções morais, nem as subversões físicas do globo, porque nada disso pode atingir os Espíritos.

Não é essa, porém, a única vantagem que lhe decorre da sua excepcional posição. Ela lhe faculta inatacável garantia contra todos os cismas que pudessem provir, seja da ambição de alguns, seja das contradições de certos Espíritos. Tais contradições, não há negar, são um escolho; mas que traz consigo o remédio, ao lado do mal.

Sabe-se que os Espíritos, em virtude da diferença entre as suas capacidades, longe se acham de estar, individualmente considerados, na posse de toda a verdade; que nem a todos é dado penetrar certos mistérios; que o saber de cada um deles é proporcional à sua depuração; que os Espíritos vulgares mais não sabem do que muitos homens; que entre eles, como entre estes, há presunçosos e sofômanos, que julgam saber o que ignoram; sistemáticos, que tomam por verdades as suas ideias; enfim, que só os Espíritos da categoria mais elevada, os que já estão completamente desmaterializados, se encontram despidos das ideias e preconceitos terrenos; mas também é sabido que os Espíritos enganadores não escrupulizam em tomar nomes que lhes não pertencem, para impingirem suas utopias. Daí resulta que, com relação a tudo o que seja fora do âmbito do ensino exclusivamente moral, as revelações que cada um possa receber terão caráter individual, sem cunho de autenticidade; que devem ser consideradas opiniões pessoais de tal ou qual Espírito e que imprudente fora aceitá-las e propagá-las levianamente como verdades absolutas.

O primeiro exame comprobativo é, pois, sem contradita, o da razão, ao qual cumpre se submeta, sem exceção, tudo o que venha dos Espíritos. Toda teoria em manifesta contradição com o bom senso, com uma lógica rigorosa e com os dados positivos já adquiridos, deve ser rejeitada, por mais respeitável que seja o nome que traga como assinatura. Incompleto, porém, ficará esse exame em muitos casos, por efeito da falta de luzes de certas pessoas e das tendências de não poucas a tomar as próprias opiniões como juízes únicos da verdade. Assim sendo, que hão de fazer aqueles que não depositam confiança absoluta em si mesmos? Buscar o parecer da maioria e tomar por guia a opinião desta. De tal modo é que se deve proceder em face do que digam os Espíritos, que são os primeiros a nos fornecer os meios de consegui-lo.

A concordância no que ensinem os Espíritos é, pois, a melhor comprovação. Importa, no entanto, que ela se dê em determinadas condições. A mais fraca de todas ocorre quando um médium, a sós, interroga muitos Espíritos acerca de um ponto duvidoso. É evidente que, se ele estiver sob o império de uma obsessão, ou lidando com um Espírito mistificador, este lhe pode dizer a mesma coisa sob diferentes nomes. Tampouco garantia alguma suficiente haverá na conformidade que apresente o que se possa obter por diversos médiuns, num mesmo Centro, porque podem estar todos sob a mesma influência.

Uma só garantia séria existe para o ensino dos Espíritos: a concordância que haja entre as revelações que eles façam espontaneamente, servindo-se de grande número de médiuns estranhos uns aos outros e em vários lugares.

Vê-se bem que não se trata aqui das comunicações referentes a interesses secundários, mas do que respeita aos princípios mesmos da doutrina. Prova a experiência que, quando um princípio novo tem de ser enunciado, isso se dá *espontaneamente* em diversos pontos ao mesmo tempo e de modo idêntico, senão quanto à forma, quanto ao fundo.

Se, portanto, aprouver a um Espírito formular um sistema excêntrico, baseado unicamente nas suas ideias e com exclusão da verdade, pode ter-se a certeza de que tal sistema conservar-se-á *circunscrito* e cairá, diante das instruções dadas de todas as partes, conforme os múltiplos exemplos que já se conhecem. Foi essa unanimidade que pôs por terra todos os sistemas parciais que surgiram na origem do Espiritismo, quando cada um explicava à sua maneira os fenômenos, e antes que se conhecessem as leis que regem as relações entre o mundo visível e o mundo invisível.

Essa a base em que nos apoiamos, quando formulamos um princípio da doutrina. Não é porque esteja de acordo com as nossas ideias que o temos por verdadeiro. Não nos arvoramos, absolutamente, em árbitro supremo da verdade e a ninguém dizemos: "Crede em tal coisa, porque somos nós que vo-lo dizemos." A nossa opinião não passa, aos nossos próprios olhos, de uma opinião pessoal, que pode ser verdadeira ou falsa, visto não nos considerar-mos mais infalível do que qualquer outro. Também não é porque um princípio nos foi ensinado que, para nós, ele exprime a verdade, mas porque recebeu a sanção da concordância.

Na posição em que nos encontramos, a receber comunicações de perto de mil centros espíritas sérios, disseminados pelos mais diversos pontos da Terra, achamo-nos em condições de observar sobre que princípio se estabelece a concordância. Essa observação é que nos tem guiado até hoje e é a que nos guiará em novos campos que o Espiritismo terá de explorar. Porque, estudando atentamente as comunicações vindas tanto da França como do estrangeiro, reconhecemos, pela natureza toda especial das revelações, que ele tende a entrar por um novo caminho e que lhe chegou o momento de dar um passo para diante. Essas revelações, feitas muitas vezes com palavras veladas, hão frequentemente passado despercebidas a muitos dos que as obtiveram. Outros julgaram-se os únicos a possuí-las. Tomadas insuladamente, elas, para nós, nenhum valor teriam; somente a coincidência lhes imprime gravidade. Depois, chegado o momento de serem entregues à publicidade, cada um se lembrará de haver obtido instruções no mesmo sentido. Esse movimento geral, que observamos e estudamos, com a assistência dos nossos guias espirituais, é que nos auxilia a julgar da oportunidade de fazermos ou não alguma coisa.

Essa verificação universal constitui uma garantia para a unidade futura do Espiritismo e anulará todas as teorias contraditórias. Aí é que, no porvir, se encontrará o critério da verdade. O que deu lugar ao êxito da doutrina exposta em *O livro dos espíritos* e em *O livro dos médiuns* foi que em toda a parte todos receberam diretamente dos Espíritos a confirmação do que esses livros contêm. Se de todos os lados tivessem vindo os Espíritos contradizê-la, já de há muito haveriam aquelas obras experimentado a sorte de todas as concepções fantásticas. Nem mesmo o apoio da imprensa as salvaria do naufrágio, ao passo que, privadas como se viram desse apoio, não deixaram elas de abrir caminho e de avançar celeremente. É que tiveram o apoio dos Espíritos, cuja boa vontade não só compensou, como também sobrepujou o malquerer dos homens. Assim sucederá a todas as ideias que, emanando quer dos Espíritos, quer dos homens, não possam suportar a prova desse confronto, cuja força a ninguém é lícito contestar.

Suponhamos praza a alguns Espíritos ditar, sob qualquer título, um livro em sentido contrário; suponhamos mesmo que, com intenção hostil, objetivando desacreditar a doutrina, a malevolência suscitasse comunicações apócrifas; que influência poderiam exercer tais escritos, desde que de todos os lados os desmentissem os Espíritos? É com a adesão destes que se deve garantir aquele que queira lançar, em seu nome, um sistema qualquer. Do sistema de um só ao de todos, medeia a distância que vai da unidade ao infinito. Que poderão conseguir os argumentos dos detratores, sobre a opinião das massas, quando milhões de vozes amigas, provindas do Espaço, se façam ouvir em todos os recantos do Universo e no seio das famílias, a infirmá-los? A esse respeito já não foi a teoria confirmada pela experiência? Que é feito das inúmeras publicações que traziam a pretensão de arrasar o Espiritismo? Qual a que nem lhe retardou a marcha? Até agora, não se considera a questão desse ponto de vista, sem contestação um dos mais graves. Cada um contou consigo, sem contar com os Espíritos.

O princípio da concordância é também uma garantia contra as alterações que poderiam sujeitar o Espiritismo às seitas que se propusessem apoderar-se dele em proveito próprio e acomodá-lo à vontade. Quem quer que tentasse desviá-lo do seu providencial objetivo, malsucedido se veria, pela razão muito simples de que os Espíritos, em virtude da universalidade de seus ensinos, farão cair por terra qualquer modificação que se divorcie da verdade.

De tudo isso ressalta uma verdade capital: a de que aquele que quisesse opor-se à corrente de ideias estabelecida e sancionada poderia, é certo, causar uma pequena perturbação local e momentânea; nunca, porém, dominar o conjunto, mesmo no presente, nem, ainda menos, no futuro. Também ressalta que as instruções dadas pelos Espíritos sobre os pontos ainda não elucidados da Doutrina não constituirão lei, enquanto essas instruções permanecerem insuladas; que elas não devem, por conseguinte, ser aceitas senão sob todas as reservas e a título de esclarecimento. Daí a necessidade da maior prudência em dar-lhes publicidade; e, caso se julgue conveniente publicá-las, importa não as apresentar senão como opiniões individuais, mais ou menos prováveis, porém, carecendo sempre de confirmação. Essa confirmação é que se precisa aguardar, antes de apresentar um princípio como verdade absoluta, a menos se queira ser acusado de leviandade ou de credulidade irrefletida.

Com extrema sabedoria procedem os Espíritos superiores em suas revelações. Não atacam as grandes questões da Doutrina senão gradualmente, à medida que a inteligência se mostra apta a compreender verdade de ordem mais elevada e quando as circunstâncias se revelam propícias à emissão de uma ideia nova. Por isso é que logo de princípio não disseram tudo, e tudo ainda hoje não disseram, jamais cedendo à impaciência dos muito afoitos, que querem os frutos antes de estarem maduros. Fora, pois, supérfluo pretender adiantar-se ao tempo que a Providência assinou para cada coisa, porque, então, os Espíritos verdadeiramente sérios negariam o seu concurso. Os Espíritos levianos, pouco se preocupando com a verdade, a tudo respondem; daí vem que, sobre todas as questões prematuras, há sempre respostas contraditórias.

Os princípios acima não resultam de uma teoria pessoal: são consequência forçada das condições em que os Espíritos se manifestam. É evidente que, se um Espírito diz uma coisa de um lado, enquanto milhões de outros dizem o contrário algures, a presunção de verdade não pode estar com aquele que é o único ou quase o único de tal parecer. Ora, pretender alguém ter razão contra todos seria tão ilógico da parte dos Espíritos, quanto da parte dos homens. Os Espíritos verdadeiramente ponderados, se não se sentem suficientemente esclarecidos sobre uma questão, *nunca* a resolvem de modo absoluto; declaram que apenas a tratam do seu ponto de vista e aconselham que se aguarde a confirmação.

Por grande, bela e justa que seja uma ideia, impossível é que desde o primeiro momento congregue todas as opiniões. Os conflitos que daí decorrem são consequência inevitável do movimento que se opera; eles são mesmo necessários para maior realce da verdade e convém se produzam desde logo, para que as ideias falsas prontamente sejam postas de lado. Os espíritas que a esse respeito alimentassem qualquer temor podem ficar perfeitamente tranquilos: todas as pretensões insuladas cairão, pela força mesma das coisas, diante do enorme e poderoso critério da concordância universal.

Não será à opinião de um homem que se aliarão os outros, mas à voz unânime dos Espíritos; não será um homem, nem nós, nem qualquer outro que fundará a ortodoxia espírita; tampouco será um Espírito que se venha impor a quem quer que seja: será a universalidade dos Espíritos que se comunicam em toda a Terra, por ordem de Deus. Esse o caráter essencial da Doutrina Espírita; essa a sua força, a sua autoridade. Quis Deus que a sua lei assentasse em base inamovível e por isso não lhe deu por fundamento a cabeça frágil de um só.

Diante de tão poderoso areópago, onde não se conhecem corrilhos, nem rivalidades ciosas, nem seitas, nem nações, é que virão quebrar-se todas as oposições, todas as ambições, todas as pretensões à supremacia individual; *é que nos quebraríamos nós mesmos, se quiséssemos substituir os seus decretos soberanos pelas nossas próprias ideias*. Só Ele decidirá todas as questões litigiosas, imporá silêncio às dissidências e dará razão a quem a tenha. Diante desse imponente acordo de todas *as vozes do Céu*, que pode a opinião de um homem ou de um Espírito? menos do que a gota de água que se perde no oceano, menos do que a voz da criança que a tempestade abafa.

A opinião universal, eis o juiz supremo, o que se pronuncia em última instância. Formam-na todas as opiniões individuais. Se uma destas é verdadeira, apenas tem na balança o seu peso relativo. Se é falsa, não pode prevalecer sobre todas as demais.

Nesse imenso concurso, as individualidades se apagam, o que constitui novo insucesso para o orgulho humano.

Já se desenha o harmonioso conjunto. Este século não passará sem que ele resplandeça em todo o seu brilho, de modo a dissipar todas as incertezas, porquanto daqui até lá potentes vozes terão recebido a missão de se fazer ouvir, para congregar os homens sob a mesma bandeira, uma vez que o campo se ache suficientemente lavrado. Enquanto isso se não dá, aquele que flutua entre dois sistemas opostos pode observar em que sentido se forma a opinião geral; essa será a indicação certa do sentido em que se pronuncia a maioria dos Espíritos, nos diversos pontos em que se comunicam, e um sinal não menos certo de qual dos dois sistemas prevalecerá.

III – Notícias históricas

Para bem se compreenderem algumas passagens dos Evangelhos, necessário se faz conhecer o valor de muitas palavras nelas frequentemente empregadas e que caracterizam o estado dos costumes e da sociedade judia naquela época. Já não tendo para nós o mesmo sentido, essas palavras foram com frequência mal-interpretadas, causando isso uma espécie de incerteza. A inteligência da significação delas explica, ademais, o verdadeiro sentido de certas máximas que, à primeira vista, parecem singulares.

Samaritanos. – Após o cisma das dez tribos, Samaria se constituiu a capital do reino dissidente de Israel. Destruída e reconstruída várias vezes, tornou-se, sob os romanos, a cabeça da Samaria, uma das quatro divisões da Palestina. Herodes, chamado o Grande, a embelezou de suntuosos monumentos e, para lisonjear Augusto, lhe deu o nome de *Augusta*, em grego *Sebaste*.

Os samaritanos estiveram quase constantemente em guerra com os reis de Judá. Aversão profunda, datando da época da separação, perpetuou-se entre os dois povos, que evitavam todas as relações recíprocas. Aqueles, para tornarem maior a cisão e não terem de vir a Jerusalém pela celebração das festas religiosas, construíram para si um templo particular e adotaram algumas reformas. Somente admitiam o Pentateuco, que continha a lei de Moisés, e rejeitavam todos os outros livros que a esse foram posteriormente anexados. Seus livros sagrados eram escritos em caracteres hebraicos da mais alta antiguidade. Para os judeus ortodoxos, eles eram heréticos e, portanto, desprezados, anatematizados e perseguidos. O antagonismo das duas nações tinha, pois, por fundamento único a divergência das opiniões religiosas; se bem fosse a mesma a origem das crenças de uma e outra. Eram os *protestantes* desse tempo.

Ainda hoje se encontram samaritanos em algumas regiões do Levante, particularmente em Nablus e em Jaffa. Observam a lei de Moisés com mais rigor que os outros judeus e só entre si contraem alianças.

Nazarenos. – Nome dado, na antiga lei, aos judeus que faziam voto, perpétuo ou temporário, de guardar perfeita pureza. Eles se comprometiam a observar a castidade, a abster-se de bebidas alcoólicas e a conservar a cabeleira. Sansão, Samuel e João Batista eram nazarenos.

Mais tarde, os judeus deram esse nome aos primeiros cristãos, por alusão a Jesus de Nazaré.

Também foi essa a denominação de uma seita herética dos primeiros séculos da Era Cristã, a qual, do mesmo modo que os ebionitas, de quem adotava certos princípios, misturava as práticas do mosaísmo com os dogmas cristãos, seita essa que desapareceu no século quarto.

Publicanos. – Eram assim chamados, na antiga Roma, os cavalheiros arrendatários das taxas públicas, incumbidos da cobrança dos impostos e das rendas de toda espécie, quer em Roma mesma, quer nas outras partes do Império. Eram como os arrendatários gerais e arrematadores de taxas do antigo regímen na França e que ainda existem nalgumas regiões. Os riscos a que estavam sujeitos faziam que os olhos se fechassem para as riquezas que muitas vezes adquiriam e que, da parte de alguns, eram frutos de exações e de lucros escandalosos. O nome de publicano se estendeu mais tarde a todos os que superintendiam os dinheiros públicos e aos agentes subalternos. Hoje esse termo se emprega em sentido pejorativo, para designar os financistas e os agentes pouco escrupulosos de negócios. Diz-se por vezes: "Ávido como um publicano, rico como um publicano", com referência a riquezas de mau quilate.

De toda a dominação romana, o imposto foi o que os judeus mais dificilmente aceitaram e o que mais irritação causou entre eles. Daí nasceram várias revoltas, fazendo-se do caso uma questão religiosa, por ser considerada contrária à Lei. Constituiu-se, mesmo, um partido poderoso, a cuja frente se pôs um certo Judá, apelidado o Gaulonita, tendo por princípio o não pagamento do imposto. Os judeus, pois, abominavam o imposto e, como consequência, todos os que eram encarregados de arrecadá-lo, donde a aversão que votavam aos publicanos de todas as categorias, entre os quais podiam encontrar-se pessoas muito estimáveis, mas que, em virtude das suas funções, eram desprezadas, assim como os que com elas mantinham relações, os quais se viam atingidos pela mesma reprovação. Os judeus de destaque consideravam um comprometimento ter com eles intimidade.

Portageiros. – Eram os arrecadadores de baixa categoria, incumbidos principalmente da cobrança dos direitos de entrada nas cidades. Suas funções correspondiam mais ou menos à dos empregados de alfândega e recebedores dos direitos de barreira. Compartilhavam da repulsa que pesava sobre os publicanos em geral. Essa a razão por que, no Evangelho, se depara frequentemente com a palavra *publicano* ao lado da expressão *gente de má vida*. Tal qualificação não implicava a de debochados ou vagabundos. Era um termo de desprezo, sinônimo de *gente de má companhia*, gente indigna de conviver com pessoas distintas.

Fariseus (do hebreu *parush*, divisão, separação). – A tradição constituía parte importante da teologia dos judeus. Consistia numa compilação das interpretações sucessivamente dadas ao sentido das Escrituras e tornadas artigos de dogma. Constituía, entre os doutores, assunto de discussões intermináveis, as mais das vezes sobre simples questões de palavras ou de formas, no gênero das disputas teológicas e das sutilezas da escolástica da Idade Média. Daí nasceram diferentes seitas, cada uma das quais pretendia ter o monopólio da verdade, detestando-se umas às outras, como sói acontecer.

Entre essas seitas, a mais influente era a dos *fariseus*, que teve por chefe *Hillel*, doutor judeu nascido na Babilônia, fundador de uma escola célebre, onde se ensinava que só se devia depositar fé nas Escrituras. Sua origem remonta a 180 ou 200 anos antes de Jesus Cristo. Os fariseus, em diversas épocas, foram perseguidos, especialmente sob Hircano – soberano pontífice e rei dos judeus –, Aristóbulo e Alexandre, rei da Síria. Este último, porém, lhes deferiu honras e restituiu os bens, de sorte que eles readquiriram o antigo poderio e o conservaram até a ruína de Jerusalém, no ano 70 da Era Cristã, época em que se lhes apagou o nome, em consequência da dispersão dos judeus.

Tomavam parte ativa nas controvérsias religiosas. Servis cumpridores das práticas exteriores do culto e das cerimônias; cheios de um zelo ardente de proselitismo, inimigos dos inovadores, afetavam grande severidade de princípios; mas, sob as aparências de meticulosa devoção, ocultavam costumes dissolutos, muito orgulho e, acima de tudo, excessiva ânsia de dominação. Tinham a religião mais como meio de chegarem a seus fins, do que como objeto de fé sincera. Da virtude nada possuíam, além das exterioridades e da ostentação; entretanto, por umas e outras, exerciam grande influência sobre o povo, a cujos olhos passavam por santas criaturas. Daí o serem muito poderosos em Jerusalém.

Acreditavam, ou, pelo menos, fingiam acreditar na Providência, na imortalidade da alma, na eternidade das penas e na ressurreição dos mortos. (Cap. IV, item 4.) Jesus, que prezava, sobretudo, a simplicidade e as qualidades da alma, que, na lei, preferia o *espírito, que vivifica, à letra, que mata*, se aplicou, durante toda a sua missão, a lhes desmascarar a hipocrisia, pelo que tinha neles encarniçados inimigos. Essa a razão por que se ligaram aos príncipes dos sacerdotes para amotinar contra Ele o povo e eliminá-lo.

Escribas. – Nome dado, a princípio, aos secretários dos reis de Judá e a certos intendentes dos exércitos judeus. Mais tarde, foi aplicado especialmente aos doutores que ensinavam a lei de Moisés e a interpretavam para o povo. Faziam causa comum com os fariseus, de cujos princípios partilhavam, bem como da antipatia que aqueles votavam aos inovadores. Daí o envolvê-los Jesus na reprovação que lançava aos fariseus.

Sinagoga (do grego *synagogê*, assembleia, congregação). – Um único templo havia na Judeia, o de Salomão, em Jerusalém, onde se celebravam as grandes cerimônias do culto. Os judeus, todos os anos, lá iam em peregrinação para as festas principais, como as da Páscoa, da Dedicação e dos Tabernáculos. Por ocasião dessas festas é que Jesus também costumava ir lá. As outras cidades não possuíam templos, mas apenas sinagogas: edifícios onde os judeus se reuniam aos sábados, para fazer preces públicas, sob a chefia dos anciães, dos escribas, ou doutores da Lei. Nelas também se realizavam leituras dos livros sagrados, seguidas de explicações e comentários, atividades das quais qualquer pessoa podia participar. Por isso é que Jesus, sem ser sacerdote, ensinava aos sábados nas sinagogas.

Desde a ruína de Jerusalém e a dispersão dos judeus, as sinagogas, nas cidades por eles habitadas, servem-lhes de templos para a celebração do culto.

Saduceus. – Seita judia, que se formou por volta do ano 248 antes de Jesus Cristo e cujo nome lhe veio do de Sadoque, seu fundador. Não criam na imortalidade, nem na ressurreição, nem nos anjos bons e maus. Entretanto, criam em Deus; nada, porém, esperando após a morte, só o serviam tendo em vista recompensas temporais, ao que, segundo eles, se limitava a Providência divina. Assim pensando, tinham a satisfação dos sentidos físicos por objetivo essencial da vida. Quanto às Escrituras, atinham-se ao texto da lei antiga. Não admitiam a tradição, nem interpretações quaisquer. Colocavam as boas obras e a observância pura e simples da Lei acima das práticas exteriores do culto. Eram, como se vê, os materialistas, os deístas e os sensualistas da época. Seita pouco numerosa, mas que contava em seu seio importantes personagens e se tornou um partido político oposto constantemente aos fariseus.

Essênios ou esseus. – Também seita judia fundada cerca do ano 150 antes de Jesus Cristo, ao tempo dos macabeus, e cujos membros, habitando uma espécie de mosteiros, formavam entre si uma como associação moral e religiosa. Distinguiam-se pelos costumes brandos e por austeras virtudes, ensinavam o amor a Deus e ao próximo, a imortalidade da alma e acreditavam na ressurreição. Viviam em celibato, condenavam a escravidão e a guerra, punham em comunhão os seus bens e se entregavam à agricultura.

Contrários aos saduceus sensuais, que negavam a imortalidade; aos fariseus de rígidas práticas exteriores e de virtudes apenas aparentes, nunca os essênios tomaram parte nas querelas que tornaram antagonistas aquelas duas outras seitas. Pelo gênero de vida que levavam, assemelhavam-se muito aos primeiros cristãos, e os princípios da moral que professavam induziram muitas pessoas a supor que

Jesus, antes de dar começo à sua missão pública, lhes pertencera à comunidade. É certo que ele há de tê-la conhecido, mas nada prova que se lhe houvesse filiado, sendo, pois, hipotético tudo quanto a esse respeito se escreveu.[3]

Terapeutas (do grego *therapeutai*, formado de *therapeuein*, servir, cuidar, isto é: servidores de Deus ou curadores). – Eram sectários judeus contemporâneos do Cristo, estabelecidos principalmente em Alexandria, no Egito. Tinham muita relação com os essênios, cujos princípios adotavam, aplicando-se, como esses últimos, à prática de todas as virtudes. Eram de extrema frugalidade na alimentação. Também celibatários, votados à contemplação e vivendo vida solitária, constituíam uma verdadeira ordem religiosa. Fílon, filósofo judeu platônico, de Alexandria, foi o primeiro a falar dos terapeutas, considerando-os uma seita do Judaísmo. Eusébio, São Jerônimo e outros Pais da Igreja pensam que eles eram cristãos. Fossem tais, ou fossem judeus, o que é evidente é que, do mesmo modo que os essênios, eles representam o traço de união entre o Judaísmo e o Cristianismo.

IV – Sócrates e Platão, precursores da ideia cristã e do Espiritismo

Do fato de haver Jesus conhecido a seita dos

---

[3] Nota de Allan Kardec: *A morte de Jesus*, supostamente escrita por um essênio, é obra inteiramente apócrifa, cujo único fim foi servir de apoio a uma opinião. Ela traz em si mesma a prova da sua origem moderna.

essênios, fora errôneo concluir-se que a sua doutrina hauriu-a ele dessa seita e que, se houvera vivido noutro meio, teria professado outros princípios. As grandes ideias jamais irrompem de súbito. As que assentam sobre a verdade sempre têm precursores que lhes preparam parcialmente os caminhos. Depois, chegando o tempo, envia Deus um homem com a missão de resumir, coordenar e completar os elementos esparsos, de reuni-los em corpo de doutrina. Desse modo, não surgindo bruscamente, a ideia, ao aparecer, encontra espíritos dispostos a aceitá-la. Tal o que se deu com a ideia cristã, que foi pressentida muitos séculos antes de Jesus e dos essênios, tendo por principais precursores Sócrates e Platão.

Sócrates, como o Cristo, nada escreveu, ou, pelo menos, nenhum escrito deixou. Como o Cristo, teve a morte dos criminosos, vítima do fanatismo, por haver atacado as crenças que encontrara e colocado a virtude real acima da hipocrisia e do simulacro das formas; por haver, numa palavra, combatido os preconceitos religiosos. Do mesmo modo que Jesus, a quem os fariseus acusavam de estar corrompendo o povo com os ensinamentos que lhe ministrava, também ele foi acusado, pelos fariseus do seu tempo, visto que sempre os houve em todas as épocas, por proclamar o dogma da unidade de Deus, da imortalidade da alma e da vida futura. Assim como a doutrina de Jesus só a conhecemos pelo que escreveram seus discípulos, da de Sócrates só temos conhecimento pelos escritos de seu discípulo Platão. Julgamos conveniente resumir aqui os pontos de maior relevo, para mostrar a concordância deles com os princípios do Cristianismo.

Aos que considerarem esse paralelo uma profanação e pretendam que não pode haver paridade entre a doutrina de um pagão e a do Cristo, diremos que não era pagã a de Sócrates, pois que objetivava combater o paganismo; que a de Jesus, mais completa e mais depurada do que aquela, nada tem que perder com a comparação; que a grandeza da missão divina do Cristo não pode ser diminuída; que, ademais, trata-se de um fato da História, que a ninguém será possível apagar. O homem há chegado a um ponto em que a luz emerge por si mesma de sob o alqueire. Ele se acha maduro bastante para encará-la; tanto pior para os que não ousem abrir os olhos. Chegou o tempo de se considerarem as coisas de modo amplo e elevado, não mais do ponto de vista mesquinho e acanhado dos interesses de seitas e de castas.

Além disso, estas citações provarão que, se Sócrates e Platão pressentiram a ideia cristã, em seus escritos também se nos deparam os princípios fundamentais do Espiritismo.

Resumo da doutrina de Sócrates e de Platão

I. O homem é uma *alma encarnada*. Antes da sua encarnação, existia unida aos tipos primordiais das ideias do verdadeiro, do bem e do belo; separa-se deles, encarnando, e, *recordando o seu passado*, é mais ou menos atormentada pelo desejo de voltar a ele.

Não se pode enunciar mais claramente a distinção e independência entre o princípio inteligente e o princípio material. É, além disso, a doutrina da preexistência da alma; da vaga intuição que ela guarda de um outro mundo, a que aspira; da sua sobrevivência ao corpo; da sua saída do mundo espiritual, para encarnar, e da sua volta a esse mesmo mundo, após a morte. É, finalmente, o gérmen da doutrina dos anjos decaídos.

> II. A alma se transvia e perturba, quando se serve do corpo para considerar qualquer objeto; tem vertigem, como se estivesse ébria, porque se prende a coisas que estão, por sua natureza, sujeitas a mudanças; ao passo que, quando contempla a sua própria essência, dirige-se para o que é puro, eterno, imortal, e, sendo ela dessa natureza, permanece aí ligada, por tanto tempo quanto possa. Cessam então os seus transviamentos, pois que está unida ao que é imutável e a esse estado da alma é que se chama *sabedoria*.

Assim, ilude a si mesmo o homem que considera as coisas de modo terra a terra, do ponto de vista material. Para as apreciar com justeza, tem de as ver do alto, isto é, do ponto de vista espiritual. Aquele, pois, que está de posse da verdadeira sabedoria, tem de isolar do corpo a alma, para ver com os olhos do Espírito. É o que ensina o Espiritismo. (Cap. II, item 5.)

III. Enquanto tivermos o nosso corpo e a alma se achar mergulhada nessa corrupção, nunca possuiremos o objeto dos nossos desejos: a verdade. Com efeito, o corpo nos suscita mil obstáculos pela necessidade em que nos achamos de cuidar dele. Ademais, ele nos enche de desejos, de apetites, de temores, de mil quimeras e de mil tolices, de maneira que, com ele, impossível se nos torna ser ajuizados, nem por um instante. Todavia se não nos é possível conhecer puramente coisa alguma enquanto a alma nos está ligada ao corpo, de duas uma: ou jamais conheceremos a verdade, ou só a conheceremos após a morte. Libertos da loucura do corpo, conversaremos então, lícito é esperá-lo, com homens igualmente libertos e conheceremos, por nós mesmos, a essência das coisas. Essa a razão por que os verdadeiros filósofos se exercitam em morrer e a morte não se lhes afigura, de modo nenhum, temível.

Está aí o princípio das faculdades da alma obscurecidas por motivo dos órgãos corporais e o da expansão dessas faculdades depois da morte. Trata-se, porém, apenas de almas já depuradas; o mesmo não se dá com as almas impuras. (*O céu e o inferno*, 1ª Parte, cap. II; 2ª Parte, cap. I.)

IV. A alma impura, nesse estado, se encontra oprimida e se vê de novo arrastada para o mundo visível, pelo horror do que é invisível e imaterial. Erra, então, diz-se, em torno dos monumentos e dos túmulos, junto aos quais já se têm visto tenebrosos fantasmas, quais devem ser as imagens das almas que deixaram o corpo sem estarem ainda inteiramente puras, que ainda conservam alguma coisa da forma material, o que faz que a vista humana possa percebê-las. Não são as almas dos bons; são, porém, as dos maus, que se veem forçadas a vagar por esses lugares, onde arrastam consigo a pena da primeira vida que tiveram e onde continuam a vagar até que os apetites inerentes à forma material de que se revestiram as reconduzam a um corpo. Então, sem dúvida, retomam os mesmos costumes que durante a primeira vida constituíam objeto de suas predileções.

Não somente o princípio da reencarnação se acha aí claramente expresso, mas também o estado das almas que se mantêm sob o jugo da matéria é descrito qual o mostra o Espiritismo nas evocações. Mais ainda: no tópico acima se diz que a reencarnação num corpo material é consequência da impureza da alma, enquanto as almas purificadas se encontram isentas de reencarnar. Outra coisa não diz o Espiritismo, acrescentando apenas que a alma, que boas resoluções tomou na erraticidade e que possui conhecimentos adquiridos, traz, ao renascer, menos defeitos, mais virtudes e ideias intuitivas do que tinha na sua existência precedente. Assim, cada existência lhe marca um progresso intelectual e moral. (*O céu e o inferno*, 2ª Parte: *Exemplos*.)

V. Após a nossa morte, o gênio (*daïmon*, demônio), que nos fora designado durante a vida, leva-nos a um lugar onde se reúnem todos os que têm de ser conduzidos ao

Hades, para serem julgados. As almas, depois de haverem estado no Hades o tempo necessário, são reconduzidas a esta vida em múltiplos e longos períodos.

É a doutrina dos anjos guardiães, ou Espíritos protetores, e das reencarnações sucessivas, em seguida a intervalos mais ou menos longos de erraticidade.

VI. Os demônios ocupam o espaço que separa o céu da Terra; constituem o laço que une o Grande Todo a si mesmo. Não entrando nunca a divindade em comunicação direta com o homem, é por intermédio dos demônios que os deuses entram em comércio e se entretêm com ele, quer durante a vigília, quer durante o sono.

A palavra *daïmon*, da qual fizeram o termo demônio, não era, na Antiguidade, tomada à má parte, como nos tempos modernos. Não designava exclusivamente seres malfazejos, mas todos os Espíritos, em geral, dentre os quais se destacavam os Espíritos superiores, chamados *deuses*, e os menos elevados, ou demônios propriamente ditos, que comunicavam diretamente com os homens. Também o Espiritismo diz que os Espíritos povoam o Espaço; que Deus só se comunica com os homens por intermédio dos Espíritos puros, que são os incumbidos de lhes transmitir as vontades; que os Espíritos se comunicam com eles durante a vigília e durante o sono. Ponde, em lugar da palavra *demônio*, a palavra *Espírito* e tereis a Doutrina Espírita; ponde a palavra *anjo* e tereis a doutrina cristã.

> VII. A preocupação constante do filósofo (*tal como o compreendiam Sócrates e Platão*) é a de tomar o maior cuidado com a alma, menos pelo que respeita a esta vida, que não dura mais que um instante, do que tendo em vista a eternidade. Desde que a alma é imortal, não será prudente viver visando à eternidade?

O Cristianismo e o Espiritismo ensinam a mesma coisa.

> VIII. Se a alma é imaterial, tem de passar, após essa vida, a um mundo igualmente invisível e imaterial, do mesmo modo que o corpo, decompondo-se, volta à matéria. Muito importa, no entanto, distinguir bem a alma pura, verdadeiramente imaterial, que se alimente, como Deus, de ciência e pensamentos, da alma *mais ou menos* maculada de impurezas materiais, que a impedem de elevar-se para o divino e a retêm nos lugares da sua estada na Terra.

Sócrates e Platão, como se vê, compreendiam perfeitamente os diferentes graus de desmaterialização da alma. Insistem na diversidade de situação que resulta para elas da sua maior ou menor pureza. O que eles diziam, por intuição, o Espiritismo o prova com os inúmeros exemplos que nos põe sob as vistas. (*O céu e o inferno*, 2ª Parte.)

> IX. Se a morte fosse a dissolução completa do homem,

muito ganhariam com a morte os maus, pois se veriam livres, ao mesmo tempo, do corpo, da alma e dos vícios. Aquele que guarnecer a alma, não de ornatos estranhos, mas com os que lhe são próprios, só esse poderá aguardar tranquilamente a hora da sua partida para o outro mundo.

Equivale isso a dizer que o materialismo, com o proclamar para depois da morte o nada, anula toda responsabilidade moral ulterior, sendo, conseguintemente, um incentivo para o mal; que o mau tem tudo a ganhar do nada. Somente o homem que se despojou dos vícios e se enriqueceu de virtudes, pode esperar com tranquilidade o despertar na outra vida. Por meio de exemplos, que todos os dias nos apresenta, o Espiritismo mostra quão penoso é, para o mau, o passar desta à outra vida, a entrada na vida futura. (*O céu e o inferno*, 2ª Parte, cap. I.)

X. O corpo conserva bem impressos os vestígios dos cuidados de que foi objeto e dos acidentes que sofreu. Dá-se o mesmo com a alma. Quando despida do corpo, ela guarda, evidentes, os traços do seu caráter, de suas afeições e as marcas que lhe deixaram todos os atos de sua vida. Assim, a maior desgraça que pode acontecer ao homem é ir para o outro mundo com a alma carregada de crimes. Vês, Cálicles, que nem tu, nem Pólux, nem Górgias podereis provar que devamos levar outra vida que nos seja útil quando estejamos do outro lado. De tantas opiniões diversas, a única que permanece inabalável é a de que *mais vale receber do que cometer uma injustiça* e

> que, acima de tudo, devemos cuidar, não de parecer, mas de ser homem de bem. (*Colóquios de Sócrates com seus discípulos, na prisão.*)

Depara-se-nos aqui outro ponto capital, confirmado hoje pela experiência: o de que a alma não depurada conserva as ideias, as tendências, o caráter e as paixões que teve na Terra. Não é inteiramente cristã esta máxima: *mais vale receber do que cometer uma injustiça?* O mesmo pensamento exprimiu Jesus, usando desta figura: "Se alguém vos bater numa face, apresentai-lhe a outra." (Cap. XII, itens 7 e 8.)

> XI. De duas uma: ou a morte é uma destruição absoluta, ou é passagem da alma para outro lugar. Se tudo tem de extinguir-se, a morte será como uma dessas raras noites que passamos sem sonho e sem nenhuma consciência de nós mesmos. Todavia, se a morte é apenas uma mudança de morada, a passagem para o lugar onde os mortos se têm de reunir, que felicidade a de encontrarmos lá aqueles a quem conhecemos! O meu maior prazer seria examinar de perto os habitantes dessa outra morada e de distinguir lá, como aqui, os que são dignos dos que se julgam tais e não o são. No entanto, é tempo de nos separarmos, eu para morrer, vós para viverdes. (*Sócrates aos seus juízes.*)

Segundo Sócrates, os que viveram na Terra se encontram após a morte e se reconhecem. Mostra o Espiritismo que continuam as relações que entre eles se estabeleceram, de tal maneira que a morte não é nem uma interrupção, nem a cessação da vida, mas uma transformação, sem solução de continuidade.

Houvessem Sócrates e Platão conhecido os ensinos que o Cristo difundiu quinhentos anos mais tarde e os que agora o Espiritismo espalha, e não teriam falado de outro modo. Não há nisso, entretanto, o que surpreenda, se considerarmos que as grandes verdades são eternas e que os Espíritos adiantados hão de tê-las conhecido antes de virem à Terra, para onde as trouxeram; que Sócrates, Platão e os grandes filósofos daqueles tempos bem podem, depois, ter sido dos que secundaram o Cristo na sua missão divina, escolhidos para esse fim precisamente por se acharem, mais do que outros, em condições de lhe compreenderem as sublimes lições; que, finalmente, pode dar-se façam eles agora parte da plêiade dos Espíritos encarregados de ensinar aos homens as mesmas verdades.

> XII. Nunca se deve retribuir com outra uma injustiça, nem fazer mal a ninguém, seja qual for o dano que nos hajam causado. Poucos, no entanto, serão os que admitam esse princípio, e os que se desentenderem a tal respeito nada mais farão, sem dúvida, do que se votarem uns aos outros mútuo desprezo.

Não está aí o princípio de caridade, que prescreve não se retribua o mal com o mal e se perdoe aos inimigos?

XIII. *É pelos frutos que se conhece a árvore.* Toda ação deve ser qualificada pelo que produz: qualificá-la de má, quando dela provenha mal; de boa, quando dê origem ao bem.

Esta máxima: "Pelos frutos é que se conhece a árvore", se encontra muitas vezes repetida textualmente no Evangelho.

XIV. A riqueza é um grande perigo. Todo homem que ama a riqueza não ama a si mesmo, nem ao que é seu; ama a uma coisa que lhe é ainda mais estranha do que o que lhe pertence. (Cap. XVI.)

XV. As mais belas preces e os mais belos sacrifícios prazem menos à Divindade do que uma alma virtuosa que faz esforços por se lhe assemelhar. Grave coisa fora que os deuses dispensassem mais atenção às nossas oferendas do que à nossa alma; se tal se desse, poderiam os mais culpados conseguir que eles se lhes tornassem propícios. Mas não: verdadeiramente justos e retos só o são os que, por suas palavras e atos, cumprem seus deveres para com os deuses e para com os homens. (Cap. X, itens 7 e 8.)

XVI. Chamo homem vicioso a esse amante vulgar, que mais ama o corpo do que a alma. O amor está por toda parte em a Natureza, que nos convida ao exercício da nossa inteligência; até no movimento dos astros o encontramos. É o amor que orna a Natureza de seus ricos tapetes; ele se enfeita e fixa morada onde se lhe deparem flores e perfumes. É ainda o amor que dá paz aos homens, calma ao mar, silêncio aos ventos e sono à dor.

O amor, que há de unir os homens por um laço fraternal, é uma consequência dessa teoria de Platão sobre o amor universal como Lei da Natureza. Tendo dito Sócrates que "o amor não é nem um deus, nem um mortal, mas um grande demônio", isto é, um grande Espírito que preside ao amor universal, essa proposição lhe foi imputada como crime.

> XVII. A virtude não pode ser ensinada; vem por dom de Deus aos que a possuem.

É quase a doutrina cristã sobre a graça; mas se a virtude é um dom de Deus, é um favor e, então, pode perguntar-se por que não é concedida a todos. Por outro lado, se é um dom, carece de mérito para aquele que a possui. O Espiritismo é mais explícito, dizendo que aquele que possui a virtude a adquiriu por seus esforços, em existências sucessivas, despojando-se pouco a pouco de suas imperfeições. A graça é a força que Deus faculta ao homem de boa vontade para se expungir do mal e praticar o bem.

> XVIII. É disposição natural em todos nós a de nos apercebermos muito menos dos nossos defeitos, do que dos de outrem.

Diz o Evangelho: "Vedes a palha que está no olho do vosso próximo e não vedes a trave que está no vosso." (Cap. X, itens 9 e 10.)

> XIX. Se os médicos são malsucedidos, tratando da maior parte das moléstias, *é que tratam do corpo, sem tratarem da alma*. Ora, não se achando o todo em bom estado, impossível é que uma parte dele passe bem.

O Espiritismo fornece a chave das relações existentes entre a alma e o corpo e prova que um reage incessantemente sobre o outro. Abre, assim, nova senda para a Ciência. Com o lhe mostrar a verdadeira causa de certas afecções, faculta-lhe os meios de as combater. Quando a Ciência levar em conta a ação do elemento espiritual na economia, menos frequentes serão os seus maus êxitos.

> XX. Todos os homens, a partir da infância, muito mais fazem de mal do que de bem.

Essa sentença de Sócrates fere a grave questão da predominância do mal na Terra, questão insolúvel sem o conhecimento da pluralidade dos mundos e da destinação do planeta terreno, habitado apenas por uma fração mínima da Humanidade. Somente o Espiritismo resolve essa questão, que se encontra explanada aqui adiante, nos capítulos (II, III e IV).

XXI. Ajuizado serás, não supondo que sabes o que ignoras.

Isso vai com vistas aos que criticam aquilo de que desconhecem até mesmo os primeiros termos. Platão completa esse pensamento de Sócrates, dizendo: "Tentemos, primeiro, torná-los, se for possível, mais honestos nas palavras; se não o forem, *não nos preocupemos com eles* e não procuremos senão a verdade. Cuidemos de instruir-nos, mas *não nos injuriemos*." É assim que devem proceder os espíritas com relação aos seus contraditores de boa ou má-fé. Revivesse hoje Platão e acharia as coisas quase como no seu tempo e poderia usar da mesma linguagem. Também Sócrates toparia criaturas que zombariam da sua crença nos Espíritos e que o qualificariam de louco, assim como ao seu discípulo Platão.

Foi por haver professado esses princípios que Sócrates se viu ridicularizado, depois acusado de impiedade e condenado a beber cicuta. Tão certo é que, levantando contra si os interesses e os preconceitos que elas ferem, as grandes verdades novas não se podem firmar sem luta e sem fazer mártires.

CAPÍTULO I

Não vim destruir a lei

- As três revelações: Moisés, Cristo, Espiritismo
- Aliança da Ciência e da Religião
- *Instruções dos Espíritos*: A nova era

1. Não penseis que eu tenha vindo destruir a lei ou os profetas; não os vim destruir, mas cumpri-los: porquanto em verdade vos digo que o céu e a Terra não passarão, sem que tudo o que se acha na lei esteja perfeitamente cumprido, enquanto reste um único jota e um único ponto. (Mateus, 5:17 e 18.)

Moisés

2. Na lei mosaica, há duas partes distintas: a Lei de Deus, promulgada no monte Sinai, e a lei civil ou disciplinar, decretada por Moisés. Uma é invariável; a outra, apropriada aos costumes e ao caráter do povo, se modifica com o tempo.

A Lei de Deus está formulada nos dez mandamentos seguintes:

I. Eu sou o Senhor, vosso Deus, que vos tirei do Egito, da casa da servidão. Não tereis, diante de mim, outros deuses estrangeiros. Não fareis imagem esculpida, nem figura alguma do que está em cima do céu, nem embaixo na Terra, nem do que quer que esteja nas águas sob a terra. Não os adorareis e não lhes prestareis culto soberano.

II. Não pronunciareis em vão o nome do Senhor, vosso Deus.

III. Lembrai-vos de santificar o dia do sábado.

IV. Honrai a vosso pai e a vossa mãe, a fim de viverdes longo tempo na terra que o Senhor vosso Deus vos dará.

V. Não mateis.

VI. Não cometais adultério.

VII. Não roubeis.

VIII. Não presteis testemunho falso contra o vosso próximo.

IX. Não desejeis a mulher do vosso próximo.

X. Não cobiceis a casa do vosso próximo, nem o seu servo, nem a sua serva, nem o seu boi, nem o seu asno, nem qualquer das coisas que lhe pertençam.

É de todos os tempos e de todos os países essa lei e tem, por isso mesmo, caráter divino. Todas as outras são leis que Moisés decretou, obrigado que se via a conter, pelo temor, um povo de seu natural turbulento e indisciplinado, no qual tinha ele de combater

arraigados abusos e preconceitos, adquiridos durante a escravidão do Egito. Para imprimir autoridade às suas leis, houve de lhes atribuir origem divina, conforme o fizeram todos os legisladores dos povos primitivos. A autoridade do homem precisava apoiar-se na autoridade de Deus; mas só a ideia de um Deus terrível podia impressionar criaturas ignorantes, nas quais ainda pouco desenvolvidos se encontravam o senso moral e o sentimento de uma justiça reta. É evidente que aquele que incluíra, entre os seus mandamentos, este: "Não matareis; não causareis dano ao vosso próximo", não poderia contradizer-se, fazendo da exterminação um dever. As leis moisaicas, propriamente ditas, revestiam, pois, um caráter essencialmente transitório.

Esses textos truncados que aparecem na tradução da Igreja Anglicana, na Católica de Figueiredo, na Protestante de Almeida e outras, tornam monstruosa a Justiça divina, pois que filhos, netos, bisnetos, tetranetos inocentes teriam de ser castigados pelo pecado dos pais, avós, bisavós, tetravós. Foi uma infeliz tentativa de acomodação da Lei à vida única.

O texto certo que, por mercê de Deus, já está reproduzido pelas edições recentíssimas a que nos referimos – traduções Brasileira e de Zamenhof – que conferem com São Jerônimo, mostra que a Lei ensina veladamente a reencarnação e as expiações e provas. Na primeira e na segunda gerações, como contemporâneos de seus filhos e netos, o Espírito culpado ainda não reencarnou, mas um pouco mais tarde – na terceira e quarta gerações – já ele voltou e recebe as consequências de suas faltas. Assim, o culpado mesmo, e não outrem, paga sua dívida.

Logo, tem-se de excluir a 1ª e 2ª gerações e expressar "na" 3ª e 4ª, como realmente é o original.

Achamos conveniente acrescentar aqui esta nota, para facilitar a compreensão do estudioso que confronte a sua tradução da *Bíblia* com a citação do Mestre.

O Cristo

3. Jesus não veio destruir a lei, isto é, a Lei de Deus; veio cumpri-la, isto é, desenvolvê-la, dar-lhe o verdadeiro sentido e adaptá-la ao grau de adiantamento dos homens. Por isso é que se nos depara, nessa lei, o princípio dos deveres para com Deus e para com o próximo, base da sua doutrina. Quanto às leis de Moisés, propriamente ditas, Ele, ao contrário, as modificou profundamente, quer na substância, quer na forma. Combatendo constantemente o abuso das práticas exteriores e as falsas interpretações, por mais radical reforma não podia fazê-las passar, do que as reduzindo a esta única prescrição: "Amar a Deus acima de todas as coisas e o próximo como a si mesmo", e acrescentando: *aí estão a lei toda e os profetas*.

Por estas palavras: "O céu e a Terra não passarão sem que tudo esteja cumprido até o último iota", quis dizer Jesus ser necessário que a Lei de Deus tivesse cumprimento integral, isto é, fosse praticada na Terra inteira, em toda a sua pureza, com todas as suas ampliações e consequências. Efetivamente, de que serviria haver sido promulgada aquela lei, se ela devesse constituir privilégio de alguns homens, ou, ao menos, de um único povo? Sendo filhos de Deus todos os homens, todos, sem distinção nenhuma, são objeto da mesma solicitude.

4. O papel de Jesus não foi o de um simples legislador moralista, tendo por exclusiva autoridade a sua palavra. Cabia-lhe dar cumprimento às pro-

fecias que lhe anunciaram o advento; a autoridade lhe vinha da natureza excepcional do seu Espírito e da sua missão divina. Ele viera ensinar aos homens que a verdadeira vida não é a que transcorre na Terra, e sim a que é vivida no Reino dos Céus; viera ensinar-lhes o caminho que a esse reino conduz, os meios de eles se reconciliarem com Deus e de pressentirem esses meios na marcha das coisas por vir, para a realização dos destinos humanos. Entretanto, não disse tudo, limitando-se, respeito a muitos pontos, a lançar o gérmen de verdades que, segundo Ele próprio o declarou, ainda não podiam ser compreendidas. Falou de tudo, mas em termos mais ou menos implícitos. Para ser apreendido o sentido oculto de algumas palavras suas, mister se fazia que novas ideias e novos conhecimentos lhes trouxessem a chave indispensável, ideias que, porém, não podiam surgir antes que o espírito humano houvesse alcançado um certo grau de madureza. A Ciência tinha de contribuir poderosamente para a eclosão e o desenvolvimento de tais ideias. Importava, pois, dar à Ciência tempo para progredir.

O Espiritismo

5. O Espiritismo é a ciência nova que vem revelar aos homens, por meio de provas irrecusáveis, a existência e a natureza do mundo espiritual e as suas relações com o mundo corpóreo. Ele no-lo mostra, não mais como coisa sobrenatural, porém,

ao contrário, como uma das forças vivas e sem cessar atuantes da Natureza, como a fonte de uma imensidade de fenômenos até hoje incompreendidos e, por isso, relegados para o domínio do fantástico e do maravilhoso. É a essas relações que o Cristo alude em muitas circunstâncias e daí vem que muito do que Ele disse permaneceu ininteligível ou falsamente interpretado. O Espiritismo é a chave com o auxílio da qual tudo se explica de modo fácil.

6. A lei do Antigo Testamento teve em Moisés a sua personificação; a do Novo Testamento tem-na no Cristo. O Espiritismo é a terceira revelação da Lei de Deus, mas não tem a personificá-la nenhuma individualidade, porque é fruto do ensino dado, não por um homem, sim pelos Espíritos, que são as *vozes do Céu*, em todos os pontos da Terra, com o concurso de uma multidão inumerável de intermediários. É, de certa maneira, um ser coletivo, formado pelo conjunto dos seres do mundo espiritual, cada um dos quais traz o tributo de suas luzes aos homens, para lhes tornar conhecido esse mundo e a sorte que os espera.

7. Assim como o Cristo disse: "Não vim destruir a lei, porém cumpri-la", também o Espiritismo diz: "Não venho destruir a lei cristã, mas dar-lhe execução." Nada ensina em contrário ao que ensinou o Cristo; mas desenvolve, completa e explica, em termos claros e para toda gente, o que foi dito apenas sob forma alegórica. Vem cumprir, nos tempos preditos, o que o Cristo anunciou e preparar a rea-

lização das coisas futuras. Ele é, pois, obra do Cristo, que preside, conforme igualmente o anunciou, à regeneração que se opera e prepara o Reino de Deus na Terra.

Aliança da Ciência e da Religião

8. A Ciência e a Religião são as duas alavancas da inteligência humana: uma revela as leis do mundo material e a outra as do mundo moral. *Tendo, no entanto, essas leis o mesmo princípio, que é Deus*, não podem contradizer-se. Se fossem a negação uma da outra, uma necessariamente estaria em erro e a outra com a verdade, porquanto Deus não pode pretender a destruição de sua própria obra. A incompatibilidade que se julgou existir entre essas duas ordens de ideias provém apenas de uma observação defeituosa e de excesso de exclusivismo, de um lado e de outro. Daí um conflito que deu origem à incredulidade e à intolerância.

São chegados os tempos em que os ensinamentos do Cristo têm de ser completados; em que o véu intencionalmente lançado sobre algumas partes desse ensino tem de ser levantado; em que a Ciência, deixando de ser exclusivamente materialista, tem de levar em conta o elemento espiritual e em que a Religião, deixando de ignorar as leis orgânicas e imutáveis da matéria, como duas forças que são, apoiando-se uma na outra e marchando combinadas, se prestarão mútuo concurso. Então, não mais desmentida pela Ciência, a Religião adquirirá inabalável poder, porque estará de acordo com a razão, já se lhe não podendo mais opor a irresistível lógica dos fatos.

A Ciência e a Religião não puderam, até hoje, entender-se, porque, encarando cada uma as coisas do seu ponto de vista exclusivo, reciprocamente se repeliam. Faltava com que encher o vazio que as separava, um traço de união que as aproximasse. Esse traço de união está no conhecimento das leis que regem o universo espiritual e suas relações com o mundo corpóreo, leis tão imutáveis quanto as que regem o movimento dos astros e a existência dos seres. Uma vez comprovadas pela experiência essas relações, nova luz se fez: a fé dirigiu-se à razão; esta nada encontrou de ilógico na fé: vencido foi o materialismo. Mas nisso, como em tudo, há pessoas que ficam atrás, até serem arrastadas pelo movimento geral, que as esmaga, se tentam resistir-lhe, em vez de o acompanharem. É toda uma revolução que neste momento se opera e trabalha os espíritos. Após uma elaboração que durou mais de dezoito séculos, chega ela à sua plena realização e vai marcar uma nova era na vida da Humanidade. Fáceis são de prever as consequências: acarretará para as relações sociais inevitáveis modificações, às quais ninguém terá força para se opor, porque elas estão nos desígnios de Deus e derivam da lei do progresso, que é Lei de Deus.

Instruções dos Espíritos
A nova era

9. Deus é único e Moisés é o Espírito que Ele enviou em missão para torná-lo conhecido não só dos hebreus, como também dos povos pagãos. O povo hebreu foi o instrumento de que se serviu Deus para se revelar por Moisés e pelos profetas, e as vicissitudes por que passou esse povo destinavam-se a chamar a atenção geral e a fazer cair o véu que ocultava aos homens a divindade.

Os mandamentos de Deus, dados por intermédio de Moisés, contêm o gérmen da mais ampla moral cristã. Os comentários da *Bíblia*, porém, restringiam-lhe o sentido, porque, praticada em toda a sua pureza, não na teriam então compreendido. Mas nem por isso os dez mandamentos de Deus deixavam de ser um como frontispício brilhante, qual farol destinado a clarear a estrada que a Humanidade tinha de percorrer.

A moral que Moisés ensinou era apropriada ao estado de adiantamento em que se encontravam os povos que ela se propunha regenerar, e esses povos, semisselvagens quanto ao aperfeiçoamento da alma, não teriam compreendido que se pudesse adorar a Deus de outro modo que não por meio de holocaustos, nem que se devesse perdoar a um inimigo. Notável do ponto de vista da matéria e mesmo do das Artes e das Ciências, a inteligência deles muito atrasada se achava em moralidade e não se houvera convertido sob o império de uma religião inteiramente espiritual. Era-lhes necessária uma representação semimaterial, qual a que apresentava então a religião hebraica. Os holocaustos lhes falavam aos sentidos, do mesmo passo que a ideia de Deus lhes falava ao espírito.

O Cristo foi o iniciador da mais pura, da mais sublime moral, da moral evangélico-cristã, que há de renovar o mundo, aproximar os homens e torná-los irmãos; que há de fazer brotar de todos os corações a caridade e o amor do próximo e estabelecer entre os humanos uma solidariedade comum; de uma perfeita moral, enfim, que há de transformar a Terra, tornando-a morada de Espíritos superiores aos que hoje a habitam. É a lei do progresso, a que a Natureza está submetida, que se cumpre, e o *Espiritismo* é a alavanca de que Deus se utiliza para fazer que a Humanidade avance.

São chegados os tempos em que se hão de desenvolver as ideias, para que se realizem os progressos que estão nos desígnios de Deus. Têm elas de seguir a mesma rota que percorreram as ideias de liberdade, suas precursoras. Não se acredite, porém, que esse desenvolvimento se efetue sem lutas. Não; aquelas ideias precisam, para atingirem a maturidade, de abalos e discussões, a fim de que atraiam a atenção das massas. Uma vez isso conseguido, a beleza e a santidade da moral tocarão os espíritos, que então abraçarão uma ciência que lhes dá a chave da vida futura e descerra as portas da felicidade eterna. Moisés abriu o caminho; Jesus continuou a obra; o Espiritismo a concluirá. – *Um Espírito israelita*. (Mulhouse, 1861.)

10. Um dia, Deus, em sua inesgotável caridade, permitiu que o homem visse a verdade varar as trevas. Esse dia foi o do advento do Cristo. Depois da luz viva, voltaram as trevas. Após alternativas de verdade e obscuridade, o mundo novamente se perdia. Então, semelhantemente aos profetas do Antigo Testamento, os Espíritos se puseram a falar e a vos advertir. O mundo está abalado em seus fundamentos; reboará o trovão. Sede firmes!

O Espiritismo é de ordem divina, pois que se assenta nas próprias Leis da Natureza, e estai certos de que tudo o que é de ordem divina tem grande e útil objetivo. O vosso mundo se perdia; a Ciência, desenvolvida à custa do que é de ordem moral, mas conduzindo-vos ao bem-estar material, redundava em proveito do espírito das trevas. Como sabeis, cristãos, o coração e o amor têm de caminhar unidos à Ciência. O reino do Cristo, ah! passados que são dezoito séculos e apesar do sangue de tantos mártires, ainda não veio. Cristãos, voltai para o Mestre, que vos quer salvar. Tudo é fácil àquele que crê e ama; o amor o enche de inefável alegria. Sim, meus filhos, o mundo está abalado; os bons Espíritos vo-lo dizem sobejamente; dobrai-vos à rajada que anuncia a tempestade, a fim de não serdes derribados, isto é, preparai-vos e não imiteis as virgens loucas, que foram apanhadas desprevenidas à chegada do esposo.

A revolução que se apresta é antes moral do que material. Os grandes Espíritos, mensageiros divinos, sopram a fé, para que todos vós, obreiros esclarecidos e ardorosos, façais ouvir a vossa voz humilde, porquanto sois o grão de areia; mas sem grãos de areia não existiriam as montanhas. Assim, pois, que estas palavras – "Somos pequenos" – careçam para vós de significação. A cada um a sua missão, a cada um o seu trabalho. Não constrói a formiga o edifício de sua república e imperceptíveis animálculos não elevam continentes? Começou a nova cruzada. Apóstolos da paz universal, que não de uma guerra, modernos São Bernardos, olhai e marchai para frente; a lei dos mundos é a do progresso. – *Fénelon*. (Poitiers, 1861.)

11. Santo Agostinho é um dos maiores vulgarizadores do Espiritismo. Manifesta-se quase por toda parte. A razão disso encontramo-la na vida desse grande filósofo cristão. Pertence ele à vigorosa falange dos Pais da Igreja, aos quais deve a cristandade seus mais sólidos esteios. Como vários outros, foi arrancado ao paganismo, ou melhor, à impiedade mais profunda, pelo fulgor da verdade. Quando, entregue aos maiores excessos, sentiu em sua alma aquela singular vibração que o fez voltar a si e compreender que a felicidade estava alhures, que não nos prazeres enervantes e fugitivos; quando, afinal, no seu caminho de Damasco, também lhe foi dado ouvir a santa voz a clamar-lhe: "Saulo, Saulo, por que me persegues?", exclamou: "Meu Deus!

Meu Deus! perdoai-me, creio, sou cristão!" E desde então tornou-se um dos mais fortes sustentáculos do Evangelho. Podem ler-se, nas notáveis confissões que esse eminente Espírito deixou, as características e, ao mesmo tempo, proféticas palavras que proferiu, depois da morte de Santa Mônica: *Estou convencido de que minha mãe me virá visitar e dar conselhos, revelando-me o que nos espera na vida futura.* Que ensinamento nessas palavras e que retumbante previsão da doutrina porvindoura! Essa a razão por que hoje, vendo chegada a hora de divulgar-se a verdade que ele outrora pressentira, se constituiu seu ardoroso disseminador e, por assim dizer, se multiplica para responder a todos os que o chamam. – *Erasto*, discípulo de Paulo. (Paris, 1863.)

Nota – Dar-se-á venha Santo Agostinho demolir o que edificou? Certamente que não. Como tantos outros, ele vê com os olhos do espírito o que não via como homem. Liberta, sua alma entrevê claridades novas, compreende o que antes não compreendia. Novas ideias lhe revelaram o sentido verdadeiro de algumas sentenças. Na Terra, apreciava as coisas de acordo com os conhecimentos que possuía; desde que, porém, uma nova luz lhe brilhou, pôde apreciá-las mais judiciosamente. Assim é que teve de abandonar a crença que alimentara nos Espíritos íncubos e súcubos e o anátema que lançara contra a teoria dos antípodas. Agora que o Cristianismo se lhe mostra em toda a pureza, pode ele, sobre alguns pontos, pensar de modo diverso do que pensava quando vivo, sem deixar de ser um apóstolo cristão. Pode, sem renegar a sua fé, constituir-se disseminador do Espiritismo, porque vê cumprir-se o que fora predito. Proclamando-o, na atualidade, outra coisa não faz senão conduzir-nos a uma interpretação mais acertada e lógica dos textos. O mesmo ocorre com outros Espíritos que se encontram em posição análoga.

CAPÍTULO II

Meu Reino não é deste mundo

- A vida futura • A realeza de Jesus • O ponto de vista
- *Instruções dos Espíritos*: Uma realeza terrestre

1. Pilatos, tendo entrado de novo no palácio e feito vir Jesus à sua presença, perguntou-lhe: "És o rei dos judeus?" – Respondeu-lhe Jesus: "*Meu reino não é deste mundo*. Se o meu reino fosse deste mundo, a minha gente houvera combatido para impedir que eu caísse nas mãos dos judeus; mas o meu reino ainda não é aqui."
Disse-lhe então Pilatos: "És, pois, rei?" – Jesus lhe respondeu: "Tu o dizes; sou rei; não nasci e não vim a este mundo senão para dar testemunho da verdade. Aquele que pertence à verdade escuta a minha voz." (João, 18:33, 36 e 37.)

A vida futura

2. Por essas palavras, Jesus claramente se refere à *vida futura*, que Ele apresenta, em todas as circunstâncias, como a meta que a Humanidade irá ter e como devendo constituir objeto das maiores preocupações do homem na Terra. Todas as suas máximas se reportam a esse grande princípio. Com efeito, sem a vida futura, nenhuma razão de ser teria a maior parte dos seus preceitos morais, donde

vem que os que não creem na vida futura, imaginando que Ele apenas falava na vida presente, não os compreendem, ou os consideram pueris.

Esse dogma pode, portanto, ser tido como o eixo do ensino do Cristo, pelo que foi colocado num dos primeiros lugares à frente desta obra. É que ele tem de ser o ponto de mira de todos os homens; só ele justifica as anomalias da vida terrena e se mostra de acordo com a Justiça de Deus.

3. Apenas ideias muito imprecisas tinham os judeus acerca da vida futura. Acreditavam nos anjos, considerando-os seres privilegiados da Criação; não sabiam, porém, que os homens podem um dia tornar-se anjos e partilhar da felicidade destes. Segundo eles, a observância das Leis de Deus era recompensada com os bens terrenos, com a supremacia da nação a que pertenciam, com vitórias sobre os seus inimigos. As calamidades públicas e as derrotas eram o castigo da desobediência àquelas leis. Moisés não pudera dizer mais do que isso a um povo pastor e ignorante, que precisava ser tocado, antes de tudo, pelas coisas deste mundo. Mais tarde, Jesus lhe revelou que há outro mundo, onde a Justiça de Deus segue o seu curso. É esse o mundo que Ele promete aos que cumprem os mandamentos de Deus e onde os bons acharão sua recompensa. Aí o seu reino; lá é que Ele se encontra na sua glória e para onde voltaria quando deixasse a Terra.

Jesus, porém, conformando seu ensino com o estado dos homens de sua época, não julgou conveniente dar-lhes luz completa, percebendo que eles ficariam deslumbrados, visto que não a compreenderiam. Limitou-se a, de certo modo, apresentar a vida futura apenas como um princípio, como uma Lei da Natureza a cuja ação ninguém pode fugir. Todo cristão, pois, necessariamente crê na vida futura; mas a ideia que muitos fazem dela é ainda vaga, incompleta e, por isso mesmo, falsa em diversos pontos. Para grande número de pessoas, não há, a tal respeito, mais do que uma crença, balda de certeza absoluta, donde as dúvidas e mesmo a incredulidade.

O Espiritismo veio completar, nesse ponto, como em vários outros, o ensino do Cristo, fazendo-o quando os homens já se mostram maduros bastante para apreender a verdade. Com o Espiritismo, a vida futura deixa de ser simples artigo de fé, mera hipótese; torna-se uma realidade material, que os fatos demonstram, porquanto são testemunhas oculares os que a descrevem nas suas fases todas e em todas as suas peripécias, e de tal sorte que, além de impossibilitarem qualquer dúvida a esse propósito, facultam à mais vulgar inteligência a possibilidade de imaginá-la sob seu verdadeiro aspecto, como toda gente imagina um país cuja pormenorizada descrição leia. Ora, a descrição da vida futura é tão circunstanciadamente feita, são tão racionais as condições, ditosas ou infortunadas, da existência dos que lá se encontram, quais eles próprios pintam, que cada um, aqui, a seu mau grado, reconhece e declara a si mesmo que não pode ser de outra forma, porquanto, assim sendo, patente fica a verdadeira Justiça de Deus.

A realeza de Jesus

4. Que não é deste mundo o reino de Jesus todos compreendem, mas também na Terra não terá Ele uma realeza? Nem sempre o título de rei implica o exercício do poder temporal. Dá-se esse título, por unânime consenso, a todo aquele que, pelo seu gênio, ascende à primeira plana numa ordem de ideias quaisquer, a todo aquele que domina o seu século e influi sobre o progresso da Humanidade. É nesse sentido que se costuma dizer: o rei ou príncipe dos filósofos, dos artistas, dos poetas, dos escritores etc. Essa realeza, oriunda do mérito pessoal, consagrada pela posteridade, não revela, muitas vezes, preponderância bem maior do que a que cinge a coroa real? Imperecível é a primeira, enquanto esta outra é joguete das vicissitudes; as gerações que se sucedem à primeira sempre a bendizem, ao passo que, por vezes, amaldiçoam a outra. Esta, a terrestre, acaba com a vida; a realeza moral se prolonga e mantém o seu poder, governa, sobretudo, após a morte. Sob esse aspecto não é Jesus mais poderoso rei do que os potentados da Terra? Razão, pois, lhe assistia para dizer a Pilatos, conforme disse: "Sou rei, mas o meu reino não é deste mundo."

O ponto de vista

5. A ideia clara e precisa que se faça da vida futura proporciona inabalável fé no porvir, fé que acarreta enormes consequências sobre a moralização dos homens, porque muda completamente *o ponto de vista sob o qual encaram eles a vida terrena.* Para quem se coloca, pelo pensamento, na vida espiritual, que é indefinida, a vida corpórea se torna simples passagem, breve estada num país ingrato. As vicissitudes e tribulações dessa vida não passam de incidentes que ele suporta com paciência, por sabê-las de curta duração, devendo seguir-se-lhes um estado mais ditoso. À morte nada mais restará de aterrador; deixa de ser a porta que se abre para o nada e torna-se a que dá para a libertação, pela qual entra o exilado numa mansão de bem-aventurança e de paz. Sabendo temporária e não definitiva a sua estada no lugar onde se encontra, menos atenção presta às preocupações da vida, resultando-lhe daí uma calma de espírito que tira àquela muito do seu amargor.

Pelo simples fato de duvidar da vida futura, o homem dirige todos os seus pensamentos para a vida terrestre. Sem nenhuma certeza quanto ao porvir, dá tudo ao presente. Nenhum bem divisando mais precioso do que os da Terra, torna-se qual a criança que nada mais vê além de seus brinquedos. E não há o que não faça para conseguir os únicos bens que se lhe afiguram reais. A perda do menor deles lhe ocasiona causticante pesar; um engano, uma decepção, uma ambição insatisfeita, uma injustiça de que seja vítima, o orgulho ou a vaidade feridos são outros tantos tormentos, que lhe transformam a existência numa perene angústia, *infligindo-se ele, desse modo, a si próprio, verdadeira tortura de todos os instantes*. Colocando o ponto de vista, de onde considera a vida corpórea, no lugar mesmo em que ele aí se encontra, vastas proporções assume tudo o que o rodeia. O mal que o atinja, como o bem que toque aos outros, grande importância adquire aos seus olhos. Àquele que se acha no interior de uma cidade, tudo lhe parece grande: assim os homens que ocupem as altas posições, como os monumentos. Suba ele, porém, a uma montanha, e logo bem pequenos lhe parecerão homens e coisas.

É o que sucede ao que encara a vida terrestre do ponto de vista da vida futura; a Humanidade, tanto quanto as estrelas do firmamento, perde-se na imensidade. Percebe então que grandes e pequenos estão confundidos, como formigas sobre um montículo de terra; que proletários e potentados são da mesma estatura, e lamenta que essas criaturas efêmeras a tantas canseiras se entreguem para conquistar um lugar que tão pouco as elevará e que por tão pouco tempo conservarão. Daí se segue que a importância dada aos bens terrenos está sempre em razão inversa da fé na vida futura.

6. Se toda a gente pensasse dessa maneira, dir-se-ia, tudo na Terra periclitaria, porquanto ninguém

mais se ocuparia com as coisas terrenas. Não; o homem, instintivamente, procura o seu bem-estar e, embora certo de que só por pouco tempo permanecerá no lugar em que se encontra, cuida de estar aí o melhor ou o menos mal que lhe seja possível. Ninguém há que, dando com um espinho debaixo de sua mão, não a retire, para se não picar. Ora, o desejo do bem-estar força o homem a tudo melhorar, impelido que é pelo instinto do progresso e da conservação, que está nas Leis da Natureza. Ele, pois, trabalha por necessidade, por gosto e por dever, obedecendo, desse modo, aos desígnios da Providência que, para tal fim, o pôs na Terra. Simplesmente, aquele que se preocupa com o futuro não liga ao presente mais do que relativa importância e facilmente se consola dos seus insucessos, pensando no destino que o aguarda.

Deus, conseguintemente, não condena os gozos terrenos; condena, sim, o abuso desses gozos em detrimento das coisas da alma. Contra tais abusos é que se premunem os que a si próprios aplicam estas palavras de Jesus: *Meu reino não é deste mundo*.

Aquele que se identifica com a vida futura assemelha-se ao rico que perde sem emoção uma pequena soma. Aquele cujos pensamentos se concentram na vida terrestre assemelha-se ao pobre que perde tudo o que possui e se desespera.

7. O Espiritismo dilata o pensamento e lhe rasga horizontes novos. Em vez dessa visão, acanhada e

mesquinha, que o concentra na vida atual, que faz do instante que vivemos na Terra único e frágil eixo do porvir eterno, ele, o Espiritismo, mostra que essa vida não passa de um elo no harmonioso e magnífico conjunto da obra do Criador. Mostra a solidariedade que conjuga todas as existências de um mesmo ser, todos os seres de um mesmo mundo e os seres de todos os mundos. Faculta assim uma base e uma razão de ser à fraternidade universal, enquanto a doutrina da criação da alma por ocasião do nascimento de cada corpo torna estranhos uns aos outros todos os seres. Essa solidariedade entre as partes de um mesmo todo explica o que inexplicável se apresenta, desde que se considere apenas um ponto. Esse conjunto, ao tempo do Cristo, os homens não o teriam podido compreender, motivo por que Ele reservou para outros tempos o fazê-lo conhecido.

Instruções dos Espíritos
Uma realeza terrestre

8. Quem melhor do que eu pode compreender a verdade destas palavras de nosso Senhor: "O meu reino não é deste mundo"? O orgulho me perdeu na Terra. Quem, pois, compreenderia o nenhum valor dos reinos da Terra, se eu o não compreendia? Que trouxe eu comigo da minha realeza terrena? Nada, absolutamente nada. E, como que para tornar mais terrível a lição, ela nem sequer me acompanhou até o túmulo! Rainha entre os homens, como rainha

julguei que penetrasse no Reino dos Céus! Que desilusão! Que humilhação, quando, em vez de ser recebida aqui qual soberana, vi acima de mim, mas muito acima, homens que eu julgava insignificantes e aos quais desprezava, por não terem sangue nobre! Oh! como então compreendi a esterilidade das honras e grandezas que com tanta avidez se requestam na Terra!

Para se granjear um lugar neste reino, são necessárias a abnegação, a humildade, a caridade em toda a sua celeste prática, a benevolência para com todos. Não se vos pergunta o que fostes, nem que posição ocupastes, mas que bem fizestes, quantas lágrimas enxugastes.

Ó Jesus, Tu o disseste, teu reino não é deste mundo, porque é preciso sofrer para chegar ao céu, de onde os degraus de um trono a ninguém aproximam. A ele só conduzem as veredas mais penosas da vida. Procurai-lhe, pois, o caminho, através das urzes e dos espinhos, não por entre as flores.

Correm os homens por alcançar os bens terrestres, como se os houvessem de guardar para sempre. Aqui, porém, todas as ilusões se somem. Cedo se apercebem eles de que apenas apanharam uma sombra e desprezaram os únicos bens reais e duradouros, os únicos que lhes aproveitam na morada celeste, os únicos que lhes podem facultar acesso a esta.

Compadecei-vos dos que não ganharam o Reino dos Céus; ajudai-os com as vossas preces, porquanto a prece aproxima do Altíssimo o homem; é o traço de união entre o céu e a Terra: não o esqueçais. – *Uma Rainha de França.* (Havre, 1863.)

CAPÍTULO III

Há muitas moradas na casa de meu Pai

• Diferentes estados da alma na erraticidade • Diferentes categorias de mundos habitados • Destinação da Terra. Causas das misérias humanas • *Instruções dos Espíritos*: Mundos inferiores e mundos superiores – Mundos de expiações e de provas – Mundos regeneradores – Progressão dos mundos

1. Não se turbe o vosso coração. Credes em Deus, crede também em mim. *Há muitas moradas na casa de meu Pai*; se assim não fosse, já Eu vo-lo teria dito, pois me vou para vos preparar o lugar. Depois que me tenha ido e que vos houver preparado o lugar, *voltarei* e vos retirarei para mim, a fim de que onde Eu estiver, também vós aí estejais. (João, 14:1 a 3.)

Diferentes estados da alma na erraticidade

2. A casa do Pai é o Universo. As diferentes moradas são os mundos que circulam no Espaço infinito e oferecem, aos Espíritos que neles encarnam, moradas correspondentes ao adiantamento dos mesmos Espíritos.

Independente da diversidade dos mundos, essas palavras de Jesus também podem referir-se ao estado venturoso ou desgraçado do Espírito na erraticidade. Conforme se ache este mais ou menos depurado e desprendido dos laços materiais, variarão ao infinito o meio em que ele se encontre, o aspecto das coisas, as sensações que experimente, as percepções que tenha. Enquanto uns não se podem afastar da esfera onde viveram, outros se elevam e percorrem o Espaço e os mundos; enquanto alguns Espíritos culpados erram nas trevas, os bem-aventurados gozam de resplendente claridade e do espetáculo sublime do Infinito; finalmente, enquanto o mau, atormentado de remorsos e pesares, muitas vezes insulado, sem consolação, separado dos que constituíam objeto de suas afeições, pena sob o guante dos sofrimentos morais, o justo, em convívio com aqueles a quem ama, frui as delícias de uma felicidade indizível. Também nisso, portanto, há muitas moradas, embora não circunscritas, nem localizadas.

Diferentes categorias de mundos habitados

3. Do ensino dado pelos Espíritos, resulta que muito diferentes umas das outras são as condições dos mundos, quanto ao grau de adiantamento ou de inferioridade dos seus habitantes. Entre eles há os em que estes últimos são ainda inferiores aos da Terra, física e moralmente; outros, da mesma categoria que o nosso; e outros que lhe são mais ou menos superiores a todos os respeitos. Nos mundos inferiores, a existência é toda material, reinam soberanas as paixões, sendo quase nula a vida moral. À

medida que esta se desenvolve, diminui a influência da matéria, de tal maneira que, nos mundos mais adiantados, a vida é, por assim dizer, toda espiritual.

4. Nos mundos intermédios, misturam-se o bem e o mal, predominando um ou outro, segundo o grau de adiantamento da maioria dos que os habitam. Embora se não possa fazer, dos diversos mundos, uma classificação absoluta, pode-se contudo, em virtude do estado em que se acham e da destinação que trazem, tomando por base os matizes mais salientes, dividi-los, de modo geral, como segue: mundos primitivos, destinados às primeiras encarnações da alma humana; mundos de expiação e provas, onde domina o mal; mundos de regeneração, nos quais as almas que ainda têm o que expiar haurem novas forças, repousando das fadigas da luta; mundos ditosos, onde o bem sobrepuja o mal; mundos celestes ou divinos, habitações de Espíritos depurados, onde exclusivamente reina o bem. A Terra pertence à categoria dos mundos de expiação e provas, razão por que aí vive o homem a braços com tantas misérias.

5. Os Espíritos que encarnam em um mundo não se acham a ele presos indefinidamente, nem nele atravessam todas as fases do progresso que lhes cumpre realizar, para atingir a perfeição. Quando, em um mundo, eles alcançam o grau de adiantamento que esse mundo comporta, passam para outro mais adiantado, e assim por diante, até que cheguem ao estado de puros Espíritos. São

outras tantas estações, em cada uma das quais se lhes deparam elementos de progresso apropriados ao adiantamento que já conquistaram. É-lhes uma recompensa ascenderem a um mundo de ordem mais elevada, como é um castigo o prolongarem a sua permanência em um mundo desgraçado, ou serem relegados para outro ainda mais infeliz do que aquele a que se veem impedidos de voltar quando se obstinaram no mal.

Destinação da Terra. Causas das misérias humanas

6. Muitos se admiram de que na Terra haja tanta maldade e tantas paixões grosseiras, tantas misérias e enfermidades de toda natureza, e daí concluem que a espécie humana bem triste coisa é. Provém esse juízo do acanhado ponto de vista em que se colocam os que o emitem e que lhes dá uma falsa ideia do conjunto. Deve-se considerar que na Terra não está a Humanidade toda, mas apenas uma pequena fração da Humanidade. Com efeito, a espécie humana abrange todos os seres dotados de razão que povoam os inúmeros orbes do Universo. Ora, que é a população da Terra, em face da população total desses mundos? Muito menos que a de uma aldeia, em confronto com a de um grande império. A situação material e moral da Humanidade terrena nada tem que espante, desde que se leve em conta a destinação da Terra e a natureza dos que a habitam.

7. Faria dos habitantes de uma grande cidade falsíssima ideia quem os julgasse pela população dos seus quarteirões mais ínfimos e sórdidos. Num hospital, ninguém vê senão doentes e estropiados; numa penitenciária, veem-se reunidas todas as torpezas, todos os vícios; nas regiões insalubres, os habitantes, em sua maioria, são pálidos, franzinos e enfermiços. Pois bem: figure-se a Terra como um subúrbio, um hospital, uma penitenciária, um sítio malsão, e ela é simultaneamente tudo isso, e compreender-se-á por que as aflições sobrelevam aos gozos, porquanto não se mandam para o hospital os que se acham com saúde, nem para as casas de correção os que nenhum mal praticaram; nem os hospitais e as casas de correção se podem ter por lugares de deleite.

Ora, assim como, numa cidade, a população não se encontra toda nos hospitais ou nas prisões, também na Terra não está a Humanidade inteira. E, do mesmo modo que do hospital saem os que se curaram e da prisão os que cumpriram suas penas, o homem deixa a Terra quando está curado de suas enfermidades morais.

Instruções dos Espíritos
Mundos inferiores e mundos superiores

8. A qualificação de mundos inferiores e mundos superiores nada tem de absoluta; é, antes, muito relativa. Tal mundo é inferior ou superior com referência aos que lhe estão acima ou abaixo, na escala progressiva.

Tomada a Terra por termo de comparação, pode-se fazer ideia do estado de um mundo inferior, supondo os seus habitantes na condição das raças selvagens ou das nações bárbaras que ainda entre nós se encontram, restos do estado primitivo do nosso orbe. Nos mais atrasados, são de certo modo rudimentares os seres que os habitam. Revestem a forma humana, mas sem nenhuma beleza. Seus instintos não têm a abrandá-los qualquer sentimento de delicadeza ou de benevolência, nem as noções do justo e do injusto. A força bruta é, entre eles, a única lei. Carentes de indústrias e de invenções, passam a vida na conquista de alimentos. Deus, entretanto, a nenhuma de suas criaturas abandona; no fundo das trevas da inteligência jaz, latente, a vaga intuição, mais ou menos desenvolvida, de um Ente supremo. Esse instinto basta para torná-los superiores uns aos outros e para lhes preparar a ascensão a uma vida mais completa, porquanto eles não são seres degradados, mas crianças que estão a crescer.

Entre os degraus inferiores e os mais elevados, inúmeros outros há, e difícil é reconhecer-se nos Espíritos puros, desmaterializados e resplandecentes de glória, os que foram esses seres primitivos, do mesmo modo que no homem adulto se custa a reconhecer o embrião.[5]

---

[5] N.E.: Ver *Nota Explicativa*, p. 579.

9. Nos mundos que chegaram a um grau superior, as condições da vida moral e material são muitíssimo diversas das da vida na Terra. Como por toda parte, a forma corpórea aí é sempre a humana, mas embelezada, aperfeiçoada e, sobretudo, purificada. O corpo nada tem da materialidade terrestre e não está, conseguintemente, sujeito às necessidades, nem às doenças ou deteriorações que a predominância da matéria provoca.

Mais apurados, os sentidos são aptos a percepções a que neste mundo a grosseria da matéria obsta. A leveza específica do corpo permite locomoção rápida e fácil: em vez de se arrastar penosamente pelo solo, desliza, a bem dizer, pela superfície, ou plana na atmosfera, sem qualquer outro esforço além do da vontade, conforme se representam os anjos, ou como os antigos imaginavam os manes nos Campos Elíseos. Os homens conservam, a seu grado, os traços de suas passadas migrações e se mostram a seus amigos tais quais estes os conheceram, porém, irradiando uma luz divina, transfigurados pelas impressões interiores, então sempre elevadas. Em lugar de semblantes descorados, abatidos pelos sofrimentos e paixões, a inteligência e a vida cintilam com o fulgor que os pintores hão figurado no nimbo ou auréola dos santos.

A pouca resistência que a matéria oferece a Espíritos já muito adiantados torna rápido o desenvolvimento dos corpos e curta ou quase nula a infância. Isenta de cuidados e angústias, a vida é proporcionalmente muito mais longa do que na Terra. Em princípio, a longevidade guarda proporção com o grau de adiantamento dos mundos. A morte de modo algum acarreta os horrores da decomposição; longe de causar pavor, é considerada uma transformação feliz, por isso que lá não existe a dúvida sobre o porvir. Durante a vida, a alma, já não tendo a constringi-la a matéria compacta, expande-se e goza de uma lucidez que a coloca em estado quase permanente de emancipação e lhe consente a livre transmissão do pensamento.

10. Nesses mundos venturosos, as relações, sempre amistosas entre os povos, jamais são perturbadas pela ambição, da parte de qualquer deles, de escravizar o seu vizinho, nem pela guerra que daí decorre. Não há senhores, nem escravos, nem privilegiados pelo nascimento; só a superioridade moral e intelectual estabelece diferença entre as condições e dá a supremacia. A autoridade merece o respeito de todos, porque somente ao mérito é conferida e se exerce sempre com justiça. *O homem não procura elevar-se acima do homem, mas acima de si mesmo, aperfeiçoando-se.* Seu objetivo é galgar à categoria dos Espíritos puros, não lhe constituindo um tormento esse desejo, porém, uma ambição nobre, que o induz a estudar com ardor para igualar-se a eles. Lá, todos os sentimentos delicados e elevados da natureza humana se acham engrandecidos e purificados; desconhecem-se os ódios, os mesquinhos ciúmes, as baixas cobiças da

inveja; um laço de amor e fraternidade prende uns aos outros todos os homens, ajudando os mais fortes aos mais fracos. Possuem bens, em maior ou menor quantidade, conforme os tenham adquirido, mais ou menos por meio da inteligência; ninguém, todavia, sofre, por lhe faltar o necessário, uma vez que ninguém se acha em expiação. Numa palavra: o mal, nesses mundos, não existe.

11. No vosso, precisais do mal para sentirdes o bem; da noite, para admirardes a luz; da doença, para apreciardes a saúde. Naqueles outros não há necessidade desses contrastes. A eterna luz, a eterna beleza e a eterna serenidade da alma proporcionam uma alegria eterna, livre de ser perturbada pelas angústias da vida material, ou pelo contato dos maus, que lá não têm acesso. Isso o que o espírito humano maior dificuldade encontra para compreender. Ele foi bastante engenhoso para pintar os tormentos do inferno, mas nunca pôde imaginar as alegrias do céu. Por quê? Porque, sendo inferior, só há experimentado dores e misérias, jamais entreviu as claridades celestes; não pode, pois, falar do que não conhece. À medida, porém, que se eleva e depura, o horizonte se lhe dilata e ele compreende o bem que está diante de si, como compreendeu o mal que lhe está atrás.

12. Entretanto, os mundos felizes não são orbes privilegiados, visto que Deus não é parcial para qualquer de seus filhos; a todos dá os mesmos direitos e as mesmas facilidades para chegarem a

tais mundos. Fá-los partir todos do mesmo ponto e a nenhum dota melhor do que aos outros; a todos são acessíveis as mais altas categorias: apenas lhes cumpre conquistá-las pelo seu trabalho, alcançá-las mais depressa, ou permanecer inativos por séculos de séculos no lodaçal da Humanidade. (*Resumo do ensino de todos os Espíritos superiores.*)

Mundos de expiações e de provas

13. Que vos direi dos mundos de expiações que já não saibais, pois basta observeis o em que habitais? A superioridade da inteligência, em grande número dos seus habitantes, indica que a Terra não é um mundo primitivo, destinado à encarnação dos Espíritos que acabaram de sair das mãos do Criador. As qualidades inatas que eles trazem consigo constituem a prova de que já viveram e realizaram certo progresso. Mas também os numerosos vícios a que se mostram propensos constituem o índice de grande imperfeição moral. Por isso os colocou Deus num mundo ingrato, para expiarem aí suas faltas, mediante penoso trabalho e misérias da vida, até que hajam merecido ascender a um planeta mais ditoso.

14. Entretanto, nem todos os Espíritos que encarnam na Terra vão para aí em expiação. As raças a que chamais selvagens são formadas de Espíritos que apenas saíram da infância e que na Terra se acham, por assim dizer, em curso de educação, para se desenvolverem pelo contato com Espíritos

mais adiantados. Vêm depois as raças semicivilizadas, constituídas desses mesmos Espíritos em via de progresso. São elas, de certo modo, raças indígenas da Terra, que aí se elevaram pouco a pouco em longos períodos seculares, algumas das quais hão podido chegar ao aperfeiçoamento intelectual dos povos mais esclarecidos.

Os Espíritos em expiação, se nos podemos exprimir dessa forma, são exóticos na Terra; já viveram noutros mundos, donde foram excluídos em consequência da sua obstinação no mal e por se haverem constituído, em tais mundos, causa de perturbação para os bons. Tiveram de ser degredados, por algum tempo, para o meio de Espíritos mais atrasados, com a missão de fazer que estes últimos avançassem, pois que levam consigo inteligências desenvolvidas e o gérmen dos conhecimentos que adquiriram. Daí vem que os Espíritos em punição se encontram no seio das raças mais inteligentes. Por isso mesmo, para essas raças é que de mais amargor se revestem os infortúnios da vida. É que há nelas mais sensibilidade, sendo, portanto, mais provadas pelas contrariedades e desgostos do que as raças primitivas, cujo senso moral se acha mais embotado.[6]

15. A Terra, conseguintemente, oferece um dos tipos de mundos expiatórios, cuja variedade é infinita, mas revelando todos, como caráter comum, o servirem de lugar de exílio para Espíritos rebeldes à

---

[6] N.E.: Ver *Nota Explicativa,* p. 579.

Lei de Deus. Esses Espíritos têm aí de lutar, ao mesmo tempo, com a perversidade dos homens e com a inclemência da Natureza, duplo e árduo trabalho que simultaneamente desenvolve as qualidades do coração e as da inteligência. É assim que Deus, em sua bondade, faz que o próprio castigo redunde em proveito do progresso do Espírito. – *Santo Agostinho*. (Paris, 1862.)

Mundos regeneradores

16. Entre as estrelas que cintilam na abóbada azul do firmamento, quantos mundos não haverá como o vosso, destinados pelo Senhor à expiação e à provação! Mas também os há mais miseráveis e melhores, como os há de transição, que se podem denominar de regeneradores. Cada turbilhão planetário, a deslocar-se no Espaço em torno de um centro comum, arrasta consigo seus mundos primitivos, de exílio, de provas, de regeneração e de felicidade. Já se vos há falado de mundos onde a alma recém-nascida é colocada, quando ainda ignorante do bem e do mal, mas com a possibilidade de caminhar para Deus, senhora de si mesma, na posse do livre-arbítrio. Já também se vos revelou de que amplas faculdades é dotada a alma para praticar o bem. Mas, ah! há as que sucumbem, e Deus, que não as quer aniquiladas, lhes permite irem para esses mundos onde, de encarnação em encarnação, elas se depuram, regeneram e voltam dignas da glória que lhes fora destinada.

17. Os mundos regeneradores servem de transição entre os mundos de expiação e os mundos felizes. A alma penitente encontra neles a calma e o repouso e acaba por depurar-se. Sem dúvida, em tais mundos o homem ainda se acha sujeito às leis que regem a matéria; a Humanidade experimenta as vossas sensações e desejos, mas liberta das paixões desordenadas de que sois escravos, isenta do orgulho que impõe silêncio ao coração, da inveja que a tortura, do ódio que a sufoca. Em todas as frontes, vê-se escrita a palavra amor; perfeita equidade preside às relações sociais, todos reconhecem Deus e tentam caminhar para Ele, cumprindo-lhe as leis.

Nesses mundos, todavia, ainda não existe a felicidade perfeita, mas a aurora da felicidade. O homem lá é ainda de carne e, por isso, sujeito às vicissitudes de que libertos só se acham os seres completamente desmaterializados. Ainda tem de suportar provas, porém, sem as pungentes angústias da expiação. Comparados à Terra, esses mundos são bastante ditosos e muitos dentre vós se alegrariam de habitá-los, pois que eles representam a calma após a tempestade, a convalescença após a moléstia cruel. Contudo, menos absorvido pelas coisas materiais, o homem divisa, melhor do que vós, o futuro; compreende a existência de outros gozos prometidos pelo Senhor aos que deles se mostrem dignos, quando a morte lhes houver de novo ceifado os corpos, a fim de lhes outorgar a verdadeira vida. Então, liberta, a alma pairará acima de todos os horizontes. Não mais sentidos materiais e grosseiros; somente os sentidos de um perispírito puro e celeste, a aspirar as emanações do próprio Deus, nos aromas de amor e de caridade que do seu seio emanam.

18. Mas, ah! nesses mundos, ainda falível é o homem e o espírito do mal não há perdido completamente o seu império. Não avançar é recuar, e, se o homem não se houver firmado bastante na senda do bem, pode recair nos mundos de expiação, onde, então, novas e mais terríveis provas o aguardam.

Contemplai, pois, à noite, à hora do repouso e da prece, a abóbada azulada e, das inúmeras esferas que brilham sobre as vossas cabeças, indagai de vós mesmos quais as que conduzem a Deus e pedi-lhe que um mundo regenerador vos abra seu seio após a expiação na Terra. – *Santo Agostinho*. (Paris, 1862.)

Progressão dos mundos

19. O progresso é Lei da Natureza. A essa lei todos os seres da Criação, animados e inanimados, foram submetidos pela bondade de Deus, que quer que tudo se engrandeça e prospere. A própria destruição, que aos homens parece o termo final de todas as coisas, é apenas um meio de se chegar, pela transformação, a um estado mais perfeito, visto que tudo morre para renascer e nada sofre o aniquilamento.

Ao mesmo tempo que todos os seres vivos progridem moralmente, progridem materialmente os mundos em que eles habitam. Quem pudesse acompanhar um mundo em suas diferentes fases, desde o instante em que se aglomeraram os primeiros átomos destinados a constituí-lo, vê-lo-ia a percorrer uma escala incessantemente progressiva, mas de degraus imperceptíveis para cada geração, e a oferecer aos seus habitantes uma morada cada vez mais agradável, à medida que eles próprios avançam na senda do progresso. Marcham assim, paralelamente, o progresso do homem, o dos animais, seus auxiliares, o dos vegetais e o da habitação, porquanto nada em a Natureza permanece estacionário. Quão grandiosa é essa ideia e digna da majestade do Criador! Quanto, ao contrário, é mesquinha e indigna do seu poder a que concentra a sua solicitude e a sua providência no imperceptível grão de areia, que é a Terra, e restringe a Humanidade aos poucos homens que a habitam!

Segundo aquela lei, este mundo esteve material e moralmente num estado inferior ao em que hoje se acha e se alçará sob esse duplo aspecto a um grau mais elevado. Ele há chegado a um dos seus períodos de transformação, em que, de orbe expiatório, mudar-se-á em planeta de regeneração, onde os homens serão ditosos, porque nele imperará a Lei de Deus. – *Santo Agostinho*. (Paris, 1862.)

CAPÍTULO IV

Ninguém poderá ver o Reino de Deus se não nascer de novo

• Ressurreição e reencarnação • A reencarnação fortalece os laços de família, ao passo que a unicidade da existência os rompe • *Instruções dos Espíritos*: Limites da encarnação – Necessidade da encarnação

1. Jesus, tendo vindo às cercanias de Cesareia de Filipe, interrogou assim seus discípulos: "Que dizem os homens com relação ao Filho do Homem? Quem dizem que Eu sou?" – Eles lhe responderam: "Dizem uns que és João Batista; outros, que Elias; outros, que Jeremias, ou algum dos profetas." – Perguntou-lhes Jesus: "E vós, quem dizeis que Eu sou?" – Simão Pedro, tomando a palavra, respondeu: "Tu és o Cristo, o Filho do Deus vivo." – Replicou-lhe Jesus: "Bem-aventurado és, Simão, filho de Jonas, porque não foram a carne nem o sangue que isso te revelaram, mas meu Pai, que está nos céus." (Mateus, 16:13 a 17; Marcos, 8:27 a 30.)

2. Nesse ínterim, Herodes, o Tetrarca, ouvira falar de tudo o que fazia Jesus e seu espírito se achava em suspenso, porque uns diziam que João Batista ressuscitara dentre os mortos; outros que aparecera Elias; e outros que um dos antigos profetas ressuscitara. Disse então Herodes: "Mandei cortar a cabeça a João Batista; quem é então

esse de quem ouço dizer tão grandes coisas?" – E ardia por vê-lo. (Marcos, 6:14 a 16; Lucas, 9:7 a 9.)

3. (Após a transfiguração.) Seus discípulos então o interrogaram desta forma: "Por que dizem os escribas ser preciso que antes volte Elias?" – Jesus lhes respondeu: "É verdade que Elias há de vir e restabelecer todas as coisas, mas Eu vos declaro que Elias já veio e eles não o conheceram e o trataram como lhes aprouve. É assim que farão sofrer o Filho do Homem." – Então, seus discípulos compreenderam que fora de João Batista que Ele falara. (Mateus, 17:10 a 13; Marcos, 9:11 a 13.)

Ressurreição e reencarnação

4. A reencarnação fazia parte dos dogmas dos judeus, sob o nome de *ressurreição*. Só os saduceus, cuja crença era a de que tudo acaba com a morte, não acreditavam nisso. As ideias dos judeus sobre esse ponto, como sobre muitos outros, não eram claramente definidas, porque apenas tinham vagas e incompletas noções acerca da alma e da sua ligação com o corpo. Criam eles que um homem que vivera podia reviver, sem saberem precisamente de que maneira o fato poderia dar-se. Designavam pelo termo *ressurreição* o que o Espiritismo, mais judiciosamente, chama *reencarnação*. Com efeito, a ressurreição dá ideia de voltar à vida o corpo que já está morto, o que a Ciência demonstra ser materialmente impossível, sobretudo quando os elementos desse corpo já se acham desde muito tempo dispersos e absorvidos.

A *reencarnação* é a volta da alma ou Espírito à vida corpórea, mas em outro corpo especialmente formado para ele e que nada tem de comum com o antigo. A palavra *ressurreição* podia assim aplicar-se a Lázaro, mas não a Elias, nem aos outros profetas. Se, portanto, segundo a crença deles, João Batista era Elias, o corpo de João não podia ser o de Elias, pois que João fora visto criança e seus pais eram conhecidos. João, pois, podia ser Elias *reencarnado*, porém, não *ressuscitado*.

> 5. Ora, entre os fariseus, havia um homem chamado Nicodemos, senador dos judeus – que veio à noite ter com Jesus e lhe disse: "Mestre, sabemos que vieste da parte de Deus para nos instruir como um doutor, porquanto ninguém poderia fazer os milagres que fazes, se Deus não estivesse com ele."
> Jesus lhe respondeu: "Em verdade, em verdade, digo-te: *Ninguém pode ver o Reino de Deus se não nascer de novo.*"
> Disse-lhe Nicodemos: "Como pode nascer um homem já velho? Pode tornar a entrar no ventre de sua mãe, para nascer segunda vez?"
> Retorquiu-lhe Jesus: "Em verdade, em verdade, digo-te: Se um homem não renasce da água e do Espírito, não pode entrar no Reino de Deus. – O que é nascido da carne é carne e o que é nascido do Espírito é Espírito. – Não te admires de que Eu te haja dito ser preciso que nasças de novo. – O Espírito sopra onde quer e ouves a sua voz, mas não sabes donde vem ele, nem para onde vai; o mesmo se dá com todo homem que é nascido do Espírito."
> Respondeu-lhe Nicodemos: "Como pode isso fazer-se?"

– Jesus lhe observou: "Pois quê! és mestre em Israel e ignoras estas coisas? Digo-te em verdade, em verdade, que não dizemos senão o que sabemos e que não damos testemunho, senão do que temos visto. Entretanto, não aceitas o nosso testemunho. Mas se não me credes quando vos falo das coisas da Terra, como me crereis quando vos fale das coisas do céu?" (João, 3:1 a 12.)

6. A ideia de que João Batista era Elias e de que os profetas podiam reviver na Terra se nos depara em muitas passagens dos Evangelhos, notadamente nas acima reproduzidas (itens 1, 2, 3). Se fosse errônea essa crença, Jesus não houvera deixado de a combater, como combateu tantas outras. Longe disso, Ele a sanciona com toda a sua autoridade e a põe por princípio e como condição necessária quando diz: "Ninguém pode ver o Reino de Deus se não nascer de novo." E insiste, acrescentando: *"Não te admires de que Eu te haja dito ser preciso nasças de novo."*

7. Estas palavras: *Se um homem não renasce da água e do Espírito* foram interpretadas no sentido da regeneração pela água do batismo. O texto primitivo, porém, rezava simplesmente: *não renasce da água e do Espírito*, ao passo que nalgumas traduções as palavras – *do Espírito* – foram substituídas pelas seguintes: do *Santo Espírito*, o que já não corresponde ao mesmo pensamento. Esse ponto capital ressalta dos primeiros comentários a que os Evangelhos deram

lugar, como se comprovará um dia, sem equívoco possível.[7]

8. Para se apanhar o verdadeiro sentido dessas palavras, cumpre também se atente na significação do termo *água* que ali não fora empregado na acepção que lhe é própria.

Muito imperfeitos eram os conhecimentos dos antigos sobre as ciências físicas. Eles acreditavam que a Terra saíra das águas e, por isso, consideravam a água como elemento gerador absoluto. Assim é que em Gênesis, capítulo 1, se lê: "O Espírito de Deus era levado sobre as águas; flutuava sobre as águas; Que o firmamento seja feito no meio das águas; Que as águas que estão debaixo do céu se reúnam em um só lugar e que apareça o elemento árido; Que as águas *produzam* animais vivos que nadem na água e pássaros que voem sobre a terra e sob o firmamento."

Segundo essa crença, a água se tornara o símbolo da natureza material, como o Espírito era o

---

[7] Nota de Allan Kardec: A tradução de Osterwald está conforme o texto primitivo. Diz: "**Não renasce da água e do Espírito**"; a de Sacy diz: **do Santo Espírito**; a de Lamennais: **do Espírito Santo**.

À nota de Allan Kardec, podemos hoje acrescentar que as modernas traduções já restituíram o texto primitivo, pois que só imprimem "Espírito", e não Espírito **Santo**. Examinamos a tradução brasileira, a inglesa, a em Esperanto, a de Ferreira de Almeida, e em todas elas está somente "Espírito".

Além dessas modernas, encontramos a confirmação numa latina de Theodoro de Beza, de 1642, que diz: "**...genitus ex aqua et Spiritu...**""**...et quod genitum est ex Spiritu, spiritus est.**" É fora de dúvida que a palavra "Santo" foi interpolada, como diz Kardec.

da natureza inteligente. Estas palavras: "Se o homem não renasce da água e do Espírito, ou em água e em Espírito", significam pois: "Se o homem não renasce com seu corpo e sua alma." É nesse sentido que a princípio as compreenderam.

Tal interpretação se justifica, aliás, por estas outras palavras: *O que é nascido da carne é carne e o que é nascido do Espírito é Espírito*. Jesus estabelece aí uma distinção positiva entre o Espírito e o corpo. O que é nascido da carne é carne indica claramente que só o corpo procede do corpo e que o Espírito independe deste.

9. *O Espírito sopra onde quer; ouves-lhe a voz, mas não sabes nem donde ele vem, nem para onde vai*: pode-se entender que se trata do Espírito de Deus, que dá vida a quem ele quer, ou *da alma do homem*. Nesta última acepção – "não sabes donde ele vem, nem para onde vai" – significa que ninguém sabe o que foi, nem o que será o Espírito. Se o Espírito, ou alma, fosse criado ao mesmo tempo que o corpo, saber-se-ia donde ele veio, pois que se lhe conheceria o começo. Como quer que seja, essa passagem consagra o princípio da preexistência da alma e, por conseguinte, o da pluralidade das existências.

> 10. Ora, desde o tempo de João Batista até o presente, o Reino dos Céus é tomado pela violência e são os violentos que o arrebatam; pois que assim o profetizaram todos os profetas até João, e também a lei. Se quiserdes compreender o que vos digo, *ele mesmo é o Elias que há de vir*. Ouça-o aquele que tiver ouvidos de ouvir. (Mateus, 11:12 a 15.)

11. Se o princípio da reencarnação, conforme se acha expresso em João, podia, a rigor, ser interpretado em sentido puramente místico, o mesmo já não acontece com esta passagem de Mateus, que não permite equívoco: *ele mesmo é o Elias que há de vir.* Não há aí figura, nem alegoria: é uma afirmação positiva. – "Desde o tempo de João Batista até o presente o Reino dos Céus é tomado pela violência." Que significam essas palavras, uma vez que João Batista ainda vivia naquele momento? Jesus as explica, dizendo: "Se quiserdes compreender o que digo, ele mesmo é o Elias que há de vir." Ora, sendo João o próprio Elias, Jesus alude à época em que João vivia com o nome de Elias. "Até o presente o Reino dos Céus é tomado pela violência": outra alusão à violência da lei moisaica, que ordenava o extermínio dos infiéis, para que os demais ganhassem a Terra Prometida, Paraíso dos Hebreus, ao passo que, segundo a nova lei, o céu se ganha pela caridade e pela brandura.

E acrescentou: *Ouça aquele que tiver ouvidos de ouvir.* Essas palavras, que Jesus tanto repetiu, claramente dizem que nem todos estavam em condições de compreender certas verdades.

> 12. Aqueles do vosso povo a quem a morte foi dada *viverão de novo*; aqueles que estavam mortos em meio a mim ressuscitarão. Despertai do vosso sono e entoai louvores a Deus, vós que habitais no pó; porque o orvalho que cai sobre vós é um orvalho de luz e porque arruinareis a Terra e o reino dos gigantes. (Isaías, 26:19.)

13. É também muito explícita esta passagem de Isaías: "Aqueles do vosso povo a quem a morte foi dada *viverão de novo*." Se o profeta houvera querido falar da vida espiritual, se houvera pretendido dizer que aqueles que tinham sido executados não estavam mortos em Espírito, teria dito: *ainda vivem*, e não: *viverão de novo*. No sentido espiritual, essas palavras seriam um contrassenso, pois que implicariam uma interrupção na vida da alma. No sentido de *regeneração moral*, seriam a negação das penas eternas, pois que estabelecem, em princípio, que *todos os que estão mortos reviverão*.

14. Mas quando o homem há morrido *uma vez*, quando seu corpo, separado de seu espírito, foi consumido, que é feito dele? – Tendo morrido uma vez, poderia o homem *reviver de novo*? Nesta guerra em que me acho todos os dias da minha vida, espero que chegue a minha mutação. (Jó, 14:10 e 14. Tradução de Lemaistre de Sacy.)

Quando o homem morre, perde toda a sua força, expira. Depois, onde está ele?

– Se o homem morre, *viverá de novo*? Esperarei todos os dias de meu combate, até que venha alguma mutação? (Idem. Tradução protestante de Osterwald.)

Quando o homem está morto, vive sempre; acabando os dias da *minha existência terrestre*, esperarei, porquanto *a ela voltarei de novo*. (Idem. Versão da Igreja grega.)

15. Nessas três versões, o princípio da pluralidade das existências se acha claramente expresso. Ninguém poderá supor que Jó haja querido falar da regeneração pela água do batismo, que ele decerto não conhecia.

"Tendo o homem morrido *uma vez*, poderia *reviver de novo?*" A ideia de morrer uma vez, e de reviver implica a de morrer e reviver muitas vezes. A versão da Igreja grega ainda é mais explícita, se é que isso é possível: "Acabando os dias da minha *existência terrena*, esperarei, porquanto *a ela voltarei*", ou, voltarei à existência terrestre. Isso é tão claro, como se alguém dissesse: "Saio de minha casa, mas a ela tornarei."

"Nesta guerra em que me encontro todos os dias de minha vida, *espero* que se dê a minha mutação." Jó, evidentemente, pretendeu referir-se à luta que sustentava contra as misérias da vida. Espera a sua mutação, isto é, resigna-se. Na versão grega, *esperarei* parece aplicar-se, preferentemente, a uma nova existência: "Quando a minha existência estiver acabada, *esperarei*, porquanto a ela voltarei." Jó como que se coloca, após a morte, no intervalo que separa uma existência de outra e diz que lá aguardará o momento de voltar.

16. Não há, pois, duvidar de que, sob o nome de ressurreição, o princípio da reencarnação era ponto de uma das crenças fundamentais dos judeus, ponto que Jesus e os profetas confirmaram de modo formal; donde se segue que negar a

reencarnação é negar as palavras do Cristo. Um dia, porém, suas palavras, quando forem meditadas sem ideias preconcebidas, reconhecer-se-ão autorizadas quanto a esse ponto, bem como em relação a muitos outros.

17. A essa autoridade, do ponto de vista religioso, se adita, do ponto de vista filosófico, a das provas que resultam da observação dos fatos. Quando se trata de remontar dos efeitos às causas, a reencarnação surge como de necessidade absoluta, como condição inerente à Humanidade; numa palavra: como Lei da Natureza. Pelos seus resultados, ela se evidencia, de modo, por assim dizer, material, da mesma forma que o motor oculto se revela pelo movimento. Só ela pode dizer ao homem *donde ele vem, para onde vai, por que está na Terra*, e justificar todas as anomalias e todas as aparentes injustiças que a vida apresenta.[8]

Sem o princípio da preexistência da alma e da pluralidade das existências, são ininteligíveis, em sua maioria, as máximas do Evangelho, razão por que hão dado lugar a tão contraditórias interpretações. Está nesse princípio a chave que lhes restituirá o sentido verdadeiro.

---

[8] Nota de Allan Kardec: Veja-se, para os desenvolvimentos do dogma da reencarnação, *O livro dos espíritos*, caps. IV e V; *O que é o espiritismo*, cap. II, por Allan Kardec; *Pluralidade das existências*, por Pezzani.

A reencarnação fortalece os laços de família, ao passo que a unicidade da existência os rompe

18. Os laços de família não sofrem destruição alguma com a reencarnação, como o pensam certas pessoas. Ao contrário, tornam-se mais fortalecidos e apertados. O princípio oposto, sim, os destrói.

No Espaço, os Espíritos formam grupos ou famílias entrelaçados pela afeição, pela simpatia e pela semelhança das inclinações. Ditosos por se encontrarem juntos, esses Espíritos se buscam uns aos outros. A encarnação apenas momentaneamente os separa, porquanto, ao regressarem à erraticidade, novamente se reúnem como amigos que voltam de uma viagem. Muitas vezes, até, uns seguem a outros na encarnação, vindo aqui reunir-se numa mesma família, ou num mesmo círculo, a fim de trabalharem juntos pelo seu mútuo adiantamento. Se uns encarnam e outros não, nem por isso deixam de estar unidos pelo pensamento. Os que se conservam livres velam pelos que se acham em cativeiro. Os mais adiantados se esforçam por fazer que os retardatários progridam. Após cada existência, todos têm avançado um passo na senda do aperfeiçoamento. Cada vez menos presos à matéria, mais viva se lhes torna a afeição recíproca, pela razão mesma de que, mais depurada, não tem a perturbá-la o egoísmo, nem as sombras das paixões. Podem, portanto, percorrer, assim, ilimitado número de existências corpóreas, sem que nenhum golpe receba a mútua estima que os liga.

Está bem visto que aqui se trata de afeição real, de alma a alma, única que sobrevive à destruição do corpo, porquanto os seres que neste mundo se unem apenas pelos sentidos nenhum motivo têm para se procurarem no mundo dos Espíritos. Duráveis somente o são as afeições espirituais; as de natureza carnal se extinguem com a causa que lhes deu origem. Ora, semelhante causa não subsiste no mundo dos Espíritos, enquanto a alma existe sempre. No que concerne às pessoas que se unem exclusivamente por motivo de interesse, essas nada realmente são umas para as outras: a morte as separa na Terra e no céu.

19. A união e a afeição que existem entre pessoas parentes são um índice da simpatia anterior que as aproximou. Daí vem que, falando-se de alguém cujo caráter, gostos e pendores nenhuma semelhança apresentam com os dos seus parentes mais próximos, se costuma dizer que ela não é da família. Dizendo-se isso, enuncia-se uma verdade mais profunda do que se supõe. Deus permite que, nas famílias, ocorram essas encarnações de Espíritos antipáticos ou estranhos, com o duplo objetivo de servir de prova para uns e, para outros, de meio de progresso. Assim, os maus se melhoram pouco a pouco, ao contato dos bons e por efeito dos cuidados que se lhes dispensam. O caráter deles se abranda, seus costumes se apuram, as antipatias se esvaem. É desse modo que se opera a fusão das diferentes categorias de Espíritos, como se dá na Terra com as raças e os povos.[9]

---

[9] N.E.: Ver *Nota Explicativa*, p. 579.

20. O temor de que a parentela aumente indefinidamente, em consequência da reencarnação, é de fundo egoístico: prova, naquele que o sente, falta de amor bastante amplo para abranger grande número de pessoas. Um pai, que tem muitos filhos, ama-os menos do que amaria a um deles se fosse único? Mas tranquilizem-se os egoístas: não há fundamento para semelhante temor. Do fato de um homem ter tido dez encarnações, não se segue que vá encontrar, no mundo dos Espíritos, dez pais, dez mães, dez mulheres e um número proporcional de filhos e de parentes novos. Lá encontrará sempre os que foram objeto da sua afeição, os quais se lhe terão ligado na Terra, a títulos diversos, e, talvez, sob o mesmo título.

21. Vejamos agora as consequências da doutrina antirreencarnacionista. Ela, necessariamente, anula a preexistência da alma. Sendo estas criadas ao mesmo tempo que os corpos, nenhum laço anterior há entre elas, que, nesse caso, serão completamente estranhas umas às outras. O pai é estranho a seu filho. A filiação das famílias fica assim reduzida à só filiação corporal, sem qualquer laço espiritual. Não há então motivo algum para quem quer que seja glorificar-se de haver tido por antepassados tais ou tais personagens ilustres. Com a reencarnação, ascendentes e descendentes podem já se terem conhecido, vivido juntos, amado, e podem reunir-se mais tarde, a fim de apertarem entre si os laços de simpatia.

22. Isso quanto ao passado. Quanto ao futuro, segundo um dos dogmas fundamentais que decorrem

da não reencarnação, a sorte das almas se acha irrevogavelmente determinada, após uma só existência. A fixação definitiva da sorte implica a cessação de todo progresso, pois desde que haja qualquer progresso já não há sorte definitiva. Conforme tenham vivido bem ou mal, elas vão imediatamente para a mansão dos bem-aventurados ou para o inferno eterno. *Ficam assim, imediatamente e para sempre, separadas e sem esperança de tornarem a juntar-se*, de forma que pais, mães e filhos, maridos e mulheres, irmãos, irmãs e amigos jamais podem estar certos de se ver novamente; é a ruptura absoluta dos laços de família.

Com a reencarnação e progresso a que dá lugar, todos os que se amaram tornam a encontrar-se na Terra e no Espaço e juntos gravitam para Deus. Se alguns fraquejam no caminho, esses retardam o seu adiantamento e a sua felicidade, mas não há para eles perda de toda esperança. Ajudados, encorajados e amparados pelos que os amam, um dia sairão do lodaçal em que se enterraram. Com a reencarnação, finalmente, há perpétua solidariedade entre os encarnados e os desencarnados, e, daí, estreitamento dos laços de afeição.

23. Em resumo, quatro alternativas se apresentam ao homem para o seu futuro de além-túmulo: 1ª, o nada, de acordo com a doutrina materialista; 2ª, a absorção no todo universal, de acordo com a doutrina panteísta; 3ª, a individualidade, com fixação definitiva da sorte, segundo a doutrina da Igreja; 4ª, a individualidade, com progressão indefinita,

conforme a Doutrina Espírita. Segundo as duas primeiras, os laços de família se rompem por ocasião da morte e nenhuma esperança resta às almas de se encontrarem futuramente. Com a terceira, há para elas a possibilidade de se tornarem a ver, desde que sigam para a mesma região, que tanto pode ser o inferno como o paraíso. Com a pluralidade das existências, inseparável da progressão gradativa, há a certeza na continuidade das relações entre os que se amaram, e é isso o que constitui a verdadeira família.

Instruções dos Espíritos
Limites da encarnação

24. *Quais os limites da encarnação?*

A bem dizer, a encarnação carece de limites precisamente traçados, se tivermos em vista apenas o envoltório que constitui o corpo do Espírito, dado que a materialidade desse envoltório diminui à proporção que o Espírito se purifica. Em certos mundos mais adiantados do que a Terra, já ele é menos compacto, menos pesado e menos grosseiro e, por conseguinte, menos sujeito a vicissitudes. Em grau mais elevado, é diáfano e quase fluídico. Vai desmaterializando-se de grau em grau e acaba por se confundir com o perispírito. Conforme o mundo em que é levado a viver, o Espírito reveste o invólucro apropriado à natureza desse mundo.

O próprio perispírito passa por transformações sucessivas. Torna-se cada vez mais etéreo, até a depuração completa, que é a condição dos puros Espíritos. Se mundos especiais são destinados a Espíritos de grande adiantamento, estes últimos não lhes ficam presos, como nos mundos inferiores. O estado de desprendimento em que se encontram lhes permite ir a toda parte onde os chamem as missões que lhes estejam confiadas.

Se se considerar do ponto de vista material a encarnação, tal como se verifica na Terra, poder-se-á dizer que ela se limita aos mundos inferiores. Depende, portanto, de o Espírito libertar-se dela mais ou menos rapidamente, trabalhando pela sua purificação.

Deve também considerar-se que no estado de desencarnado, isto é, no intervalo das existências corporais, a situação do Espírito guarda relação com a natureza do mundo a que o liga o grau do seu adiantamento. Assim, na erraticidade, é ele mais ou menos ditoso, livre e esclarecido, conforme está mais ou menos desmaterializado. – *São Luís*. (Paris, 1859.)

Necessidade da encarnação

25. *É um castigo a encarnação e somente os Espíritos culpados estão sujeitos a sofrê-la?*

A passagem dos Espíritos pela vida corporal é necessária para que eles possam cumprir, por meio de uma ação material, os desígnios cuja execução Deus lhes confia. É-lhes necessária, a bem deles, visto que a atividade que são obrigados a exercer lhes auxilia o desenvolvimento da inteligência. Sendo soberanamente justo, Deus tem de distribuir tudo igualmente por todos os seus filhos; assim é que estabeleceu para todos o mesmo ponto de partida, a mesma aptidão, *as mesmas obrigações a cumprir e a mesma liberdade de proceder*. Qualquer privilégio seria uma preferência, e toda preferência, uma injustiça; mas a encarnação, para todos os Espíritos, é apenas um estado transitório. É uma tarefa que Deus lhes impõe, quando iniciam a vida, como primeira experiência do uso que farão do livre-arbítrio. Os que desempenham com zelo essa tarefa transpõem rapidamente e menos penosamente os primeiros graus da iniciação e mais cedo gozam do fruto de seus labores. Os que, ao contrário, usam mal da liberdade que Deus lhes concede retardam a sua marcha e, tal seja a obstinação que demonstrem, podem prolongar indefinidamente a necessidade da reencarnação e é quando se torna um castigo. – *São Luís*. (Paris, 1859.)

26. Nota. Uma comparação vulgar fará se compreenda melhor essa diferença. O escolar não chega aos estudos superiores da Ciência, senão depois de haver percorrido a série das classes que até lá o conduzirão. Essas classes, qualquer que seja o trabalho que exijam, são um meio de o estudante alcançar o fim, e não um castigo que se lhe inflige. Se ele é esforçado, abrevia o caminho, no qual, então, menos espinhos encontra. Outro tanto não sucede àquele a quem a negligência e a preguiça obrigam a passar duplamente por certas classes. Não é o trabalho da classe que constitui a punição; esta se acha na obrigação de recomeçar o mesmo trabalho.

Assim acontece com o homem na Terra. Para o Espírito do selvagem, que está apenas no início da vida espiritual, a encarnação é um meio de ele desenvolver a sua inteligência; contudo, para o homem esclarecido, em quem o senso moral se acha largamente desenvolvido e que é obrigado a percorrer de novo as etapas de uma vida corpórea cheia de angústias, quando já poderia ter chegado ao fim, é um castigo, pela necessidade em que se vê de prolongar sua permanência em mundos inferiores e desgraçados. Aquele que, ao contrário, trabalha ativamente pelo seu progresso moral, além de abreviar o tempo da encarnação material, pode também transpor de uma só vez os degraus intermédios que o separam dos mundos superiores.

Não poderiam os Espíritos encarnar uma única vez em determinado globo e preencher em esferas diferentes suas diferentes existências? Semelhante modo de ver só seria admissível se, na Terra, todos os homens estivessem exatamente no mesmo nível intelectual e moral. As diferenças que há entre eles, desde o selvagem ao homem civilizado, mostram quais os degraus que têm de subir. A encarnação, aliás, precisa ter um fim útil. Ora, qual seria o das encarnações efêmeras das crianças que morrem em tenra idade? Teriam sofrido sem proveito para si, nem para outrem. Deus, cujas leis todas são soberanamente sábias, nada faz de inútil. Pela reencarnação no mesmo globo, quis Ele que os mesmos Espíritos, pondo-se novamente em contato, tivessem ensejo de reparar seus danos recíprocos. Por meio das suas relações anteriores, quis, além disso, estabelecer sobre base espiritual os laços de família e apoiar numa lei natural os princípios da solidariedade, da fraternidade e da igualdade.

CAPÍTULO V

Bem-aventurados os aflitos

• Justiça das aflições • Causas atuais das aflições • Causas anteriores das aflições • Esquecimento do passado • Motivos de resignação • O suicídio e a loucura • *Instruções dos Espíritos*: Bem e mal sofrer – O mal e o remédio – A felicidade não é deste mundo – Perda de pessoas amadas. Mortes prematuras – Se fosse um homem de bem, teria morrido – Os tormentos voluntários – A desgraça real – A melancolia – Provas voluntárias. O verdadeiro cilício – Dever-se-á pôr termo às provas do próximo? – Será lícito abreviar a vida de um doente que sofra sem esperança de cura? – Sacrifício da própria vida – Proveito dos sofrimentos para outrem

1. Bem-aventurados os que choram, pois que serão consolados. Bem-aventurados os famintos e os sequiosos de justiça, pois que serão saciados. Bem-aventurados os que sofrem perseguição pela justiça, pois que é deles o Reino dos Céus. (Mateus, 5:4, 6 e 10.)

2. Bem-aventurados vós, que sois pobres, porque vosso é o Reino dos Céus. Bem-aventurados vós, que agora tendes fome, porque sereis saciados. Ditosos sois, vós que agora chorais, porque rireis. (Lucas, 6:20 e 21.)

Mas ai de vós, ricos! que tendes no mundo a vossa consolação. Ai de vós que estais saciados, porque tereis fome. Ai de vós que agora rides, porque sereis constrangidos a gemer e a chorar. (Lucas, 6:24 e 25.)

Justiça das aflições

3. Somente na vida futura podem efetivar-se as compensações que Jesus promete aos aflitos da Terra. Sem a certeza do futuro, estas máximas seriam um contrassenso; mais ainda: seriam um engodo. Mesmo com essa certeza, dificilmente se compreende a conveniência de sofrer para ser feliz. É, dizem, para se ter maior mérito. Mas, então, pergunta-se: por que sofrem uns mais do que outros? Por que nascem uns na miséria e outros na opulência, sem coisa alguma haverem feito que justifique essas posições? Por que uns nada conseguem, ao passo que a outros tudo parece sorrir? Todavia, o que ainda menos se compreende é que os bens e os males sejam tão desigualmente repartidos entre o vício e a virtude; e que os homens virtuosos sofram, ao lado dos maus que prosperam. A fé no futuro pode consolar e infundir paciência, mas não explica essas anomalias, que parecem desmentir a Justiça de Deus. Entretanto, desde que admita a existência de Deus, ninguém o pode conceber sem o infinito das perfeições. Ele necessariamente tem todo o poder, toda a justiça, toda a bondade, sem o que não seria Deus. Se é soberanamente bom e justo, não pode agir caprichosamente, nem com parcialidade. *Logo, as vicissitudes da vida derivam de uma causa e, pois que Deus é justo, justa há de ser essa causa.* Isso o de que cada um deve bem compenetrar-se. Por meio dos ensinos de Jesus, Deus pôs os homens na direção dessa causa, e

hoje, julgando-os suficientemente maduros para compreendê-la, lhes revela completamente a aludida causa, por meio do *Espiritismo*, isto é, pela *palavra dos Espíritos*.

Causas atuais das aflições

4. De duas espécies são as vicissitudes da vida, ou, se o preferirem, promanam de duas fontes bem diferentes, que importa distinguir. Umas têm sua causa na vida presente; outras, fora desta vida.

Remontando-se à origem dos males terrestres, reconhecer-se-á que muitos são consequência natural do caráter e do proceder dos que os suportam.

Quantos homens caem por sua própria culpa! Quantos são vítimas de sua imprevidência, de seu orgulho e de sua ambição!

Quantos se arruínam por falta de ordem, de perseverança, pelo mau proceder, ou por não terem sabido limitar seus desejos!

Quantas uniões desgraçadas, porque resultaram de um cálculo de interesse ou de vaidade e nas quais o coração não tomou parte alguma!

Quantas dissensões e funestas disputas se teriam evitado com um pouco de moderação e menos suscetibilidade!

Quantas doenças e enfermidades decorrem da intemperança e dos excessos de todo gênero!

Quantos pais são infelizes com seus filhos, porque não lhes combateram desde o princípio as más tendências! Por fraqueza, ou indiferença, deixaram que neles se desenvolvessem os germens do orgulho, do egoísmo e da tola vaidade, que produzem a secura do coração; depois, mais tarde, quando colhem o que semearam, admiram-se e se afligem da falta de deferência com que são tratados e da ingratidão deles.

Interroguem friamente suas consciências todos os que são feridos no coração pelas vicissitudes e decepções da vida; remontem passo a passo à origem dos males que os torturam e verifiquem se, as mais das vezes, não poderão dizer: *Se eu houvesse feito, ou deixado de fazer tal coisa, não estaria em semelhante condição.*

A quem, então, há de o homem responsabilizar por todas essas aflições, senão a si mesmo? O homem, pois, em grande número de casos, é o causador de seus próprios infortúnios; mas, em vez de reconhecê-lo, acha mais simples, menos humilhante para a sua vaidade acusar a sorte, a Providência, a má fortuna, a má estrela, ao passo que a má estrela é apenas a sua incúria.

Os males dessa natureza fornecem, indubitavelmente, um notável contingente ao cômputo das vicissitudes da vida. O homem as evitará quando trabalhar por se melhorar moralmente, tanto quanto intelectualmente.

5. A lei humana atinge certas faltas e as pune. Pode, então, o condenado reconhecer que sofre a consequência do que fez. Mas a lei não atinge, nem pode atingir todas as faltas; incide especialmente

sobre as que trazem prejuízo à sociedade e não sobre as que só prejudicam os que as cometem. Deus, porém, quer que todas as suas criaturas progridam e, portanto, não deixa impune qualquer desvio do caminho reto. Não há falta alguma, por mais leve que seja, nenhuma infração da sua lei, que não acarrete forçosas e inevitáveis consequências, mais ou menos deploráveis. Daí se segue que, nas pequenas coisas, como nas grandes, o homem é sempre punido por aquilo em que pecou. Os sofrimentos que decorrem do pecado são-lhe uma advertência de que procedeu mal. Dão-lhe experiência, fazem-lhe sentir a diferença existente entre o bem e o mal e a necessidade de se melhorar para, de futuro, evitar o que lhe originou uma fonte de amarguras; sem o que, motivo não haveria para que se emendasse. Confiante na impunidade, retardaria seu avanço e, consequentemente, a sua felicidade futura.

Entretanto, a experiência, algumas vezes, chega um pouco tarde: quando a vida já foi desperdiçada e turbada; quando as forças já estão gastas e sem remédio o mal. Põe-se então o homem a dizer: "Se no começo dos meus dias eu soubera o que sei hoje, quantos passos em falso teria evitado! *Se houvesse de recomeçar*, conduzir-me-ia de outra maneira. No entanto, já não há mais tempo!" Como o obreiro preguiçoso, que diz: "Perdi o meu dia", também ele diz: "Perdi a minha vida." Contudo, assim como para o obreiro o sol se levanta no dia seguinte, permitindo-lhe neste reparar o tempo perdido, também para o homem, após a noite do túmulo, brilhará o sol de uma nova vida, em que lhe será possível aproveitar a experiência do passado e suas boas resoluções para o futuro.

Causas anteriores das aflições

6. Mas se há males nesta vida cuja causa primária é o homem, outros há também aos quais, pelo menos na aparência, ele é completamente estranho e que parecem atingí-lo como por fatalidade. Tal, por exemplo, a perda de entes queridos e a dos que são o amparo da família. Tais, ainda, os acidentes que nenhuma previsão poderia impedir; os reveses da fortuna, que frustram todas as precauções aconselhadas pela prudência; os flagelos naturais, as enfermidades de nascença, sobretudo as que tiram a tantos infelizes os meios de ganhar a vida pelo trabalho: as deformidades, a idiotia, o cretinismo etc.

Os que nascem nessas condições, certamente nada hão feito na existência atual para merecer, sem compensação, tão triste sorte, que não podiam evitar, que são impotentes para mudar por si mesmos e que os põe à mercê da comiseração pública. Por que, pois, seres tão desgraçados, enquanto, ao lado deles, sob o mesmo teto, na mesma família, outros são favorecidos de todos os modos?

Que dizer, enfim, dessas crianças que morrem em tenra idade e da vida só conheceram sofrimentos?

Problemas são esses que ainda nenhuma filosofia pôde resolver, anomalias que nenhuma religião pôde justificar e que seriam a negação da bondade, da justiça e da providência de Deus, se se verificasse a hipótese de ser criada a alma ao mesmo tempo que o corpo e de estar a sua sorte irrevogavelmente determinada após a permanência de alguns instantes na Terra. Que fizeram essas almas, que acabam de sair das mãos do Criador, para que se vissem, neste mundo, a braços com tantas misérias e para merecerem no futuro uma recompensa ou uma punição qualquer, visto que não hão podido praticar nem o bem, nem o mal?

Todavia, por virtude do axioma segundo o qual *todo efeito tem uma causa*, tais misérias são efeitos que hão de ter uma causa e, desde que se admita um Deus justo, essa causa também há de ser justa. Ora, ao efeito precedendo sempre a causa, se esta não se encontra na vida atual, há de ser anterior a essa vida, isto é, há de estar numa existência precedente. Por outro lado, não podendo Deus punir alguém pelo bem que fez, nem pelo mal que não fez, se somos punidos, é que fizemos o mal; se esse mal não o fizemos na presente vida, tê-lo-emos feito noutra. É uma alternativa a que ninguém pode fugir e em que a lógica decide de que parte se acha a Justiça de Deus.

O homem, pois, nem sempre é punido, ou punido completamente, na sua existência atual; mas não escapa nunca às consequências de suas faltas.

A prosperidade do mau é apenas momentânea; se ele não expiar hoje, expiará amanhã, ao passo que aquele que sofre está expiando o seu passado. O infortúnio que, à primeira vista, parece imerecido tem sua razão de ser, e aquele que se encontra em sofrimento pode sempre dizer: "Perdoa-me, Senhor, porque pequei."

7. Os sofrimentos devidos a causas anteriores à existência presente, como os que se originam de culpas atuais, são muitas vezes a consequência da falta cometida, isto é, o homem, pela ação de uma rigorosa justiça distributiva, sofre o que fez sofrer aos outros. Se foi duro e desumano, poderá ser a seu turno tratado duramente e com desumanidade; se foi orgulhoso, poderá nascer em humilhante condição; se foi avaro, egoísta, ou se fez mau uso de suas riquezas, poderá ver-se privado do necessário; se foi mau filho, poderá sofrer pelo procedimento de seus filhos etc.

Assim se explicam pela pluralidade das existências e pela destinação da Terra, como mundo expiatório, as anomalias que apresenta a distribuição da ventura e da desventura entre os bons e os maus neste planeta. Semelhante anomalia, contudo, só existe na aparência, porque considerada tão só do ponto de vista da vida presente. Aquele que se elevar, pelo pensamento, de maneira a apreender toda uma série de existências, verá que a cada um é atribuída a parte que lhe compete, sem prejuízo da que lhe tocará no mundo dos Espíritos, e verá que a Justiça de Deus nunca se interrompe.

Jamais deve o homem olvidar que se acha num mundo inferior, ao qual somente as suas imperfeições o conservam preso. A cada vicissitude, cumpre-lhe lembrar-se de que, se pertencesse a um mundo mais adiantado, isso não se daria e que só de si depende não voltar a este, trabalhando por se melhorar.

8. As tribulações podem ser impostas a Espíritos endurecidos, ou extremamente ignorantes, para levá-los a fazer uma escolha com conhecimento de causa. Os Espíritos *penitentes*, porém, desejosos de reparar o mal que hajam feito e de proceder melhor, esses as escolhem livremente. Tal o caso de um que, havendo desempenhado mal sua tarefa, pede lha deixem recomeçar, para não perder o fruto de seu trabalho. As tribulações, portanto, são, ao mesmo tempo, expiações do passado, que recebe nelas o merecido castigo, e provas com relação ao futuro, que elas preparam. Rendamos graças a Deus, que, em sua bondade, faculta ao homem reparar seus erros e não o condena irrevogavelmente por uma primeira falta.

9. Não há crer, no entanto, que todo sofrimento suportado neste mundo denote a existência de uma determinada falta. Muitas vezes são simples provas buscadas pelo Espírito para concluir a sua depuração e ativar o seu progresso. Assim, a expiação serve sempre de prova, mas nem sempre a prova é uma expiação. Provas e expiações, todavia, são sempre sinais de relativa inferioridade, porquanto o que é perfeito não precisa ser provado. Pode, pois,

um Espírito haver chegado a certo grau de elevação e, nada obstante, desejoso de adiantar-se mais, solicitar uma missão, uma tarefa a executar, pela qual tanto mais recompensado será, se sair vitorioso, quanto mais rude haja sido a luta. Tais são, especialmente, essas pessoas de instintos naturalmente bons, de alma elevada, de nobres sentimentos inatos, que parece nada de mau haverem trazido de suas precedentes existências e que sofrem, com resignação toda cristã, as maiores dores, somente pedindo a Deus que as possam suportar sem murmurar. Pode-se, ao contrário, considerar como expiações as aflições que provocam queixas e impelem o homem à revolta contra Deus.

Sem dúvida, o sofrimento que não provoca queixumes pode ser uma expiação; mas é indício de que foi buscada voluntariamente, antes que imposta, e constitui prova de forte resolução, o que é sinal de progresso.

10. Os Espíritos não podem aspirar à completa felicidade, até que não se tenham tornado puros: qualquer mácula lhes interdita a entrada nos mundos ditosos. São como os passageiros de um navio onde há pestosos, aos quais se veda o acesso à cidade a que aportem, até que se hajam expurgado. Mediante as diversas existências corpóreas é que os Espíritos se vão expungindo, pouco a pouco, de suas imperfeições. As provações da vida os fazem adiantar-se, quando bem suportadas. Como expiações, elas apagam as faltas e

purificam. São o remédio que limpa as chagas e cura o doente. Quanto mais grave é o mal, tanto mais enérgico deve ser o remédio. Aquele, pois, que muito sofre deve reconhecer que muito tinha a expiar e deve regozijar-se à ideia da sua próxima cura. Dele depende, pela resignação, tornar proveitoso o seu sofrimento e não lhe estragar o fruto com as suas impaciências, visto que, do contrário, terá de recomeçar.

Esquecimento do passado

11. Em vão se objeta que o esquecimento constitui obstáculo a que se possa aproveitar da experiência de vidas anteriores. Havendo Deus entendido de lançar um véu sobre o passado, é que há nisso vantagem. Com efeito, a lembrança traria gravíssimos inconvenientes. Poderia, em certos casos, humilhar-nos singularmente, ou, então, exaltar-nos o orgulho e, assim, entravar o nosso livre-arbítrio. Em todas as circunstâncias, acarretaria inevitável perturbação nas relações sociais.

Frequentemente, o Espírito renasce no mesmo meio em que já viveu, estabelecendo de novo relações com as mesmas pessoas, a fim de reparar o mal que lhes haja feito. Se reconhecesse nelas as a quem odiara, quiçá o ódio se lhe despertaria outra vez no íntimo. De todo modo, ele se sentiria humilhado em presença daquelas a quem houvesse ofendido.

Para nos melhorarmos, outorgou-nos Deus, precisamente, o de que necessitamos e nos basta: a voz da consciência e as tendências instintivas. Priva-nos do que nos seria prejudicial.

Ao nascer, traz o homem consigo o que adquiriu, nasce qual se fez; em cada existência, tem um novo ponto de partida. Pouco lhe importa saber o que foi antes: se se vê punido, é que praticou o mal. Suas atuais tendências más indicam o que lhe resta a corrigir em si próprio e é nisso que deve concentrar-se toda a sua atenção, porquanto, daquilo de que se haja corrigido completamente, nenhum traço mais conservará. As boas resoluções que tomou são a voz da consciência, advertindo-o do que é bem e do que é mal e dando-lhe forças para resistir às tentações.

Aliás, o esquecimento ocorre apenas durante a vida corpórea. Volvendo à vida espiritual, readquire o Espírito a lembrança do passado; nada mais há, portanto, do que uma interrupção temporária, semelhante à que se dá na vida terrestre durante o sono, a qual não obsta a que, no dia seguinte, nos recordemos do que tenhamos feito na véspera e nos dias precedentes.

E não é somente após a morte que o Espírito recobra a lembrança do passado. Pode dizer-se que jamais a perde, pois que, como a experiência o demonstra, mesmo encarnado, adormecido o corpo, ocasião em que goza de certa liberdade, o Espírito tem consciência de seus atos anteriores; sabe por que sofre e que sofre com justiça. A lembrança unicamente se apaga no curso da vida exterior, da vida de relação, mas na falta de uma recordação exata, que lhe poderia ser penosa e prejudicá-lo nas suas relações sociais, forças novas haure ele nesses instantes de emancipação da alma, se os sabe aproveitar.

Motivos de resignação

12. Por estas palavras: *Bem-aventurados os aflitos, pois que serão consolados*, Jesus aponta a compensação que hão de ter os que sofrem e a resignação que leva o padecente a bendizer do sofrimento, como prelúdio da cura.

Também podem essas palavras ser traduzidas assim: Deveis considerar-vos felizes por sofrerdes, visto que as dores deste mundo são o pagamento da dívida que as vossas passadas faltas vos fizeram contrair; suportadas pacientemente na Terra, essas dores vos poupam séculos de sofrimentos na vida futura. Deveis, pois, sentir-vos felizes por reduzir Deus a vossa dívida, permitindo que a saldeis agora, o que vos garantirá a tranquilidade no porvir.

O homem que sofre assemelha-se a um devedor de avultada soma, a quem o credor diz: "Se me pagares hoje mesmo a centésima parte do teu débito, quitar-te-ei do restante e ficarás livre; se o não fizeres, atormentar-te-ei, até que pagues a última parcela." Não se sentiria feliz o devedor por suportar toda espécie de privações para se libertar, pagando apenas a centésima parte do que deve?

Em vez de se queixar do seu credor, não lhe ficará agradecido?

Tal o sentido das palavras: "Bem-aventurados os aflitos, pois que serão consolados." São ditosos porque se quitam e porque, depois de se haverem quitado, estarão livres. Se, porém, o homem, ao quitar-se de um lado, endivida-se de outro, jamais poderá alcançar a sua libertação. Ora, cada nova falta aumenta a dívida, porquanto nenhuma há, qualquer que ela seja, que não acarrete forçosa e inevitavelmente uma punição. Se não for hoje, será amanhã; se não for na vida atual, será noutra. Entre essas faltas, cumpre se coloque na primeira fiada a carência de submissão à vontade de Deus. Logo, se murmurarmos nas aflições, se não as aceitarmos com resignação e como algo que devemos ter merecido, se acusarmos a Deus de ser injusto, nova dívida contraímos, que nos faz perder o fruto que devíamos colher do sofrimento. É por isso que teremos de recomeçar, absolutamente como se, a um credor que nos atormente, pagássemos uma cota e a tomássemos de novo por empréstimo.

Ao entrar no mundo dos Espíritos, o homem ainda está como o operário que comparece no dia do pagamento. A uns dirá o Senhor: "Aqui tens a paga dos teus dias de trabalho"; a outros, aos venturosos da Terra, aos que hajam vivido na ociosidade, que tiverem feito consistir a sua felicidade nas satisfações do amor-próprio e nos gozos mundanos: "Nada vos toca, pois que recebestes na Terra o vosso salário. Ide e recomeçai a tarefa."

13. O homem pode suavizar ou aumentar o amargor de suas provas, conforme o modo por que encare a vida terrena. Tanto mais sofre ele, quanto mais longa se lhe afigura a duração do sofrimento. Ora, aquele que a encara pelo prisma da vida espiritual apanha, num golpe de vista, a vida corpórea. Ele a vê como um ponto no infinito, compreende-lhe a curteza e reconhece que esse penoso momento terá presto passado. A certeza de um próximo futuro mais ditoso o sustenta e anima e, longe de se queixar, agradece ao Céu as dores que o fazem avançar. Contrariamente, para aquele que apenas vê a vida corpórea, interminável lhe parece esta, e a dor o oprime com todo o seu peso. Daquela maneira de considerar a vida, resulta ser diminuída a importância das coisas deste mundo, e sentir-se compelido o homem a moderar seus desejos, a contentar-se com a sua posição, sem invejar a dos outros, a receber atenuada a impressão dos reveses e das decepções que experimente. Daí tira ele uma calma e uma resignação tão úteis à saúde do corpo quanto à da alma, ao passo que, com a inveja, o ciúme e a ambição, voluntariamente se condena à tortura e aumenta as misérias e as angústias da sua curta existência.

O suicídio e a loucura

14. A calma e a resignação hauridas da maneira de considerar a vida terrestre e da confiança no futuro dão ao espírito uma serenidade que é o melhor preservativo contra a *loucura e o suicídio*. Com

efeito, é certo que a maioria dos casos de loucura se deve à comoção produzida pelas vicissitudes que o homem não tem a coragem de suportar. Ora, se encarando as coisas deste mundo da maneira por que o Espiritismo faz que ele as considere, o homem recebe com indiferença, mesmo com alegria, os reveses e as decepções que o houveram desesperado noutras circunstâncias, evidente se torna que essa força, que o coloca acima dos acontecimentos, lhe preserva de abalos a razão, os quais, se não fora isso, a conturbariam.

15. O mesmo ocorre com o suicídio. Postos de lado os que se dão em estado de embriaguez e de loucura, aos quais se pode chamar de inconscientes, é incontestável que tem ele sempre por causa um descontentamento, quaisquer que sejam os motivos particulares que se lhe apontem. Ora, aquele que está certo de que só é desventurado por um dia e que melhores serão os dias que hão de vir, enche-se facilmente de paciência. Só se desespera quando nenhum termo divisa para os seus sofrimentos. E que é a vida humana, com relação à eternidade, senão bem menos que um dia? Mas para o que não crê na eternidade e julga que com a vida tudo se acaba, se os infortúnios e as aflições o acabrunham, unicamente na morte vê uma solução para as suas amarguras. Nada esperando, acha muito natural, muito lógico mesmo, abreviar pelo suicídio as suas misérias.

16. A incredulidade, a simples dúvida sobre o futuro, as ideias materialistas, numa palavra, são os

maiores incitantes ao suicídio; ocasionam a *covardia moral*. Quando homens de ciência, apoiados na autoridade do seu saber, se esforçam por provar aos que os ouvem ou leem que estes nada têm a esperar depois da morte, não estão de fato levando-os a deduzir que, se são desgraçados, coisa melhor não lhes resta senão se matarem? Que lhes poderiam dizer para desviá-los dessa consequência? Que compensação lhes podem oferecer? Que esperança lhes podem dar? Nenhuma, a não ser o nada. Daí se deve concluir que, se o nada é o único remédio heroico, a única perspectiva, mais vale buscá-lo imediatamente e não mais tarde, para sofrer por menos tempo.

A propagação das doutrinas materialistas é, pois, o veneno que inocula a ideia do suicídio na maioria dos que se suicidam, e os que se constituem apóstolos de semelhantes doutrinas assumem tremenda responsabilidade. Com o Espiritismo, tornada impossível a dúvida, muda o aspecto da vida. O crente sabe que a existência se prolonga indefinidamente para lá do túmulo, mas em condições muito diversas; donde a paciência e a resignação que o afastam muito naturalmente de pensar no suicídio; donde, em suma, a *coragem moral*.

17. O Espiritismo ainda produz, sob esse aspecto, outro resultado igualmente positivo e talvez mais decisivo. Apresenta-nos os próprios suicidas a informar-nos da situação desgraçada em que se encontram e a provar que ninguém viola impunemente

a Lei de Deus, que proíbe ao homem encurtar a sua vida. Entre os suicidas, alguns há cujos sofrimentos, nem por serem temporários e não eternos, não são menos terríveis e de natureza a fazer refletir os que porventura pensam em daqui sair, antes que Deus o haja ordenado. O espírita tem, assim, vários motivos a contrapor à ideia do suicídio: a *certeza* de uma vida futura, em que, *sabe-o* ele, será tanto mais ditoso, quanto mais inditoso e resignado haja sido na Terra; a *certeza* de que, abreviando seus dias, chega, precisamente, a resultado oposto ao que esperava; que se liberta de um mal, para incorrer num mal pior, mais longo e mais terrível; que se engana, imaginando que, com o matar-se, vai mais depressa para o céu; que o suicídio é um obstáculo a que no outro mundo ele se reúna aos que foram objeto de suas afeições e aos quais esperava encontrar; donde a consequência de que o suicídio, só lhe trazendo decepções, é contrário aos seus próprios interesses. Por isso mesmo, considerável já é o número dos que têm sido, pelo Espiritismo, obstados de suicidar-se, podendo daí concluir-se que, quando todos os homens forem espíritas, deixará de haver suicídios conscientes. Comparando-se, então, os resultados que as doutrinas materialistas produzem com os que decorrem da Doutrina Espírita, somente do ponto de vista do suicídio, forçoso será reconhecer que, enquanto a lógica das primeiras a ele conduz, a da outra o evita, fato que a experiência confirma.

Instruções dos Espíritos
Bem e mal sofrer

18. Quando o Cristo disse: "Bem-aventurados os aflitos, o Reino dos Céus lhes pertence", não se referia de modo geral aos que sofrem, visto que sofrem todos os que se encontram na Terra, quer ocupem tronos, quer jazam sobre a palha. Mas, ah! poucos sofrem bem; poucos compreendem que somente as provas bem suportadas podem conduzi-los ao Reino de Deus. O desânimo é uma falta. Deus vos recusa consolações, desde que vos falte coragem. A prece é um apoio para a alma; contudo, não basta: é preciso tenha por base uma fé viva na bondade de Deus. Ele já muitas vezes vos disse que não coloca fardos pesados em ombros fracos. O fardo é proporcionado às forças, como a recompensa o será à resignação e à coragem. Mais opulenta será a recompensa, do que penosa a aflição. Cumpre, porém, merecê-la, e é para isso que a vida se apresenta cheia de tribulações.

O militar que não é mandado para as linhas de fogo fica descontente, porque o repouso no campo nenhuma ascensão de posto lhe faculta. Sede, pois, como o militar e não desejeis um repouso em que o vosso corpo se enervaria e se entorpeceria a vossa alma. Alegrai-vos quando Deus vos enviar para a luta. Não consiste esta no fogo da batalha, mas nos amargores da vida, em que, às vezes, de mais coragem se há mister do que num combate sangrento, porquanto não é raro que aquele que se mantém firme em presença do inimigo fraqueje nas tenazes de uma pena moral. Nenhuma recompensa obtém o homem por essa espécie de coragem; mas Deus lhe reserva palmas de vitória e uma situação gloriosa. Quando vos advenha uma causa de sofrimento ou de contrariedade, sobreponde-vos a ela, e, quando houverdes conseguido dominar os ímpetos da impaciência, da cólera, ou do desespero, dizei, de vós para convosco, cheio de justa satisfação: "Fui o mais forte."

Bem-aventurados os aflitos pode então traduzir-se assim: Bem-aventurados os que têm ocasião de provar sua fé, sua firmeza, sua perseverança e sua submissão à vontade de Deus, porque terão centuplicada a alegria que lhes falta na Terra, porque depois do labor virá o repouso. – *Lacordaire*. (Havre, 1863.)

O mal e o remédio

19. Será a Terra um lugar de gozo, um paraíso de delícias? Já não ressoa mais aos vossos ouvidos a voz do profeta? Não proclamou Ele que haveria prantos e ranger de dentes para os que nascessem nesse vale de dores? Esperai, pois, todos vós que aí viveis, causticantes lágrimas e amargo sofrer e, por mais agudas e profundas sejam as vossas dores, volvei o olhar para o Céu e bendizei o Senhor por ter querido experimentar-vos... Ó homens! dar-se-á não reconheçais o poder do vosso Senhor, senão quando Ele vos

haja curado as chagas do corpo e coroado de beatitude e ventura os vossos dias? Dar-se-á não reconheçais o seu amor, senão quando vos tenha adornado o corpo de todas as glórias e lhe haja restituído o brilho e a brancura? Imitai aquele que vos foi dado para exemplo. Tendo chegado ao último grau da abjeção e da miséria, deitado sobre uma estrumeira, disse ele [Jó] a Deus: "Senhor, conheci todos os deleites da opulência e me reduzistes à mais absoluta miséria; obrigado, obrigado, meu Deus, por haverdes querido experimentar o vosso servo!" Até quando os vossos olhares se deterão nos horizontes que a morte limita? Quando, afinal, vossa alma se decidirá a lançar-se para além dos limites de um túmulo? Houvésseis de chorar e sofrer a vida inteira, que seria isso, a par da eterna glória reservada ao que tenha sofrido a prova com fé, amor e resignação? Buscai consolações para os vossos males no porvir que Deus vos prepara e procurai-lhe a causa no passado. E vós, que mais sofreis, considerai-vos os afortunados da Terra.

 Como desencarnados, quando pairáveis no Espaço, escolhestes as vossas provas, julgando-vos bastante fortes para as suportar. Por que agora murmurar? Vós, que pedistes a riqueza e a glória, queríeis sustentar luta com a tentação e vencê-la. Vós, que pedistes para lutar de corpo e espírito contra o mal moral e físico, sabíeis que quanto mais forte fosse a prova, tanto mais gloriosa a vitória e que, se triunfásseis, embora devesse o vosso corpo parar numa estrumeira, dele, ao morrer, se desprenderia uma alma de rutilante alvura e purificada pelo batismo da expiação e do sofrimento.

Que remédio, então, prescrever aos atacados de obsessões cruéis e de cruciantes males? Só um é infalível: a fé, o apelo ao Céu. Se, na maior acerbidade dos vossos sofrimentos, entoardes hinos ao Senhor, o anjo, à vossa cabeceira, com a mão vos apontará o sinal da salvação e o lugar que um dia ocupareis... A fé é o remédio seguro do sofrimento; mostra sempre os horizontes do infinito diante dos quais se esvaem os poucos dias brumosos do presente. Não nos pergunteis, portanto, qual o remédio para curar tal úlcera ou tal chaga, para tal tentação ou tal prova. Lembrai-vos de que aquele que crê é forte pelo remédio da fé e que aquele que duvida um instante da sua eficácia é imediatamente punido, porque logo sente as pungitivas angústias da aflição.

O Senhor apôs o seu selo em todos os que nele creem. O Cristo vos disse que com a fé se transportam montanhas e eu vos digo que aquele que sofre e tem a fé por amparo ficará sob a sua égide e não mais sofrerá. Os momentos das mais fortes dores lhe serão as primeiras notas alegres da eternidade. Sua alma se desprenderá de tal maneira do corpo que, enquanto ele se estorcer em convulsões, ela planará nas regiões celestes, entoando, com os anjos, hinos de reconhecimento e de glória ao Senhor.

Ditosos os que sofrem e choram! Alegres estejam suas almas, porque Deus as cumulará de bem-aventuranças. – *Santo Agostinho*. (Paris, 1863.)

A felicidade não é deste mundo

20. Não sou feliz! A felicidade não foi feita para mim! – exclama geralmente o homem em todas as posições sociais. Isso, meus caros filhos, prova, melhor do que todos os raciocínios possíveis, a verdade desta máxima do *Eclesiastes*: "A felicidade não é deste mundo." Com efeito, nem a riqueza, nem o poder, nem mesmo a florida juventude são condições essenciais à felicidade. Digo mais: nem mesmo reunidas essas três condições tão desejadas, porquanto incessantemente se ouvem, no seio das classes mais privilegiadas, pessoas de todas as idades se queixarem amargamente da situação em que se encontram.

Diante de tal fato, é inconcebível que as classes laboriosas e militantes invejem com tanta ânsia a posição das que parecem favorecidas da fortuna. Neste mundo, por mais que faça, cada um tem a sua parte de labor e de miséria, sua cota de sofrimentos e de decepções, donde facilmente se chega à conclusão de que a Terra é lugar de provas e de expiações.

Assim, pois, os que pregam que ela é a única morada do homem e que somente nela e numa só existência é que lhe cumpre alcançar o mais alto grau das felicidades que a sua natureza comporta, iludem-se e enganam os que os escutam, visto que demonstrado está, por experiência arquissecular, que só excepcionalmente este globo apresenta as condições necessárias à completa felicidade do indivíduo.

Em tese geral pode afirmar-se que a felicidade é uma utopia a cuja conquista as gerações se lançam sucessivamente, sem jamais lograrem alcançá-la. Se o homem ajuizado é uma raridade neste mundo, o homem absolutamente feliz jamais foi encontrado.

O em que consiste a felicidade na Terra é coisa tão efêmera para aquele que não tem a guiá-lo a ponderação, que, por um ano, um mês, uma semana de satisfação completa, todo o resto da existência é uma série de amarguras e decepções. E notai, meus caros filhos, que falo dos venturosos da Terra, dos que são invejados pela multidão.

Conseguintemente, se à morada terrena são peculiares as provas e a expiação, forçoso é se admita que, algures, moradas há mais favorecidas, onde o Espírito, conquanto aprisionado ainda numa carne material, possui em toda a plenitude os gozos inerentes à vida humana. Tal a razão por que Deus semeou, no vosso turbilhão, esses belos planetas superiores para os quais os vossos esforços e as vossas tendências vos farão gravitar um dia, quando vos achardes suficientemente purificados e aperfeiçoados.

Todavia, não deduzais das minhas palavras que a Terra esteja destinada para sempre a ser uma penitenciária. Não, certamente! Dos progressos já realizados, podeis facilmente deduzir os progressos futuros e, dos melhoramentos sociais conseguidos, novos e mais fecundos melhoramentos. Essa a tarefa imensa cuja execução cabe à nova doutrina que os Espíritos vos revelaram.

Assim, pois, meus queridos filhos, que uma santa emulação vos anime e que cada um de vós se despoje do homem velho. Deveis todos consagrar-vos à propagação desse Espiritismo que já deu começo à vossa própria regeneração. Corre-vos o dever de fazer que os vossos irmãos participem dos raios da sagrada luz. Mãos, portanto, à obra, meus muito queridos filhos! Que nesta reunião solene todos os vossos corações aspirem a esse grandioso objetivo de preparar para as gerações porvindouras um mundo no qual já não seja vã a palavra felicidade. – *François-Nicolas-Madeleine*, cardeal Morlot. (Paris, 1863.)

Perda de pessoas amadas. Mortes prematuras
21. Quando a morte ceifa nas vossas famílias, arrebatando, sem restrições, os mais moços antes dos velhos, costumais dizer: Deus não é justo, pois sacrifica um que está forte e tem grande futuro e conserva os que já viveram longos anos, cheios de decepções; pois leva os que são úteis e deixa os que para nada mais servem; pois despedaça o coração de uma mãe, privando-a da inocente criatura que era toda a sua alegria.

Humanos, é nesse ponto que precisais elevar-vos acima do terra a terra da vida, para compreenderdes que o bem, muitas vezes, está onde julgais ver o mal, a sábia previdência onde pensais divisar a cega fatalidade do destino. Por que haveis de avaliar a Justiça divina pela vossa? Podeis supor que o Senhor dos mundos se aplique, por mero capricho, a vos infligir penas cruéis? Nada se faz sem um fim inteligente e, seja o que for que aconteça, tudo tem a sua razão de ser. Se perscrutásseis melhor todas as dores que vos advêm, nelas encontraríeis sempre a razão divina, razão regeneradora, e os vossos miseráveis interesses se tornariam de tão secundária consideração, que os atiraríeis para o último plano.

Crede-me, a morte é preferível, numa encarnação de vinte anos, a esses vergonhosos desregramentos que pungem famílias respeitáveis, dilaceram corações de mães e fazem que antes do tempo embranqueçam os cabelos dos pais. Frequentemente, a morte prematura é um grande benefício que Deus concede àquele que se vai e que assim se preserva das misérias da vida, ou das seduções que talvez lhe acarretassem a perda. Não é vítima da fatalidade aquele que morre na flor dos anos; é que Deus julga não convir que ele permaneça por mais tempo na Terra.

É uma horrenda desgraça, dizeis, ver cortado o fio de uma vida tão prenhe de esperanças! De que esperanças falais? Das da Terra, onde o liberto houvera podido brilhar, abrir caminho e enriquecer? Sempre essa visão estreita, incapaz de elevar-se acima da matéria. Sabeis qual teria sido a sorte dessa vida, ao vosso parecer tão cheia de esperanças? Quem vos diz que ela não seria saturada de amarguras? Desdenhais então das esperanças da vida futura, ao ponto de lhe preferirdes as da vida efêmera que arrastais na Terra? Supondes então que mais vale uma posição elevada entre os homens, do que entre os Espíritos bem-aventurados?

Em vez de vos queixardes, regozijai-vos quando praz a Deus retirar deste vale de misérias um de seus filhos. Não será egoístico desejardes que ele aí continuasse para sofrer convosco? Ah! essa dor se concebe naquele que carece de fé e que vê na morte uma separação eterna. Vós, espíritas, porém, sabeis que a alma vive melhor quando desembaraçada do seu invólucro corpóreo. Mães, sabei que vossos filhos bem-amados estão perto de vós; sim, estão muito perto; seus corpos fluídicos vos envolvem, seus pensamentos vos protegem, a lembrança que deles guardais os transporta de alegria, mas também as vossas dores desarrazoadas os afligem, porque denotam falta de fé e exprimem uma revolta contra a vontade de Deus.

Vós que compreendeis a vida espiritual, escutai as pulsações do vosso coração a chamar esses entes bem-amados e, se pedirdes a Deus que os abençoe, em vós sentireis fortes consolações, dessas que secam as lágrimas; sentireis aspirações grandiosas que vos mostrarão o porvir que o soberano Senhor prometeu. – *Sanson*, ex-membro da Sociedade Espírita de Paris. (1863.)

Se fosse um homem de bem, teria morrido

22. Falando de um homem mau, que escapa de um perigo, costumais dizer: "Se fosse um homem bom, teria morrido." Pois bem, assim falando, dizeis uma verdade, pois, com efeito, muito amiúde sucede dar Deus a um Espírito de progresso ainda incipiente prova mais longa, do que a um bom que, por prêmio do seu mérito, receberá a graça de ter tão curta quanto possível a sua provação. Por conseguinte, quando vos utilizais daquele axioma, não suspeitais de que proferis uma blasfêmia.

Se morre um homem de bem, cujo vizinho é mau homem, logo observais: "Antes fosse este." Enunciais uma enormidade, porquanto aquele que parte concluiu a sua tarefa e o que fica talvez não haja principiado a sua. Por que, então, haveríeis de querer que ao mau faltasse tempo para terminá-la e que o outro permanecesse preso à gleba terrestre? Que diríeis se um prisioneiro, que cumpriu a sentença contra ele pronunciada, fosse conservado no cárcere, ao mesmo tempo que restituíssem à liberdade um que a esta não tivesse direito? Ficai sabendo que a verdadeira liberdade, para o Espírito, consiste no rompimento dos laços que o prendem ao corpo e que, enquanto vos achardes na Terra, estareis em cativeiro.

Habituai-vos a não censurar o que não podeis compreender e crede que Deus é justo em todas as coisas. Muitas vezes, o que vos parece um mal é um bem. Tão limitadas, no entanto, são as vossas faculdades, que o conjunto do grande todo não o apreendem os vossos sentidos obtusos. Esforçai-vos por sair, pelo pensamento, da vossa acanhada esfera e, à medida que vos elevardes, diminuirá para vós a importância da vida material que, nesse caso, se vos apresentará como simples incidente, no curso infinito da vossa existência espiritual, única existência verdadeira. – *Fénelon*. (Sens, 1861.)

Os tormentos voluntários

23. Vive o homem incessantemente em busca da felicidade, que também incessantemente lhe foge, porque felicidade sem mescla não se encontra na Terra. Entretanto, malgrado as vicissitudes que formam o cortejo inevitável da vida terrena, poderia ele, pelo menos, gozar de relativa felicidade, se não a procurasse nas coisas perecíveis e sujeitas às mesmas vicissitudes, isto é, nos gozos materiais em vez de a procurar nos gozos da alma, que são um prelibar dos gozos celestes, imperecíveis; em vez de procurar *a paz do coração*, única felicidade real neste mundo, ele se mostra ávido de tudo o que o agitará e turbará, e, coisa singular! o homem, como que de intento, cria para si tormentos que está nas suas mãos evitar.

Haverá maiores do que os que derivam da inveja e do ciúme? Para o invejoso e o ciumento, não há repouso; estão perpetuamente febricitantes. O que não têm e os outros possuem lhes causa insônias.

Dão-lhes vertigem os êxitos de seus rivais; toda a emulação, para eles, se resume em eclipsar os que lhes estão próximos, toda a alegria em excitar, nos que se lhes assemelham pela insensatez, a raiva do ciúme que os devora. Pobres insensatos, com efeito, que não imaginam sequer que, amanhã talvez, terão de largar todas essas frioleiras cuja cobiça lhes envenena a vida! Não é a eles, decerto, que se aplicam estas palavras: "Bem-aventurados os aflitos, pois que serão consolados", visto que as suas preocupações não são aquelas que têm no céu as compensações merecidas.

Que de tormentos, ao contrário, se poupa aquele que sabe contentar-se com o que tem, que nota sem inveja o que não possui, que não procura parecer mais do que é. Esse é sempre rico, porquanto, se olha para baixo de si, e não para cima, vê sempre criaturas que têm menos do que ele. É calmo, porque não cria para si necessidades quiméricas. E não será uma felicidade a calma, em meio das tempestades da vida? – *Fénelon*. (Lyon, 1860.)

A desgraça real

24. Toda a gente fala da desgraça, toda a gente já a sentiu e julga conhecer-lhe o caráter múltiplo. Venho eu dizer-vos que quase toda a gente se engana e que a desgraça real não é, absolutamente, o que os homens, isto é, os desgraçados, o supõem. Eles a veem na miséria, no fogão sem lume, no credor que ameaça, no berço de que o anjo sorridente desapareceu, nas lágrimas, no féretro que se

acompanha de cabeça descoberta e com o coração despedaçado, na angústia da traição, na desnudação do orgulho que desejara envolver-se em púrpura e mal oculta a sua nudez sob os andrajos da vaidade. A tudo isso e a muitas coisas mais se dá o nome de desgraça, na linguagem humana. Sim, é desgraça para os que só veem o presente; a verdadeira desgraça, porém, está nas consequências de um fato, mais do que no próprio fato. Dizei-me se um acontecimento, considerado ditoso na ocasião, mas que acarreta consequências funestas, não é, realmente, mais desgraçado do que outro que a princípio causa viva contrariedade e acaba produzindo o bem. Dizei-me se a tempestade que vos arranca as árvores, mas que saneia o ar, dissipando os miasmas insalubres que causariam a morte, não é antes uma felicidade do que uma infelicidade.

Para julgarmos de qualquer coisa, precisamos ver-lhe as consequências. Assim, para bem apreciarmos o que, em realidade, é ditoso ou inditoso para o homem, precisamos transportar-nos para além desta vida, porque é lá que as consequências se fazem sentir. Ora, tudo o que se chama infelicidade, segundo as acanhadas vistas humanas, cessa com a vida corporal e encontra a sua compensação na vida futura.

Vou revelar-vos a infelicidade sob uma nova forma, sob a forma bela e florida que acolheis e desejais com todas as veras de vossas almas iludidas. A infelicidade é a alegria, é o prazer, é o tumulto, é a vã agitação, é a satisfação louca da vaidade, que fazem calar a consciência, que comprimem a ação do pensamento, que atordoam o homem com relação ao seu futuro. A infelicidade é o ópio do esquecimento que ardentemente procurais conseguir.

Esperai, vós que chorais! Tremei, vós que rides, pois que o vosso corpo está satisfeito! A Deus não se engana; não se foge ao destino; e as provações, credoras mais impiedosas do que a matilha que a miséria desencadeia, vos espreitam o repouso ilusório para vos imergir de súbito na agonia da verdadeira infelicidade, daquela que surpreende a alma amolentada pela indiferença e pelo egoísmo.

Que, pois, o Espiritismo vos esclareça e recoloque, para vós, sob verdadeiros prismas, a verdade e o erro, tão singularmente deformados pela vossa cegueira! Agireis então como bravos soldados que, longe de fugirem ao perigo, preferem as lutas dos combates arriscados à paz que lhes não pode dar glória, nem promoção! Que importa ao soldado perder na refrega armas, bagagens e uniforme, desde que saia vencedor e com glória? Que importa ao que tem fé no futuro deixar no campo de batalha da vida a riqueza e o manto de carne, contanto que sua alma entre gloriosa no Reino celeste? – *Delfina de Girardin*. (Paris, 1861.)

A melancolia

25. Sabeis por que, às vezes, uma vaga tristeza se apodera dos vossos corações e vos leva

a considerar amarga a vida? É que vosso Espírito, aspirando à felicidade e à liberdade, se esgota, jungido ao corpo que lhe serve de prisão, em vãos esforços para sair dele. Reconhecendo inúteis esses esforços, cai no desânimo e, como o corpo lhe sofre a influência, toma-vos a lassidão, o abatimento, uma espécie de apatia, e vos julgais infelizes.

Crede-me, resisti com energia a essas impressões que vos enfraquecem a vontade. São inatas no espírito de todos os homens as aspirações por uma vida melhor; mas não as busqueis neste mundo e, agora, quando Deus vos envia os Espíritos que lhe pertencem, para vos instruírem acerca da felicidade que Ele vos reserva, aguardai pacientemente o anjo da libertação, para vos ajudar a romper os liames que vos mantêm cativo o Espírito. Lembrai-vos de que, durante o vosso degredo na Terra, tendes de desempenhar uma missão de que não suspeitais, quer dedicando-vos à vossa família, quer cumprindo as diversas obrigações que Deus vos confiou. Se, no curso desse degredo–provação, exonerando-vos dos vossos encargos, sobre vós desabarem os cuidados, as inquietações e tribulações, sede fortes e corajosos para os suportar. Afrontai-os resolutos. Duram pouco e vos conduzirão à companhia dos amigos por quem chorais e que, jubilosos por ver-vos de novo entre eles, vos estenderão os braços, a fim de guiar-vos a uma região inacessível às aflições da Terra. – *François de Genève*. (Bordeaux.)

Provas voluntárias. O verdadeiro cilício

26. Perguntais se é lícito ao homem abrandar suas próprias provas. Essa questão equivale a esta outra: É lícito, àquele que se afoga, cuidar de salvar-se? Àquele em quem um espinho entrou, retirá-lo? Ao que está doente, chamar o médico? As provas têm por fim exercitar a inteligência, tanto quanto a paciência e a resignação. Pode dar-se que um homem nasça em posição penosa e difícil, precisamente para se ver obrigado a procurar meios de vencer as dificuldades. O mérito consiste em sofrer, sem murmurar, as consequências dos males que lhe não seja possível evitar, em perseverar na luta, em se não desesperar, se não é bem-sucedido; nunca, porém, numa negligência que seria mais preguiça do que virtude.

Essa questão dá lugar naturalmente a outra. Pois, se Jesus disse: "Bem-aventurados os aflitos", haverá mérito em procurar, alguém, aflições que lhe agravem as provas, por meio de sofrimentos voluntários? A isso responderei muito positivamente: sim, há grande mérito quando os sofrimentos e as privações objetivam o bem do próximo, porquanto é a caridade pelo sacrifício; não, quando os sofrimentos e as privações somente objetivam o bem daquele que a si mesmo as inflige, porque aí só há egoísmo por fanatismo.

Grande distinção cumpre aqui se faça: pelo que vos respeita pessoalmente, contentai-vos com as provas que Deus vos manda e não lhes aumenteis o volume, já de si por vezes tão pesado; aceitá-las sem queixumes e com fé, eis tudo o que de vós exige Ele. Não enfraqueçais o vosso corpo com privações inúteis e macerações sem objetivo, pois que necessitais de todas as vossas forças para cumprirdes a vossa missão de trabalhar na Terra. Torturar e martirizar voluntariamente o vosso corpo é contravir a Lei de Deus, que vos dá meios de o sustentar e fortalecer. Enfraquecê-lo sem necessidade é um verdadeiro suicídio. Usai, mas não abuseis, tal a lei. O abuso das melhores coisas tem a sua punição nas inevitáveis consequências que acarreta.

Muito diverso é o que ocorre, quando o homem impõe a si próprio sofrimentos para o alívio do seu próximo. Se suportardes o frio e a fome para aquecer e alimentar alguém que precise ser aquecido e alimentado e se o vosso corpo disso se ressente, fazeis um sacrifício que Deus abençoa. Vós que deixais os vossos aposentos perfumados para irdes à mansarda infecta levar a consolação; vós que sujais as mãos delicadas pensando chagas; vós que vos privais do sono para velar à cabeceira de um doente que apenas é vosso irmão em Deus; vós, enfim, que despendeis a vossa saúde na prática das boas obras, tendes em tudo isso o vosso cilício, verdadeiro e abençoado cilício, visto que os gozos do mundo não vos secaram o coração, que não adormecestes no seio das volúpias enervantes da riqueza, antes vos constituístes anjos consoladores dos pobres deserdados.

Vós, porém, que vos retirais do mundo, para lhe evitar as seduções e viver no insulamento, que utilidade tendes na Terra? Onde a vossa coragem nas provações, uma vez que fugis à luta e desertais do combate? Se quereis um cilício, aplicai-o às vossas almas, e não aos vossos corpos; mortificai o vosso Espírito, e não a vossa carne; fustigai o vosso orgulho, recebei sem murmurar as humilhações; flagiciai o vosso amor-próprio; enrijai-vos contra a dor da injúria e da calúnia, mais pungente do que a dor física. Aí tendes o verdadeiro cilício cujas feridas vos serão contadas, porque atestarão a vossa coragem e a vossa submissão à vontade de Deus. – *Um anjo guardião*. (Paris, 1863.)

Dever-se-á pôr termo às provas do próximo?

27. *Deve alguém pôr termo às provas do seu próximo quando o possa, ou deve, para respeitar os desígnios de Deus, deixar que sigam seu curso?*

Já vos temos dito e repetido muitíssimas vezes que estais nessa Terra de expiação para concluirdes as vossas provas e que tudo que vos sucede é consequência das vossas existências anteriores, são os juros da dívida que tendes de pagar. Esse pensamento, porém, provoca em certas pessoas reflexões que devem ser combatidas, devido aos funestos efeitos que poderiam determinar.

Pensam alguns que, estando-se na Terra para expiar, cumpre que as provas sigam seu curso. Outros há, mesmo, que vão até o ponto de julgar que, não só nada devem fazer para as atenuar, mas que, ao contrário, devem contribuir para que elas sejam mais proveitosas, tornando-as mais vivas. Grande erro. É certo que as vossas provas têm de seguir o curso que lhes traçou Deus; dar-se-á, porém, conheçais esse curso? Sabeis até onde têm elas de ir e se o vosso Pai misericordioso não terá dito ao sofrimento de tal ou tal dos vossos irmãos: "Não irás mais longe?" Sabeis se a Providência não vos escolheu, não como instrumento de suplício para agravar os sofrimentos do culpado, mas como o bálsamo da consolação para fazer cicatrizar as chagas que a sua justiça abrira? Não digais, pois, quando virdes atingido um dos vossos irmãos: "É a Justiça de Deus, importa que siga o seu curso." Dizei antes: "Vejamos que meios o Pai misericordioso me pôs ao alcance para suavizar o sofrimento do meu irmão. Vejamos se as minhas consolações morais, o meu amparo material ou meus conselhos poderão ajudá-lo a vencer essa prova com mais energia, paciência e resignação. Vejamos mesmo se Deus não me pôs nas mãos os meios de fazer que cesse esse sofrimento; se não deu a mim, também como prova, como expiação talvez, deter o mal e substituí-lo pela paz."

Ajudai-vos, pois, sempre, mutuamente, nas vossas respectivas provações e nunca vos considereis instrumentos de tortura. Contra essa ideia deve revoltar-se todo homem de coração, principalmente todo espírita, porquanto este, melhor do que qualquer outro, deve compreender a extensão infinita da bondade de Deus. Deve o espírita estar compenetrado de que a sua vida toda tem de ser um ato de amor e de devotamento; que, faça ele o que fizer para se opor às decisões do Senhor, estas se cumprirão. Pode, portanto, sem receio, empregar todos os esforços por atenuar o amargor da expiação, certo, porém, de que só a Deus cabe detê-la ou prolongá-la, conforme julgar conveniente.

Não haveria imenso orgulho, da parte do homem, em se considerar no direito de, por assim dizer, revirar a arma dentro da ferida? De aumentar a dose do veneno nas vísceras daquele que está sofrendo, sob o pretexto de que tal é a sua expiação? Oh! considerai-vos sempre como instrumento para fazê-la cessar. Resumindo: todos estais na Terra para expiar; mas todos, sem exceção, deveis esforçar-vos por abrandar a expiação dos vossos semelhantes, de acordo com a lei de amor e caridade.
– *Bernardino, Espírito protetor*. (Bordeaux, 1863.)

Será lícito abreviar a vida de um doente que sofra sem esperança de cura?

28. Um homem está agonizante, presa de cruéis sofrimentos. Sabe-se que seu estado é desesperador. Será lícito pouparem-se-lhe alguns instantes de angústias, apressando-se-lhe o fim?

Quem vos daria o direito de prejulgar os desígnios de Deus? Não pode Ele conduzir o homem até a borda do fosso, para daí o retirar, a fim de fazê-lo voltar a si e alimentar ideias diversas das que tinha? Ainda que haja chegado ao último extremo um moribundo, ninguém pode afirmar com segurança que lhe haja soado a hora derradeira. A Ciência não se terá enganado nunca em suas previsões?

Sei bem haver casos que se podem, com razão, considerar desesperadores; mas, se não há nenhuma esperança fundada de um regresso definitivo à vida e à saúde, existe a possibilidade, atestada por inúmeros exemplos, de o doente, no momento mesmo de exalar o último suspiro, reanimar-se e recobrar por alguns instantes as faculdades! Pois bem: essa hora de graça, que lhe é concedida, pode ser-lhe de grande importância. Desconheceis as reflexões que seu Espírito poderá fazer nas convulsões da agonia e quantos tormentos lhe pode poupar um relâmpago de arrependimento.

O materialista, que apenas vê o corpo e em nenhuma conta tem a alma, é inapto a compreender essas coisas; o espírita, porém, que já sabe o que se passa no além-túmulo, conhece o valor de um último pensamento. Minorai os derradeiros sofrimentos, quanto o puderdes; mas guardai-vos de abreviar a vida, ainda que de um minuto, porque esse minuto pode evitar muitas lágrimas no futuro. – *São Luís*. (Paris, 1860.)

Sacrifício da própria vida

29. *Aquele que se acha desgostoso da vida, mas que não quer extingui-la por suas próprias mãos, será culpado se procurar a morte num campo de batalha, com o propósito de tornar útil sua morte?*

Que o homem se mate ele próprio, ou faça que outrem o mate, seu propósito é sempre cortar o fio da existência: há, por conseguinte, suicídio intencional, se não de fato. É ilusória a ideia de que sua morte servirá para alguma coisa; isso não passa de pretexto para colorir o ato e escusá-lo aos seus próprios olhos. Se ele desejasse seriamente servir ao seu país, cuidaria de viver para defendê-lo; não procuraria morrer, pois que, morto, de nada mais lhe serviria. O verdadeiro devotamento consiste em não temer a morte, quando se trate de ser útil, em afrontar o perigo, em fazer, de antemão e sem pesar, o sacrifício da vida, se for necessário; mas buscar a morte com *premeditada intenção*, expondo-se a um perigo, ainda que para prestar serviço, anula o mérito da ação. – *São Luís*. (Paris, 1860.)

30. Se um homem se expõe a um perigo iminente para salvar a vida a um de seus semelhantes, sabendo de antemão que sucumbirá, pode o seu ato ser considerado suicídio?

Desde que no ato não entre a intenção de buscar a morte, não há suicídio, e sim, apenas, devotamento e abnegação, embora também haja a certeza de que morrerá. Mas quem pode ter essa certeza? Quem poderá dizer que a Providência não reserva um inesperado meio de salvação para o momento mais crítico? Não poderia ela salvar mesmo aquele que se achasse diante da boca de um canhão? Pode muitas vezes dar-se que ela queira levar ao extremo limite a prova da resignação e, nesse caso, uma circunstância inopinada desvia o golpe fatal. – *São Luís*. (Paris, 1860.)

Proveito dos sofrimentos para outrem

31. *Os que aceitam resignados os sofrimentos, por submissão à vontade de Deus e tendo em vista a felicidade futura, não trabalham somente em seu próprio benefício? Poderão tornar seus sofrimentos proveitosos a outrem?*

Podem esses sofrimentos ser de proveito para outrem, material e moralmente: materialmente se, pelo trabalho, pelas privações e pelos sacrifícios que tais criaturas se imponham, contribuem para o bem-estar material de seus semelhantes; moralmente, pelo exemplo que elas oferecem de sua submissão à vontade de Deus. Esse exemplo do poder da fé espírita pode induzir os desgraçados à resignação e salvá-los do desespero e de suas consequências funestas para o futuro. – *São Luís*. (Paris, 1860.)

CAPÍTULO VI

O Cristo Consolador

• O jugo leve • Consolador prometido • *Instruções dos Espíritos*: Advento do Espírito de Verdade

O jugo leve

1. Vinde a mim, todos vós que estais aflitos e sobrecarregados, que Eu vos aliviarei. Tomai sobre vós o meu jugo e aprendei comigo que sou brando e humilde de coração e achareis repouso para vossas almas, pois é suave o meu jugo e leve o meu fardo. (Mateus, 11:28 a 30.)

2. Todos os sofrimentos: misérias, decepções, dores físicas, perda de seres amados, encontram consolação na fé no futuro, na confiança na Justiça de Deus, que o Cristo veio ensinar aos homens. Sobre aquele que, ao contrário, nada espera após esta vida, ou que simplesmente duvida, as aflições caem com todo o seu peso e nenhuma esperança lhe mitiga o amargor. Foi isso que levou Jesus a dizer: "Vinde a mim todos vós que estais fatigados, que Eu vos aliviarei."

Entretanto, faz depender de uma condição a sua assistência e a felicidade que promete aos aflitos. Essa condição está na lei por Ele ensinada. Seu jugo é a observância dessa lei; mas esse jugo é leve e a lei é suave, pois que apenas impõe, como dever, o amor e a caridade.

Consolador prometido

3. Se me amais, guardai os meus mandamentos; e Eu rogarei a meu Pai e Ele vos enviará outro Consolador, a fim de que fique eternamente convosco: *O Espírito de Verdade*, que o mundo não pode receber, porque o não vê e absolutamente o não conhece. Mas quanto a vós, conhecê-lo-eis, porque ficará convosco e estará em vós. Porém, o Consolador, que é o Santo Espírito, que meu Pai enviará em meu nome, vos ensinará todas as coisas e vos fará recordar tudo o que vos tenho dito. (João, 14:15 a 17 e 26.)

4. Jesus promete outro consolador: o *Espírito de Verdade*, que o mundo ainda não conhece, por não estar maduro para o compreender, consolador que o Pai enviará para ensinar todas as coisas e para relembrar o que o Cristo há dito. Se, portanto, o Espírito de Verdade tinha de vir mais tarde ensinar todas as coisas, é que o Cristo não dissera tudo; se ele vem relembrar o que o Cristo disse, é que o que este disse foi esquecido ou mal compreendido.

O Espiritismo vem, na época predita, cumprir a promessa do Cristo: preside ao seu advento o Espírito de Verdade. Ele chama os homens à observância da lei; ensina todas as coisas fazendo compreender o que Jesus só disse por parábolas. Advertiu o Cristo: "Ouçam os que têm ouvidos para ouvir." O Espiritismo vem abrir os olhos e os ouvidos, porquanto fala sem figuras, nem alegorias; levanta o véu intencionalmente lançado sobre certos mistérios. Vem, finalmente, trazer a consolação suprema aos deserdados da Terra e a todos os que sofrem, atribuindo causa justa e fim útil a todas as dores.

Disse o Cristo: "Bem-aventurados os aflitos, pois que serão consolados." Mas como há de alguém sentir-se ditoso por sofrer, se não sabe por que sofre? O Espiritismo mostra a causa dos sofrimentos nas existências anteriores e na destinação da Terra, onde o homem expia o seu passado. Mostra o objetivo dos sofrimentos, apontando-os como crises salutares que produzem a cura e como meio de depuração que garante a felicidade nas existências futuras. O homem compreende que mereceu sofrer e acha justo o sofrimento. Sabe que este lhe auxilia o adiantamento e o aceita sem murmurar, como o obreiro aceita o trabalho que lhe assegurará o salário. O Espiritismo lhe dá fé inabalável no futuro e a dúvida pungente não mais se lhe apossa da alma. Dando-lhe a ver do alto as coisas, a importância das vicissitudes terrenas some-se no vasto e esplêndido horizonte que ele o faz descortinar, e a perspectiva da felicidade que o espera lhe dá a paciência, a resignação e a coragem de ir até o termo do caminho.

Assim, o Espiritismo realiza o que Jesus disse do Consolador prometido: conhecimento das coisas, fazendo que o homem saiba donde vem, para onde vai e por que está na Terra; atrai para os verdadeiros princípios da Lei de Deus e consola pela fé e pela esperança.

Instruções dos Espíritos
Advento do Espírito de Verdade

5. Venho, como outrora aos transviados filhos de Israel, trazer-vos a verdade e dissipar as trevas. Escutai-me. O Espiritismo, como o fez antigamente a minha palavra, tem de lembrar aos incrédulos que acima deles reina a imutável verdade: o Deus bom, o Deus grande, que faz germinem as plantas e se levantem as ondas. Revelei a doutrina divina. Como um ceifeiro, reuni em feixes o bem esparso no seio da Humanidade e disse: "Vinde a mim, todos vós que sofreis."

Mas, ingratos, os homens afastaram-se do caminho reto e largo que conduz ao Reino de meu Pai e enveredaram pelas ásperas sendas da impiedade. Meu Pai não quer aniquilar a raça humana; quer que, ajudando-vos uns aos outros, mortos e vivos, isto é, mortos segundo a carne, porquanto não existe a morte, vos socorrais mutuamente, e que se faça ouvir não mais a voz dos profetas e dos apóstolos, mas a dos que já não vivem na Terra, a clamar: Orai e crede! pois que a morte é a ressurreição, sendo a vida a prova buscada e durante a qual as virtudes que houverdes cultivado crescerão e se desenvolverão como o cedro.

Homens fracos que compreendeis as trevas das vossas inteligências, não afasteis o facho que a clemência divina vos coloca nas mãos para vos clarear o caminho e reconduzir-vos, filhos perdidos, ao regaço de vosso Pai.

Sinto-me por demais tomado de compaixão pelas vossas misérias, pela vossa fraqueza imensa, para deixar de estender mão socorredora aos infelizes transviados que, vendo o céu, caem nos abismos do erro. Crede, amai, meditai sobre as coisas que vos são reveladas; não mistureis o joio com a boa semente, as utopias com as verdades.

Espíritas! amai-vos, este o primeiro ensinamento; instruí-vos, este o segundo. No Cristianismo encontram-se todas as verdades; são de origem humana os erros que nele se enraizaram. Eis que do além-túmulo, que julgáveis o nada, vozes vos clamam: "Irmãos! nada perece. Jesus Cristo é o vencedor do mal, sede os vencedores da impiedade."
– *O Espírito de Verdade*. (Paris, 1860.)

6. Venho instruir e consolar os pobres deserdados. Venho dizer-lhes que elevem a sua resignação ao nível de suas provas, que chorem, porquanto a dor foi sagrada no Jardim das Oliveiras; mas que esperem, pois que também a eles os anjos consoladores lhes virão enxugar as lágrimas.

Obreiros, traçai o vosso sulco; recomeçai no dia seguinte o afanoso labor da véspera; o trabalho das vossas mãos vos fornece aos corpos o pão terrestre; vossas almas, porém, não estão esquecidas; e Eu, o Jardineiro divino, as cultivo no silêncio dos vossos pensamentos. Quando soar a hora do repouso, e a trama da vida se vos escapar das mãos e vossos olhos se fecharem para a luz, sentireis que surge em vós e germina a minha preciosa semente.

Nada fica perdido no Reino de nosso Pai e os vossos suores e misérias formam o tesouro que vos tornará ricos nas esferas superiores, onde a luz substitui as trevas e onde o mais desnudo dentre todos vós será talvez o mais resplandecente.

Em verdade vos digo: os que carregam seus fardos e assistem os seus irmãos são bem-amados meus. Instruí-vos na preciosa doutrina que dissipa o erro das revoltas e vos mostra o sublime objetivo da provação humana. Assim como o vento varre a poeira, que também o sopro dos Espíritos dissipe os vossos despeitos contra os ricos do mundo, que são, não raro, muito miseráveis, porquanto se acham sujeitos a provas mais perigosas do que as vossas. Estou convosco e meu apóstolo vos instrui. Bebei na fonte viva do amor e preparai-vos, cativos da vida, a lançar-vos um dia, livres e alegres, no seio daquele que vos criou fracos para vos tornar perfectíveis e que quer modeleis vós mesmos a vossa maleável argila, a fim de serdes os artífices da vossa imortalidade. – *O Espírito de Verdade*. (Paris, 1861.)

7. Sou o grande médico das almas e venho trazer-vos o remédio que vos há de curar. Os fracos, os sofredores e os enfermos são os meus filhos prediletos. Venho salvá-los. Vinde, pois, a mim, vós que sofreis e vos achais oprimidos, e sereis aliviados e consolados. Não busqueis alhures a força e a consolação, pois que o mundo é impotente para dá-las. Deus dirige um supremo apelo aos vossos

corações, por meio do Espiritismo. Escutai-o. Extirpados sejam de vossas almas doloridas a impiedade, a mentira, o erro, a incredulidade. São monstros que sugam o vosso mais puro sangue e que vos abrem chagas quase sempre mortais. Que, no futuro, humildes e submissos ao Criador, pratiqueis a sua Lei divina. Amai e orai; sede dóceis aos Espíritos do Senhor; invocai-o do fundo de vossos corações. Ele, então, vos enviará o seu Filho bem-amado, para vos instruir e dizer estas boas palavras: "Eis-me aqui; venho até vós, porque me chamastes." – *O Espírito de Verdade*. (Bordeaux, 1861.)

8. Deus consola os humildes e dá força aos aflitos que lha pedem. Seu poder cobre a Terra e, por toda a parte, junto de cada lágrima colocou Ele um bálsamo que consola. A abnegação e o devotamento são uma prece contínua e encerram um ensinamento profundo. A sabedoria humana reside nessas duas palavras. Possam todos os Espíritos sofredores compreender essa verdade, em vez de clamarem contra suas dores, contra os sofrimentos morais que neste mundo vos cabem em partilha. Tomai, pois, por divisa estas duas palavras: *devotamento* e *abnegação*, e sereis fortes, porque elas resumem todos os deveres que a caridade e a humildade vos impõem. O sentimento do dever cumprido vos dará repouso ao espírito e resignação. O coração bate então melhor, a alma se asserena e o corpo se forra aos desfalecimentos, por isso que

o corpo tanto menos forte se sente, quanto mais profundamente golpeado é o espírito. – *O Espírito de Verdade*. (Havre, 1863.)

CAPÍTULO VII

Bem-aventurados os pobres de espírito

• O que se deve entender por pobres de espírito • Aquele que se eleva será rebaixado • Mistérios ocultos aos doutos e aos prudentes • *Instruções dos Espíritos*: O orgulho e a humildade – Missão do homem inteligente na Terra

O que se deve entender por pobres de espírito

1. Bem-aventurados os pobres de espírito, pois que deles é o Reino dos Céus. (Mateus, 5:3.)

2. A incredulidade zombou desta máxima: *Bem-aventurados os pobres de espírito*, como tem zombado de muitas outras coisas que não compreende. Por pobres de espírito Jesus não entende os baldos de inteligência, mas os humildes, tanto que diz ser para estes o Reino dos Céus, e não para os orgulhosos.

Os homens de saber e de espírito, no entender do mundo, formam geralmente tão alto conceito de si próprios e da sua superioridade, que consideram as coisas divinas como indignas de lhes merecer a atenção. Concentrando sobre si mesmos os seus olhares, eles não os podem elevar até Deus. Essa tendência, de se acreditarem superiores a tudo, muito amiúde os leva a negar aquilo que, estando-lhes acima, os depreciaria, a negar até mesmo a Divindade. Ou, se condescendem em admiti-la, contestam-lhe um dos mais belos atributos: a ação providencial sobre as coisas deste mundo, persuadidos de que eles são suficientes para bem governá-lo. Tomando a inteligência que possuem para medida da inteligência universal, e julgando-se aptos a tudo compreender, não podem crer na possibilidade do que não compreendem. Consideram sem apelação as sentenças que proferem.

Se se recusam a admitir o mundo invisível e uma potência extra-humana, não é que isso lhes esteja fora do alcance; é que o orgulho se lhes revolta à ideia de uma coisa acima da qual não possam colocar-se e que os faria descer do pedestal onde se contemplam. Daí o só terem sorrisos de mofa para tudo o que não pertence ao mundo visível e tangível. Eles se atribuem espírito e saber em tão grande cópia, que não podem crer em coisas, segundo pensam, boas apenas para gente *simples*, tendo por *pobres de espírito* os que as tomam a sério.

Entretanto, digam o que disserem, forçoso lhes será entrar, como os outros, nesse mundo invisível de que escarnecem. É lá que os olhos se lhes abrirão e eles reconhecerão o erro em que caíram. Deus, porém, que é justo, não pode receber da mesma forma aquele que lhe desconheceu a majestade e outro que humildemente se lhe submeteu às leis, nem os aquinhoar em partes iguais.

Dizendo que o Reino dos Céus é dos simples, quis Jesus significar que a ninguém é concedida entrada nesse Reino, sem a *simplicidade de coração e humildade de espírito*; que o ignorante possuidor dessas qualidades será preferido ao sábio que mais crê em si do que em Deus. Em todas as circunstâncias, Jesus põe a humildade na categoria das virtudes que aproximam de Deus e o orgulho entre os vícios que dele afastam a criatura, e isso por uma razão muito natural: a de ser a humildade um ato de submissão a Deus, ao passo que o orgulho é a revolta contra Ele. Mais vale, pois, que o homem, para felicidade do seu futuro, seja *pobre em espírito*, conforme o entende o mundo, e rico em qualidades morais.

Aquele que se eleva será rebaixado

3. Por essa ocasião, os discípulos se aproximaram de Jesus e lhe perguntaram: "Quem é o maior no Reino dos Céus?"

– Jesus, chamando a si um menino, o colocou no meio deles e respondeu: "Digo-vos, em verdade, que, se não vos converterdes e tornardes quais crianças, não entrareis no Reino dos Céus. *Aquele, portanto, que se humilhar e se tornar pequeno como esta criança será o maior no Reino dos Céus* e aquele que recebe em meu nome a uma criança, tal como acabo de dizer, é a mim mesmo que recebe." (Mateus, 18:1 a 5.)

4. Então, a mãe dos filhos de Zebedeu se aproximou dele com seus dois filhos e o adorou, dando a entender que lhe queria pedir alguma coisa. Disse-lhe Ele:

"Que queres?" "Manda", disse ela, "que estes meus dois filhos tenham assento no teu Reino, um à tua direita e o outro à tua esquerda." – Mas Jesus lhe respondeu: "Não sabes o que pedes; podeis vós ambos beber o cálice que Eu vou beber?" – Eles responderam: "Podemos." – Jesus lhes replicou: "É certo que bebereis o cálice que Eu beber; mas, pelo que respeita a vos sentardes à minha direita ou à minha esquerda, não me cabe a mim vô-lo conceder; isso será para aqueles a quem meu Pai o tem preparado." – Ouvindo isso, os dez outros apóstolos se encheram de indignação contra os dois irmãos. Jesus, chamando-os para perto de si, lhes disse: "Sabeis que os príncipes das nações as dominam e que os grandes as tratam com império. Assim não deve ser entre vós; ao contrário, *aquele que quiser tornar-se o maior, seja vosso servo; e aquele que quiser ser o primeiro entre vós seja vosso escravo*; do mesmo modo que o Filho do Homem não veio para ser servido, mas para servir e dar a vida pela redenção de muitos." (Mateus, 20:20 a 28.)

5. Jesus entrou em dia de sábado na casa de um dos principais fariseus para aí fazer a sua refeição. Os que lá estavam o observaram. Então, notando que os convidados escolhiam os primeiros lugares, propôs-lhes uma parábola, dizendo: "Quando fordes convidados para bodas, não tomeis o primeiro lugar, para que não suceda que, havendo entre os convidados uma pessoa mais considerada do que vós, aquele que vos haja convidado venha a dizer-vos: dai o vosso lugar a este, e vos vejais constrangidos a ocupar, cheios de vergonha, o último lugar. Quando fordes convidados, ide colocar-vos no último lugar, a fim de que, quando aquele que vos convidou chegar, vos diga: meu amigo, venha mais para

cima. Isso então será para vós um motivo de glória, diante de todos os que estiverem convosco à mesa; *porquanto todo aquele que se eleva será rebaixado e todo aquele que se abaixa será elevado.*" (Lucas, 14:1 e 7 a 11.)

6. Estas máximas decorrem do princípio de humildade que Jesus não cessa de apresentar como condição essencial da felicidade prometida aos eleitos do Senhor e que Ele formulou assim: "Bem-aventurados os pobres de espírito, pois que o Reino dos Céus lhes pertence." Ele toma uma criança como tipo da simplicidade de coração e diz: "Será o maior no Reino dos Céus aquele que se humilhar *e se fizer pequeno como uma criança*, isto é, que nenhuma pretensão alimentar à superioridade ou à infalibilidade.

A mesma ideia fundamental se nos depara nesta outra máxima: *Seja vosso servidor aquele que quiser tornar-se o maior, e nesta outra: Aquele que se humilhar será exalçado e aquele que se elevar será rebaixado*.

O Espiritismo sanciona pelo exemplo a teoria, mostrando-nos na posição de grandes no mundo dos Espíritos os que eram pequenos na Terra; e bem pequenos, muitas vezes, os que na Terra eram os maiores e os mais poderosos. E que os primeiros, ao morrerem, levaram consigo aquilo que faz a verdadeira grandeza no céu e que não se perde nunca: as virtudes, ao passo que os outros tiveram de deixar aqui o que lhes constituía a grandeza terrena e que se não leva para a outra vida: a riqueza, os títulos, a glória, a nobreza do nascimento. Nada mais possuindo senão isso chegam ao outro mundo privados de tudo, como náufragos que tudo perderam, até as próprias roupas. Conservaram apenas o orgulho que mais humilhante lhes torna a nova posição, porquanto veem colocados acima de si e resplandecentes de glória os que eles na Terra espezinharam.

O Espiritismo aponta-nos outra aplicação do mesmo princípio nas encarnações sucessivas, mediante as quais os que, numa existência, ocuparam as mais elevadas posições, descem, em existência seguinte, às mais ínfimas condições, desde que os tenham dominado o orgulho e a ambição. Não procureis, pois, na Terra, os primeiros lugares, nem vos colocar acima dos outros, se não quiserdes ser obrigados a descer. Buscai, ao contrário, o lugar mais humilde e mais modesto, porquanto Deus saberá dar-vos um mais elevado no céu, se o merecerdes.

Mistérios ocultos aos doutos e aos prudentes

7. Disse, então, Jesus estas palavras: "Graças te rendo, meu Pai, Senhor do céu e da Terra, por haveres ocultado estas coisas aos doutos e aos prudentes e por as teres revelado aos simples e aos pequenos." (Mateus, 11:25.)

8. Pode parecer singular que Jesus renda graças a Deus, por haver revelado estas coisas *aos simples e aos pequenos*, que são os pobres de espírito, e por as ter ocultado *aos doutos e aos prudentes*,

mais aptos, na aparência, a compreendê-las. É que cumpre se entenda que os primeiros são os *humildes*, são os que se humilham diante de Deus e não se consideram superiores a toda a gente. Os segundos são os *orgulhosos*, envaidecidos do seu saber mundano, os quais se julgam prudentes porque negam e tratam a Deus de igual para igual, quando não se recusam a admiti-lo, porquanto, na antiguidade, *douto* era sinônimo de *sábio*. Por isso é que Deus lhes deixa a pesquisa dos segredos da Terra e revela os do céu aos simples e aos humildes que diante dele se prostram.

9. O mesmo se dá hoje com as grandes verdades que o Espiritismo revelou. Alguns incrédulos se admiram de que os Espíritos tão poucos esforços façam para os convencer. A razão está em que estes últimos cuidam preferentemente dos que procuram, de boa-fé e com humildade, a luz, do que daqueles que se supõem na posse de toda a luz e imaginam, talvez, que Deus deveria dar-se por muito feliz em atraí-los a si, provando-lhes a sua existência.

O poder de Deus se manifesta nas mais pequeninas coisas, como nas maiores. Ele não põe a luz debaixo do alqueire, por isso que a derrama em ondas por toda parte, de tal sorte que só cegos não a veem. *A esses não quer Deus abrir à força os olhos, dado que lhes apraz tê-los fechados*. A vez deles chegará, mas é preciso que, antes, sintam as angústias das trevas e *reconheçam que é a Divindade e não o acaso quem lhes fere o orgulho*. Para vencer a incredulidade, Deus emprega os meios mais convenientes, conforme os indivíduos. Não é à incredulidade que compete prescrever-lhe o que deva fazer, nem lhe cabe dizer: "Se me queres convencer, tens de proceder dessa ou daquela maneira, em tal ocasião e não em tal outra, porque essa ocasião é a que mais me convém."

Não se espantem, pois, os incrédulos de que nem Deus, nem os Espíritos, que são os executores da sua vontade, se lhes submetam às exigências. Inquiram de si mesmos o que diriam, se o último de seus servidores se lembrasse de lhes prescrever fosse o que fosse. Deus impõe condições e não aceita as que lhe queiram impor. Escuta, bondoso, os que a Ele se dirigem humildemente, e não os que se julgam mais do que Ele.

10. Perguntar-se-á: não poderia Deus tocá-los pessoalmente, por meio de manifestações retumbantes, diante das quais se inclinassem os mais obstinados incrédulos? É fora de toda dúvida que o poderia; mas, então, que mérito teriam eles e, ademais, de que serviria? Não se veem todos os dias criaturas que não cedem nem à evidência, chegando até a dizer: "Ainda que eu visse, não acreditaria, porque *sei* que é impossível?" Esses, se se negam assim a reconhecer a verdade, é que ainda não trazem maduro o espírito para compreendê-la, nem o coração para senti-la. *O orgulho é a catarata que lhes tolda a visão*. De que vale apresentar a luz a um cego? Necessário é que, antes, se lhe destrua

a causa do mal. Daí vem que, médico hábil, Deus primeiramente corrige o orgulho. Ele não deixa ao abandono aqueles de seus filhos que se acham perdidos, porquanto sabe que cedo ou tarde os olhos se lhes abrirão. Quer, porém, que isso se dê de moto-próprio, quando, vencidos pelos tormentos da incredulidade, eles venham de si mesmos lançar-se-lhe nos braços e pedir-lhe perdão, quais filhos pródigos.

Instruções dos Espíritos
O orgulho e a humildade

11. Que a paz do Senhor seja convosco, meus queridos amigos! Aqui venho para encorajar-vos a seguir o bom caminho.

Aos pobres Espíritos que habitaram outrora a Terra, conferiu Deus a missão de vos esclarecer. Bendito seja Ele, pela graça que nos concede: a de podermos auxiliar o vosso aperfeiçoamento. Que o Espírito Santo me ilumine e ajude a tornar compreensível a minha palavra, outorgando-me o favor de pô-la ao alcance de todos! Ó vós, encarnados, que vos achais em prova e buscais a luz, que a vontade de Deus venha em meu auxílio para fazê-la brilhar aos vossos olhos!

A humildade é virtude muito esquecida entre vós. Bem pouco seguidos são os exemplos que dela se vos têm dado. Entretanto, sem humildade, podeis ser caridosos com o vosso próximo? Oh! não, pois que este sentimento nivela os homens, dizendo-lhes que todos são irmãos, que se devem auxiliar mutuamente, e os induz ao bem. Sem a humildade, apenas vos adornais de virtudes que não possuís, como se trouxésseis um vestuário para ocultar as deformidades do vosso corpo. Lembrai-vos daquele que nos salvou; lembrai-vos da sua humildade, que tão grande o fez, colocando-o acima de todos os profetas.

O orgulho é o terrível adversário da humildade. Se o Cristo prometia o Reino dos Céus aos mais pobres, é porque os grandes da Terra imaginam que os títulos e as riquezas são recompensas deferidas aos seus méritos e se consideram de essência mais pura do que a do pobre. Julgam que os títulos e as riquezas lhes são devidos, pelo que, quando Deus lhos retira, o acusam de injustiça. Oh! irrisão e cegueira! Pois, então, Deus vos distingue pelos corpos? O envoltório do pobre não é o mesmo que o do rico? Terá o Criador feito duas espécies de homens? Tudo o que Deus faz é grande e sábio; não lhe atribuais nunca as ideias que os vossos cérebros orgulhosos engendram.

Ó rico! Enquanto dormes sob dourados tetos, ao abrigo do frio, ignoras que jazem sobre a palha milhares de irmãos teus, que valem tanto quanto tu? Não é teu igual o infeliz que passa fome? Ao ouvires isso, bem o sei, revolta-se o teu orgulho. Concordarás em dar-lhe uma esmola, mas em lhe apertar fraternalmente a mão, nunca. "Pois quê! dirás, eu, de sangue nobre, grande da Terra, igual a este miserável coberto de andrajos! Vã utopia de pseudofilósofos! Se fôssemos iguais, por que o teria Deus colocado tão baixo e a mim tão alto?" É exato que as vossas vestes não se assemelham; mas despi-vos ambos: que diferença haverá entre vós? A nobreza do sangue, dirás; a química, porém, ainda nenhuma diferença descobriu entre o sangue de um grão-senhor e o de um plebeu; entre o do senhor e o do escravo. Quem te garante que também tu já não tenhas sido miserável e desgraçado como ele? Que também não hajas pedido esmola? Que não a pedirás um dia a esse mesmo a quem hoje desprezas? São eternas as riquezas? Não desaparecem quando se extingue o corpo, envoltório perecível do teu Espírito? Ah! lança sobre ti um pouco de humildade! Põe os olhos, afinal, na realidade das coisas deste mundo, sobre o que dá lugar ao engrandecimento e ao rebaixamento no outro; lembra-te de que a morte não te poupará, como a nenhum homem; que os teus títulos não te preservarão do seu golpe; que ela te poderá ferir amanhã, hoje, a qualquer hora. Se te enterras no teu orgulho, oh! quanto então te lamento, pois bem digno de compaixão serás.

Orgulhosos! Que éreis antes de serdes nobres e poderosos? Talvez estivésseis abaixo do último dos vossos criados. Curvai, portanto, as vossas frontes altaneiras, que Deus pode fazer se abaixem, justo no momento em que mais as elevardes. Na balança divina, são iguais todos os homens; só as virtudes os distinguem aos olhos de Deus. São da mesma essência todos os Espíritos e formados de igual massa todos os corpos. Em nada os modificam os vossos títulos e os vossos nomes. Eles permanecerão no túmulo e de modo nenhum contribuirão para que gozeis da ventura dos eleitos. Estes, na caridade e na humildade é que têm seus títulos de nobreza.

Pobre criatura! és mãe, teus filhos sofrem; sentem frio; têm fome, e tu vais, curvada ao peso da tua cruz, humilhar-te, para lhes conseguires um pedaço de pão! Oh! inclino-me diante de ti. Quão nobremente santa és e quão grande aos meus olhos! Espera e ora; a felicidade ainda não é deste mundo. Aos pobres oprimidos que nele confiam, concede Deus o Reino dos Céus.

E tu, donzela, pobre criança lançada ao trabalho, às privações, por que esses tristes pensamentos? Por que choras? Dirige a Deus, piedoso e sereno, o teu olhar: Ele dá alimento aos passarinhos; tem-lhe confiança: Ele não te abandonará. O ruído das festas, dos prazeres do mundo, faz bater-te o coração; também desejaras adornar de flores os teus cabelos e misturar-te com os venturosos da Terra. Dizes de ti para contigo que, como essas mulheres que vês passar, despreocupadas e risonhas, também poderias ser rica. Oh! cala-te, criança! Se soubesses quantas lágrimas e dores inomináveis se ocultam sob esses vestidos recamados, quantos soluços são abafados pelos sons dessa orquestra rumorosa, preferirias o teu humilde retiro e a tua pobreza. Conserva-te pura aos olhos de Deus, se não queres que o teu anjo guardião para o seu seio volte, cobrindo o semblante com as suas brancas asas e deixando-te com os teus remorsos, sem guia, sem amparo, neste mundo, onde ficarias perdida, a aguardar a punição no outro.

Todos vós que dos homens sofreis injustiças, sede indulgentes para as faltas dos vossos irmãos, ponderando que também vós não vos achais isentos de culpas; é isso caridade, mas é igualmente humildade. Se sofreis pelas calúnias, abaixai a cabeça sob essa prova. Que vos importam as calúnias do mundo? Se é puro o vosso proceder, não pode Deus vo-las compensar? Suportar com coragem as humilhações dos homens é ser humilde e reconhecer que somente Deus é grande e poderoso.

Ó meu Deus, será preciso que o Cristo volte segunda vez à Terra para ensinar aos homens as tuas leis, que eles olvidam? Terá que de novo expulsar do templo os vendedores que conspurcam a tua casa, casa que é unicamente de oração? E, quem sabe? ó homens! se o não renegaríeis como outrora, caso Deus vos concedesse essa graça! Chamar-lhe-íeis blasfemador, porque abateria o orgulho dos modernos fariseus. É bem possível que o fizésseis perlustrar novamente o caminho do Gólgota.

Quando Moisés subiu ao monte Sinai para receber os mandamentos de Deus, o povo de Israel, entregue a si mesmo, abandonou o Deus verdadeiro. Homens e mulheres deram o ouro e as joias que possuíam, para que se construísse um ídolo que entraram a adorar. Vós outros, homens civilizados, os imitais. O Cristo vos legou a sua doutrina; deu-vos o exemplo de todas as virtudes e tudo abandonastes, exemplos e preceitos. Concorrendo para isso com as vossas paixões, fizestes um Deus a vosso jeito: segundo uns, terrível e sanguinário; segundo outros, alheado dos interesses do mundo. O Deus que fabricastes é ainda o bezerro de ouro que cada um adapta aos seus gostos e às suas ideias.

Despertai, meus irmãos, meus amigos. Que a voz dos Espíritos ecoe nos vossos corações. Sede generosos e caridosos, sem ostentação, isto é, fazei o bem com humildade. Que cada um proceda pouco a pouco à demolição dos altares que todos ergueram ao orgulho. Numa palavra: sede verdadeiros cristãos e tereis o Reino da Verdade. Não continueis a duvidar da bondade de Deus, quando dela vos dá Ele tantas provas. Vimos preparar os caminhos para que as profecias se cumpram. Quando o Senhor vos der uma manifestação mais retumbante da sua clemência, que o enviado celeste já vos encontre formando uma grande família; que os vossos corações, mansos e humildes, sejam dignos de ouvir a palavra divina que Ele vos vem trazer; que ao eleito somente se deparem em seu caminho as palmas que aí tenhais deposto, volvendo ao bem, à caridade, à fraternidade. Então, o vosso mundo se tornará o paraíso terrestre. No entanto, se permanecerdes insensíveis à voz dos Espíritos enviados para depurar e renovar a vossa sociedade civilizada, rica de ciências, mas tão pobre de bons sentimentos, ah! então não nos restará senão chorar e gemer pela vossa sorte. Mas não, assim não será. Voltai para Deus, vosso Pai, e todos nós que houvermos contribuído para o cumprimento da sua vontade entoaremos o cântico de ação de graças, agradecendo-lhe a inesgotável bondade e glorificando-o por todos os séculos dos séculos. Assim seja. – *Lacordaire*. (Constantina, 1863.)

12. Homens, por que vos queixais das calamidades que vós mesmos amontoastes sobre as vossas cabeças? Desprezastes a santa e divina moral do Cristo; não vos espanteis, pois, de que a taça da iniquidade haja transbordado de todos os lados.

Generaliza-se o mal-estar. A quem inculpar, senão a vós que incessantemente procurais esmagar-vos uns aos outros? Não podeis ser felizes, sem mútua benevolência; mas como pode a benevolência coexistir com o orgulho? O orgulho, eis a fonte de todos os vossos males. Aplicai-vos, portanto, em destruí-lo, se não lhe quiserdes perpetuar as funestas consequências. Um único meio se vos oferece para isso, mas infalível: tomardes para regra invariável do vosso proceder a lei do Cristo, lei que tendes repelido ou falseado em sua interpretação.

Por que haveis de ter em maior estima o que brilha e encanta os olhos, do que o que toca o coração? Por que fazeis do vício na opulência objeto das vossas adulações, ao passo que desdenhais do verdadeiro mérito na obscuridade? Apresente-se em qualquer parte um rico debochado, perdido de corpo e alma, e todas as portas se lhe abrem, todas as atenções são para ele, enquanto ao homem de bem, que vive do seu trabalho, mal se dignam todos de saudá-lo com ar de proteção. Quando a consideração dispensada aos outros se mede pelo ouro que possuem ou pelo nome de que usam, que interesse podem eles ter em se corrigirem de seus defeitos? Dar-se-ia o inverso, se a opinião geral fustigasse o vício dourado, tanto quanto o vício em andrajos; mas o orgulho se mostra indulgente para com tudo o que o lisonjeia. Século de cupidez e de dinheiro, dizeis. Sem dúvida; mas por que deixastes que as necessidades materiais sobrepujassem o bom senso e a razão? Por que há de cada um querer elevar-se acima de seu irmão? Desse fato sofre hoje a sociedade as consequências.

Não esqueçais que tal estado de coisas é sempre sinal certo de decadência moral. Quando o orgulho chega ao extremo, tem-se um indício de queda próxima, porquanto Deus nunca deixa de castigar os soberbos. Se por vezes consente que eles subam, é para lhes dar tempo à reflexão e a que se emendem, sob os golpes que de quando em quando lhes desfere no orgulho para os advertir. Todavia, em lugar de se humilharem, eles se revoltam. Então, cheia a medida, Deus os abate completamente e tanto mais horrível lhes é a queda, quanto mais alto hajam subido.

Pobre raça humana, cujo egoísmo corrompeu todas as sendas, toma novamente coragem, apesar de tudo. Em sua misericórdia infinita, Deus te envia poderoso remédio para os teus males, um inesperado socorro à tua miséria. Abre os olhos à luz: aqui estão as almas dos que já não vivem na Terra e que te vêm chamar ao cumprimento dos deveres reais. Eles te dirão, com a autoridade da experiência, quanto as vaidades e as grandezas da vossa passageira existência são mesquinhas a par da eternidade. Dir-te-ão que, lá, o maior é aquele que haja sido o mais humilde entre os pequenos deste mundo; que aquele que mais amou os seus irmãos será também o mais amado no céu; que os poderosos da Terra, se abusaram da sua autoridade, ver-se-ão reduzidos a obedecer aos seus servos; que, finalmente, a humildade e a caridade, irmãs que andam sempre de mãos dadas, são os meios mais eficazes de se obter graça diante do Eterno. – *Adolfo*, bispo de Argel. (Marmande, 1862.)

Missão do homem inteligente na Terra

13. Não vos ensoberbeis do que sabeis, porquanto esse saber tem limites muito estreitos no mundo em que habitais. Suponhamos sejais sumidades em inteligência neste planeta: nenhum direito tendes de envaidecer-vos. Se Deus, em seus desígnios, vos fez nascer num meio onde pudestes desenvolver a vossa inteligência, é que quer que a utilizeis para o bem de todos; é uma missão que vos dá, pondo-vos nas mãos o instrumento com

que podeis desenvolver, por vossa vez, as inteligências retardatárias e conduzi-las a Ele. A natureza do instrumento não está a indicar a que utilização deve prestar-se? A enxada que o jardineiro entrega a seu ajudante não mostra a este último que lhe cumpre cavar a terra? Que diríeis, se esse ajudante, em vez de trabalhar, erguesse a enxada para ferir o seu patrão? Diríeis que é horrível e que ele merece expulso. Pois bem: não se dá o mesmo com aquele que se serve da sua inteligência para destruir a ideia de Deus e da Providência entre seus irmãos? Não levanta ele contra o seu senhor a enxada que lhe foi confiada para arrotear o terreno? Tem ele direito ao salário prometido? Não merece, ao contrário, ser expulso do jardim? Sê-lo-á, não duvideis, e atravessará existências miseráveis e cheias de humilhações, até que se curve diante daquele a quem tudo deve.

A inteligência é rica de méritos para o futuro, mas sob a condição de ser bem empregada. Se todos os homens que a possuem dela se servissem de conformidade com a vontade de Deus, fácil seria, para os Espíritos, a tarefa de fazer que a Humanidade avance. Infelizmente, muitos a tornam instrumento de orgulho e de perdição contra si mesmos. O homem abusa da inteligência como de todas as suas outras faculdades e, no entanto, não lhe faltam ensinamentos que o advirtam de que uma poderosa mão pode retirar o que lhe concedeu. – *Ferdinando*, Espírito protetor. (Bordeaux, 1862.)

CAPÍTULO VIII

Bem-aventurados os que têm puro o coração

• Simplicidade e pureza de coração • Pecado por pensamentos. Adultério • Verdadeira pureza. Mãos não lavadas • Escândalos. Se a vossa mão é motivo de escândalo, cortai-a • *Instruções dos Espíritos*: Deixai que venham a mim as criancinhas – Bem-aventurados os que têm fechados os olhos

Simplicidade e pureza de coração

1. Bem-aventurados os que têm puro o coração, porquanto verão a Deus. (Mateus, 5:8.)

2. Apresentaram-lhe então algumas crianças, a fim de que Ele as tocasse, e, como seus discípulos afastassem com palavras ásperas os que lhas apresentavam, Jesus, vendo isso, zangou-se e lhes disse: "*Deixai que venham a mim as criancinhas* e não as impeçais, porquanto o Reino dos Céus é para os que se lhes assemelham. Digo-vos, em verdade, que aquele que não receber o Reino de Deus como uma criança, nele não entrará."

– E, depois de as abraçar, abençoou-as, impondo-lhes as mãos. (Marcos, 10:13 a 16.)

3. A pureza do coração é inseparável da simplicidade e da humildade. Exclui toda ideia de egoísmo e de orgulho. Por isso é que Jesus toma a infância como emblema dessa pureza, do mesmo modo que a tomou como o da humildade.

Poderia parecer menos justa essa comparação, considerando-se que o Espírito da criança pode ser muito antigo e que traz, renascendo para a vida corporal, as imperfeições de que se não tenha despojado em suas precedentes existências. Só um Espírito que houvesse chegado à perfeição nos poderia oferecer o tipo da verdadeira pureza. É exata a comparação, porém, do ponto de vista da vida presente, porquanto a criancinha, não havendo podido ainda manifestar nenhuma tendência perversa, nos apresenta a imagem da inocência e da candura. Daí o não dizer Jesus, de modo absoluto, que o Reino dos Céus é *para elas*, mas *para os que se lhes assemelhem*.

4. Pois que o Espírito da criança já viveu, por que não se mostra, desde o nascimento, tal qual é? Tudo é sábio nas obras de Deus. A criança necessita de cuidados especiais, que somente a ternura materna lhe pode dispensar, ternura que se acresce da fraqueza e da ingenuidade da criança. Para uma mãe, seu filho é sempre um anjo e assim era preciso que fosse, para lhe cativar a solicitude. Ela não houvera podido ter-lhe o mesmo devotamento, se, em vez da graça ingênua, deparasse nele, sob os traços infantis, um caráter viril e as ideias de um adulto e, ainda menos, se lhe viesse a conhecer o passado.

Aliás, faz-se necessário que a atividade do princípio inteligente seja proporcionada à fraqueza do corpo, que não poderia resistir a uma atividade muito grande do Espírito, como se verifica nos indivíduos grandemente precoces. Essa a razão por que, ao aproximar-se-lhe a encarnação, o Espírito entra em perturbação e perde pouco a pouco a consciência de si mesmo, ficando, por certo tempo, numa espécie de sono, durante o qual todas as suas faculdades permanecem em estado latente. É necessário esse estado de transição para que o Espírito tenha um novo ponto de partida e para que esqueça, em sua nova existência, tudo aquilo que a possa entravar. Sobre ele, no entanto, reage o passado. É assim que o Espírito renasce melhor, mais forte, moral e intelectualmente, sustentado e secundado pela intuição que conserva da experiência adquirida.

A partir do nascimento, suas ideias tomam gradualmente impulso, à medida que os órgãos se desenvolvem, pelo que se pode dizer que, no curso dos primeiros anos, o Espírito é verdadeiramente criança, por se acharem ainda adormecidas as ideias que lhe formam o fundo do caráter. Durante o tempo em que seus instintos se conservam amodorrados, ele é mais maleável e, por isso mesmo, mais acessível às impressões capazes de lhe modificarem a natureza e de fazê-lo progredir, o que torna mais fácil a tarefa que incumbe aos pais.

O Espírito, pois, enverga temporariamente a túnica da inocência e, assim, Jesus está com a verdade, quando, sem embargo da anterioridade da alma, toma a criança por símbolo da pureza e da simplicidade.

Pecado por pensamentos. Adultério

5. Aprendestes que foi dito aos antigos: "Não cometereis adultério. Eu, porém, vos digo que aquele que houver olhado uma mulher, com mau desejo para com ela, já em seu coração cometeu adultério com ela." (Mateus, 5:27 e 28.)

6. A palavra *adultério* não deve absolutamente ser entendida aqui no sentido exclusivo da acepção que lhe é própria, porém, num sentido mais geral. Muitas vezes Jesus a empregou por extensão, para designar o mal, o pecado, todo e qualquer pensamento mau, como, por exemplo, nesta passagem: "Porquanto se alguém se envergonhar de mim e das minhas palavras, dentre esta *raça adúltera e pecadora*, o Filho do Homem também se envergonhará dele, quando vier acompanhado dos santos anjos, na glória de seu Pai." (Marcos, 8:38.)

A verdadeira pureza não está somente nos atos; está também no pensamento, porquanto aquele que tem puro o coração, nem sequer pensa no mal. Foi o que Jesus quis dizer: Ele condena o pecado, mesmo em pensamento, porque é sinal de impureza.[10]

7. Esse princípio suscita naturalmente a seguinte questão: *Sofrem-se as consequências de um pensamento mau, embora nenhum efeito produza?*

Cumpre se faça aqui uma importante distinção. À medida que avança na vida espiritual, a alma que enveredou pelo mau caminho se esclarece e despoja pouco a pouco de suas imperfeições, conforme a maior ou menor boa vontade que

---
[10] N.E.: Ver *Nota Explicativa*, p. 579.

demonstre, em virtude do seu livre-arbítrio. Todo pensamento mau resulta, pois, da imperfeição da alma; mas, de acordo com o desejo que alimenta de depurar-se, mesmo esse mau pensamento se lhe torna uma ocasião de adiantar-se, porque ela o repele com energia. É indício de esforço por apagar uma mancha. Não cederá, se se apresentar oportunidade de satisfazer a um mau desejo. Depois que haja resistido, sentir-se-á mais forte e contente com a sua vitória.

Aquela que, ao contrário, não tomou boas resoluções, procura ocasião de praticar o mau ato e, se não o leva a efeito, não é por virtude da sua vontade, mas por falta de ensejo. É, pois, tão culpada quanto o seria se o cometesse.

Em resumo, naquele que nem sequer concebe a ideia do mal, já há progresso realizado; naquele a quem essa ideia acode, mas que a repele, há progresso em vias de realizar-se; naquele, finalmente, que pensa no mal e nesse pensamento se compraz, o mal ainda existe na plenitude da sua força. Num, o trabalho está feito; no outro, está por fazer-se. Deus, que é justo, leva em conta todas essas gradações na responsabilidade dos atos e dos pensamentos do homem.

Verdadeira pureza. Mãos não lavadas

8. Então os escribas e os fariseus, que tinham vindo de Jerusalém, aproximaram-se de Jesus e lhe disseram: "Por que violam os teus discípulos a tradição dos antigos, uma vez que

não lavam as mãos quando fazem suas refeições?"

Jesus lhes respondeu: "Por que violais vós outros o mandamento de Deus, para seguir a vossa tradição? Porque Deus pôs este mandamento: Honrai a vosso pai e a vossa mãe; e este outro: Seja punido de morte aquele que disser a seu pai ou a sua mãe palavras ultrajantes; e vós outros, no entanto, dizeis: Aquele que haja dito a seu pai ou a sua mãe: Toda oferenda que faço a Deus vos é proveitosa, satisfaz à lei – ainda que depois não honre, nem assista a seu pai ou a sua mãe. Tornam assim inútil o mandamento de Deus, pela vossa tradição.

Hipócritas, bem profetizou de vós Isaías, quando disse: Este povo me honra de lábios, mas conserva longe de mim o coração; é em vão que me honram ensinando máximas e ordenações humanas."

Depois, tendo chamado o povo, disse: "Escutai e compreendei bem isto: Não é o que entra na boca que macula o homem; o que sai da boca do homem é que o macula. O que sai da boca procede do coração e é o que torna impuro o homem; porquanto do coração é que partem os maus pensamentos, os assassínios, os adultérios, as fornicações, os latrocínios, os falsos-testemunhos, as blasfêmias e as maledicências.

Essas são as coisas que tornam impuro o homem; o comer sem haver lavado as mãos não é o que o torna impuro."

Então, aproximando-se dele, disseram-lhe seus discípulos: "Sabeis que, ouvindo o que acabais de dizer, os fariseus se escandalizaram?" – Ele, porém, respondeu: "Arrancada será toda planta que meu Pai celestial não plantou. –Deixai-os, são cegos que conduzem cegos; se um cego conduz outro, caem ambos no fosso." (Mateus, 15:1 a 20.)

9. Enquanto Ele falava, um fariseu lhe pedia que fosse jantar

em sua companhia. Jesus foi e sentou-se à mesa. O fariseu entrou então a dizer consigo mesmo: "Por que não lavou Ele as mãos antes de jantar?" – Disse-lhe, porém, o Senhor: "Vós outros, fariseus, pondes grande cuidado em limpar o exterior do copo e do prato; entretanto, o interior dos vossos corações está cheio de rapinas e de iniquidades. Insensatos que sois! aquele que fez o exterior não é o que faz também o interior?" (Lucas, 11:37 a 40.)

10. Os judeus haviam desprezado os verdadeiros mandamentos de Deus para se aferrarem à prática dos regulamentos que os homens tinham estatuído e da rígida observância desses regulamentos faziam casos de consciência. A substância, muito simples, acabara por desaparecer debaixo da complicação da forma. Como fosse muito mais fácil praticar atos exteriores, do que se reformar moralmente, *lavar as mãos do que expurgar o coração*, iludiram-se a si próprios os homens, tendo-se como quites para com Deus, por se conformarem com aquelas práticas, conservando-se tais quais eram, visto se lhes ter ensinado que Deus não exigia mais do que isso. Daí o haver dito o profeta: *É em vão que este povo me honra de lábios, ensinando máximas e ordenações humanas*.

Verificou-se o mesmo com a doutrina moral do Cristo, que acabou por ser atirada para segundo plano, donde resulta que muitos cristãos, a exemplo dos antigos judeus, consideram mais garantida a salvação por meio das práticas exteriores do que pelas da moral. É a essas adições, feitas pelos homens à Lei de Deus, que Jesus alude, quando diz: *Arrancada será toda planta que meu Pai celestial não plantou*.

O objetivo da religião é conduzir a Deus o homem. Ora, este não chega a Deus senão quando se torna perfeito. Logo, toda religião que não torna melhor o homem, não alcança o seu objetivo. Toda aquela em que o homem julgue poder apoiar-se para fazer o mal, ou é falsa, ou está falseada em seu princípio. Tal o resultado que dão as em que a forma sobreleva ao fundo. Nula é a crença na eficácia dos sinais exteriores, se não obsta a que se cometam assassínios, adultérios, espoliações, que se levantem calúnias, que se causem danos ao próximo, seja no que for. Semelhantes religiões fazem supersticiosos, hipócritas, fanáticos; não, porém, homens de bem.

Não basta se tenham as aparências da pureza; acima de tudo, é preciso ter a do coração.

Escândalos. Se a vossa mão é motivo de escândalo, cortai-a

11. Se algum escandalizar a um destes pequenos que creem em mim, melhor fora que lhe atassem ao pescoço uma dessas mós que um asno faz girar e que o lançassem no fundo do mar.

Ai do mundo por causa dos escândalos; pois é necessário que venham escândalos; mas ai do homem por quem o escândalo venha.

> Tende muito cuidado em não desprezar um destes pequenos. Declaro-vos que seus anjos no céu veem incessantemente a face de meu Pai que está nos céus, porquanto o Filho do Homem veio salvar o que estava perdido.
>
> Se a vossa mão ou o vosso pé vos é objeto de escândalo, cortai-os e lançai-os longe de vós; melhor será para vós que entreis na vida tendo um só pé ou uma só mão, do que terdes dois e serdes lançados no fogo eterno. Se o vosso olho vos é objeto de escândalo, arrancai-o e lançai-o longe de vós; melhor para vós será que entreis na vida tendo um só olho, do que terdes dois e serdes precipitados no fogo do inferno. (Mateus,5:29 e 30; 18:6 a 11.)

12. No sentido vulgar, *escândalo* se diz de toda ação que de modo ostensivo vá de encontro à moral ou ao decoro. O escândalo não está na ação em si mesma, mas na repercussão que possa ter. A palavra *escândalo* implica sempre a ideia de um certo arruído. Muitas pessoas se contentam com evitar o escândalo, porque este lhes faria sofrer o orgulho, lhes acarretaria perda de consideração da parte dos homens. Desde que as suas torpezas fiquem ignoradas, é quanto basta para que se lhes conserve em repouso a consciência. São, no dizer de Jesus: "sepulcros branqueados por fora, mas cheios, por dentro, de podridão; vasos limpos no exterior e sujos no interior".

No sentido evangélico, a acepção da palavra escândalo, tão amiúde empregada, é muito mais geral, pelo que, em certos casos, não se lhe apreende o significado. Já não é somente o que afeta a consciência de outrem, é tudo o que resulta dos vícios e das imperfeições humanas, toda reação má de um indivíduo para outro, com ou sem repercussão. O escândalo, neste caso, é *o resultado efetivo do mal moral*.

13. *É preciso que haja escândalo no mundo*, disse Jesus, porque, imperfeitos como são na Terra, os homens se mostram propensos a praticar o mal, e porque, árvores más, só maus frutos dão. Deve-se, pois, entender por essas palavras que o mal é uma consequência da imperfeição dos homens, e não que haja, para estes, a obrigação de praticá-lo.

14. *É necessário que o escândalo venha*, porque, estando em expiação na Terra, os homens se punem a si mesmos pelo contato de seus vícios, cujas primeiras vítimas são eles próprios e cujos inconvenientes acabam por compreender. Quando estiverem cansados de sofrer devido ao mal, procurarão remédio no bem. A reação desses vícios serve, pois, ao mesmo tempo, de castigo para uns e de provas para outros. É assim que do mal tira Deus o bem e que os próprios homens utilizam as coisas más ou as escórias.

15. Sendo assim, dirão, o mal é necessário e durará sempre, porquanto, se desaparecesse, Deus se veria privado de um poderoso meio de corrigir os culpados. Logo, é inútil cuidar de melhorar os homens. Deixando, porém, de haver culpados, também desnecessário se tornariam quaisquer castigos. Suponhamos que a Humanidade se transforme e passe

a ser constituída de homens de bem: nenhum pensará em fazer mal ao seu próximo e todos serão ditosos por serem bons. Tal a condição dos mundos elevados, donde já o mal foi banido; tal virá a ser a da Terra, quando houver progredido bastante. No entanto, ao mesmo tempo que alguns mundos se adiantam, outros se formam, povoados de Espíritos primitivos e que, além disso, servem de habitação, de exílio e de estância expiatória a Espíritos imperfeitos, rebeldes, obstinados no mal, expulsos de mundos que se tornaram felizes.

16. *Mas ai daquele por quem venha o escândalo*. Quer dizer que o mal sendo sempre o mal, aquele que a seu mau grado servir de instrumento à Justiça divina, aquele cujos maus instintos foram utilizados, nem por isso deixou de praticar o mal e de merecer punição. Assim é, por exemplo, que um filho ingrato é uma punição ou uma prova para o pai que sofre com isso, porque esse pai talvez tenha sido também um mau filho que fez sofresse seu pai. Passa ele pela pena de talião, mas essa circunstância não pode servir de escusa ao filho que, a seu turno, terá de ser castigado em seus próprios filhos, ou de outra maneira.

17. *Se vossa mão é causa de escândalo, cortai-a*. Figura enérgica esta, que seria absurda se tomada ao pé da letra, e que apenas significa que cada um deve destruir em si toda causa de escândalo, isto é, de mal; arrancar do coração todo sentimento impuro e toda tendência viciosa. Quer dizer também

que, para o homem, mais vale ter cortada uma das mãos, antes que servir essa mão de instrumento para uma ação má; ficar privado da vista, antes que lhe servirem os olhos para conceber maus pensamentos. Jesus nada disse de absurdo, para quem quer que apreenda o sentido alegórico e profundo de suas palavras. Muitas coisas, entretanto, não podem ser compreendidas sem a chave que para as decifrar o Espiritismo faculta.

Instruções dos Espíritos
Deixai que venham a mim as criancinhas

18. Disse o Cristo: "Deixai que venham a mim as criancinhas." Profundas em sua simplicidade, essas palavras não continham um simples chamamento dirigido às crianças, mas também o das almas que gravitam nas regiões inferiores, onde o infortúnio desconhece a esperança. Jesus chamava a si a infância intelectual da criatura formada: os fracos, os escravizados e os viciosos. Ele nada podia ensinar à infância física, presa à matéria, submetida ao jugo do instinto, ainda não incluída na categoria superior da razão e da vontade que se exerçam em torno dela e por ela.

Queria que os homens a Ele fossem com a confiança daqueles entezinhos de passos vacilantes, cujo chamamento conquistava, para o seu, o coração das mulheres, que são todas mães. Submetia assim as almas à sua terna e misteriosa autoridade. Ele foi o facho que ilumina as trevas, a claridade matinal que toca a despertar; foi o iniciador do

Espiritismo, que a seu turno atrairá para Ele, não as criancinhas, mas os homens de boa vontade. Está empenhada a ação viril; já não se trata de crer instintivamente, nem de obedecer maquinalmente; é preciso que o homem siga a lei inteligente que se lhe revela na sua universalidade.

Meus bem-amados, são chegados os tempos em que, explicados, os erros se tornarão verdades. Ensinar-vos-emos o sentido exato das parábolas e vos mostraremos a forte correlação que existe entre o que foi e o que é. Digo-vos, em verdade: a manifestação espírita avulta no horizonte, e aqui está o seu enviado, que vai resplandecer como o Sol no cume dos montes. – *João Evangelista*. (Paris, 1863.)

19. Deixai venham a mim as criancinhas, pois tenho o leite que fortalece os fracos. Deixai venham a mim todos os que, tímidos e débeis, necessitam de amparo e consolação. Deixai venham a mim os ignorantes, para que eu os esclareça. Deixai venham a mim todos os que sofrem, a multidão dos aflitos e dos infortunados: Eu lhes ensinarei o grande remédio que suaviza os males da vida e lhes revelarei o segredo da cura de suas feridas! Qual é, meus amigos, esse bálsamo soberano, que possui tão grande virtude, que se aplica a todas as chagas do coração e as cicatriza? É o amor, é a caridade! Se possuís esse fogo divino, que é o que podereis temer? Direis a todos os instantes de vossa vida: "Meu Pai, que a tua vontade se faça e não a minha; se te apraz experimentar-me pela dor e pelas tribulações,

bendito sejas, porquanto é para meu bem, eu o sei, que a tua mão sobre mim se abate. Se é do teu agrado, Senhor, ter piedade da tua criatura fraca, dar-lhe ao coração as alegrias sãs, bendito sejas ainda. Mas faze que o amor divino não lhe fique amodorrado na alma, que incessantemente faça subir aos teus pés o testemunho do seu reconhecimento!"

Se tendes amor, possuís tudo o que há de desejável na Terra, possuís preciosíssima pérola, que nem os acontecimentos, nem as maldades dos que vos odeiem e persigam poderão arrebatar. Se tendes amor, tereis colocado o vosso tesouro lá onde os vermes e a ferrugem não o podem atacar e vereis apagar-se da vossa alma tudo o que seja capaz de lhe conspurcar a pureza; sentireis diminuir dia a dia o peso da matéria e, qual pássaro que adeja nos ares e já não se lembra da Terra, subireis continuamente, subireis sempre, até que vossa alma, inebriada, se farte do seu elemento de vida no seio do Senhor. – *Um Espírito protetor*. (Bordeaux, 1861.)

Bem-aventurados os que têm fechados os olhos[12]

20. Meus bons amigos, para que me chamastes? Terá sido para que eu imponha as mãos sobre a pobre sofredora que está aqui e a cure? Ah! que sofrimento, bom Deus! Ela perdeu a vista e as trevas a envolveram. Pobre filha! Que ore e espere. Não sei

---

12 Nota de Allan Kardec: Esta comunicação foi dada com relação a uma pessoa cega, a cujo favor se evocara o Espírito J.B. Vianney, cura d'Ars.

fazer milagres, eu, sem que Deus o queira. Todas as curas que tenho podido obter e que vos foram assinaladas não as atribuais senão àquele que é o Pai de todos nós. Nas vossas aflições, volvei sempre para o céu o olhar e dizei do fundo do coração: "Meu Pai, cura-me, mas faze que minha alma enferma se cure antes que o meu corpo; que a minha carne seja castigada, se necessário, para que minha alma se eleve ao teu seio, com a brancura que possuía quando a criaste." Após essa prece, meus amigos, que o bom Deus ouvirá sempre, dadas vos serão a força e a coragem e, quiçá, também a cura que apenas timidamente pedistes, em recompensa da vossa abnegação.

Contudo, uma vez que aqui me acho, numa assembleia onde principalmente se trata de estudos, dir-vos-ei que os que são privados da vista deveriam considerar-se os bem-aventurados da expiação. Lembrai-vos de que o Cristo disse convir que arrancásseis o vosso olho se fosse mau, e que mais valeria lançá-lo ao fogo, do que deixar se tornasse causa da vossa condenação. Ah! quantos há no mundo que um dia, nas trevas, maldirão o terem visto a luz! Oh! sim, como são felizes os que, por expiação, vêm a ser atingidos na vista! Os olhos não lhes serão causa de escândalo e de queda; podem viver inteiramente da vida das almas; podem ver mais do que vós que tendes límpida a visão!... Quando Deus me permite descerrar as pálpebras a algum desses pobres sofredores e lhes restituir a luz, digo a mim mesmo: Alma querida, por que não conheces todas as delícias do Espírito que vive de contemplação e de amor? Não pedirias, então, que se te concedesse ver imagens menos puras e menos suaves do que as que te é dado entrever na tua cegueira!

Oh! bem-aventurado o cego que quer viver com Deus. Mais ditoso do que vós que aqui estais, ele sente a felicidade, toca-a, vê as almas e pode alçar-se com elas às esferas espirituais que nem mesmo os predestinados da Terra logram divisar. Abertos, os olhos estão sempre prontos a causar a falência da alma; fechados, estão prontos sempre, ao contrário, a fazê-la subir para Deus. Crede-me, bons e caros amigos, a cegueira dos olhos é, muitas vezes, a verdadeira luz do coração, ao passo que a vista é, com frequência, o anjo tenebroso que conduz à morte.

Agora, algumas palavras dirigidas a ti, minha pobre sofredora. Espera e tem ânimo! Se eu te dissesse: Minha filha, teus olhos vão abrir-se, quão jubilosa te sentirias! Mas quem sabe se esse júbilo não ocasionaria a tua perda! Confia no bom Deus, que fez a ventura e permite a tristeza. Farei tudo o que me for consentido a teu favor; mas, a teu turno, ora e, ainda mais, pensa em tudo quanto acabo de te dizer.

Antes que me vá, recebei todos vós, que aqui vos achais reunidos, a minha bênção. – *Vianney*, cura d'Ars. (Paris, 1863.)

21. Nota. Quando uma aflição não é consequência dos atos da vida presente, deve-se-lhe buscar a causa numa vida anterior. Tudo aquilo a que se dá o nome de caprichos da sorte mais não é do que efeito da Justiça de Deus, que não inflige punições arbitrárias, pois quer que a pena esteja sempre em correlação com a falta. Se, por sua bondade, lançou um véu sobre os nossos atos passados, por outro lado nos aponta o caminho, dizendo: "Quem matou à espada, pela espada perecerá", palavras que se podem traduzir assim: "A criatura é sempre punida por aquilo em que pecou." Se, portanto, alguém sofre o tormento da perda da vista, é que esta lhe foi causa de queda. Talvez tenha sido também causa de que outro perdesse a vista; de que alguém haja perdido a vista em consequência do excesso de trabalho que aquele lhe impôs, ou de maus-tratos, de falta de cuidados etc. Nesse caso, passa ele pela pena de talião. É possível que ele próprio, tomado de arrependimento, haja escolhido essa expiação, aplicando a si estas palavras de Jesus: "Se o teu olho for motivo de escândalo, arranca-o."

CAPÍTULO IX

Bem-aventurados os que são brandos e pacíficos

• Injúrias e violências • *Instruções dos Espíritos*: A afabilidade e a doçura; A paciência – Obediência e resignação – A cólera

Injúrias e violências

1. Bem-aventurados os que são brandos, porque possuirão a Terra. (Mateus, 5:5.)

2. Bem-aventurados os pacíficos, porque serão chamados filhos de Deus. (Mateus, 5:9.)

3. Sabeis que foi dito aos antigos: "Não matareis e quem quer que mate merecerá condenação pelo juízo." Eu, porém, vos digo que quem quer que se puser em cólera contra seu irmão merecerá condenado no juízo; que aquele que disser a seu irmão: "Raca", merecerá condenado pelo conselho; e que aquele que lhe disser: "És louco", merecerá condenado ao fogo do inferno. (Mateus, 5:21 e 22.)

4. Por estas máximas, Jesus faz da brandura, da moderação, da mansuetude, da afabilidade e da paciência, uma lei. Condena, por conseguinte, a violência, a cólera e até toda expressão descortês de que alguém possa usar para com seus semelhantes. Raca, entre os hebreus, era um termo desdenhoso que significava – *homem que não vale nada*, e se pronunciava cuspindo e virando para

o lado a cabeça. Vai mesmo mais longe, pois que ameaça com o fogo do inferno aquele que disser a seu irmão: *És louco.*

Evidente se torna que aqui, como em todas as circunstâncias, a intenção agrava ou atenua a falta; mas em que pode uma simples palavra revestir-se de tanta gravidade que mereça tão severa reprovação? É que toda palavra ofensiva exprime um sentimento contrário à lei de amor e da caridade que deve presidir às relações entre os homens e manter entre eles a concórdia e a união; é que constitui um golpe desferido na benevolência recíproca e na fraternidade; é que entretém o ódio e a animosidade; é, enfim, que, depois da humildade para com Deus, a caridade para com o próximo é a lei primeira de todo cristão.

5. Que queria Jesus dizer por estas palavras: "Bem-aventurados os que são brandos, porque possuirão a Terra", tendo recomendado aos homens que renunciassem aos bens deste mundo e havendo-lhes prometido os do céu?

Enquanto aguarda os bens do céu, tem o homem necessidade dos da Terra para viver. Apenas, o que Ele lhe recomenda é que não ligue a estes últimos mais importância do que aos primeiros.

Por aquelas palavras quis dizer que até agora os bens da Terra são açambarcados pelos violentos, em prejuízo dos que são brandos e pacíficos; que a estes falta muitas vezes o necessário, ao passo que outros têm o supérfluo. Promete que justiça lhes será feita, *assim na Terra como no céu*, porque serão chamados filhos de Deus. Quando a Humanidade se submeter à lei de amor e de caridade, deixará de haver egoísmo; o fraco e o pacífico já não serão explorados, nem esmagados pelo forte e pelo violento. Tal a condição da Terra, quando, de acordo com a lei do progresso e a promessa de Jesus, se houver tornado mundo ditoso, por efeito do afastamento dos maus.

Instruções dos Espíritos
A afabilidade e a doçura

6. A benevolência para com os seus semelhantes, fruto do amor ao próximo, produz a afabilidade e a doçura, que lhe são as formas de manifestar-se. Entretanto, nem sempre há que fiar nas aparências. A educação e a frequentação do mundo podem dar ao homem o verniz dessas qualidades. Quantos há cuja fingida bonomia não passa de máscara para o exterior, de uma roupagem cujo talhe primoroso dissimula as deformidades interiores! O mundo está cheio dessas criaturas que têm nos lábios o sorriso e no coração o veneno; *que são brandas, desde que nada as agaste, mas que mordem à menor contrariedade*; cuja língua, de ouro quando falam pela frente, se muda em dardo peçonhento, quando estão por detrás.

A essa classe também pertencem esses homens, de exterior benigno, que, tiranos domésticos, fazem que suas famílias e seus subordinados lhes sofram o peso do orgulho e do despotismo, como a quererem desforrar-se do constrangimento que, fora de casa, se impõem a si mesmos. Não se atrevendo a usar de autoridade para com os estranhos, que os chamariam à ordem, acham que pelo menos devem fazer-se temidos daqueles que lhes não podem resistir. Envaidecem-se de poderem dizer: "Aqui mando e sou obedecido", sem lhes ocorrer que poderiam acrescentar: "E sou detestado."

Não basta que dos lábios manem leite e mel. Se o coração de modo algum lhes está associado, só há hipocrisia. Aquele cuja afabilidade e doçura não são fingidas nunca se desmente: é o mesmo, tanto em sociedade, como na intimidade. Esse, ademais, sabe que se, pelas aparências, se consegue enganar os homens, a Deus ninguém engana. – *Lázaro*. (Paris, 1861.)

A paciência

7. A dor é uma bênção que Deus envia a seus eleitos; não vos aflijais, pois, quando sofrerdes; antes, bendizei de Deus onipotente que, pela dor, neste mundo, vos marcou para a glória no céu.

Sede pacientes. A paciência também é uma caridade e deveis praticar a lei de caridade ensinada pelo Cristo, enviado de Deus. A caridade que consiste na esmola dada aos pobres é a mais fácil de todas. Outra há, porém, muito mais penosa e, conseguintemente, muito mais meritória: *a de perdoarmos aos que Deus colocou em nosso caminho para serem instrumentos do nosso sofrer e para nos porem à prova a paciência.*

A vida é difícil, bem o sei. Compõe-se de mil nadas, que são outras tantas picadas de alfinetes, mas que acabam por ferir. Se, porém, atentarmos nos deveres que nos são impostos, nas consolações e compensações que, por outro lado, recebemos, havemos de reconhecer que são as bênçãos muito mais numerosas do que as dores. O fardo parece menos pesado, quando se olha para o alto, do que quando se curva para a terra a fronte.

Coragem, amigos! Tendes no Cristo o vosso modelo. Mais sofreu Ele do que qualquer de vós e nada tinha de que se penitenciar, ao passo que vós tendes de expiar o vosso passado e de vos fortalecer para o futuro. Sede, pois, pacientes, sede cristãos. Essa palavra resume tudo. – *Um Espírito amigo*. (Havre, 1862.)

Obediência e resignação

8. A doutrina de Jesus ensina, em todos os seus pontos, a obediência e a resignação, duas virtudes companheiras da doçura e muito ativas, se bem os homens erradamente as confundam com a negação do sentimento e da vontade. *A obediência é o consentimento da razão; a resignação é o consentimento do coração*, forças ativas ambas, porquanto carregam o fardo das provações que a revolta insensata deixa cair. O pusilânime não pode ser

resignado, do mesmo modo que o orgulhoso e o egoísta não podem ser obedientes. Jesus foi a encarnação dessas virtudes que a antiguidade material desprezava. Ele veio no momento em que a sociedade romana perecia nos desfalecimentos da corrupção. Veio fazer que, no seio da Humanidade deprimida, brilhassem os triunfos do sacrifício e da renúncia carnal.

Cada época é marcada, assim, com o cunho da virtude ou do vício que a tem de salvar ou perder. A virtude da vossa geração é a atividade intelectual; seu vício é a indiferença moral. Digo, apenas, atividade, porque o gênio se eleva de repente e descobre, por si só, horizontes que a multidão somente mais tarde verá, enquanto a atividade é a reunião dos esforços de todos para atingir um fim menos brilhante, mas que prova a elevação intelectual de uma época. Submetei-vos à impulsão que vimos dar aos vossos espíritos; obedecei à grande lei do progresso, que é a palavra da vossa geração. Ai do espírito preguiçoso, ai daquele que cerra o seu entendimento! Ai dele! porquanto nós, que somos os guias da Humanidade em marcha, lhe aplicaremos o látego e lhe submeteremos a vontade rebelde, por meio da dupla ação do freio e da espora. Toda resistência orgulhosa terá de, cedo ou tarde, ser vencida. Bem-aventurados, no entanto, os que são brandos, pois prestarão dócil ouvido aos ensinos. – *Lázaro*. (Paris, 1863.)

A cólera

9. O orgulho vos induz a julgar-vos mais do que sois; a não suportardes uma comparação que vos possa rebaixar; a vos considerardes, ao contrário, tão acima dos vossos irmãos, quer em espírito, quer em posição social, quer mesmo em vantagens pessoais, que o menor paralelo vos irrita e aborrece. Que sucede então? Entregai-vos à cólera.

Pesquisai a origem desses acessos de demência passageira que vos assemelham ao bruto, fazendo-vos perder o sangue-frio e a razão; pesquisai e, quase sempre, deparareis com o orgulho ferido. Que é o que vos faz repelir, coléricos, os mais ponderados conselhos, senão o orgulho ferido por uma contradição? Até mesmo as impaciências, que se originam de contrariedades muitas vezes pueris, decorrem da importância que cada um liga à sua personalidade, diante da qual entende que todos se devem dobrar.

Em seu frenesi, o homem colérico a tudo se atira: à natureza bruta, aos objetos inanimados, quebrando-os porque lhe não obedecem. Ah! se nesses momentos pudesse ele observar-se a sangue-frio, ou teria medo de si próprio, ou bem ridículo se acharia! Imagine ele por aí que impressão produzirá nos outros. Quando não fosse pelo respeito que deve a si mesmo, cumpria-lhe esforçar-se por vencer um pendor que o torna objeto de piedade.

Se ponderasse que a cólera a nada remedeia, que lhe altera a saúde e compromete até a vida, reconheceria ser ele próprio a sua primeira vítima. Outra consideração, sobretudo, devera contê-lo, a de que torna infelizes todos os que o cercam. Se tem coração, não lhe será motivo de remorso fazer que sofram os entes a quem mais ama? E que pesar mortal se, num acesso de fúria, praticasse um ato que houvesse de deplorar toda a sua vida!

Em suma, a cólera não exclui certas qualidades do coração, mas impede se faça muito bem e pode levar à prática de muito mal. Isto deve bastar para induzir o homem a esforçar-se pela dominar. O espírita, ademais, é concitado a isso por outro motivo: o de que a cólera é contrária à caridade e à humildade cristãs. – *Um Espírito protetor*. (Bordeaux, 1863.)

10. Segundo a ideia falsíssima de que lhe não é possível reformar a sua própria natureza, o homem se julga dispensado de empregar esforços para se corrigir dos defeitos em que de boa vontade se compraz, ou que exigiriam muita perseverança para serem extirpados. É assim, por exemplo, que o indivíduo, propenso a encolerizar-se, quase sempre se desculpa com o seu temperamento. Em vez de se confessar culpado, lança a culpa ao seu organismo, acusando a Deus, dessa forma, de suas próprias faltas. É ainda uma consequência do orgulho que se encontra de permeio a todas as suas imperfeições.

Indubitavelmente, temperamentos há que se prestam mais que outros a atos violentos, como há músculos mais flexíveis que se prestam melhor aos atos de força. Não acrediteis, porém, que aí resida a causa primordial da cólera e persuadi-vos de que um Espírito pacífico, ainda que num corpo bilioso, será sempre pacífico, e que um Espírito violento, mesmo num corpo linfático, não será brando; somente a violência tomará outro caráter. Não dispondo de um organismo próprio a lhe secundar a violência, a cólera tornar-se-á concentrada, enquanto no outro caso será expansiva.

O corpo não dá cólera àquele que não na tem, do mesmo modo que não dá os outros vícios. Todas as virtudes e todos os vícios são inerentes ao Espírito. A não ser assim, onde estariam o mérito e a responsabilidade? O homem deformado não pode tornar-se direito, porque o Espírito nisso não pode atuar; mas pode modificar o que é do Espírito, quando o quer com vontade firme. Não vos mostra a experiência, a vós espíritas, até onde é capaz de ir o poder da vontade, pelas transformações verdadeiramente miraculosas que se operam sob as vossas vistas? Compenetrai-vos, pois, de que *o homem não se conserva vicioso, senão porque quer permanecer vicioso*; de que aquele que queira corrigir-se sempre o pode. De outro modo, não existiria para o homem a lei do progresso. – *Hahnemann*. (Paris, 1863.)

CAPÍTULO X

Bem-aventurados os que são misericordiosos

• Perdoai, para que Deus vos perdoe • Reconciliação com os adversários • O sacrifício mais agradável a Deus • O argueiro e a trave no olho • Não julgueis, para não serdes julgados. Atire a primeira pedra aquele que estiver sem pecado
• *Instruções dos Espíritos*: Perdão das ofensas – A indulgência – É permitido repreender os outros, notar as imperfeições de outrem, divulgar o mal de outrem?

Perdoai, para que Deus vos perdoe

1. Bem-aventurados os que são misericordiosos, porque obterão misericórdia. (Mateus, 5:7.)

2. Se perdoardes aos homens as faltas que cometerem contra vós, também vosso Pai celestial vos perdoará os pecados; mas, se não perdoardes aos homens quando vos tenham ofendido, vosso Pai celestial também não vos perdoará os pecados. (Mateus, 6:14 e 15.)

3. Se contra vós pecou vosso irmão, ide fazer-lhe sentir a falta em particular, a sós com ele; se vos atender, tereis ganho o vosso irmão. Então, aproximando-se dele, disse-lhe Pedro: "Senhor, quantas vezes perdoarei a meu irmão, quando houver pecado contra mim? Até sete vezes?" – Respondeu-lhe Jesus: "Não vos digo que perdoeis até sete vezes, mas até setenta vezes sete vezes." (Mateus, 18:15, 21 e 22.)

4. A misericórdia é o complemento da brandura, porquanto aquele que não for misericordioso não poderá ser brando e pacífico. Ela consiste no esquecimento e no perdão das ofensas. O ódio e o rancor denotam alma sem elevação, nem grandeza. O esquecimento das ofensas é próprio da alma elevada, que paira acima dos golpes que lhe possam desferir. Uma é sempre ansiosa, de sombria suscetibilidade e cheia de fel; a outra é calma, toda mansidão e caridade.

Ai daquele que diz: nunca perdoarei. Esse, se não for condenado pelos homens, sê-lo-á por Deus. Com que direito reclamaria ele o perdão de suas próprias faltas, se não perdoa as dos outros? Jesus nos ensina que a misericórdia não deve ter limites, quando diz que cada um perdoe ao seu irmão, não sete vezes, mas setenta vezes sete vezes.

Há, porém, duas maneiras bem diferentes de perdoar: uma, grande, nobre, verdadeiramente generosa, sem pensamento oculto, que evita, com delicadeza, ferir o amor-próprio e a suscetibilidade do adversário, ainda quando este último nenhuma justificativa possa ter; a segunda é a em que o ofendido, ou aquele que tal se julga, impõe ao outro condições humilhantes e lhe faz sentir o peso de um perdão que irrita, em vez de acalmar; se estende a mão ao ofensor, não o faz com benevolência, mas com ostentação, a fim de poder dizer a toda gente: vede como sou generoso! Nessas circunstâncias, é impossível uma reconciliação sincera de parte a parte. Não, não há aí generosidade; há apenas uma forma de satisfazer ao orgulho. Em toda contenda, aquele que se mostra mais conciliador, que demonstra mais desinteresse, caridade e verdadeira grandeza da alma granjeará sempre a simpatia das pessoas imparciais.

Reconciliação com os adversários

5. Reconciliai-vos o mais depressa possível com o vosso adversário, enquanto estais com ele a caminho, para que ele não vos entregue ao juiz, o juiz não vos entregue ao ministro da justiça e não sejais metido em prisão. Digo-vos, em verdade, que daí não saireis, enquanto não houverdes pago o último ceitil. (Mateus, 5:25 e 26.)

6. Na prática do perdão, como, em geral, na do bem, não há somente um efeito moral: há também um efeito material. A morte, como sabemos, não nos livra dos nossos inimigos; os Espíritos vingativos perseguem, muitas vezes, com seu ódio, no além-túmulo, aqueles contra os quais guardam rancor; donde decorre a falsidade do provérbio que diz: "Morto o animal, morto o veneno", quando aplicado ao homem. O Espírito mau espera que o outro, a quem ele quer mal, esteja preso ao seu corpo e, assim, menos livre, para mais facilmente o atormentar, ferir nos seus interesses, ou nas suas mais caras afeições. Nesse fato reside a causa da maioria dos casos de obsessão, sobretudo dos que apresentam certa gravidade, quais os de subjugação e possessão. O obsidiado e o possesso são, pois, quase sempre vítimas de uma vingança, cujo motivo se encontra em existência

anterior, e à qual o que a sofre deu lugar pelo seu proceder. Deus o permite, para os punir do mal que a seu turno praticaram, ou, se tal não ocorreu, por haverem faltado com a indulgência e a caridade, não perdoando. Importa, conseguintemente, do ponto de vista da tranquilidade futura, que cada um repare, quanto antes, os agravos que haja causado ao seu próximo, que perdoe aos seus inimigos, a fim de que, antes que a morte lhe chegue, esteja apagado qualquer motivo de dissensão, toda causa fundada de ulterior animosidade. Por essa forma, de um inimigo encarniçado neste mundo se pode fazer um amigo no outro; pelo menos, o que assim procede põe de seu lado o bom direito e Deus não consente que aquele que perdoou sofra qualquer vingança. Quando Jesus recomenda que nos reconciliemos o mais cedo possível com o nosso adversário, não é somente objetivando apaziguar as discórdias no curso da nossa atual existência; é, principalmente, para que elas se não perpetuem nas existências futuras. Não saireis de lá, da prisão, enquanto não houverdes pago até o último centavo, isto é, enquanto não houverdes satisfeito completamente a Justiça de Deus.

O sacrifício mais agradável a Deus

7. Se, portanto, quando fordes depor vossa oferenda no altar, vos lembrardes de que o vosso irmão tem qualquer coisa contra vós – deixai a vossa dádiva junto ao altar e ide, antes, reconciliar-vos com o vosso irmão; depois, então, voltai a oferecê-la. (Mateus, 5:23 e 24.)

8. Quando diz: "Ide reconciliar-vos com o vosso irmão, antes de depordes a vossa oferenda no altar", Jesus ensina que o sacrifício mais agradável ao Senhor é o que o homem faça do seu próprio ressentimento; que, antes de se apresentar para ser por Ele perdoado, precisa o homem haver perdoado e reparado o agravo que tenha feito a algum de seus irmãos. Só então a sua oferenda será bem aceita, porque virá de um coração expungido de todo e qualquer pensamento mau. Ele materializou o preceito, porque os judeus ofereciam sacrifícios materiais; cumpria-lhe conformar suas palavras aos usos ainda em voga. O cristão não oferece dons materiais, pois que espiritualizou o sacrifício. Com isso, porém, o preceito ainda mais força ganha. Ele oferece sua alma a Deus e essa alma tem de ser purificada. *Entrando no templo do Senhor, deve ele deixar fora todo sentimento de ódio e de animosidade, todo mau pensamento contra seu irmão.* Só então os anjos levarão sua prece aos pés do Eterno. Eis aí o que ensina Jesus por estas palavras: "Deixai a vossa oferenda junto do altar e ide primeiro reconciliar-vos com o vosso irmão, se quiserdes ser agradável ao Senhor."

O argueiro e a trave no olho

9. *Como é que vedes um argueiro no olho do vosso irmão, quando não vedes uma trave no vosso olho? Ou, como é que dizeis ao vosso irmão: – Deixa-me tirar um argueiro do teu olho –, vós que tendes no vosso uma trave? Hipócritas, tirai primeiro a*

trave do vosso olho e depois, então, vede como podereis tirar o argueiro do olho do vosso irmão. (Mateus, 7:3 a 5.)

10. Uma das insensatezes da Humanidade consiste em vermos o mal de outrem, antes de vermos o mal que está em nós. Para julgar-se a si mesmo, fora preciso que o homem pudesse ver seu interior num espelho, pudesse, de certo modo, transportar-se para fora de si próprio, considerar-se como outra pessoa e perguntar: Que pensaria eu se visse alguém fazer o que faço? Incontestavelmente, é o orgulho que induz o homem a dissimular, para si mesmo, os seus defeitos, tanto morais quanto físicos. Semelhante insensatez é essencialmente contrária à caridade, porquanto a verdadeira caridade é modesta, simples e indulgente. Caridade orgulhosa é um contrassenso, visto que esses dois sentimentos se neutralizam um ao outro. Com efeito, como poderá um homem, bastante presunçoso para acreditar na importância da sua personalidade e na supremacia das suas qualidades, possuir ao mesmo tempo abnegação bastante para fazer ressaltar em outrem o bem que o eclipsaria, em vez do mal que o exalçaria? Por isso mesmo, porque é o pai de muitos vícios, o orgulho é também a negação de muitas virtudes. Ele se encontra na base e como móvel de quase todas as ações humanas. Essa a razão por que Jesus se empenhou tanto em combatê-lo, como principal obstáculo ao progresso.

Não julgueis, para não serdes julgados. Atire a primeira pedra aquele que estiver sem pecado

11. Não julgueis, a fim de não serdes julgados; porquanto sereis julgados conforme houverdes julgado os outros; empregar-se-á convosco a mesma medida de que vos tenhais servido para com os outros. (Mateus, 7:1 e 2.)

12. Então, os escribas e os fariseus lhe trouxeram uma mulher que fora surpreendida em adultério e, pondo-a de pé no meio do povo, disseram a Jesus: "Mestre, esta mulher acaba de ser surpreendida em adultério; ora, Moisés, pela lei, ordena que se lapidem as adúlteras. Qual sobre isso a tua opinião?" – Diziam isto para o tentarem e terem de que o acusar. Jesus, porém, abaixando-se, entrou a escrever na terra com o dedo. Como continuassem a interrogá-lo, Ele se levantou e disse: "Aquele dentre vós que estiver sem pecado, atire a primeira pedra." – Em seguida, abaixando-se de novo, continuou a escrever no chão. Quanto aos que o interrogavam, esses, ouvindo-o falar daquele modo, se retiraram, um após outro, afastando-se primeiro os velhos. Ficou, pois, Jesus a sós com a mulher, colocada no meio da praça.

Então, levantando-se, perguntou-lhe Jesus: "Mulher, onde estão os que te acusavam? Ninguém te condenou?" – Ela respondeu: "Não, Senhor." – Disse-lhe Jesus: "Também Eu não te condenarei. Vai-te e de futuro não tornes a pecar." (João, 8:3 a 11.)

13. Atire-lhe a primeira pedra aquele que estiver isento de pecado", disse Jesus. Essa sentença faz da indulgência um dever para nós outros, porque ninguém há que não necessite, para si próprio, de indulgência. Ela nos ensina que não devemos julgar com mais severidade os outros, do

que nos julgamos a nós mesmos, nem condenar em outrem aquilo de que nos absolvemos. Antes de profligarmos a alguém uma falta, vejamos se a mesma censura não nos pode ser feita.

O reproche lançado à conduta de outrem pode obedecer a dois móveis: reprimir o mal, ou desacreditar a pessoa cujos atos se criticam. Não tem escusa nunca este último propósito, porquanto, no caso, então, só há maledicência e maldade. O primeiro pode ser louvável e constitui mesmo, em certas ocasiões, um dever, porque um bem deverá daí resultar, e porque, a não ser assim, jamais, na sociedade, se reprimiria o mal. Não cumpre, aliás, ao homem auxiliar o progresso do seu semelhante? Importa, pois, não se tome em sentido absoluto este princípio: "Não julgueis se não quiserdes ser julgado", porquanto a letra mata e o espírito vivifica.

Não é possível que Jesus haja proibido se profligue o mal, uma vez que Ele próprio nos deu o exemplo, tendo-o feito, até, em termos enérgicos. O que quis significar é que a autoridade para censurar está na razão direta da autoridade moral daquele que censura. Tornar-se alguém culpado daquilo que condena em outrem é abdicar dessa autoridade, é privar-se do direito de repressão. A consciência íntima, ademais, nega respeito e submissão voluntária àquele que, investido de um poder qualquer, viola as leis e os princípios de cuja aplicação lhe cabe o encargo. *Aos olhos de Deus, uma única autoridade legítima existe: a que se apoia no exemplo que dá do bem*. É o que, igualmente, ressalta das palavras de Jesus.

Instruções dos Espíritos
Perdão das ofensas

14. Quantas vezes perdoarei a meu irmão? Perdoar-lhe-eis, não sete vezes, mas setenta vezes sete vezes. Aí tendes um dos ensinos de Jesus que mais vos devem percutir a inteligência e mais alto falar ao coração. Confrontai essas palavras de misericórdia com a oração tão simples, tão resumida e tão grande em suas aspirações, que ensinou a seus discípulos, e o mesmo pensamento se vos deparará sempre. Ele, o justo por excelência, responde a Pedro: perdoarás, mas ilimitadamente; perdoarás cada ofensa tantas vezes quantas ela te for feita; ensinarás a teus irmãos esse esquecimento de si mesmo, que torna uma criatura invulnerável ao ataque, aos maus procedimentos e às injúrias; serás brando e humilde de coração, sem medir a tua mansuetude; farás, enfim, o que desejas que o Pai celestial por ti faça. Não está Ele a te perdoar frequentemente? Conta porventura as vezes que o seu perdão desce a te apagar as faltas?

Prestai, pois, ouvidos a essa resposta de Jesus e, como Pedro, aplicai-a a vós mesmos. Perdoai, usai de indulgência, sede caridosos, generosos, pródigos até do vosso amor. Dai, que o Senhor vos restituirá; perdoai, que o Senhor vos perdoará; abaixai-vos, que o Senhor vos elevará; humilhai-vos, que o Senhor fará vos assenteis à sua direita.

Ide, meus bem-amados, estudai e comentai estas palavras que vos dirijo da parte daquele que, do alto dos esplendores celestes, vos tem sempre sob as suas vistas e prossegue com amor na tarefa ingrata a que deu começo faz dezoito séculos. Perdoai aos vossos irmãos, como precisais que eles vos perdoem. Se seus atos pessoalmente vos prejudicaram, mais um motivo aí tendes para serdes indulgentes, porquanto o mérito do perdão é proporcionado à gravidade do mal. Nenhum merecimento teríeis em relevar os agravos dos vossos irmãos, desde que não passassem de simples arranhões.

Espíritas, jamais vos esqueçais de que, tanto por palavras como por atos, o perdão das injúrias não deve ser um termo vão. Pois que vos dizeis espíritas, sede-o. Olvidai o mal que vos hajam feito e não penseis senão numa coisa: no bem que podeis fazer. Aquele que enveredou por esse caminho não tem que se afastar daí, ainda que por pensamento, uma vez que sois responsáveis pelos vossos pensamentos, os quais todos Deus conhece. Cuidai, portanto, de os expungir de todo sentimento de rancor. Deus sabe o que demora no fundo do coração de cada um de seus filhos. *Feliz, pois, daquele que pode todas as noites adormecer, dizendo: Nada tenho contra o meu próximo. – Simeão.* (Bordeaux, 1862.)

15. Perdoar aos inimigos é pedir perdão para si próprio; perdoar aos amigos é dar-lhes uma prova de amizade; perdoar as ofensas é mostrar-se melhor do que era. Perdoai, pois, meus amigos, a fim de que Deus vos perdoe, porquanto, se fordes duros, exigentes, inflexíveis, se usardes de rigor até por uma ofensa leve, como quereries que Deus esqueça de que cada dia maior necessidade tendes de indulgência? Oh! ai daquele que diz: "Nunca perdoarei", pois pronuncia a sua própria condenação. Quem sabe, aliás, se, descendo ao fundo de vós mesmos, não reconhecereis que fostes o agressor? Quem sabe se, nessa luta que começa por uma alfinetada e acaba por uma ruptura, não fostes quem atirou o primeiro golpe, se vos não escapou alguma palavra injuriosa, se não procedestes com toda a moderação necessária? Sem dúvida, o vosso adversário andou mal em se mostrar excessivamente suscetível; razão de mais para serdes indulgentes e para não vos tornardes merecedores da invectiva que lhe lançastes. Admitamos que, em dada circunstância, fostes realmente ofendido: quem dirá que não envenenastes as coisas por meio de represálias e que não fizestes degenerasse em querela grave o que houvera podido cair facilmente no olvido? Se de vós dependia impedir as consequências do fato e não as impedistes, sois culpados. Admitamos, finalmente, que de nenhuma censura vos reconheceis merecedores: mostrai-vos clementes e com isso só fareis que o vosso mérito cresça.

Há, porém, duas maneiras bem diferentes de perdoar: há o perdão dos lábios e o perdão do coração. Muitas pessoas dizem, com referência ao seu adversário: "Eu lhe perdoo", mas, interiormente, alegram-se com o mal que lhe advém, comentando que ele tem o que merece. Quantos não dizem: "Perdoo" e acrescentam: "mas não me reconciliarei nunca; não quero tornar a vê-lo em toda a minha vida." Será esse o perdão, segundo o Evangelho? Não; o perdão verdadeiro, o perdão cristão é aquele que lança um véu sobre o passado; esse o único que vos será levado em conta, visto que Deus não se satisfaz com as aparências. Ele sonda o recesso do coração e os mais secretos pensamentos. Ninguém se lhe impõe por meio de vãs palavras e de simulacros. O esquecimento completo e absoluto das ofensas é peculiar às grandes almas; o rancor é sempre sinal de baixeza e de inferioridade. Não olvideis que o verdadeiro perdão se reconhece muito mais pelos atos do que pelas palavras. – *Paulo, apóstolo.* (Lyon,1861.)

A indulgência

16. Espíritas, queremos falar-vos hoje da indulgência, sentimento doce e fraternal que todo homem deve alimentar para com seus irmãos, mas do qual bem poucos fazem uso.

A indulgência não vê os defeitos de outrem, ou, se os vê, evita falar deles, divulgá-los. Ao contrário, oculta-os, a fim de que se não tornem conhecidos senão dela unicamente, e, se a malevolência os descobre, tem sempre pronta uma escusa para eles, escusa plausível, séria, não das que, com aparência de atenuar a falta, mais a evidenciam com pérfida intenção.

A indulgência jamais se ocupa com os maus atos de outrem, a menos que seja para prestar um serviço; mas, mesmo neste caso, tem o cuidado de os atenuar tanto quanto possível. Não faz observações chocantes, não tem nos lábios censuras; apenas conselhos e, as mais das vezes, velados. Quando criticais, que consequência se há de tirar das vossas palavras? A de que não tereis feito o que reprovais, visto que estais a censurar; que valeis mais do que o culpado. Ó homens! quando será que julgareis os vossos próprios corações, os vossos próprios pensamentos, os vossos próprios atos, sem vos ocupardes com o que fazem vossos irmãos? Quando só tereis olhares severos sobre vós mesmos?

Sede, pois, severos para convosco, indulgentes para com os outros. Lembrai-vos daquele que julga em última instância, que vê os pensamentos íntimos de cada coração e que, por conseguinte, desculpa muitas vezes as faltas que censurais, ou condena o que relevais, porque conhece o móvel de todos os atos. Lembrai-vos de que vós, que clamais em altas vozes: anátema! tereis, quiçá, cometido faltas mais graves.

Sede indulgentes, meus amigos, porquanto a indulgência atrai, acalma, ergue, ao passo que o rigor desanima, afasta e irrita. – *José*, Espírito protetor. (Bordeaux, 1863.)

17. Sede indulgentes com as faltas alheias, quaisquer que elas sejam; não julgueis com severidade senão as vossas próprias ações e o Senhor usará de indulgência para convosco, como de indulgência houverdes usado para com os outros.

Sustentai os fortes: animai-os à perseverança. Fortalecei os fracos, mostrando-lhes a bondade de Deus, que leva em conta o menor arrependimento; mostrai a todos o anjo da penitência estendendo suas brancas asas sobre as faltas dos humanos e velando-as assim aos olhares daquele que não pode tolerar o que é impuro. Compreendei todos a misericórdia infinita de vosso Pai e não esqueçais nunca de lhe dizer, pelos pensamentos, mas, sobretudo, pelos atos: "Perdoai as nossas ofensas, como perdoamos aos que nos hão ofendido." Compreendei bem o valor destas sublimes palavras, nas quais não somente a letra é admirável, mas principalmente o ensino que ela veste.

Que é o que pedis ao Senhor, quando implorais para vós o seu perdão? Será unicamente o olvido das vossas ofensas? Olvido que vos deixaria no nada, porquanto, se Deus se limitasse a esquecer as vossas faltas, Ele não puniria, é exato, *mas tampouco recompensaria*. A recompensa não pode constituir prêmio do bem que não foi feito, nem, ainda menos, do mal que se haja praticado, embora esse mal fosse esquecido. Pedindo-lhe que perdoe os vossos desvios, o que lhe pedis é o favor de suas graças, para não reincidirdes neles, é a força de que necessitais para enveredar por outras sendas, as da submissão e do amor, nas quais podereis juntar ao arrependimento a reparação.

Quando perdoardes aos vossos irmãos, não vos contenteis com o estender o véu do esquecimento sobre suas faltas, porquanto, as mais das vezes, muito transparente é esse véu para os olhares vossos. Levai-lhes, simultaneamente, com o perdão, o amor; fazei por eles o que pediríeis fizesse o vosso Pai celestial por vós. Substituí a cólera que conspurca, pelo amor que purifica. Pregai, exemplificando, essa caridade ativa, infatigável, que Jesus vos ensinou; pregai-a, como Ele o fez durante todo o tempo em que esteve na Terra, visível aos olhos corporais e como ainda a prega incessantemente, desde que se tornou visível tão somente aos olhos do Espírito. Segui esse modelo divino; caminhai em suas pegadas; elas vos conduzirão ao refúgio onde encontrareis o repouso após a luta. Como Ele, carregai todos vós as vossas cruzes e subi penosamente, mas com coragem, o vosso calvário, em cujo cimo está a glorificação. – *João*, bispo de Bordeaux. (1862.)

18. Caros amigos, sede severos convosco, indulgentes para as fraquezas dos outros. É esta uma prática da santa caridade, que bem poucas pessoas observam. Todos vós tendes maus pendores

a vencer, defeitos a corrigir, hábitos a modificar; todos tendes um fardo mais ou menos pesado a alijar, para poderdes galgar o cume da montanha do progresso. Por que, então, haveis de mostrar-vos tão clarividentes com relação ao próximo e tão cegos com relação a vós mesmos? Quando deixareis de perceber, nos olhos de vossos irmãos, o pequenino argueiro que os incomoda, sem atentardes na trave que, nos vossos olhos, vos cega, fazendo-vos ir de queda em queda? Crede nos vossos irmãos, os Espíritos. Todo homem, bastante orgulhoso para se julgar superior, em virtude e mérito, aos seus irmãos encarnados, é insensato e culpado: Deus o castigará no dia da sua justiça. O verdadeiro caráter da caridade é a modéstia e a humildade, que consistem em ver cada um apenas superficialmente os defeitos de outrem e esforçar-se por fazer que prevaleça o que há nele de bom e virtuoso, porquanto, embora o coração humano seja um abismo de corrupção, sempre há, nalgumas de suas dobras mais ocultas, o gérmen de bons sentimentos, centelha vivaz da essência espiritual.

Espiritismo! Doutrina consoladora e bendita! felizes dos que te conhecem e tiram proveito dos salutares ensinamentos dos Espíritos do Senhor! Para esses, iluminado está o caminho, ao longo do qual podem ler estas palavras que lhes indicam o meio de chegarem ao termo da jornada: caridade prática, caridade do coração, caridade para com o próximo, como para si mesmo; numa palavra:

caridade para com todos e amor a Deus acima de todas as coisas, porque o amor a Deus resume todos os deveres e porque impossível é amar realmente a Deus, sem praticar a caridade, da qual fez Ele uma lei para todas as criaturas. – *Dufêtre*, bispo de Nevers. (Bordeaux.)

É permitido repreender os outros, notar as imperfeições de outrem, divulgar o mal de outrem?

19. *Ninguém sendo perfeito, seguir-se-á que ninguém tem o direito de repreender o seu próximo?*

Certamente que não é essa a conclusão a tirar-se, porquanto cada um de vós deve trabalhar pelo progresso de todos e, sobretudo, daqueles cuja tutela vos foi confiada. Por isso mesmo, deveis fazê-lo com moderação, para um fim útil, e não, como as mais das vezes, pelo prazer de denegrir. Neste último caso, a repreensão é uma maldade; no primeiro, é um dever que a caridade manda seja cumprido com todo o cuidado possível. Ademais, a censura que alguém faça a outrem deve ao mesmo tempo dirigi-la a si próprio, procurando saber se não a terá merecido. – *São Luís*. (Paris, 1860.)

20. *Será repreensível notarem-se as imperfeições dos outros, quando daí nenhum proveito possa resultar para eles, uma vez que não sejam divulgadas?*

Tudo depende da intenção. Decerto, a ninguém é defeso ver o mal, quando ele existe. Fora mesmo inconveniente ver em toda a parte só o bem. Semelhante ilusão prejudicaria o progresso. O erro está no fazer-se que a observação redunde em detrimento do próximo, desacreditando-o, sem necessidade, na opinião geral. Igualmente repreensível seria fazê-lo alguém apenas para dar expansão a um sentimento de malevolência e à satisfação de apanhar os outros em falta. Dá-se inteiramente o contrário quando, estendendo sobre o mal um véu, para que o público não o veja, aquele que note os defeitos do próximo o faça em seu proveito pessoal, isto é, para se exercitar em evitar o que reprova nos outros. Essa observação, em suma, não é proveitosa ao moralista? Como pintaria ele os defeitos humanos, se não estudasse os modelos? – *São Luís* (Paris, 1860.)

21. *Haverá casos em que convenha se desvende o mal de outrem?*

É muito delicada esta questão e, para resolvê-la, necessário se torna apelar para a caridade bem compreendida. Se as imperfeições de uma pessoa só a ela prejudicam, nenhuma utilidade haverá nunca em divulgá-la. Se, porém, podem acarretar prejuízo a terceiros, deve-se atender de preferência ao interesse do maior número. Segundo as circunstâncias, desmascarar a hipocrisia e a mentira pode constituir um dever, pois mais vale caia um homem, do que virem muitos a ser suas vítimas. Em tal caso, deve-se pesar a soma das vantagens e dos inconvenientes. – *São Luís* (Paris, 1860.)

CAPÍTULO XI

Amar o próximo como a si mesmo

• O mandamento maior. Fazermos aos outros o que queiramos que os outros nos façam. Parábola dos Credores e dos Devedores • Dai a César o que é de César • *Instruções dos Espíritos*: A lei de amor – O egoísmo – A fé e a caridade – Caridade para com os criminosos – Deve-se expor a vida por um malfeitor?

O mandamento maior. Fazermos aos outros o que queiramos que os outros nos façam. Parábola dos Credores e dos Devedores

1. Os fariseus, tendo sabido que Ele tapara a boca aos saduceus, reuniram-se; e um deles, que era doutor da lei, para o tentar, propôs-lhe esta questão: "Mestre, qual o mandamento maior da lei?" – Jesus respondeu: "Amarás o Senhor teu Deus de todo o teu coração, de toda a tua alma e de todo o teu espírito; este o maior e o primeiro mandamento. E aqui tendes o segundo, semelhante a esse: *Amarás o teu próximo, como a ti mesmo*. Toda a lei e os profetas se acham contidos nesses dois mandamentos." (Mateus, 22:34 a 40.)

2. Fazei aos homens tudo o que queirais que eles vos façam, pois é nisto que consistem a lei e os profetas. (Mateus, 7:12.) Tratai todos os homens como quereríeis que eles vos tratassem. (Lucas, 6:31.)

3. O Reino dos Céus é comparável a um rei que quis tomar contas aos seus servidores. Tendo começado a fazê-lo, apresentaram-lhe um que lhe devia dez mil talentos. Mas como não tinha meios de os pagar, mandou seu senhor que o vendessem a ele, sua mulher, seus filhos e tudo o que lhe pertencesse, para pagamento da dívida. O servidor, lançando-se-lhe aos pés, o conjurava, dizendo: "Senhor, tem um pouco de paciência e eu te pagarei tudo." – Então, o senhor, tocado de compaixão, deixou-o ir e lhe perdoou a dívida. Esse servidor, porém, ao sair, encontrando um de seus companheiros, que lhe devia cem dinheiros, o segurou pela goela e, quase a estrangulá-lo, dizia: "Paga o que me deves." – O companheiro, lançando-se-lhe aos pés, o conjurava, dizendo: "Tem um pouco de paciência e eu te pagarei tudo": – Mas o outro não quis escutá-lo; foi-se e o mandou prender, para tê-lo preso até pagar o que lhe devia. Os outros servidores, seus companheiros, vendo o que se passava, foram, extremamente aflitos, e informaram o senhor de tudo o que acontecera. Então o senhor, tendo mandado vir à sua presença aquele servidor, lhe disse: "Mau servo, eu te havia perdoado tudo o que me devias, porque mo pediste. Não estavas desde então no dever de também ter piedade do teu companheiro, como eu tivera de ti?" — E o senhor, tomado de cólera, o entregou aos verdugos, para que o tivessem, até que ele pagasse tudo o que devia.

É assim que meu Pai, que está no céu, vos tratará, se não perdoardes, do fundo do coração, as faltas que vossos irmãos houverem cometido contra cada um de vós. (Mateus, 18:23 a 35.)

4. "Amar o próximo como a si mesmo: fazer pelos outros o que quereríamos que os outros fizessem por nós", é a expressão mais completa da caridade, porque resume todos os deveres do homem para com o próximo. Não podemos encontrar guia mais seguro, a tal respeito, que tomar para padrão, do que devemos fazer aos outros, aquilo que para nós desejamos. Com que direito exigiríamos dos nossos semelhantes melhor proceder, mais indulgência, mais benevolência e devotamento para conosco, do que os temos para com eles? A prática dessas máximas tende à destruição do egoísmo. Quando as adotarem para regra de conduta e para base de suas instituições, os homens compreenderão a verdadeira fraternidade e farão que entre eles reinem a paz e a justiça. Não mais haverá ódios, nem dissensões, mas tão somente união, concórdia e benevolência mútua.

Dai a César o que é de César

5. Os fariseus, tendo-se retirado, entenderam-se entre si para enredá-lo com as suas próprias palavras. Mandaram então seus discípulos, em companhia dos herodianos, dizer-lhe: "Mestre, sabemos que és veraz e que ensinas o caminho de Deus pela verdade, sem levares em conta a quem quer que seja, porque, nos homens, não consideras as pessoas." – Dize-nos, pois, qual a tua opinião sobre isto: É-nos permitido pagar ou deixar de pagar a César o tributo? Jesus, porém, que lhes conhecia a malícia, respondeu:

"Hipócritas, por que me tentais? Apresentai-me uma das moedas que se dão em pagamento do tributo."

– E, tendo-lhe eles apresentado um denário, perguntou Jesus: "De quem são esta imagem e esta inscrição?" "De César" – responderam eles. Então, observou-lhes Jesus: "Dai, pois, a César o que é de César e a Deus o que é de Deus."

Ouvindo-o falar dessa maneira, admiraram-se eles da sua resposta e, deixando-o, se retiraram. (Mateus, 22:15 a 22; Marcos, 12:13 a 17.)

6. A questão proposta a Jesus era motivada pela circunstância de que os judeus, abominando o tributo que os romanos lhes impunham, haviam feito do pagamento desse tributo uma questão religiosa. Numeroso partido se fundara contra o imposto. O pagamento deste constituía, pois, entre eles, uma irritante questão de atualidade, sem o que nenhum senso teria a pergunta feita a Jesus: "É-nos lícito pagar ou deixar de pagar a César o tributo?" Havia nessa pergunta uma armadilha. Contavam os que a formularam poder, conforme a resposta, excitar contra Ele a autoridade romana, ou os judeus dissidentes; mas "Jesus, que lhes conhecia a malícia", contornou a dificuldade, dando-lhes uma lição de justiça, com o dizer que a cada um seja dado o que lhe é devido. (Veja-se, na *Introdução*, o artigo: *Publicanos*.)

7. Esta sentença: "Dai a César o que é de César", não deve, entretanto, ser entendida de modo restritivo e absoluto. Como em todos os ensinos de

Jesus, há nela um princípio geral, resumido sob forma prática e usual e deduzido de uma circunstância particular. Esse princípio é consequente daquele, segundo o qual devemos proceder para com os outros como queiramos que os outros procedam para conosco. Ele condena todo prejuízo material e moral que se possa causar a outrem, toda postergação de seus interesses. Prescreve o respeito aos direitos de cada um, como cada um deseja que se respeitem os seus. Estende-se mesmo aos deveres contraídos para com a família, a sociedade, a autoridade, tanto quanto para com os indivíduos em geral.

Instruções dos Espíritos
A lei de amor

8. O amor resume a doutrina de Jesus inteira, visto que esse é o sentimento por excelência, e os sentimentos são os instintos elevados à altura do progresso feito. Em sua origem, o homem só tem instintos; quando mais avançado e corrompido, só tem sensações; quando instruído e depurado, tem sentimentos. E o ponto delicado do sentimento é o amor, não o amor no sentido vulgar do termo, mas esse sol interior que condensa e reúne em seu ardente foco todas as aspirações e todas as revelações sobre-humanas. A lei de amor substitui a personalidade pela fusão dos seres; extingue as misérias sociais. Ditoso aquele que, ultrapassando a sua humanidade, ama com amplo amor os seus irmãos em sofrimento! Ditoso aquele que ama, pois

não conhece a miséria da alma, nem a do corpo. Tem ligeiros os pés e vive como que transportado, fora de si mesmo. Quando Jesus pronunciou a divina palavra – amor –, os povos sobressaltaram-se e os mártires, ébrios de esperança, desceram ao circo.

O Espiritismo a seu turno vem pronunciar uma segunda palavra do alfabeto divino. Estai atentos, pois que essa palavra ergue a lápide dos túmulos vazios, e a *reencarnação*, triunfando da morte, revela às criaturas deslumbradas o seu patrimônio intelectual. Já não é ao suplício que ela conduz o homem: condu-lo à conquista do seu ser, elevado e transfigurado. O sangue resgatou o Espírito e o Espírito tem hoje que resgatar da matéria o homem.

Disse eu que em seus começos o homem só instintos possuía. Mais próximo, portanto, ainda se acha do ponto de partida do que da meta, aquele em quem predominam os instintos. A fim de avançar para a meta, tem a criatura que vencer os instintos, em proveito dos sentimentos, isto é, que aperfeiçoar estes últimos, sufocando os germens latentes da matéria. Os instintos são a germinação e os embriões do sentimento; trazem consigo o progresso, como a glande encerra em si o carvalho, e os seres menos adiantados são os que, emergindo pouco a pouco de suas crisálidas, se conservam escravizados aos instintos. O Espírito precisa ser cultivado, como um campo. Toda a riqueza futura depende do labor atual, que vos granjeará muito mais do que bens terrenos: a elevação gloriosa. É então que, compreendendo a lei de amor que liga todos os seres, buscareis nela os gozos suavíssimos da alma, prelúdios das alegrias celestes. – *Lázaro*. (Paris, 1862.)

9. O amor é de essência divina e todos vós, do primeiro ao último, tendes, no fundo do coração, a centelha desse fogo sagrado. É fato, que já haveis podido comprovar muitas vezes, este: o homem, por mais abjeto, vil e criminoso que seja, vota a um ente ou a um objeto qualquer viva e ardente afeição à prova de tudo quanto tendesse a diminuí-la e que alcança, não raro, sublimes proporções.

A um ente ou um objeto qualquer, disse eu, porque há entre vós indivíduos que, com o coração a transbordar de amor, despendem tesouros desse sentimento com animais, plantas e, até, com coisas materiais: espécies de misantropos que, a se queixarem da Humanidade em geral e a resistirem ao pendor natural de suas almas, que buscam em torno de si a afeição e a simpatia, rebaixam a lei de amor à condição de instinto. Entretanto, por mais que façam, não logram sufocar o gérmen vivaz que Deus lhes depositou nos corações ao criá-los. Esse gérmen se desenvolve e cresce com a moralidade e a inteligência e, embora comprimido amiúde pelo egoísmo, torna-se a fonte das santas e doces virtudes que geram as afeições sinceras e duráveis e ajudam a criatura a transpor o caminho escarpado e árido da existência humana.

Há pessoas a quem repugna a reencarnação, com a ideia de que outros venham a partilhar das afetuosas simpatias de que são ciosas. Pobres irmãos! o vosso afeto vos torna egoístas; o vosso amor se restringe a um círculo íntimo de parentes e de amigos, sendo-vos indiferentes os demais. Pois bem! para praticardes a lei de amor, tal como Deus o entende, preciso se faz chegueis passo a passo a amar a todos os vossos irmãos indistintamente. A tarefa é longa e difícil, mas cumprir-se-á: Deus o quer e a lei de amor constitui o primeiro e o mais importante preceito da vossa nova doutrina, porque é ela que um dia matará o egoísmo, qualquer que seja a forma sob que se apresente, dado que, além do egoísmo pessoal, há também o egoísmo de família, de casta, de nacionalidade. Disse Jesus: "Amai o vosso próximo como a vós mesmos." Ora, qual o limite com relação ao próximo? Será a família, a seita, a nação? Não; é a Humanidade inteira. Nos mundos superiores, o amor recíproco é que harmoniza e dirige os Espíritos adiantados que os habitam, e o vosso planeta, destinado a realizar em breve sensível progresso, verá seus habitantes, em virtude da transformação social por que passará, a praticar essa lei sublime, reflexo da Divindade.

Os efeitos da lei de amor são o melhoramento moral da raça humana e a felicidade durante a vida terrestre. Os mais rebeldes e os mais viciosos se reformarão, quando observarem os benefícios resultantes da prática deste preceito: Não façais aos outros o que não quiserdes que vos façam; fazei-lhes, ao contrário, todo o bem que vos esteja ao alcance fazer-lhes.

Não acrediteis na esterilidade e no endurecimento do coração humano; ao amor verdadeiro, ele, a seu mau grado, cede. É um ímã a que não lhe é possível resistir. O contato desse amor vivifica e fecunda os germens que dele existem, em estado latente, nos vossos corações. A Terra, orbe de provação e de exílio, será então purificada por esse fogo sagrado e verá praticados na sua superfície a caridade, a humildade, a paciência, o devotamento, a abnegação, a resignação e o sacrifício, virtudes todas filhas do amor. Não vos canseis, pois, de escutar as palavras de João, o Evangelista. Como sabeis, quando a enfermidade e a velhice o obrigaram a suspender o curso de suas prédicas, limitava-se a repetir estas suavíssimas palavras: "Meus filhinhos, amai-vos uns aos outros."

Amados irmãos, aproveitai dessas lições; é difícil o praticá-las, porém, a alma colhe delas imenso bem. Crede-me, fazei o sublime esforço que vos peço: "Amai-vos" e vereis a Terra em breve transformada num Paraíso onde as almas dos justos virão repousar. – *Fénelon*. (Bordeaux, 1861.)

10. Meus caros condiscípulos, os Espíritos aqui presentes vos dizem, por meu intermédio: "Amai muito, a fim de serdes amados." É tão justo esse pensamento, que nele encontrareis tudo o que consola e abranda as penas de cada dia; ou melhor: pondo em prática esse sábio conselho,

elevar-vos-eis de tal modo acima da matéria que vos espiritualizareis antes de deixardes o invólucro terrestre. Havendo os estudos espíritas desenvolvido em vós a compreensão do futuro, uma certeza tendes: a de caminhardes para Deus, vendo realizadas todas as promessas que correspondem às aspirações de vossa alma. Por isso, deveis elevar-vos bem alto para julgardes sem as constrições da matéria, e não condenardes o vosso próximo sem terdes dirigido a Deus o pensamento.

Amar, no sentido profundo do termo, é o homem ser leal, probo, consciencioso, para fazer aos outros o que queira que estes lhe façam; é procurar em torno de si o sentido íntimo de todas as dores que acabrunham seus irmãos, para suavizá-las; é considerar como sua a grande família humana, porque essa família todos a encontrareis, dentro de certo período, em mundos mais adiantados; e os Espíritos que a compõem são, como vós, filhos de Deus, destinados a se elevarem ao infinito. Assim, não podeis recusar aos vossos irmãos o que Deus liberalmente vos outorgou, porquanto, de vosso lado, muito vos alegraria que vossos irmãos vos dessem aquilo de que necessitais. Para todos os sofrimentos, tende, pois, sempre uma palavra de esperança e de conforto, a fim de que sejais inteiramente amor e justiça.

Crede que esta sábia exortação: "Amai bastante, para serdes amados", abrirá caminho; revolucionária, ela segue sua rota, que é determinada, invariável. Mas já ganhastes muito, vós que me ouvis, pois que já sois infinitamente melhores do que éreis há cem anos. Mudastes tanto, em proveito vosso, que aceitais de boa mente, sobre a liberdade e a fraternidade, uma imensidade de ideias novas, que outrora rejeitaríeis. Ora, daqui a cem anos, sem dúvida aceitareis com a mesma facilidade as que ainda vos não puderam entrar no cérebro.

Hoje, quando o movimento espírita há dado tão grande passo, vede com que rapidez as ideias de justiça e de renovação, constantes nos ditados espíritas, são aceitas pela parte mediana do mundo inteligente. É que essas ideias correspondem a tudo o que há de divino em vós. É que estais preparados por uma sementeira fecunda: a do século passado, que implantou no seio da sociedade terrena as grandes ideias de progresso. E, como tudo se encadeia sob a direção do Altíssimo, todas as lições recebidas e aceitas virão a encerrar-se na permuta universal do amor ao próximo. Por aí, os Espíritos encarnados, melhor apreciando e sentindo, se estenderão as mãos, de todos os confins do vosso planeta. Uns e outros reunir-se-ão, para se entenderem e amarem, para destruírem todas as injustiças, todas as causas de desinteligências entre os povos.

Grande conceito de renovação pelo Espiritismo, tão bem exposto em *O livro dos espíritos*; tu produzirás o portentoso milagre do século vindouro, o da harmonização de todos os interesses materiais e espirituais dos homens, pela aplicação deste preceito bem compreendido: "Amai bastante, para serdes amados." – *Sanson*, ex-membro da Sociedade Espírita de Paris. (1863.)

O egoísmo

11. O egoísmo, chaga da Humanidade, tem que desaparecer da Terra, a cujo progresso moral obsta. Ao Espiritismo está reservada a tarefa de fazê-la ascender na hierarquia dos mundos. O egoísmo é, pois, o alvo para o qual todos os verdadeiros crentes devem apontar suas armas, dirigir suas forças, sua coragem. Digo: coragem, porque dela muito mais necessita cada um para vencer-se a si mesmo, do que para vencer os outros. Que cada um, portanto, empregue todos os esforços a combatê-lo em si, certo de que esse monstro devorador de todas as inteligências, esse filho do orgulho é o causador de todas as misérias do mundo terreno. É a negação da caridade e, por conseguinte, o maior obstáculo à felicidade dos homens.

Jesus vos deu o exemplo da caridade e Pôncio Pilatos o do egoísmo, pois, quando o primeiro, o Justo, vai percorrer as santas estações do seu martírio, o outro lava as mãos, dizendo: "Que me importa!" Animou-se a dizer aos judeus: "Este homem é justo, por que o quereis crucificar?" Entretanto, deixa que o conduzam ao suplício.

É a esse antagonismo entre a caridade e o egoísmo, à invasão do coração humano por essa chaga moral que se deve atribuir o fato de não haver ainda o Cristianismo desempenhado por completo a sua missão. Cabem a vós, novos apóstolos da fé, que os Espíritos superiores esclarecem, o encargo e o dever de extirpar esse mal, a fim de dar ao Cristianismo toda a sua força e desobstruir o caminho dos pedrouços que lhe embaraçam a marcha. Expulsai da Terra o egoísmo para que ela possa subir na escala dos mundos, porquanto já é tempo de a Humanidade envergar sua veste viril, para o que cumpre que primeiramente o expilais dos vossos corações. – *Emmanuel*. (Paris, 1861.)

12. Se os homens se amassem com mútuo amor, mais bem praticada seria a caridade; mas, para isso, mister fora vos esforçásseis por largar essa couraça que vos cobre os corações, a fim de se tornarem eles mais sensíveis aos sofrimentos alheios. A rigidez mata os bons sentimentos; o Cristo jamais se escusava; não repelia aquele que o buscava, fosse quem fosse: socorria a mulher adúltera, como o criminoso; nunca temeu que a sua reputação sofresse por isso. Quando o tomareis por modelo de todas as vossas ações? *Se na Terra a caridade reinasse, o mau não imperaria nela; fugiria envergonhado; ocultar-se-ia, visto que em toda parte se acharia deslocado*. O mal então desapareceria, ficai bem certos.

Começai vós por dar o exemplo; sede caridosos para com todos indistintamente; esforçai-vos por não atentar nos que vos olham com desdém e deixai a Deus o encargo de fazer toda a justiça, a

Deus que todos os dias separa, no seu Reino, o joio do trigo.

O egoísmo é a negação da caridade. Ora, sem a caridade não haverá descanso para a sociedade humana. Digo mais: não haverá segurança. Com o egoísmo e o orgulho, que andam de mãos dadas, a vida será sempre uma carreira em que vencerá o mais esperto, uma luta de interesses, em que se calcarão aos pés as mais santas afeições, em que nem sequer os sagrados laços da família merecerão respeito. – *Pascal*. (Sens, 1862.)

A fé e a caridade

13. Disse-vos, não há muito, meus caros filhos, que a caridade, sem a fé, não basta para manter entre os homens uma ordem social capaz de os tornar felizes. Pudera ter dito que a caridade é impossível sem a fé. Na verdade, impulsos generosos se vos depararão, mesmo entre os que nenhuma religião têm; porém, essa caridade austera, que só com abnegação se pratica, com um constante sacrifício de todo interesse egoístico, somente a fé pode inspirá-la, porquanto só ela dá se possa carregar com coragem e perseverança a cruz da vida terrena.

Sim, meus filhos, é inútil que o homem ávido de gozos procure iludir-se sobre o seu destino nesse mundo, pretendendo ser-lhe lícito ocupar-se unicamente com a sua felicidade. Sem dúvida, Deus nos criou para sermos felizes na eternidade; entretanto, a vida terrestre tem que servir exclusivamente ao aperfeiçoamento moral, que mais facilmente se adquire com o auxílio dos órgãos físicos e do mundo material. Sem levar em conta as vicissitudes ordinárias da vida, a diversidade dos gostos, dos pendores e das necessidades, é esse também um meio de vos aperfeiçoardes, exercitando-vos na caridade. Com efeito, só a poder de concessões e sacrifícios mútuos podeis conservar a harmonia entre elementos tão diversos.

Tereis, contudo, razão, se afirmardes que a felicidade se acha destinada ao homem nesse mundo, desde que ele a procure, não nos gozos materiais, sim no bem. A história da cristandade fala de mártires que se encaminhavam alegres para o suplício. Hoje, na vossa sociedade, para serdes cristãos, não se vos faz mister nem o holocausto do martírio, nem o sacrifício da vida, mas única e exclusivamente o sacrifício do vosso egoísmo, do vosso orgulho e da vossa vaidade. Triunfareis, se a caridade vos inspirar e vos sustentar a fé. – *Espírito protetor*. (Cracóvia, 1861.)

Caridade para com os criminosos

14. A verdadeira caridade constitui um dos mais sublimes ensinamentos que Deus deu ao mundo. Completa fraternidade deve existir entre os verdadeiros seguidores da sua doutrina. Deveis amar os desgraçados, os criminosos, como criaturas, que são, de Deus, às quais o perdão e a misericórdia serão concedidos, se se arrependerem, como

também a vós, pelas faltas que cometeis contra sua Lei. Considerai que sois mais repreensíveis, mais culpados do que aqueles a quem negardes perdão e comiseração, pois, as mais das vezes, eles não conhecem Deus como o conheceis, e muito menos lhes será pedido do que a vós.

Não julgueis, oh! não julgueis absolutamente, meus caros amigos, porquanto o juízo que proferirdes ainda mais severamente vos será aplicado e precisais de indulgência para os pecados em que sem cessar incorreis. Ignorais que há muitas ações que são crimes aos olhos do Deus de pureza e que o mundo nem sequer como faltas leves considera?

A verdadeira caridade não consiste apenas na esmola que dais, nem, mesmo, nas palavras de consolação que lhe aditeis. Não, não é apenas isso o que Deus exige de vós. A caridade sublime, que Jesus ensinou, também consiste na benevolência de que useis sempre e em todas as coisas para com o vosso próximo. Podeis ainda exercitar essa virtude sublime com relação a seres para os quais nenhuma utilidade terão as vossas esmolas, mas que algumas palavras de consolo, de encorajamento, de amor, conduzirão ao Senhor supremo.

Estão próximos os tempos, repito-o, em que nesse planeta reinará a grande fraternidade, em que os homens obedecerão à lei do Cristo, lei que será freio e esperança e conduzirá as almas às moradas ditosas. Amai-vos, pois, como filhos do mesmo Pai;

não estabeleçais diferenças entre os outros infelizes, porquanto quer Deus que todos sejam iguais; a ninguém desprezeis. Permite Deus que entre vós se achem grandes criminosos, para que vos sirvam de ensinamento. Em breve, quando os homens se encontrarem submetidos às verdadeiras Leis de Deus, já não haverá necessidade desses ensinos: *todos os Espíritos impuros e revoltados serão relegados para mundos inferiores, de acordo com as suas inclinações*.

Deveis, àqueles de quem falo, o socorro das vossas preces: é a verdadeira caridade. Não vos cabe dizer de um criminoso: "É um miserável; deve-se expurgar da sua presença a Terra; muito branda é, para um ser de tal espécie, a morte que lhe infligem." Não, não é assim que vos compete falar. Observai o vosso modelo: Jesus. Que diria Ele, se visse junto de si um desses desgraçados? Lamentá-lo-ia; considerá-lo-ia um doente bem digno de piedade; estender-lhe-ia a mão. Em realidade, não podeis fazer o mesmo; mas, pelo menos, podeis orar por ele, assistir-lhe o Espírito durante o tempo que ainda haja de passar na Terra. Pode ele ser tocado de arrependimento, se orardes com fé. É tanto vosso próximo, como o melhor dos homens; sua alma, transviada e revoltada, foi criada, como a vossa, para se aperfeiçoar; ajudai-o, pois, a sair do lameiro e orai por ele. – *Isabel de França*. (Havre, 1862.)

Deve-se expor a vida por um malfeitor?

15. *Acha-se em perigo de morte um homem; para o salvar tem um outro que expor a vida. Sabe-se, porém, que aquele é um malfeitor e que, se escapar, poderá cometer novos crimes. Deve, não obstante, o segundo arriscar-se para o salvar?*

Questão muito grave é esta e que naturalmente se pode apresentar ao espírito. Responderei, na conformidade do meu adiantamento moral, pois o de que se trata é de saber se se deve expor a vida, mesmo por um malfeitor. O devotamento é cego; socorre-se um inimigo; deve-se, portanto, socorrer o inimigo da sociedade, a um malfeitor, em suma. Julgais que será somente à morte que, em tal caso, se corre a arrancar o desgraçado? É, talvez, a toda a sua vida passada. Imaginai, com efeito, que, nos rápidos instantes que lhe arrebatam os derradeiros alentos de vida, o homem perdido volve ao seu passado, ou que, antes, este se ergue diante dele. A morte, quiçá, lhe chega cedo demais; a reencarnação poderá vir a ser-lhe terrível. Lançai-vos, então, ó homens; lançai-vos todos vós a quem a ciência espírita esclareceu; lançai-vos, arrancai-o à sua condenação e, talvez, esse homem, que teria morrido a blasfemar, se atirará nos vossos braços. Todavia, não tendes que indagar se o fará, ou não; socorrei-o, porquanto, salvando-o, obedeceis a essa voz do coração, que vos diz: "Podes salvá-lo, salva-o!" – *Lamennais*. (Paris, 1862.)

CAPÍTULO XII

Amai os vossos inimigos

• Retribuir o mal com o bem • Os inimigos desencarnados • Se alguém vos bater na face direita, apresentai-lhe também a outra • *Instruções dos Espíritos*: A vingança – O ódio – O duelo

Retribuir o mal com o bem

1. Aprendestes que foi dito: "Amareis o vosso próximo e odiareis os vossos inimigos." Eu, porém, vos digo: "*Amai os vossos inimigos; fazei o bem aos que vos odeiam e orai pelos que vos perseguem e caluniam*, a fim de serdes filhos do vosso Pai que está nos céus e que faz se levante o Sol para os bons e para os maus e que chova sobre os justos e os injustos. Porque, se só amardes os que vos amam, qual será a vossa recompensa? Não procedem assim também os publicanos? Se apenas os vossos irmãos saudardes, que é o que com isso fazeis mais do que os outros? Não fazem outro tanto os pagãos?" (Mateus, 5:43 a 47.)

"Digo-vos que, se a vossa justiça não for mais abundante que a dos escribas e dos fariseus, não entrareis no Reino dos Céus." (Mateus, 5:20.)

2. "Se somente amardes os que vos amam, que mérito se vos reconhecerá, uma vez que as pessoas de má vida também amam os que as amam? Se o bem somente o fizerdes aos que vo-lo fazem,

que mérito se vos reconhecerá, dado que o mesmo faz a gente de má vida? Se só emprestardes àqueles de quem possais esperar o mesmo favor, que mérito se vos reconhecerá, quando as pessoas de má vida se entreajudam dessa maneira, para auferir a mesma vantagem? Pelo que vos toca, *amai os vossos inimigos, fazei bem a todos e auxiliai sem esperar coisa alguma*. Então, muito grande será a vossa recompensa e sereis filhos do Altíssimo, que é bom para os ingratos e até para os maus. Sede, pois, cheios de misericórdia, como cheio de misericórdia é o vosso Deus." (*Lucas*, 6:32 a 36.)

3. Se o amor do próximo constitui o princípio da caridade, amar os inimigos é a mais sublime aplicação desse princípio, porquanto a posse de tal virtude representa uma das maiores vitórias alcançadas contra o egoísmo e o orgulho.

Entretanto, há geralmente equívoco no tocante ao sentido da palavra *amar*, neste passo. Não pretendeu Jesus, assim falando, que cada um de nós tenha para com o seu inimigo a ternura que dispensa a um irmão ou amigo. A ternura pressupõe confiança; ora, ninguém pode depositar confiança numa pessoa, sabendo que esta lhe quer mal; ninguém pode ter para com ela expansões de amizade, sabendo-a capaz de abusar dessa atitude. Entre pessoas que desconfiam umas das outras, não pode haver essas manifestações de simpatia que existem entre as que comungam nas mesmas ideias. Enfim, ninguém pode sentir, em estar com um inimigo, prazer igual ao que sente na companhia de um amigo.

A diversidade na maneira de sentir, nessas duas circunstâncias diferentes, resulta mesmo de uma lei física: a da assimilação e da repulsão dos fluidos. O pensamento malévolo determina uma corrente fluídica que impressiona penosamente. O pensamento benévolo nos envolve num agradável eflúvio. Daí a diferença das sensações que se experimenta à aproximação de um amigo ou de um inimigo. Amar os inimigos não pode, pois, significar que não se deva estabelecer diferença alguma entre eles e os amigos. Se este preceito parece de difícil prática, impossível mesmo, é apenas por entender-se falsamente que ele manda se dê no coração, assim ao amigo, como ao inimigo, o mesmo lugar. Uma vez que a pobreza da linguagem humana obriga a que nos sirvamos do mesmo termo para exprimir matizes diversos de um sentimento, à razão cabe estabelecer as diferenças, conforme os casos.

Amar os inimigos não é, portanto, ter-lhes uma afeição que não está na natureza, visto que o contato de um inimigo nos faz bater o coração de modo muito diverso do seu bater, ao contato de um amigo. Amar os inimigos é não lhes guardar ódio, nem rancor, nem desejos de vingança; é perdoar-lhes, *sem pensamento oculto e sem condições*, o mal que nos causem; é não opor nenhum obstáculo à reconciliação com eles; é desejar-lhes o bem, e não o mal; é experimentar júbilo, em vez de pesar, com o bem que lhes advenha; é socorrê-los, apresentando-se ocasião; é abster-se, *quer por palavras, quer por atos*, de tudo o que os possa prejudicar; é, finalmente, retribuir-lhes sempre o mal com o bem, *sem a intenção de os humilhar*. Quem assim procede preenche as condições do mandamento: Amai os vossos inimigos.

4. Amar os inimigos é, para o incrédulo, um contrassenso, aquele para quem a vida presente é tudo, vê no seu inimigo um ser nocivo, que lhe perturba o repouso e do qual unicamente a morte, pensa ele, o pode livrar. Daí, o desejo de vingar-se. Nenhum interesse tem em perdoar, senão para satisfazer o seu orgulho perante o mundo. Em certos casos, perdoar-lhe parece mesmo uma fraqueza indigna de si. Se não se vingar, nem por isso deixará de conservar rancor e um secreto desejo de mal para o outro.

Para o crente e, sobretudo, para o espírita, muito diversa é a maneira de ver, porque suas vistas se lançam sobre o passado e sobre o futuro, entre os quais a vida atual não passa de um simples ponto. Sabe ele que, pela mesma destinação da Terra, deve esperar topar aí com homens maus e perversos; que as maldades com que se defronta fazem parte das provas que lhe cumpre suportar e o elevado ponto de vista em que se coloca lhe torna menos amargas as vicissitudes, quer advenham dos homens, quer das coisas. *Se não se queixa das provas, tampouco deve queixar-se dos que lhe servem de instrumento*. Se, em vez de se queixar, agradece a Deus o experimentá-lo, *deve também agradecer a mão que lhe dá ensejo de demonstrar a sua paciência e a sua resignação*. Esta ideia o dispõe naturalmente ao perdão. Sente, além disso, que quanto mais generoso for, tanto mais se engrandece aos seus próprios olhos e se põe fora do alcance dos dardos do seu inimigo.

O homem que no mundo ocupa elevada posição não se julga ofendido com os insultos daquele a quem considera seu inferior. O mesmo se dá com o que, no mundo moral, se eleva acima da humanidade material. Este compreende que o ódio e o rancor o aviltariam e rebaixariam. Ora, para ser superior ao seu adversário, preciso é que tenha a alma maior, mais nobre, mais generosa do que a desse último.

Os inimigos desencarnados

5. Ainda outros motivos tem o espírita para ser indulgente com os seus inimigos. Sabe ele, primeiramente, que a maldade não é um estado permanente dos homens; que ela decorre de uma imperfeição temporária e que, assim como a criança se corrige dos seus defeitos, o homem mau reconhecerá um dia os seus erros e se tornará bom.

Sabe também que a morte apenas o livra da presença material do seu inimigo, pois que este o pode perseguir com o seu ódio, mesmo depois de haver deixado a Terra; que, assim, a vingança, que tome, falha ao seu objetivo, visto que, ao contrário, tem por efeito produzir maior irritação, capaz de passar de uma existência a outra. Cabia ao Espiritismo demonstrar, por meio da experiência e da lei que rege as relações entre o mundo visível e o mundo invisível, que a expressão: *extinguir o ódio com o sangue* é radicalmente falsa, que a verdade é que o sangue alimenta o ódio, mesmo no além-túmulo. Cabia-lhe, portanto, apresentar uma razão de ser positiva e uma utilidade prática ao perdão e ao preceito do Cristo: *Amai os vossos inimigos*. Não há coração tão perverso que, mesmo a seu mau grado, não se mostre sensível ao bom proceder. Mediante o bom procedimento, tira-se, pelo menos, todo pretexto às represálias, podendo-se até fazer de um inimigo um amigo, antes e depois de sua morte. Com um mau proceder, o homem irrita o seu inimigo, *que então se constitui instrumento de que a Justiça de Deus se serve para punir aquele que não perdoou.*

6. Pode-se, portanto, contar inimigos assim entre os encarnados, como entre os desencarnados. Os inimigos do mundo invisível manifestam sua malevolência pelas obsessões e subjugações com que tanta gente se vê a braços e que representam um gênero de provações, as quais, como as outras, concorrem para o adiantamento do ser, que, por isso, as deve receber com resignação e como consequência da natureza inferior do globo terrestre. Se não houvesse homens maus na Terra, não haveria Espíritos maus ao seu derredor. Se, conseguintemente, se deve usar de benevolência com os inimigos encarnados, do mesmo modo se

deve proceder com relação aos que se acham desencarnados.

Outrora, sacrificavam-se vítimas sangrentas para aplacar os deuses infernais, que não eram senão os maus Espíritos. Aos deuses infernais sucederam os demônios, que são a mesma coisa. O Espiritismo demonstra que esses demônios mais não são do que as almas dos homens perversos, que ainda se não despojaram dos instintos materiais; *que ninguém logra aplacá-los, senão mediante o sacrifício do ódio existente, isto é, pela caridade*; que esta não tem por efeito, unicamente, impedi-los de praticar o mal, e sim também o de os reconduzir ao caminho do bem e de contribuir para a salvação deles. É assim que o mandamento: *Amai os vossos inimigos* não se circunscreve ao âmbito acanhado da Terra e da vida presente; antes, faz parte da grande lei da solidariedade e da fraternidade universais.

Se alguém vos bater na face direita, apresentai-lhe também a outra

7. Aprendestes que foi dito: Olho por olho e dente por dente. Eu, porém, vos digo que não resistais ao mal que vos queiram fazer; que *se alguém vos bater na face direita, lhe apresenteis também a outra*; e que se alguém quiser pleitear contra vós, para vos tomar a túnica, também lhe entregueis o manto; e que se alguém vos obrigar a caminhar mil passos com ele, caminheis mais dois mil. Dai àquele que vos pedir e não repilais aquele que vos queira tomar emprestado. (Mateus, 5:38 a 42.)

8. Os preconceitos do mundo sobre o que se convencionou chamar "ponto de honra" produzem essa suscetibilidade sombria, nascida do orgulho e da exaltação da personalidade, que leva o homem a retribuir uma injúria com outra injúria, uma ofensa com outra, o que é tido como justiça por aquele cujo senso moral não se acha acima do nível das paixões terrenas. Por isso é que a lei moisaica prescrevia: olho por olho, dente por dente, de harmonia com a época em que Moisés vivia. Veio o Cristo e disse: "Retribuí o mal com o bem." E disse ainda: "Não resistais ao mal que vos queiram fazer; *se alguém vos bater numa face, apresentai-lhe a outra*." Ao orgulhoso este ensino parecerá uma covardia, porquanto ele não compreende que haja mais coragem em suportar um insulto do que em tomar uma vingança, e não compreende, porque sua visão não pode ultrapassar o presente.

Dever-se-á, entretanto, tomar ao pé da letra aquele preceito? Tampouco quanto o outro que manda se arranque o olho, quando for causa de escândalo. Levado o ensino às suas últimas consequências, importaria ele em condenar toda repressão, mesmo legal, e deixar livre o campo aos maus, isentando-os de todo e qualquer motivo de temor. Se se lhes não pusesse um freio às agressões, bem depressa todos os bons seriam suas vítimas. O próprio instinto de conservação, que é uma Lei da Natureza, obsta a que alguém estenda o pescoço ao assassino.

Enunciando, pois, aquela máxima, não pretendeu Jesus interdizer toda defesa, mas *condenar a vingança*. Dizendo que apresentemos a outra face àquele que nos haja batido numa, disse, sob outra forma, que não se deve pagar o mal com o mal; que o homem deve aceitar com humildade tudo o que seja de molde a lhe abater o orgulho; que maior glória lhe advém de ser ofendido do que de ofender, de suportar pacientemente uma injustiça do que de praticar alguma; que mais vale ser enganado do que enganador, arruinado do que arruinar os outros. É, ao mesmo tempo, a condenação do duelo, que não passa de uma manifestação de orgulho. Somente a fé na vida futura e na Justiça de Deus, que jamais deixa impune o mal, pode dar ao homem forças para suportar com paciência os golpes que lhe sejam desferidos nos interesses e no amor-próprio. Daí vem o repetirmos incessantemente: Lançai para diante o olhar; quanto mais vos elevardes pelo pensamento, acima da vida material, tanto menos vos magoarão as coisas da Terra.

Instruções dos Espíritos
A vingança

9. A vingança é um dos últimos remanescentes dos costumes bárbaros que tendem a desaparecer dentre os homens. É, como o duelo, um dos derradeiros vestígios dos hábitos selvagens sob cujos guantes se debatia a Humanidade, no começo da Era Cristã, razão por que a vingança constitui

indício certo do estado de atraso dos homens que a ela se dão e dos Espíritos que ainda as inspirem. Portanto, meus amigos, nunca esse sentimento deve fazer vibrar o coração de quem quer que se diga e proclame espírita. Vingar-se é, bem o sabeis, tão contrário àquela prescrição do Cristo: "Perdoai aos vossos inimigos", que aquele que se nega a perdoar não somente não é espírita como também não é cristão. A vingança é uma inspiração tanto mais funesta, quanto tem por companheiras assíduas a falsidade e a baixeza. Com efeito, aquele que se entrega a essa fatal e cega paixão quase nunca se vinga a céu aberto. Quando é ele o mais forte, cai qual fera sobre o outro a quem chama seu inimigo, desde que a presença deste último lhe inflame a paixão, a cólera, o ódio. Porém, as mais das vezes assume aparências hipócritas, ocultando nas profundezas do coração os maus sentimentos que o animam. Toma caminhos escusos, segue na sombra o inimigo, que de nada desconfia, e espera o momento azado para sem perigo feri-lo. Esconde-se do outro, espreitando-o de contínuo, prepara-lhe odiosas armadilhas e, sendo propícia a ocasião, derrama-lhe no copo o veneno. Quando seu ódio não chega a tais extremos, ataca-o então na honra e nas afeições; não recua diante da calúnia, e suas pérfidas insinuações, habilmente espalhadas a todos os ventos, se vão avolumando pelo caminho. Em consequência, quando o perseguido se apresenta nos lugares por onde passou o sopro do perseguidor, espanta-se de dar com semblantes frios, em vez de fisionomias amigas e benevolentes que outrora o acolhiam. Fica estupefato quando mãos que se lhe estendiam, agora se recusam a apertar as suas. Enfim, sente-se aniquilado, ao verificar que os seus mais caros amigos e parentes se afastam e o evitam. Ah! o covarde que se vinga assim é cem vezes mais culpado do que o que enfrenta o seu inimigo e o insulta em plena face.

Fora, pois, com esses costumes selvagens! Fora com esses processos de outros tempos! Todo espírita que ainda hoje pretendesse ter o direito de vingar-se seria indigno de figurar por mais tempo na falange que tem como divisa: *Sem caridade não há salvação!* Mas não, não posso deter-me a pensar que um membro da grande família espírita ouse jamais, de futuro, ceder ao impulso da vingança, senão para perdoar. – *Júlio Olivier*. (Paris, 1862.)

O ódio

10. Amai-vos uns aos outros e sereis felizes. Tomai sobretudo a peito amar os que vos inspiram indiferença, ódio, ou desprezo. O Cristo, que deveis considerar modelo, deu-vos o exemplo desse devotamento. Missionário do amor, Ele amou até dar o sangue e a vida por amor. Penoso vos é o sacrifício de amardes os que vos ultrajam e perseguem; mas, precisamente, esse sacrifício é que vos torna superiores a eles. Se os odiásseis, como vos odeiam, não valeríeis mais do

que eles. Amá-los é a hóstia imácula que ofereceis a Deus na ara dos vossos corações, hóstia de agradável aroma e cujo perfume lhe sobe até o seio. Se bem a lei de amor mande que cada um ame indistintamente a todos os seus irmãos, ela não couraça o coração contra os maus procederes; esta é, ao contrário, a prova mais angustiosa, e eu o sei bem, porquanto, durante a minha última existência terrena, experimentei essa tortura; mas Deus lá está e pune nesta vida e na outra os que violam a lei de amor. Não esqueçais, meus queridos filhos, que o amor aproxima de Deus a criatura e o ódio a distancia dele. – *Fénelon*. (Bordeaux, 1861.)

O duelo

11. Só é verdadeiramente grande aquele que, considerando a vida uma viagem que o há de conduzir a determinado ponto, pouco caso faz das asperezas da jornada e não deixa que seus passos se desviem do caminho reto. Com o olhar constantemente dirigido para o termo a alcançar, nada lhe importa que as urzes e os espinhos ameacem produzir-lhe arranhaduras; umas e outros lhe roçam a epiderme, sem o ferirem, nem impedirem de prosseguir na caminhada. Expor seus dias para se vingar de uma injúria é recuar diante das provações da vida, é sempre um crime aos olhos de Deus; e, se não fôsseis, como sois, iludidos pelos vossos prejuízos, tal coisa seria ridícula e uma suprema loucura aos olhos dos homens.

Há crime no homicídio em duelo; a vossa própria legislação o reconhece. Ninguém tem o direito, em caso algum, de atentar contra a vida de seu semelhante: é um crime aos olhos de Deus, que vos traçou a linha de conduta que tendes de seguir. Nisso, mais do que em qualquer outra circunstância, sois juízes em causa própria. Lembrai-vos de que somente vos será perdoado, conforme perdoardes; pelo perdão vos acercais da Divindade, pois a clemência é irmã do poder. Enquanto na Terra correr uma gota de sangue humano, vertida pela mão dos homens, o verdadeiro Reino de Deus ainda se não terá implantado aí, reino de paz e de amor, que há de banir para sempre do vosso planeta a animosidade, a discórdia, a guerra. Então, a palavra duelo somente existirá na vossa linguagem como longínqua e vaga recordação de um passado que se foi. Nenhum outro antagonismo existirá entre os homens, afora a nobre rivalidade do bem. – *Adolfo*, bispo de Argel. (Marmande, 1861.)

12. Em certos casos, sem dúvida, pode o duelo constituir uma prova de coragem física, de desprezo pela vida, mas também é, incontestavelmente, uma prova de covardia moral, como o suicídio. O suicida não tem coragem de enfrentar as vicissitudes da vida; o duelista não tem a de suportar as ofensas. Não vos disse o Cristo que há mais honra e valor em apresentar a face esquerda àquele que bateu na direita, do que em vingar uma injúria? Não disse Ele a Pedro, no Jardim das Oliveiras: "Mete a tua

espada na bainha, porquanto aquele que matar com a espada perecerá pela espada?" Assim falando, não condenou, para sempre, o duelo? Efetivamente, meus filhos, que é essa coragem oriunda de um gênio violento, de um temperamento sanguíneo e colérico, que ruge à primeira ofensa? Onde a grandeza da alma daquele que, à menor injúria, entende que só com sangue a poderá lavar? Ah! que ele trema! No fundo da sua consciência, uma voz lhe bradará sempre: Caim! Caim! que fizeste de teu irmão? Foi-me necessário derramar sangue para salvar a minha honra, responderá ele a essa voz. Ela, porém, retrucará: Procuraste salvá-la perante os homens, por alguns instantes que te restavam de vida na Terra, e não pensaste em salvá-la perante Deus! Pobre louco! Quanto sangue exigiria de vós o Cristo, por todos os ultrajes que recebeu! Não só o feristes com os espinhos e a lança, não só o pregastes num madeiro infamante, como também o fizestes ouvir, em meio de sua agonia atroz, as zombarias que lhe prodigalizastes. Que reparação a tantos insultos vos pediu Ele? O último brado do cordeiro foi uma súplica em favor dos seus algozes! Oh! como Ele, perdoai e orai pelos que vos ofendem.

Amigos, lembrai-vos deste preceito: "Amai-vos uns aos outros" e, então, a um golpe desferido pelo ódio respondereis com um sorriso, e ao ultraje com o perdão. O mundo, sem dúvida, se levantará furioso e vos tratará de covardes; erguei bem alto a fronte e mostrai que também ela se não temeria de cingir-se de espinhos, a exemplo do Cristo, mas, que a vossa mão não quer ser cúmplice de um assassínio autorizado por falsos ares de honra, que, entretanto, não passa de orgulho e amor-próprio. Dar-se-á que, ao criar-vos, Deus vos outorgou o direito de vida e de morte, uns sobre os outros? Não, só à Natureza conferiu Ele esse direito, para se reformar e reconstruir; quanto a vós, não permite, sequer, que disponhais de vós mesmos. Como o suicida, o duelista se achará marcado com sangue, quando comparecer perante Deus, e a um e outro o Soberano Juiz reserva rudes e longos castigos. Se Ele ameaçou com a sua justiça aquele que disser raca a seu irmão, quão mais severa não será a pena que comine ao que chegar à sua presença com as mãos tintas do sangue de seu irmão! – *Santo Agostinho*. (Paris, 1862.)

13. O duelo, como o que outrora se denominava o juízo de Deus, é uma das instituições bárbaras que ainda regem a sociedade. Que diríeis, no entanto, se vísseis dois adversários mergulhados em água fervente ou submetidos ao contato de um ferro em brasa, para ser dirimida a contenda entre eles, reconhecendo-se estar a razão com aquele que melhor sofresse a prova? Qualificaríeis de insensatos esses costumes, não é exato? Pois o duelo é coisa pior do que tudo isso. Para o duelista destro, é um assassínio praticado a sangue-frio, com toda a premeditação que possa haver, uma vez que ele está certo da

eficácia do golpe que desfechará. Para o adversário, quase certo de sucumbir em virtude de sua fraqueza e inabilidade, é um suicídio cometido com a mais fria reflexão. Sei que muitas vezes se procura evitar essa alternativa igualmente criminosa, confiando ao acaso a questão: mas não é isso voltar, sob outra forma, ao juízo de Deus, da Idade Média? E nessa época infinitamente menor era a culpa. A própria denominação de *juízo de Deus* indica a fé, ingênua, é verdade, porém, afinal, fé na Justiça de Deus, que não podia consentir sucumbisse um inocente, ao passo que, no duelo, tudo se confia à força bruta, de tal sorte que não raro é o ofendido que sucumbe.

Ó estúpido amor-próprio, tola vaidade e louco orgulho, quando sereis substituídos pela caridade cristã, pelo amor do próximo e pela humildade que o Cristo exemplificou e preceituou? Só quando isso se der desaparecerão esses preceitos monstruosos que ainda governam os homens, e que as leis são impotentes para reprimir, porque não basta interditar o mal e prescrever o bem; é preciso que o princípio do bem e o horror ao mal morem no coração do homem. – *Um Espírito protetor*. (Bordeaux, 1861.)

14. Que juízo farão de mim, costumais dizer, se eu recusar a reparação que se me exige, ou se não a reclamar de quem me ofendeu? Os loucos, como vós, os homens atrasados vos censurarão; mas os que se acham esclarecidos pelo facho do progresso intelectual e moral dirão que procedeis de acordo com a verdadeira sabedoria. Refleti um pouco.

Por motivo de uma palavra dita às vezes impensadamente, ou inofensiva, vinda de um dos vossos irmãos, o vosso orgulho se sente ferido, respondeis de modo acre e daí uma provocação. Antes que chegue o momento decisivo, inquiris de vós mesmos se procedeis como cristãos? Que contas ficareis devendo à sociedade, por a privardes de um de seus membros? Pensastes no remorso que vos assaltará, por haverdes roubado a uma mulher o marido, a uma mãe o filho, ao filho o pai que lhe servia de amparo? Certamente, o autor da ofensa deve uma reparação; porém, não lhe será mais honroso dá-la espontaneamente, reconhecendo suas faltas, do que expor a vida daquele que tem o direito de se queixar? Quanto ao ofendido, convenho em que, algumas vezes, por ele achar-se gravemente ferido, ou em sua pessoa, ou nas dos que lhe são mais caros, não está em jogo somente o amor-próprio: o coração se acha magoado, sofre. Mas, além de ser estúpido arriscar a vida, lançando-se contra um miserável capaz de praticar infâmias, dar-se-á que, morto este, a afronta, qualquer que seja, deixa de existir? Não é exato que o sangue derramado imprime retumbância maior a um fato que, se falso, cairia por si mesmo, e que, se verdadeiro, deve ficar sepultado no silêncio? Nada mais restará, pois, senão a satisfação da sede de vingança. Ah! triste satisfação que quase sempre dá lugar, já nesta vida, a causticantes remorsos. Se é o ofendido que sucumbe, onde a reparação?

Quando a caridade regular a conduta dos homens, eles conformarão seus atos e palavras a esta máxima: "Não façais aos outros o que não quiserdes que vos façam." Verificando-se isso, desaparecerão todas as causas de dissensões e, com elas, as dos duelos e das guerras, que são os duelos de povo a povo. – *Francisco Xavier*. (Bordeaux, 1861.)

15. O homem do mundo, o homem venturoso, que por uma palavra chocante, uma coisa ligeira, joga a vida que lhe veio de Deus, joga a vida do seu semelhante, que só a Deus pertence, esse é cem vezes mais culpado do que o miserável que, impelido pela cupidez, algumas vezes pela necessidade, se introduz numa habitação para roubar e matar os que se lhe opõem aos desígnios. Trata-se quase sempre de uma criatura sem educação, com imperfeitas noções do bem e do mal, ao passo que o duelista pertence, em regra, à classe mais culta. Um mata brutalmente, enquanto o outro o faz com método e polidez, pelo que a sociedade o desculpa. Acrescentarei mesmo que o duelista é infinitamente mais culpado do que o desgraçado que, cedendo a um sentimento de vingança, mata num momento de exasperação. O duelista não tem por escusa o arrebatamento da paixão, pois que, entre o insulto e a reparação, dispõe ele sempre de tempo para refletir. Age, portanto, friamente e com premeditado desígnio; estuda e calcula tudo, para com mais segurança matar o seu adversário. É certo que também expõe a vida e

é isso o que reabilita o duelo aos olhos do mundo, que nele então só vê um ato de coragem e pouco caso da vida. Mas haverá coragem da parte daquele que está seguro de si? O duelo, remanescente dos tempos de barbárie, em os quais o direito do mais forte constituía a lei, desaparecerá por efeito de uma melhor apreciação do verdadeiro ponto de honra e à medida que o homem for depositando fé mais viva na vida futura. – *Agostinho*. (Bordeaux, 1861.)

16. Nota. Os duelos se vão tornando cada vez mais raros e, se de tempos a tempos alguns de tão dolorosos exemplos se dão, o número deles não se pode comparar com o dos que ocorriam outrora. Antigamente, um homem não saía de casa sem prever um encontro, pelo que tomava sempre as necessárias precauções. Um sinal característico dos costumes do tempo e dos povos se nos depara no porte habitual, ostensivo ou oculto, de armas ofensivas ou defensivas. A abolição de semelhante uso demonstra o abrandamento dos costumes e é curioso acompanhar-lhes a gradação, desde a época em que os cavaleiros só cavalgavam bardados de ferro e armados de lança, até a em que uma simples espada à cinta constituía mais um adorno e um acessório do brasão do que uma arma de agressão. Outro indício da modificação dos costumes está em que, outrora, os combates singulares se empenhavam em plena rua, diante da turba, que se afastava para deixar livre o campo aos combatentes, ao

passo que estes hoje se ocultam. Presentemente, a morte de um homem é acontecimento que causa emoção, enquanto noutros tempos ninguém dava atenção a isso.

O Espiritismo apagará esses últimos vestígios da barbárie, incutindo nos homens o espírito de caridade e de fraternidade.

CAPÍTULO XIII

Não saiba a vossa mão esquerda o que dê a vossa mão direita

• Fazer o bem sem ostentação • Os infortúnios ocultos • O óbolo da viúva • Convidar os pobres e os estropiados. Dar sem esperar retribuição • *Instruções dos Espíritos*: A caridade material e a caridade moral – A beneficência – A piedade – Os órfãos – Benefícios pagos com a ingratidão – Beneficência exclusiva

Fazer o bem sem ostentação

1. Tende cuidado em não praticar as boas obras diante dos homens, para serem vistas, pois, do contrário, não recebereis recompensa de vosso Pai que está nos céus. Assim, quando derdes esmola, não façais tocar a trombeta diante de vós, como fazem os hipócritas nas sinagogas e nas ruas, para serem louvados pelos homens. Digo-vos, em verdade, que eles já receberam sua recompensa. *Quando derdes esmola, não saiba a vossa mão esquerda o que faz a vossa mão direita*; a fim de que a esmola fique em segredo, e vosso Pai, que vê o que se passa em segredo, vos recompensará. (Mateus, 6:1 a 4.)

2. Tendo Jesus descido do monte, grande multidão o seguiu. Ao mesmo tempo, um leproso veio ao seu encontro e o adorou, dizendo: "Senhor, se quiseres, poderás curar-me." – Jesus, estendendo a mão, o tocou e disse: "Quero-o, fica curado" – no mesmo instante desapareceu

a lepra. Disse-lhe então Jesus: "*Abstém-te de falar disto a quem quer que seja*; mas vai mostrar-te aos sacerdotes e oferece o dom prescrito por Moisés, a fim de que lhes sirva de prova." (Mateus, 8:1 a 4.)

3. Em fazer o bem sem ostentação há grande mérito; ainda mais meritório é ocultar a mão que dá; constitui marca incontestável de grande superioridade moral, porquanto, para encarar as coisas de mais alto do que o faz o vulgo, mister se torna abstrair da vida presente e identificar-se com a vida futura; numa palavra, colocar-se acima da Humanidade, para renunciar à satisfação que advém do testemunho dos homens e esperar a aprovação de Deus. Aquele que prefere ao de Deus o sufrágio dos homens prova que mais fé deposita nestes do que na Divindade e que mais valor dá à vida presente do que à futura. Se diz o contrário, procede como se não cresse no que diz.

Quantos há que só dão na esperança de que o que recebe irá bradar por toda a parte o benefício recebido! Quantos os que, de público, dão grandes somas e que, entretanto, às ocultas, não dariam uma só moeda! Foi por isso que Jesus declarou: "Os que fazem o bem ostentosamente já receberam sua recompensa." Com efeito, aquele que procura a sua própria glorificação na Terra, pelo bem que pratica, já pagou a si mesmo; Deus nada mais lhe deve; só lhe resta receber a punição do seu orgulho.

Não saber a mão esquerda o que dá a mão direita é uma imagem que caracteriza admiravelmente a beneficência modesta. Mas, se há a modéstia real, também há a falsa modéstia, o simulacro da modéstia. Há pessoas que ocultam a mão que dá, tendo, porém, o cuidado de deixar aparecer um pedacinho, olhando em volta para verificar se alguém não o terá visto ocultá-la. Indigna paródia das máximas do Cristo! Se os benfeitores orgulhosos são depreciados entre os homens, que não será perante Deus? Também esses já receberam na Terra sua recompensa. Foram vistos; estão satisfeitos por terem sido vistos. É tudo o que terão.

E qual poderá ser a recompensa do que faz pesar os seus benefícios sobre aquele que os recebe, que lhe impõe, de certo modo, testemunhos de reconhecimento, que lhe faz sentir a sua posição, exaltando o preço dos sacrifícios a que se vota para beneficiá-lo? Oh! para esse, nem mesmo a recompensa terrestre existe, porquanto ele se vê privado da grata satisfação de ouvir bendizer-lhe do nome e é esse o primeiro castigo do seu orgulho. As lágrimas que seca por vaidade, em vez de subirem ao Céu, recaíram sobre o coração do aflito e o ulceraram. Do bem que praticou nenhum proveito lhe resulta, pois que ele o deplora, e todo benefício deplorado é moeda falsa e sem valor.

A beneficência praticada sem ostentação tem duplo mérito. Além de ser caridade material, é caridade moral, visto que resguarda a suscetibilidade do beneficiado, faz-lhe aceitar o benefício, sem que seu amor-próprio se ressinta e salvaguardando-lhe a dignidade de homem, porquanto aceitar um serviço é coisa bem diversa de receber uma esmola. Ora, converter em esmola o serviço, pela maneira de prestá-lo, é humilhar o que o recebe, e, em humilhar a outrem, há sempre orgulho e maldade. A verdadeira caridade, ao contrário, é delicada e engenhosa no dissimular o benefício, no evitar até as simples aparências capazes de melindrar, dado que todo atrito moral aumenta o sofrimento que se origina da necessidade. Ela sabe encontrar palavras brandas e afáveis que colocam o beneficiado à vontade em presença do benfeitor, ao passo que a caridade orgulhosa o esmaga. A verdadeira generosidade adquire toda a sublimidade, quando o benfeitor, invertendo os papéis, acha meios de figurar como beneficiado diante daquele a quem presta serviço. Eis o que significam estas palavras: "Não saiba a mão esquerda o que dá a direita."

Os infortúnios ocultos

4. Nas grandes calamidades, a caridade se emociona e observam-se impulsos generosos, no sentido de reparar os desastres. No entanto, a par desses desastres gerais, há milhares de desastres particulares, que passam despercebidos: os dos que jazem sobre um grabato sem se queixarem. Esses infortúnios discretos e ocultos são os que a verdadeira generosidade sabe descobrir, sem esperar que peçam assistência.

Quem é esta mulher de ar distinto, de traje tão simples, embora bem cuidado, e que traz em sua companhia uma mocinha tão modestamente vestida? Entra numa casa de sórdida aparência, onde sem dúvida é conhecida, pois que à entrada a saúdam respeitosamente. Aonde vai ela? Sobe até a mansarda, onde jaz uma mãe de família cercada de crianças. À sua chegada, refulge a alegria naqueles rostos emagrecidos. É que ela vai acalmar ali todas as dores. Traz o de que necessitam, condimentado de meigas e consoladoras palavras, que fazem que os seus protegidos, que não são profissionais da mendicância, aceitem o benefício, sem corar. O pai está no hospital e, enquanto lá permanece, a mãe não consegue com o seu trabalho prover as necessidades da família. Graças à boa senhora, aquelas pobres crianças não mais sentirão frio, nem fome; irão à escola agasalhadas e, para as menorzinhas, o leite não secará no seio que as amamenta. Se entre elas alguma adoece, não lhe repugnarão a ela, à boa dama, os cuidados materiais de que essa necessite. Dali vai ao hospital levar ao pai algum reconforto e tranquilizá-lo sobre a sorte da família. No canto da rua, uma carruagem a espera, verdadeiro armazém de tudo o que destina aos seus protegidos, que lhe recebem sucessivamente a visita. Não lhes pergunta qual a crença que professam, nem quais suas opiniões, pois considera como seus irmãos e filhos de Deus todos os homens. Terminado o seu giro, diz de si para consigo: Comecei bem o meu dia. Qual o seu nome? Onde mora? Ninguém o sabe. Para os infelizes, é um nome que nada indica;

mas é o anjo da consolação. À noite, um concerto de bênçãos se eleva em seu favor ao Pai celestial: católicos, judeus, protestantes, todos a bendizem.

Por que tão singelo traje? Para não insultar a miséria com o seu luxo. Por que se faz acompanhar da filha? Para que aprenda como se deve praticar a beneficência. A mocinha também quer fazer a caridade. A mãe, porém, lhe diz: "Que podes dar, minha filha, quando nada tens de teu? Se eu te passar às mãos alguma coisa para que dês a outrem, qual será o teu mérito? Nesse caso, em realidade, serei eu quem faz a caridade; que merecimento terias nisso? Não é justo. Quando visitamos os doentes, tu me ajudas a tratá-los. Ora, dispensar cuidados é dar alguma coisa. Não te parece bastante isso? Nada mais simples. Aprende a fazer obras úteis e confeccionarás roupas para essas criancinhas. Desse modo, darás alguma coisa que vem de ti." É assim que aquela mãe verdadeiramente cristã prepara a filha para a prática das virtudes que o Cristo ensinou. É espírita ela? Que importa!

Em casa, é a mulher do mundo, porque a sua posição o exige. Ignoram, porém, o que faz, porque ela não deseja outra aprovação, além da de Deus e da sua consciência. Certo dia, no entanto, imprevista circunstância leva-lhe à casa uma de suas protegidas, que andava a vender trabalhos executados por suas mãos. Esta última, ao vê-la, reconheceu nela a sua benfeitora. "Silêncio!" – ordena-lhe a senhora – "não o digas a ninguém." – Falava assim Jesus.

O óbolo da viúva

5. Estando Jesus sentado defronte do gazofilácio, a observar de que modo o povo lançava ali o dinheiro, viu que muitas pessoas ricas o deitavam em abundância. Nisso, veio também uma pobre viúva que apenas deitou duas pequenas moedas do valor de dez centavos cada uma. Chamando então seus discípulos, disse-lhes: "Em verdade vos digo que esta pobre viúva deu muito mais do que todos os que antes puseram suas dádivas no gazofilácio, pois que todos os outros deram do que lhes abunda, ao passo que ela deu do que lhe faz falta, deu mesmo tudo o que tinha para seu sustento." (*Marcos*, 12:41 a 44; Lucas, 21:1 a 4.)

6. Muita gente deplora não poder fazer todo o bem que desejara, por falta de recursos suficientes, e, se desejam possuir riquezas, é, dizem, para lhes dar boa aplicação. É sem dúvida louvável a intenção e pode até nalguns ser sincera. Dar-se-á, contudo, seja completamente desinteressada em todos? Não haverá quem, desejando fazer bem aos outros, muito estimaria poder começar por fazê-lo a si próprio, por proporcionar a si mesmo alguns gozos mais, por usufruir de um pouco do supérfluo que lhe falta, pronto a dar aos pobres o resto? Esta segunda intenção, que esses tais porventura dissimulam aos seus próprios olhos, mas que se lhes depararia no fundo dos seus corações, se eles os perscrutassem, anula o mérito do intento, visto que, com a verdadeira caridade, o homem pensa nos outros antes de pensar em si. O ponto

sublimado da caridade, nesse caso, estaria em procurar ele no seu trabalho, pelo emprego de suas forças, de sua inteligência, de seus talentos, os recursos de que carece para realizar seus generosos propósitos. Haveria nisso o sacrifício que mais agrada ao Senhor. Infelizmente, a maioria vive a sonhar com os meios de mais facilmente se enriquecer de súbito e sem esforço, correndo atrás de quimeras, quais a descoberta de tesouros, de uma favorável ensancha aleatória, do recebimento de inesperadas heranças etc. Que dizer dos que esperam encontrar nos Espíritos auxiliares que os secundem na consecução de tais objetivos? Certamente não conhecem, nem compreendem a sagrada finalidade do Espiritismo e, ainda menos, a missão dos Espíritos a quem Deus permite se comuniquem com os homens. Daí vem o serem punidos pelas decepções. (*O livro dos médiuns*, 2ª Parte, itens 294 e 295.)

Aqueles cuja intenção está isenta de qualquer ideia pessoal, devem consolar-se da impossibilidade em que se veem de fazer todo o bem que desejariam, lembrando-se de que o óbolo do pobre, do que dá privando-se do necessário, pesa mais na balança de Deus do que o ouro do rico que dá sem se privar de coisa alguma. Grande seria realmente a satisfação do primeiro, se pudesse socorrer, em larga escala, a indigência; mas, se essa satisfação lhe é negada, submeta-se e se limite a fazer o que possa. Aliás, será só com o dinheiro que se podem secar lágrimas e dever-se-á ficar inativo, desde que se não tenha dinheiro? Todo aquele que sinceramente deseja ser útil a seus irmãos, mil ocasiões encontrará de realizar o seu desejo. Procure-as e elas se lhe depararão; se não for de um modo, será de outro, porque ninguém há que, no pleno gozo de suas faculdades, não possa prestar um serviço qualquer, prodigalizar um consolo, minorar um sofrimento físico ou moral, fazer um esforço útil. Não dispõem todos, à falta de dinheiro, do seu trabalho, do seu tempo, do seu repouso, para de tudo isso dar uma parte ao próximo? Também aí está a dádiva do pobre, o óbolo da viúva.

Convidar os pobres e os estropiados. Dar sem esperar retribuição

7. Disse também àquele que o convidara: "Quando derdes um jantar ou uma ceia, não convideis nem os vossos amigos, nem os vossos irmãos, nem os vossos parentes, nem os vossos vizinhos que forem ricos, para que em seguida não vos convidem a seu turno e assim retribuam o que de vós receberam. Quando derdes um festim, convidai para ele os pobres, os estropiados, os coxos e os cegos. E sereis ditosos por não terem eles meios de vo-lo retribuir, pois isso será retribuído na ressurreição dos justos."

Um dos que se achavam à mesa, ouvindo essas palavras, disse-lhe: "Feliz do que comer do pão no Reino de Deus!" (Lucas, 14:12 a 15.)

8. "Quando derdes um festim", disse Jesus, "não convideis para ele os vossos amigos, mas os pobres

e os estropiados." Estas palavras, absurdas se tomadas ao pé da letra, são sublimes, se lhes buscarmos o espírito. Não é possível que Jesus haja pretendido que, em vez de seus amigos, alguém reúna à sua mesa os mendigos da rua. Sua linguagem era quase sempre figurada e, para os homens incapazes de apanhar os delicados matizes do pensamento, precisava servir-se de imagens fortes, que produzissem o efeito de um colorido vivo. O âmago do seu pensamento se revela nesta proposição: "E sereis ditosos por não terem eles meios de vo-lo retribuir." Quer dizer que não se deve fazer o bem tendo em vista uma retribuição, mas tão só pelo prazer de o praticar. Usando de uma comparação vibrante, disse: Convidai para os vossos festins os pobres, pois sabeis que eles nada vos podem retribuir. Por *festins* deveis entender, não os repastos propriamente ditos, mas a participação na abundância de que desfrutais.

Todavia, aquela advertência também pode ser aplicada em sentido mais literal. Quantos não convidam para suas mesas apenas os que podem, como eles dizem, fazer-lhes honra ou, a seu turno, convidá-los! Outros, ao contrário, encontram satisfação em receber os parentes e amigos menos felizes. Ora, quem não os conta entre os seus? Dessa forma, grande serviço, às vezes, se lhes presta, sem que o pareça. Aqueles, sem irem recrutar os cegos e os estropiados, praticam a máxima de Jesus, se o fazem por benevolência, sem ostentação, e sabem dissimular o benefício, por meio de uma sincera cordialidade.

Instruções dos Espíritos
A caridade material e a caridade moral

9. "Amemo-nos uns aos outros e façamos aos outros o que quereríamos nos fizessem eles." Toda a religião, toda a moral se acham encerradas nestes dois preceitos. Se fossem observados nesse mundo, todos seríeis felizes: não mais aí ódios, nem ressentimentos. Direi ainda: não mais pobreza, porquanto, do supérfluo da mesa de cada rico, muitos pobres se alimentariam e não mais veríeis, nos quarteirões sombrios onde habitei durante a minha última encarnação, pobres mulheres arrastando consigo miseráveis crianças a quem tudo faltava.

Ricos! pensai nisto um pouco. Auxiliai os infelizes o melhor que puderdes. Dai, para que Deus, um dia, vos retribua o bem que houverdes feito, para que tenhais, ao sairdes do vosso invólucro terreno, um cortejo de Espíritos agradecidos, a receber-vos no limiar de um mundo mais ditoso.

Se pudésseis saber da alegria que experimentei ao encontrar no Além aqueles a quem, na minha última existência, me fora dado servir!...

Amai, portanto, o vosso próximo; amai-o como a vós mesmos, pois já sabeis, agora, que, repelindo um desgraçado, estareis, quiçá, afastando de vós um irmão, um pai, um amigo vosso de outrora. Se assim for, de que desespero não vos sentireis presa, ao reconhecê-lo no mundo dos Espíritos!

Desejo compreendais bem o que seja a *caridade moral*, que todos podem praticar, que *nada custa*, materialmente falando, porém, que é a mais difícil de exercer-se.

A caridade moral consiste em se suportarem umas às outras as criaturas e é o que menos fazeis nesse mundo inferior, onde vos achais, por agora, encarnados. Grande mérito há, crede-me, em um homem saber calar-se, deixando fale outro mais tolo do que ele. É um gênero de caridade isso. Saber ser surdo quando uma palavra zombeteira se escapa de uma boca habituada a escarnecer; não ver o sorriso de desdém com que vos recebem pessoas que, muitas vezes erradamente, se supõem acima de vós, quando na vida espírita, a *única real*, estão, não raro, muito abaixo, constitui merecimento, não do ponto de vista da humildade, mas do da caridade, porquanto não dar atenção ao mau proceder de outrem é caridade moral.

Essa caridade, no entanto, não deve obstar à outra. Tende, porém, cuidado, principalmente em não tratar com desprezo o vosso semelhante. Lembrai-vos de tudo o que já vos tenho dito: Tende presente sempre que, repelindo um pobre, talvez repilais um Espírito que vos foi caro e que, no momento, se encontra em posição inferior à vossa. Encontrei aqui um dos pobres da Terra, a quem, por felicidade, eu pudera auxiliar algumas vezes, e ao qual, a meu turno, *tenho agora de implorar auxílio*.

Lembrai-vos de que Jesus disse que todos somos irmãos e pensai sempre nisso, antes de repelirdes o leproso ou o mendigo. Adeus: pensai nos que sofrem e orai. – *Irmã Rosália*. (Paris, 1860.)

10. Meus amigos, a muitos dentre vós tenho ouvido dizer: Como hei de fazer caridade, se amiúde nem mesmo do necessário disponho?

Amigos, de mil maneiras se faz a caridade. Podeis fazê-la por pensamentos, por palavras e por ações. Por pensamentos, orando pelos pobres abandonados, que morreram sem se acharem sequer em condições de ver a luz. Uma prece feita de coração os alivia. Por palavras, dando aos vossos companheiros de todos os dias alguns bons conselhos, dizendo aos que o desespero, as privações azedaram o ânimo e levaram a blasfemar do nome do Altíssimo: "Eu era como sois; sofria, sentia-me desgraçado, mas acreditei no Espiritismo e, vede, agora sou feliz." Aos velhos que vos disserem: "É inútil; estou no fim da minha jornada; morrerei como vivi", dizei: "Deus usa de justiça igual para com todos nós; lembrai-vos dos obreiros da última hora." Às crianças já viciadas pelas companhias de que se cercaram e que vão pelo mundo, prestes a sucumbir às más tentações, dizei: "Deus vos vê, meus caros pequenos", e não vos canseis de lhes repetir essas brandas palavras. Elas acabarão por lhes germinar nas inteligências infantis e, em vez de vagabundos, fareis deles homens. Também isso é caridade.

Dizem, outros dentre vós: "Ora! somos tão numerosos na Terra, que Deus não nos pode ver a todos." Escutai bem isto, meus amigos: Quando estais no cume da montanha, não abrangeis com o olhar os bilhões de grãos de areia que a cobrem? Pois bem: do mesmo modo vos vê Deus. Ele vos deixa usar do vosso livre-arbítrio, como vós deixais que esses grãos de areia se movam ao sabor do vento que os dispersa. Apenas, Deus, em sua misericórdia infinita, vos pôs no fundo do coração uma sentinela vigilante, que se chama *consciência*. Escutai-a, que somente bons conselhos ela vos dará. Às vezes, conseguis entorpecê-la, opondo-lhe o espírito do mal. Ela, então, se cala. Ficai certos, porém, de que a pobre escorraçada se fará ouvir, logo que lhe deixardes aperceber-se da sombra do remorso. Ouvi-a, interrogai-a e com frequência vos achareis consolados com o conselho que dela houverdes recebido.

Meus amigos, a cada regimento novo o general entrega um estandarte. Eu vos dou por divisa esta máxima do Cristo: "Amai-vos uns aos outros." Observai esse preceito, reuni-vos todos sob essa bandeira e tereis ventura e consolação. – *Um Espírito protetor*. (*Lyon*, 1860.)

A beneficência

11. A beneficência, meus amigos, dar-vos-á nesse mundo os mais puros e suaves deleites, as alegrias do coração, que nem o remorso, nem a indiferença perturbam. Oh! Pudésseis compreender tudo o que de grande e de agradável encerra a generosidade das almas belas, sentimento que faz

olhe a criatura as outras como olha a si mesma, e se dispa, jubilosa, para vestir o seu irmão! Pudésseis, meus amigos, ter por única ocupação tornar felizes os outros! Quais as festas mundanas que podereis comparar às que celebrais quando, como representantes da Divindade, levais a alegria a essas famílias que da vida apenas conhecem as vicissitudes e as amarguras, quando vedes nelas os semblantes macerados refulgirem subitamente de esperança, porque, faltos de pão, os desgraçados ouviam seus filhinhos, ignorantes de que viver é sofrer, gritando repetidamente, a chorar, estas palavras, que, como agudo punhal, se lhes enterravam nos corações maternos: "Estou com fome!..." Oh! compreendei quão deliciosas são as impressões que recebe aquele que vê renascer a alegria onde, um momento antes, só havia desespero! Compreendei as obrigações que tendes para com os vossos irmãos! Ide, ide ao encontro do infortúnio; ide em socorro, sobretudo, das misérias ocultas, por serem as mais dolorosas! Ide, meus bem-amados, e tende em mente estas palavras do Salvador: "Quando vestirdes a um destes pequeninos, lembrai-vos de que é a mim que o fazeis!"

Caridade! Sublime palavra que sintetiza todas as virtudes, és tu que hás de conduzir os povos à felicidade. Praticando-te, criarão eles para si infinitos gozos no futuro e, quando se acharem exilados na Terra, tu lhes serás a consolação, o prelibar das alegrias de que fruirão mais tarde, quando se encontrarem reunidos no seio do Deus de amor. Foste tu, virtude divina, que me proporcionaste os únicos momentos de satisfação de que gozei na Terra. Que os meus irmãos encarnados creiam na palavra do amigo que lhes fala, dizendo-lhes: "É na caridade que deveis procurar a paz do coração, o contentamento da alma, o remédio para as aflições da vida." Oh! quando estiverdes a ponto de acusar a Deus, lançai um olhar para baixo de vós; vede que de misérias a aliviar, que de pobres crianças sem família, que de velhos sem qualquer mão amiga que os ampare e lhes feche os olhos quando a morte os reclame! Quanto bem a fazer! Oh! não vos queixeis; ao contrário, agradecei a Deus e prodigalizai a mancheias a vossa simpatia, o vosso amor, o vosso dinheiro por todos os que, deserdados dos bens desse mundo, enlanguescem na dor e no insulamento! Colhereis nesse mundo bem doces alegrias e, mais tarde... só Deus o sabe!... – *Adolfo*, bispo de Argel. (Bordeaux, 1861.)

12. Sede bons e caridosos: essa a chave dos céus, chave que tendes em vossas mãos. Toda a eterna felicidade se contém neste preceito: "Amai-vos uns aos outros." Não pode a alma elevar-se às altas regiões espirituais, senão pelo devotamento ao próximo; somente nos arroubos da caridade encontra ela ventura e consolação. Sede bons, amparai os vossos irmãos, deixai de lado a horrenda chaga do egoísmo. Cumprido esse dever, abrir-se-vos-á o caminho da felicidade eterna. Ademais, qual

dentre vós ainda não sentiu o coração pulsar de júbilo, de íntima alegria, à narrativa de um ato de bela dedicação, de uma obra verdadeiramente caridosa? Se unicamente buscásseis a volúpia que uma ação boa proporciona, conservar-vos-íeis sempre na senda do progresso espiritual. Não vos faltam os exemplos; rara é apenas a boa vontade. Notai que a vossa história guarda piedosa lembrança de uma multidão de homens de bem.

Não vos disse Jesus tudo o que concerne às virtudes da caridade e do amor? Por que desprezar os seus ensinamentos divinos? Por que fechar o ouvido às suas divinas palavras, o coração a todos os seus bondosos preceitos? Quisera eu que dispensassem mais interesse, mais fé às leituras evangélicas. Desprezam, porém, esse livro, consideram-no repositório de palavras ocas, uma carta fechada; deixam no esquecimento esse código admirável. Vossos males provêm todos do abandono voluntário a que votais esse resumo das Leis divinas. Lede-lhe as páginas cintilantes do devotamento de Jesus, e meditai-as.

Homens fortes, armai-vos; homens fracos, fazei da vossa brandura, da vossa fé, as vossas armas. Sede mais persuasivos, mais constantes na propagação da vossa nova doutrina. Apenas encorajamento é o que vos vimos dar; apenas para vos estimularmos o zelo e as virtudes é que Deus permite nos manifestemos a vós outros. Mas, se cada um o quisesse, bastaria a sua própria vontade e a ajuda de Deus; as manifestações espíritas unicamente se produzem para os de olhos fechados e corações indóceis.

A caridade é a virtude fundamental sobre que há de repousar todo o edifício das virtudes terrenas. Sem ela não existem as outras. Sem a caridade não há esperar melhor sorte, não há interesse moral que nos guie; sem a caridade não há fé, pois a fé não é mais do que pura luminosidade que torna brilhante uma alma caridosa.

A caridade é, em todos os mundos, a eterna âncora de salvação; é a mais pura emanação do próprio Criador; é a sua própria virtude, dada por Ele à criatura. Como desprezar essa bondade suprema? Qual o coração, disso ciente, bastante perverso para recalcar em si e expulsar esse sentimento todo divino? Qual o filho bastante mau para se rebelar contra essa doce carícia: a caridade?

Não ouso falar do que fiz, porque também os Espíritos têm o pudor de suas obras; considero, porém, a que iniciei como uma das que mais hão de contribuir para o alívio dos vossos semelhantes. Vejo com frequência os Espíritos a pedirem lhes seja dado, por missão, continuar a minha tarefa. Vejo-os, minhas bondosas e queridas irmãs, no piedoso e divino ministério; vejo-os praticando a virtude que vos recomendo, com todo o júbilo que deriva de uma existência de dedicação e sacrifícios. Imensa dita é a minha, por ver quanto lhes honra o caráter, quão estimada e protegida é a missão que desempenham. Homens de bem, de boa e firme vontade, uni-vos para continuar amplamente a obra de propagação da caridade; no exercício mesmo dessa virtude, encontrareis a vossa recompensa; não há alegria espiritual que ela não proporcione já na vida presente. Sede unidos, amai-vos uns aos outros, segundo os preceitos do Cristo. Assim seja. – *São Vicente de Paulo*. (Paris, 1858.)

13. Chamo-me Caridade; sigo o caminho principal que conduz a Deus. Acompanhai-me, pois conheço a meta a que deveis todos visar.

Dei esta manhã o meu giro habitual e, com o coração amargurado, venho dizer-vos: "Ó meus amigos, que de misérias, que de lágrimas, quanto tendes de fazer para secá-las todas!" Em vão, procurei consolar algumas pobres mães, dizendo-lhes ao ouvido: "Coragem! há corações bons que velam por vós; não sereis abandonadas; paciência! Deus lá está; sois dele amadas, sois suas eleitas." Elas pareciam ouvir-me e volviam para o meu lado os olhos arregalados de espanto; eu lhes lia no semblante que seus corpos, tiranos do Espírito, tinham fome e que, se é certo que minhas palavras lhes serenavam um pouco os corações, não lhes reconfortavam os estômagos. Repetia-lhes: "Coragem! Coragem!" Então, uma pobre mãe, ainda muito moça, que amamentava uma criancinha, tomou-a nos braços e a estendeu no espaço vazio, como a pedir-me que protegesse aquele entezinho que só encontrava, num seio estéril, insuficiente alimentação.

Alhures vi, meus amigos, pobres velhos sem trabalho e, em consequência, sem abrigo, presas de todos os sofrimentos da penúria e, envergonhados de sua miséria, sem ousarem, eles que nunca mendigaram, implorar a piedade dos transeuntes. Com o coração túmido de compaixão, eu, que nada tenho, me fiz mendiga para eles e vou, por toda parte, estimular a beneficência, inspirar bons pensamentos aos corações generosos e compassivos. Por isso é que aqui venho, meus amigos, e vos digo: "Há por aí desgraçados, em cujas choupanas falta o pão, os fogões se acham sem lume e os leitos sem cobertas. Não vos digo o que deveis fazer; deixo aos vossos bons corações a iniciativa. Se eu vos ditasse o proceder, nenhum mérito vos traria a vossa boa ação. Digo-vos apenas: "Sou a caridade e vos estendo as mãos pelos vossos irmãos que sofrem."

Mas, se peço, também dou e dou muito. Convido-vos para um grande banquete e forneço a árvore onde todos vos saciareis! Vede quanto é bela, como está carregada de flores e de frutos! Ide, ide, colhei, apanhai todos os frutos dessa magnificente árvore que se chama a beneficência. No lugar dos ramos que lhe tirardes, atarei todas as boas ações que praticardes e levarei a árvore a Deus, que a carregará de novo, porquanto a beneficência é inexaurível. Acompanhai-me, pois, meus amigos, a fim de que eu vos conte entre os que se arrolam sob a minha bandeira. Nada temais; eu vos conduzirei pelo caminho da salvação, porque sou — *a Caridade. – Cárita*, martirizada em Roma. (*Lyon*, 1861.)

14. Várias maneiras há de fazer-se a caridade, que muitos dentre vós confundem com a esmola. Diferença grande vai, no entanto, de uma para outra. A esmola, meus amigos, é algumas vezes útil, porque dá alívio aos pobres; mas é quase sempre humilhante, tanto para o que a dá, como para o que a recebe. A caridade, ao contrário, liga o benfeitor ao beneficiado e se disfarça de tantos modos! Pode-se ser caridoso, mesmo com os parentes e com os amigos, sendo uns indulgentes para com os outros, perdoando-se mutuamente as fraquezas, cuidando não ferir o amor-próprio de ninguém. Vós, espíritas, podeis sê-lo na vossa maneira de proceder para com os que não pensam como vós, induzindo os menos esclarecidos a crer, mas sem os chocar, sem investir contra as suas convicções e sim atraindo-os amavelmente às nossas reuniões, onde poderão ouvir-nos e onde saberemos descobrir nos seus corações a brecha para neles penetrarmos. Eis aí um dos aspectos da caridade.

Escutai agora o que é a caridade para com os pobres, os deserdados deste mundo, mas recompensados de Deus, se aceitam sem queixumes as suas misérias, o que de vós depende. Far-me-ei compreender por um exemplo.

Vejo, várias vezes, cada semana, uma reunião de senhoras, havendo-as de todas as idades. Para nós, como sabeis, são todas irmãs. Que fazem? Trabalham depressa, muito depressa; têm ágeis os dedos. Vede como trazem alegres os semblantes e como lhes batem em uníssono os corações. Mas com que fim trabalham? É que veem aproximar-se o inverno que será rude para os lares pobres. As formigas não puderam juntar durante o estio as provisões necessárias e a maior parte de suas utilidades está empenhada. As pobres mães se inquietam e choram, pensando nos filhinhos que, durante a estação invernosa, sentirão frio e fome! Tende paciência, infortunadas mulheres. Deus inspirou a outras mais aquinhoadas do que vós; elas se reuniram e estão confeccionando roupinhas; depois, um destes dias, quando a Terra se achar coberta de neve e vós vos lamentardes, dizendo: "Deus não é justo", que é o que vos sai dos lábios sempre que sofreis, vereis surgir um dos filhos dessas boas trabalhadoras que se constituíram obreiras dos pobres, pois que é para vós que elas trabalham assim, e os vossos lamentos se mudarão em bênçãos, dado que no coração dos infelizes o amor acompanha de bem perto o ódio.

Como essas trabalhadoras precisam de encorajamento, vejo chegarem-lhes de todos os lados as comunicações dos bons Espíritos. Os homens que fazem parte dessa sociedade lhes trazem também seu concurso, fazendo-lhes uma dessas leituras que agradam tanto. E nós, para recompensarmos o zelo de todos e de cada um em particular, prometemos às laboriosas obreiras boa clientela, que lhes pagará à vista, em bênçãos, única moeda que tem curso no Céu, garantindo-lhes, além disso, sem receio de errar, que essa moeda não lhes faltará. – *Cárita*. (Lyon, 1861.)

15. Meus caros amigos, todos os dias ouço entre vós dizerem: "Sou pobre, não posso fazer a caridade", e todos os dias vejo que faltais com a indulgência aos vossos semelhantes. Nada lhes perdoais e vos arvorais em juízes muitas vezes severos, sem quererdes saber se ficaríeis satisfeitos que do mesmo modo procedessem convosco. Não é também caridade a indulgência? Vós, que apenas podeis fazer a caridade praticando a indulgência, fazei-a assim, mas fazei-a largamente. Pelo que toca à caridade material, vou contar-vos uma história do outro mundo.

Dois homens acabavam de morrer. Dissera Deus: "Enquanto esses dois homens viverem, deitar-se-ão em sacos diferentes as boas ações de cada um deles, para que por ocasião de sua morte sejam pesados." Quando ambos chegaram aos últimos momentos, mandou Deus que lhe trouxessem os dois sacos. Um estava cheio, volumoso, atochado, e nele ressoava o metal que o enchia; o outro era pequenino e tão vazio que se podiam contar as moedas que continha. "Este o meu", disse um, "reconheço-o; fui rico e dei muito." "Este o meu", disse o outro, "sempre fui pobre, oh! quase nada tinha para repartir." Mas, oh! surpresa! postos na balança os dois sacos, o mais volumoso se revelou leve, mostrando-se pesado o outro, tanto que fez se elevasse muito o primeiro no prato da balança. Deus, então, disse ao rico: "Deste muito, é certo, mas deste por ostentação e para que o teu nome figurasse em todos os templos do orgulho e, ademais, dando, de nada te privaste. Vai para a esquerda e fica satisfeito com o te serem as tuas esmolas contadas por qualquer coisa." Depois, disse ao pobre: "Tu deste pouco, meu amigo; mas cada uma das moedas que estão nesta balança representa uma privação que te impuseste; não deste esmolas, entretanto, praticaste a caridade, e, o que vale muito mais, fizeste a caridade naturalmente, sem cogitar de que te fosse levada em conta; foste indulgente; não te constituíste juiz do teu semelhante; ao contrário, todas as suas ações lhe relevaste: passa à direita e vai receber a tua recompensa. – *Um Espírito protetor*. (*Lyon*, 1861.)

16. A mulher rica, venturosa, que não precisa empregar o tempo nos trabalhos de sua casa, não poderá consagrar algumas horas a trabalhos úteis aos seus semelhantes? Compre, com o que lhe sobre dos prazeres, agasalhos para o desgraçado que tirita de frio; confeccione, com suas mãos delicadas, roupas grosseiras, mas quentes; auxilie uma mãe a cobrir o filho que vai nascer. Se por isso seu filho ficar com algumas rendas de menos, o do pobre terá mais com que se aqueça. Trabalhar para os pobres é trabalhar na vinha do Senhor.

E tu, pobre operária, que não tens supérfluo, mas que, cheia de amor aos teus irmãos, também queres dar do pouco com que contas, dá algumas horas do teu dia, do teu tempo, único tesouro que possuis; faze alguns desses trabalhos elegantes que tentam os felizes; vende o produto dos teus serões e poderás igualmente oferecer aos teus irmãos a tua parte de auxílios. Terás, talvez, algumas fitas de menos; darás, porém, calçado a um que anda descalço.

E vós, mulheres que vos votastes a Deus, trabalhai também na sua obra; mas que os vossos trabalhos não sejam unicamente para adornar as vossas capelas, para chamar a atenção sobre a vossa habilidade e paciência. Trabalhai, minhas filhas, e que o produto de vossas obras se destine a socorrer os vossos irmãos em Deus. Os pobres são seus filhos bem-amados; trabalhar para eles é glorificá-lo. Sede-lhes a providência que diz: "Aos pássaros do céu dá Deus o alimento." Mudem-se o ouro e a prata que se tecem nas vossas mãos em roupas e alimentos para os que não os têm. Fazei isto e abençoado será o vosso trabalho.

Todos vós, que podeis produzir, dai; dai o vosso gênio, dai as vossas inspirações, dai o vosso coração, que Deus vos abençoará. Poetas, literatos, que só pela gente mundana sois lidos!... satisfazei-lhe aos lazeres, mas consagrai o produto de algumas de vossas obras a socorros aos desgraçados. Pintores, escultores, artistas de todos os gêneros!... venha também a vossa inteligência em auxílio dos vossos irmãos; não será por isso menor a vossa glória e alguns sofrimentos haverá de menos.

Todos vós podeis dar. Qualquer que seja a classe a que pertençais, de alguma coisa dispondes que podeis dividir. Seja o que for que Deus vos haja outorgado, uma parte do que Ele vos deu deveis àquele que carece do necessário, porquanto, em seu lugar, muito gostaríeis que outro dividisse convosco. Os vossos tesouros da Terra serão um pouco menores; contudo, os vossos tesouros do céu ficarão acrescidos. Lá colhereis pelo cêntuplo o que houverdes semeado em benefícios neste mundo. – *João*. (Bordeaux, 1861.)

A piedade

17. A piedade é a virtude que mais vos aproxima dos anjos; é a irmã da caridade, que vos conduz a Deus. Ah! deixai que o vosso coração se enterneça ante o espetáculo das misérias e dos sofrimentos dos vossos semelhantes. Vossas lágrimas são um bálsamo que lhes derramais nas feridas e, quando, por bondosa simpatia, chegais a lhes proporcionar a esperança e a resignação, que encanto não experimentais! Tem um certo amargor, é certo, esse encanto, porque nasce ao lado da desgraça; mas não tendo o sabor acre dos gozos mundanos, também não traz as pungentes decepções do vazio que estes últimos deixam após si. Envolve-o penetrante suavidade que enche de júbilo a alma. A piedade, a piedade bem sentida é amor; amor é devotamento; devotamento é o olvido de si mesmo e esse olvido, essa abnegação em favor dos desgraçados, é

a virtude por excelência, a que em toda a sua vida praticou o divino Messias e ensinou na sua doutrina tão santa e tão sublime.

Quando esta doutrina for restabelecida na sua pureza primitiva, quando todos os povos se lhe submeterem, ela tornará feliz a Terra, fazendo que reinem aí a concórdia, a paz e o amor.

O sentimento mais apropriado a fazer que progridais, domando em vós o egoísmo e o orgulho, aquele que dispõe vossa alma à humildade, à beneficência e ao amor do próximo, é a piedade! piedade que vos comove até as entranhas à vista dos sofrimentos de vossos irmãos, que vos impele a lhes estender a mão para socorrê-los e vos arranca lágrimas de simpatia. Nunca, portanto, abafeis nos vossos corações essas emoções celestes; não procedais como esses egoístas endurecidos que se afastam dos aflitos, porque o espetáculo de suas misérias lhes perturbaria por instantes a existência álacre. Temei conservar-vos indiferentes, quando puderdes ser úteis. A tranquilidade comprada à custa de uma indiferença culposa é a tranquilidade do Mar Morto, no fundo de cujas águas se escondem a vasa fétida e a corrupção.

Quão longe, no entanto, se acha a piedade de causar o distúrbio e o aborrecimento de que se arreceia o egoísta! Sem dúvida, ao contato da desgraça de outrem, a alma, voltando-se para si mesma, experimenta um confrangimento natural e profundo, que põe em vibração todo o ser e o abala penosamente.

Grande, porém, é a compensação, quando chegais a dar coragem e esperança a um irmão infeliz que se enternece ao aperto de uma mão amiga e cujo olhar, úmido, por vezes, de emoção e de reconhecimento, para vós se dirige docemente, antes de se fixar no Céu em agradecimento por lhe ter enviado um consolador, um amparo. A piedade é o melancólico, mas celeste precursor da caridade, primeira das virtudes que a tem por irmã e cujos benefícios ela prepara e enobrece. – *Miguel*. (Bordeaux, 1862.)

Os órfãos

18. Meus irmãos, amai os órfãos. Se soubésseis quanto é triste ser só e abandonado, sobretudo na infância! Deus permite que haja órfãos, para exortar-nos a servir-lhes de pais. Que divina caridade amparar uma pobre criaturinha abandonada, evitar que sofra fome e frio, dirigir-lhe a alma, a fim de que não desgarre para o vício! Agrada a Deus quem estende a mão a uma criança abandonada, porque compreende e pratica a sua lei. Ponderai também que muitas vezes a criança que socorreis vos foi cara noutra encarnação, caso em que, se pudésseis lembrar-vos, já não estaríeis praticando a caridade, mas cumprindo um dever. Assim, pois, meus amigos, todo sofredor é vosso irmão e tem direito à vossa caridade; não, porém, a essa caridade que magoa o coração, não a essa esmola que queima a mão em que cai, pois frequentemente bem amargos são os vossos óbolos! Quantas vezes seriam

eles recusados, se na choupana a enfermidade e a miséria não os estivessem esperando! Dai delicadamente, juntai ao benefício que fizerdes o mais precioso de todos os benefícios: o de uma boa palavra, de uma carícia, de um sorriso amistoso. Evitai esse ar de proteção, que equivale a revolver a lâmina no coração que sangra e considerai que, fazendo o bem, trabalhais por vós mesmos e pelos vossos.– *Um Espírito familiar*. (Paris, 1860.)

Benefícios pagos com a ingratidão

19. *Que se deve pensar dos que, recebendo a ingratidão em paga de benefícios que fizeram, deixam de praticar o bem para não topar com os ingratos*?

Nesses, há mais egoísmo do que caridade, visto que fazer o bem, apenas para receber demonstrações de reconhecimento, é não o fazer com desinteresse, e o bem, feito desinteressadamente, é o único agradável a Deus. Há também orgulho, porquanto os que assim procedem se comprazem na humildade com que o beneficiado lhes vem depor aos pés o testemunho do seu reconhecimento. Aquele que procura, na Terra, recompensa ao bem que pratica não a receberá no céu. Deus, entretanto, terá em apreço aquele que não a busca no mundo.

Deveis sempre ajudar os fracos, embora saibais de antemão que os a quem fizerdes o bem não vo-lo agradecerão. Ficai certos de que, se aquele a quem prestais um serviço o esquece, Deus o levará mais em conta do que se com a sua gratidão o beneficiado vo-lo houvesse pago. *Se Deus permite por vezes sejais pagos com a ingratidão, é para experimentar a vossa perseverança em praticar o bem.*

E sabeis, porventura, se o benefício momentaneamente esquecido não produzirá mais tarde bons frutos? Tende a certeza de que, ao contrário, é uma semente que com o tempo germinará. Infelizmente, nunca vedes senão o presente; trabalhais para vós e não pelos outros. Os benefícios acabam por abrandar os mais empedernidos corações; podem ser olvidados neste mundo, mas, quando se desembaraçar do seu envoltório carnal, o Espírito que os recebeu se lembrará deles e essa lembrança será o seu castigo. Deplorará a sua ingratidão; desejará reparar a falta, pagar a dívida noutra existência, não raro buscando uma vida de dedicação ao seu benfeitor. Assim, sem o suspeitardes, tereis contribuído para o seu adiantamento moral e vireis a reconhecer a exatidão desta máxima: um benefício jamais se perde. Além disso, também por vós mesmos tereis trabalhado, porquanto granjeareis o mérito de haver feito o bem desinteressadamente e sem que as decepções vos desanimassem.

Ah! meus amigos, se conhecêsseis todos os laços que prendem a vossa vida atual às vossas existências anteriores; se pudésseis apanhar num golpe de vista a imensidade das relações que ligam uns aos outros os seres, para o efeito de um progresso mútuo, admiraríeis muito mais a sabedoria e a bondade do Criador, que vos concede reviver para chegardes a Ele. – *Guia protetor*. (Sens, 1862.)

Beneficência exclusiva

20. *É acertada a beneficência, quando praticada exclusivamente entre pessoas da mesma opinião, da mesma crença, ou do mesmo partido?*

Não, porquanto precisamente o espírito de seita e de partido é que precisa ser abolido, visto que são irmãos todos os homens. O verdadeiro cristão vê somente irmãos em seus semelhantes e não procura saber, antes de socorrer o necessitado, qual a sua crença, ou a sua opinião, seja sobre o que for. Obedeceria o cristão, porventura, ao preceito de Jesus Cristo, segundo o qual devemos amar os nossos inimigos, se repelisse o desgraçado, por professar uma crença diferente da sua? Socorra-o, portanto, sem lhe pedir contas à consciência, pois, se for um inimigo da religião, esse será o meio de conseguir que ele a ame; repelindo-o, faria que a odiasse. – *São Luís*. (Paris, 1860.)

CAPÍTULO XIV

Honrai a vosso pai e a vossa mãe

• Piedade filial • Quem é minha mãe e quem são meus irmãos?
• A parentela corporal e a parentela espiritual • *Instruções dos Espíritos*: A ingratidão dos filhos e os laços de família

> 1. Sabeis os mandamentos: não cometereis adultério; não matareis; não roubareis; não prestareis falso testemunho; não fareis agravo a ninguém; *honrai a vosso pai e a vossa mãe*. (Marcos, 10:19; Lucas, 18:20; Mateus, 19:18 e 19.)
> 2. Honrai a vosso pai e a vossa mãe, a fim de viverdes longo tempo na terra que o Senhor vosso Deus vos dará. (Decálogo: Êxodo, 20:12.)

Piedade filial

3. O mandamento: "Honrai a vosso pai e a vossa mãe" é um corolário da lei geral de caridade e de amor ao próximo, visto que não pode amar o seu próximo aquele que não ama a seu pai e a sua mãe; mas o termo *honrai* encerra um dever a mais para com eles: o da piedade filial. Quis Deus mostrar por essa forma que ao amor se devem juntar o respeito, as atenções, a submissão e a condescendência, o que envolve a obrigação de cumprir-se para com eles, de modo ainda mais rigoroso, tudo o que a

caridade ordena relativamente ao próximo em geral. Esse dever se estende naturalmente às pessoas que fazem as vezes de pai e de mãe, as quais tanto maior mérito têm, quanto menos obrigatório é para elas o devotamento. Deus pune sempre com rigor toda violação desse mandamento.

Honrar a seu pai e a sua mãe não consiste apenas em respeitá-los; é também assisti-los na necessidade; é proporcionar-lhes repouso na velhice; é cercá-los de cuidados como eles fizeram conosco na infância.

Sobretudo para com os pais sem recursos é que se demonstra a verdadeira piedade filial. Obedecem a esse mandamento os que julgam fazer grande coisa porque dão a seus pais o estritamente necessário para não morrerem de fome, enquanto eles de nada se privam, atirando-os para os cômodos mais ínfimos da casa, apenas por não os deixar na rua, reservando para si o que há de melhor, de mais confortável? Ainda bem quando não o fazem de má vontade e não os obrigam a comprar caro o que lhes resta a viver, descarregando sobre eles o peso do governo da casa! Será então aos pais velhos e fracos que cabe servir a filhos jovens e fortes? Ter-lhes-á a mãe vendido o leite quando os amamentava? Contou porventura suas vigílias, quando eles estavam doentes, os passos que deram para lhes obter o de que necessitavam? Não, os filhos não devem a seus pais pobres só o estritamente necessário, devem-lhes também, na medida do que puderem, os pequenos nadas supérfluos, as solicitudes, os cuidados amáveis, que são apenas o juro do que receberam, o pagamento de uma dívida sagrada. Unicamente essa é a piedade filial grata a Deus.

Ai, pois, daquele que olvida o que deve aos que o ampararam em sua fraqueza, que com a vida material lhe deram a vida moral, que muitas vezes se impuseram duras privações para lhe garantir o bem-estar. Ai do ingrato: será punido com a ingratidão e o abandono; será ferido nas suas mais caras afeições, *algumas vezes já na existência atual*, mas com certeza noutra, em que sofrerá o que houver feito aos outros.

Alguns pais, é certo, descuram de seus deveres e não são para os filhos o que deviam ser; mas a Deus é que compete puni-los e não a seus filhos. Não compete a estes censurá-los, porque talvez hajam merecido que aqueles fossem quais se mostram. Se a lei da caridade manda se pague o mal com o bem, se seja indulgente para as imperfeições de outrem, se não diga mal do próximo, se lhe esqueçam e perdoem os agravos, se ame até os inimigos, quão maiores não hão de ser essas obrigações, tratando-se de filhos para com os pais! Devem, pois, os filhos tomar como regra de conduta para com seus pais todos os preceitos de Jesus concernentes ao próximo e ter presente que todo procedimento censurável, com relação aos estranhos, ainda mais censurável se torna relativamente aos pais; e que o que talvez não passe de simples falta, no primeiro caso, pode ser considerado um crime, no segundo, porque, aqui, à falta de caridade se junta a ingratidão.

4. Deus disse: "Honrai a vosso pai e a vossa mãe, a fim de viverdes longo tempo na terra que o Senhor vosso Deus vos dará." Por que promete Ele como recompensa a vida na Terra e não a vida celeste? A explicação se encontra nestas palavras: "que Deus vos dará", as quais, suprimidas na moderna fórmula do Decálogo, lhe alteram o sentido. Para compreendermos aqueles dizeres, temos de nos reportar à situação e às ideias dos hebreus naquela época. Eles ainda nada sabiam da vida futura, não lhes indo a visão além da vida corpórea. Tinham, pois, de ser impressionados mais pelo que viam, do que pelo que não viam. Fala-lhes Deus então numa linguagem que lhes estava mais ao alcance e, como se se dirigisse a crianças, põe-lhes em perspectiva o que os pode satisfazer. Achavam-se eles ainda no deserto; a terra que Deus lhes *dará* é a Terra da Promissão, objetivo das suas aspirações. Nada mais desejavam do que isso; Deus lhes diz que viverão nela longo tempo, isto é, que a possuirão por longo tempo, se observarem seus mandamentos.

No entanto, ao verificar-se o advento de Jesus, eles já tinham mais desenvolvidas suas ideias. Chegada a ocasião de receberem alimentação menos grosseira, o mesmo Jesus os inicia na vida espiritual, dizendo: "Meu reino não é deste mundo; lá, e não na Terra, é que recebereis a recompensa das vossas boas obras." A estas palavras, a Terra Prometida deixa de ser material, transformando-se numa pátria celeste. Por isso, quando os chama à observância daquele mandamento: "Honrai a vosso pai e a vossa mãe", já não é a Terra que lhes promete, e sim o céu. (Caps. II e III.)

Quem é minha mãe e quem são meus irmãos?

> 5. E, tendo vindo para casa, reuniu-se aí tão grande multidão, que eles nem sequer podiam fazer sua refeição. Sabendo disso, vieram seus parentes para se apoderarem dele, pois diziam *que perdera o espírito*.
>
> Entretanto, tendo vindo sua mãe e seus irmãos e conservando-se do lado de fora, mandaram chamá-lo. Ora, o povo se assentara em torno dele e lhe disseram: "Tua mãe e teus irmãos estão lá fora e te chamam." – Ele lhes respondeu: "Quem é minha mãe e quem são meus irmãos?"
>
> – E, perpassando o olhar pelos que estavam assentados ao seu derredor, disse: "Eis aqui minha mãe e meus irmãos; pois, todo aquele que faz a vontade de Deus, esse é meu irmão, minha irmã e minha mãe." (Marcos, 3:20, 21, 31 a 35; Mateus, 12:46 a 50.)

6. Singulares parecem algumas palavras de Jesus, por contrastarem com a sua bondade e a sua inalterável benevolência para com todos. Os incrédulos não deixaram de tirar daí uma arma, pretendendo que Ele se contradizia. Fato, porém, irrecusável é que sua doutrina tem por base principal, por pedra angular, a lei de amor e de caridade. Ora, não é possível que Ele destruísse de um

lado o que do outro estabelecia, donde esta consequência rigorosa: se certas proposições suas se acham em contradição com aquele princípio básico, é que as palavras que se lhe atribuem foram ou mal reproduzidas, ou mal compreendidas, ou não são suas.

7. Causa admiração, e com fundamento, que, neste passo, mostrasse Jesus tanta indiferença para com seus parentes e, de certo modo, renegasse sua mãe.

Pelo que concerne a seus irmãos, sabe-se que não o estimavam. Espíritos pouco adiantados, não lhe compreendiam a missão: tinham por excêntrico o seu proceder e seus ensinamentos não os tocavam, tanto que nenhum deles o seguiu como discípulo. Dir-se-ia mesmo que partilhavam, até certo ponto, das prevenções de seus inimigos. O que é fato, em suma, é que o acolhiam mais como um estranho do que como um irmão, quando aparecia à família. João diz, positivamente (7:5), *"que eles não lhe davam crédito"*.

Quanto à sua mãe, ninguém ousaria contestar a ternura que lhe dedicava. Deve-se, entretanto, convir igualmente em que também ela não fazia ideia muito exata da missão do filho, pois não se vê que lhe tenha seguido os ensinos, nem dado testemunho dele, como fez João Batista. O que nela predominava era a solicitude maternal. Supor que Ele haja renegado sua mãe fora desconhecer-lhe o caráter. Semelhante ideia não poderia encontrar guarida naquele que disse: *Honrai a vosso pai e a vossa mãe*. Necessário, pois, se faz procurar outro sentido para suas palavras, quase sempre envoltas no véu da forma alegórica.

Ele nenhuma ocasião desprezava de dar um ensino; aproveitou, portanto, a que se lhe deparou, com a chegada de sua família, para precisar a diferença que existe entre a parentela corporal e a parentela espiritual.

A parentela corporal e a parentela espiritual

8. Os laços do sangue não criam forçosamente os liames entre os Espíritos. O corpo procede do corpo, mas o Espírito não procede do Espírito, porquanto o Espírito já existia antes da formação do corpo. Não é o pai quem cria o Espírito de seu filho; ele mais não faz do que lhe fornecer o invólucro corpóreo, cumprindo-lhe, no entanto, auxiliar o desenvolvimento intelectual e moral do filho, para fazê-lo progredir.

Os que encarnam numa família, sobretudo como parentes próximos, são, as mais das vezes, Espíritos simpáticos, ligados por anteriores relações, que se expressam por uma afeição recíproca na vida terrena. Mas também pode acontecer sejam completamente estranhos uns aos outros esses Espíritos, afastados entre si por antipatias igualmente anteriores, que se traduzem na Terra por um mútuo antagonismo, que aí lhes serve de provação. Não são os da consanguinidade os verdadeiros laços de família, e sim os da simpatia e da comunhão de ideias, os quais prendem os Espíritos *antes, durante e depois* de suas encarnações. Segue-se que dois seres nascidos de pais diferentes podem ser mais irmãos pelo Espírito, do que se o fossem pelo sangue. Podem então atrair-se, buscar-se, sentir prazer quando juntos, ao passo que dois irmãos consanguíneos podem repelir-se, conforme se observa todos os dias: problema moral que só o Espiritismo podia resolver pela pluralidade das existências. (Cap. IV, item 13.)

Há, pois, duas espécies de famílias: *as famílias pelos laços espirituais e as famílias pelos laços corporais*. Duráveis, as primeiras se fortalecem pela purificação e se perpetuam no mundo dos Espíritos, através das várias migrações da alma; as segundas, frágeis como a matéria, se extinguem com o tempo e muitas vezes se dissolvem moralmente, já na existência atual. Foi o que Jesus quis tornar compreensível, dizendo de seus discípulos: Aqui estão minha mãe e meus irmãos, isto é, minha família pelos laços do Espírito, pois todo aquele que faz a vontade de meu Pai que está nos céus é meu irmão, minha irmã e minha mãe.

A hostilidade que lhe moviam seus irmãos se acha claramente expressa em a narração de Marcos, que diz terem eles o propósito de se apoderarem do Mestre, sob o pretexto de que este *perdera o espírito*. Informado da chegada deles, conhecendo os sentimentos que nutriam a seu respeito, era natural que Jesus dissesse, referindo-se a seus discípulos, do ponto de vista espiritual: "Eis aqui meus verdadeiros irmãos." Embora na companhia daqueles estivesse sua mãe, Ele generaliza o ensino que de maneira alguma implica haja pretendido declarar que sua mãe segundo o corpo nada lhe era como Espírito, que só indiferença lhe merecia. Provou suficientemente o contrário em várias outras circunstâncias.

Instruções dos Espíritos
A ingratidão dos filhos e os laços de família

9. A ingratidão é um dos frutos mais diretos do egoísmo. Revolta sempre os corações honestos, mas a dos filhos para com os pais apresenta caráter ainda mais odioso. É, em particular, desse ponto de vista que a vamos considerar, para lhe analisar as causas e os efeitos. Também nesse caso, como em todos os outros, o Espiritismo projeta luz sobre um dos grandes problemas do coração humano.

Quando deixa a Terra, o Espírito leva consigo as paixões ou as virtudes inerentes à sua natureza e se aperfeiçoa no Espaço, ou permanece estacionário, até que deseje receber a luz. Muitos, portanto, se vão cheios de ódios violentos e de insaciados desejos de vingança; a alguns dentre eles, porém, mais adiantados do que os outros, é dado entrevejam uma partícula da verdade; apreciam então as funestas consequências de suas paixões e são induzidos a tomar resoluções boas. Compreendem que, para chegarem a Deus, uma só é a senha: *caridade*. Ora, não há *caridade* sem esquecimento dos ultrajes e das injúrias; não há caridade sem perdão, nem com o coração tomado de ódio.

Então, mediante inaudito esforço, conseguem tais Espíritos observar os a quem eles odiaram na Terra. Ao vê-los, porém, a animosidade se lhes desperta no íntimo; revoltam-se à ideia de perdoar, e, ainda mais, à de abdicarem de si mesmos, sobretudo à de amarem os que lhes destruíram, quiçá, os haveres, a honra, a família. Entretanto, abalado fica o coração desses infelizes. Eles hesitam, vacilam, agitados por sentimentos contrários. Se predomina a boa resolução, oram a Deus, imploram aos bons Espíritos que lhes deem forças, no momento mais decisivo da prova.

Por fim, após anos de meditações e preces, o Espírito se aproveita de um corpo em preparo na família daquele a quem detestou, e pede aos Espíritos incumbidos de transmitir as ordens superiores permissão para ir preencher na Terra os destinos daquele corpo que acaba de formar-se. Qual será o seu procedimento na família escolhida? Dependerá da sua maior ou menor persistência nas boas resoluções que tomou. O incessante contato com seres a quem odiou constitui prova terrível, sob a qual não raro sucumbe, se não tem ainda bastante forte a vontade. Assim, conforme prevaleça ou não a resolução boa, ele será o amigo ou inimigo daqueles entre os quais foi chamado a viver. É como se explicam esses ódios, essas repulsões instintivas que se notam da parte de certas crianças e que parecem injustificáveis. Nada, com efeito, naquela existência há podido provocar semelhante antipatia; para se lhe apreender a causa, necessário se torna volver o olhar ao passado.

Ó espíritas! Compreendei agora o grande papel da Humanidade; compreendei que, quando produzis um corpo, a alma que nele encarna vem do Espaço para progredir; inteirai-vos dos vossos deveres e ponde todo o vosso amor em aproximar de Deus essa alma; tal a missão que vos está confiada e cuja recompensa recebereis, se fielmente a cumprirdes. Os vossos cuidados e a educação que lhe dareis auxiliarão o seu aperfeiçoamento e o seu bem-estar futuro. Lembrai-vos de que a cada pai e a cada mãe perguntará Deus: Que fizestes do filho confiado à vossa guarda? Se por culpa vossa ele se conservou atrasado, tereis como castigo vê-lo entre os Espíritos sofredores, quando de vós dependia que fosse ditoso. Então, vós mesmos, assediados de remorsos, pedireis vos seja concedido reparar a vossa falta; solicitareis, para vós e para ele, outra encarnação em que o cerqueis de melhores cuidados e em que ele, cheio de reconhecimento, vos retribuirá com o seu amor.

Não escorraceis, pois, a criancinha que repele sua mãe, nem a que vos paga com a ingratidão; não foi o acaso que a fez assim e que vo-la deu. Imperfeita intuição do passado se revela, do qual podeis deduzir que um ou outro já odiou muito, ou foi muito ofendido; que um ou outro veio para perdoar ou para expiar. Mães! Abraçai o filho que vos dá desgostos e dizei com vós mesmas: Um de nós dois é culpado. Fazei-vos merecedoras dos gozos divinos que Deus conjugou à maternidade, ensinando aos vossos filhos que eles estão na Terra para se aperfeiçoar, amar e bendizer. Mas, oh! muitas dentre vós, em vez de eliminar por meio da educação os maus princípios inatos de existências anteriores, entretêm e desenvolvem esses princípios, por uma culposa fraqueza, ou por descuido, e, mais tarde, o vosso coração, ulcerado pela ingratidão dos vossos filhos, será para vós, já nesta vida, um começo de expiação.

A tarefa não é tão difícil quanto vos possa parecer. Não exige o saber do mundo. Podem desempenhá-la assim o ignorante como o sábio, e o Espiritismo lhe facilita o desempenho, dando a conhecer a causa das imperfeições da alma humana.

Desde pequenina, a criança manifesta os instintos bons ou maus que traz da sua existência anterior. A estudá-los devem os pais aplicar-se. Todos os males se originam do egoísmo e do orgulho. Espreitem, pois, os pais os menores indícios reveladores do gérmen de tais vícios e cuidem de combatê-los, sem esperar que lancem raízes profundas. Façam como o bom jardineiro, que corta os rebentos defeituosos à medida que os vê apontar na árvore. Se deixar se desenvolvam o egoísmo e o orgulho, não se espantem de serem mais tarde pagos com a ingratidão.

Quando os pais hão feito tudo o que devem pelo adiantamento moral de seus filhos, se não alcançam êxito, não têm de que se inculpar a si mesmos e podem conservar tranquila a consciência. À amargura muito natural que então lhes advém da improdutividade de seus esforços, Deus reserva grande e imensa consolação, na *certeza* de que se trata apenas de um retardamento, que concedido lhes será concluir noutra existência a obra agora começada e que um dia o filho ingrato os recompensará com seu amor. (Cap. XIII, item 19.)

Deus não dá prova superior às forças daquele que a pede; só permite as que podem ser cumpridas. Se tal não sucede, não é que falte possibilidade: falta a vontade. Com efeito, quantos há que, em vez de resistirem aos maus pendores, se comprazem neles. A esses ficam reservados o pranto e os gemidos em existências posteriores. Admirai, no entanto, a bondade de Deus, que nunca fecha a porta ao arrependimento. Vem um dia em que ao culpado, cansado de sofrer, com o orgulho afinal abatido, Deus abre os braços para receber o filho pródigo que se lhe lança aos pés. *As provas rudes*, ouvi-me bem, *são quase sempre indício de um fim de sofrimento e de um aperfeiçoamento do Espírito, quando aceitas com o pensamento em Deus*. É um momento supremo, no qual, sobretudo, cumpre ao Espírito não falir murmurando, se não quiser perder o fruto de tais provas e ter de recomeçar. Em vez de vos queixardes, agradecei a Deus o ensejo que vos proporciona de vencerdes, a fim de vos deferir o prêmio da vitória. Então, saindo do turbilhão do mundo terrestre, quando entrardes no mundo dos Espíritos, sereis aí aclamados como o soldado que sai triunfante da refrega. De todas as provas, as mais duras são as que afetam o coração. Um, que suporta com coragem a miséria e as privações materiais, sucumbe ao peso das amarguras domésticas, pungido da ingratidão dos seus. Oh! que pungente angústia essa! Mas, em tais circunstâncias, que mais pode, eficazmente, restabelecer a coragem moral do que o conhecimento das causas do mal e a certeza de que, se bem haja prolongados despedaçamentos da alma, não há desesperos eternos, porque não é possível seja da vontade de Deus que a sua criatura sofra indefinidamente? Que de mais reconfortante, de mais animador do que a ideia que de cada um dos seus esforços é que depende abreviar o sofrimento, mediante a destruição, em si, das causas do mal? Para isso, porém, preciso se faz que o homem não retenha na Terra o olhar e só veja uma existência; que se eleve, a pairar no infinito do passado e do futuro. Então, a Justiça infinita de Deus se vos patenteia, e esperais com paciência, porque explicável se vos torna o que na Terra vos parecia verdadeiras monstruosidades. As feridas que aí se vos abrem, passais a considerá-las simples arranhaduras. Nesse golpe de vista lançado sobre o conjunto, os laços de família se vos apresentam sob seu aspecto real. Já não vedes, a ligar-lhes os membros, apenas os frágeis laços da matéria; vedes, sim, os laços duradouros do Espírito, que se perpetuam e consolidam com o depurarem-se, em vez de se quebrarem por efeito da reencarnação.

Formam famílias os Espíritos que a analogia dos gostos, a identidade do progresso moral e a afeição induzem a reunir-se. Esses mesmos Espíritos, em suas migrações terrenas, se buscam, para se gruparem, como o fazem no Espaço, originando-se daí as famílias unidas e homogêneas. Se, nas suas peregrinações, acontece ficarem temporariamente separados, mais tarde tornam a encontrar-se, venturosos pelos novos progressos que realizaram. Mas como não lhes cumpre trabalhar apenas para si, permite Deus que Espíritos menos adiantados encarnem entre eles, a fim de receberem conselhos e bons exemplos, a bem de seu progresso. Esses Espíritos se tornam, por vezes, causa de perturbação no meio daqueles outros, o que constitui para estes a prova e a tarefa a desempenhar.

Acolhei-os, portanto, como irmãos; auxiliai-os, e depois, no mundo dos Espíritos, a família se felicitará por haver salvo alguns náufragos que, a seu turno, poderão salvar outros. – *Santo Agostinho*. (Paris, 1862.)

CAPÍTULO XV

Fora da caridade não há salvação

• O de que precisa o Espírito para se salvar. Parábola do Bom Samaritano • O mandamento maior • Necessidade da caridade, segundo Paulo • Fora da Igreja não há salvação. Fora da verdade não há salvação • *Instruções dos Espíritos*: Fora da caridade não há salvação

O de que precisa o Espírito para ser salvo. Parábola do Bom Samaritano

1. Ora, quando o Filho do Homem vier em sua majestade, acompanhado de todos os anjos, sentar-se-á no trono de sua glória; reunidas diante dele todas as nações, separará uns dos outros, como o pastor separa dos bodes as ovelhas e colocará as ovelhas à sua direita e os bodes à sua esquerda.

Então, dirá o Rei aos que estiverem à sua direita: "Vinde, benditos de meu Pai, tomai posse do Reino que vos foi preparado desde o princípio do mundo; porquanto, tive fome e me destes de comer; tive sede e me destes de beber; careci de teto e me hospedastes; estive nu e me vestistes; achei-me doente e me visitastes; estive preso e me fostes ver."

Então, responder-lhe-ão os justos: "Senhor, quando foi que te vimos com fome e te demos de comer, ou com sede e te demos de beber? Quando foi que te vimos sem teto e te hospedamos; ou despido e te vestimos? E quando foi que te soubemos doente ou preso e fomos visitar-te?" – O Rei lhes responderá: "Em verdade vos digo, todas as vezes que isso fizestes a um destes mais pequeninos dos meus irmãos, foi a mim mesmo que o fizestes."

Dirá em seguida aos que estiverem à sua esquerda: "Afastai-vos de mim, malditos; ide para o fogo eterno, que foi preparado para o diabo e seus anjos; porquanto, tive fome e não me destes de comer, tive sede e não me destes de beber; precisei de teto e não me agasalhastes; estive sem roupa e não me vestistes; estive doente e no cárcere e não me visitastes."

Também eles replicarão: "Senhor, quando foi que te vimos com fome e não te demos de comer, com sede e não te demos de beber, sem teto ou sem roupa, doente ou preso e não te assistimos?" – Ele então lhes responderá: "Em ver- dade vos digo: todas as vezes que faltastes com a assistência a um destes mais pequenos, deixastes de tê-la para comigo mesmo.

E esses irão para o suplício eterno, e os justos para a vida eterna." (Mateus, 25:31 a 46.)

2. Então, levantando-se, disse-lhe um doutor da lei, para o tentar: "Mestre, que preciso fazer para possuir a vida eterna?" – Respondeu-lhe Jesus: "Que é o que está escrito na lei? Que é o que lês nela?" – Ele respondeu: "Amarás o Senhor teu Deus de todo o coração, de toda a tua alma, com todas as tuas forças e de todo o teu espírito, e a teu próximo como a ti mesmo." – Disse-lhe Jesus: "Respondeste muito bem; faze isso e viverás."

Mas o homem, querendo parecer que era um justo, diz a Jesus: "Quem é o meu próximo?" – Jesus, tomando a palavra, lhe diz:

"Um homem, que descia de Jerusalém para Jericó, caiu em poder de ladrões, que o despojaram, cobriram de ferimentos e se foram, deixando-o semimorto. Aconteceu em seguida que um sacerdote, descendo pelo mesmo caminho, o viu e passou adiante. Um levita, que também veio àquele lugar, tendo-o observado, passou igualmente adiante. Mas um samaritano que viajava, chegando ao lugar onde jazia aquele homem e tendo-o visto, foi tocado de compaixão. Aproximou-se dele, deitou-lhe óleo e vinho nas feridas e as pensou; depois, pondo-o no seu cavalo, levou-o a uma hospedaria e cuidou dele. No dia seguinte, tirou dois denários e os deu ao hospedeiro, dizendo: 'Trata muito bem deste homem e tudo o que despenderes a mais, eu te pagarei quando regressar.'"

"Qual desses três te parece ter sido o próximo daquele que caíra em poder dos ladrões?" – o doutor respondeu: "Aquele que usou de misericórdia para com ele." "Então, vai", diz Jesus, "e faze o mesmo." (Lucas, 10:25 a 37.)

3. Toda a moral de Jesus se resume na caridade e na humildade, isto é, nas duas virtudes contrárias ao egoísmo e ao orgulho. Em todos os seus ensinos, Ele aponta essas duas virtudes como as que conduzem à eterna felicidade: "Bem-aventurados", disse, "os pobres de espírito", isto é, "os humildes, porque deles é o Reino dos Céus; bem-aventurados os que têm puro o coração; bem-aventurados os que são brandos e pacíficos; bem-aventurados

os que são misericordiosos; amai o vosso próximo como a vós mesmos; fazei aos outros o que quereríeis vos fizessem; amai os vossos inimigos; perdoai as ofensas, se quiserdes ser perdoados; praticai o bem sem ostentação; julgai-vos a vós mesmos, antes de julgardes os outros." Humildade e caridade, eis o que não cessa de recomendar e o de que dá, Ele próprio, o exemplo. Orgulho e egoísmo, eis o que não se cansa de combater. E não se limita a recomendar a caridade; põe-na claramente e em termos explícitos como condição absoluta da felicidade futura.

No quadro que traçou do juízo final, deve-se, como em muitas outras coisas, separar o que é apenas figura, alegoria. A homens como os a quem falava, ainda incapazes de compreender as questões puramente espirituais, tinha Ele de apresentar imagens materiais chocantes e próprias a impressionar. Para melhor apreenderem o que dizia, tinha mesmo de não se afastar muito das ideias correntes, quanto à forma, reservando sempre ao porvir a verdadeira interpretação de suas palavras e dos pontos sobre os quais não podia explicar-se claramente. Ao lado da parte acessória ou figurada do quadro, há uma ideia dominante: a da felicidade reservada ao justo e da infelicidade que espera o mau.

Naquele julgamento supremo, quais os considerandos da sentença? Sobre que se baseia o libelo? Pergunta, porventura, o juiz se o inquirido preencheu tal ou qual formalidade, se observou mais ou menos tal ou qual prática exterior? Não; inquire tão somente de uma coisa: se a caridade foi praticada, e se pronuncia assim: Passai à direita, vós que assististes os vossos irmãos; passai à esquerda, vós que fostes duros para com eles. Informa-se, por acaso, da ortodoxia da fé? Faz qualquer distinção entre o que crê de um modo e o que crê de outro? Não, pois Jesus coloca o samaritano, considerado herético, mas que pratica o amor do próximo, acima do ortodoxo que falta com a caridade. Não considera, portanto, a caridade apenas como uma das condições para a salvação, mas como a condição única. Se outras houvesse a serem preenchidas, Ele as teria declinado. Desde que coloca a caridade em primeiro lugar, é que ela implicitamente abrange todas as outras: a humildade, a brandura, a benevolência, a indulgência, a justiça etc., e porque é a negação absoluta do orgulho e do egoísmo.

O mandamento maior

4. Mas os fariseus, tendo sabido que Ele tapara a boca aos saduceus, se reuniram; e um deles, que era doutor da lei, foi propor-lhe esta questão, para o tentar: "Mestre, qual o grande mandamento da lei?" – Jesus lhe respondeu: "Amarás o Senhor teu Deus, de todo o teu coração, de toda a tua alma, de todo o teu espírito." – Esse o maior e o primeiro mandamento. E aqui está o segundo, que é semelhante ao primeiro: Amarás o teu próximo, como a ti mesmo. Toda a lei e os profetas se acham contidos nesses dois mandamentos. (Mateus, 22:34 a 40.)

5. Caridade e humildade, tal a senda única da salvação. Egoísmo e orgulho, tal a da perdição. Este princípio se acha formulado nos seguintes precisos termos: "Amarás a Deus de toda a tua alma e a teu próximo como a ti mesmo; *toda a lei e os profetas se acham contidos nesses dois mandamentos.*" E, para que não haja equívoco sobre a interpretação do amor de Deus e do próximo, acrescenta: "E aqui está o segundo mandamento que é semelhante ao primeiro", isto é, que não se pode verdadeiramente amar a Deus sem amar o próximo, nem amar o próximo sem amar a Deus. Logo, tudo o que se faça contra o próximo o mesmo é que fazê-lo contra Deus. Não podendo amar a Deus sem praticar a caridade para com o próximo, todos os deveres do homem se resumem nesta máxima: *Fora da caridade não há salvação.*

Necessidade da caridade, segundo Paulo

6. Ainda quando eu falasse todas as línguas dos homens e a língua dos próprios anjos, se eu não tiver caridade, serei como o bronze que soa e um címbalo que retine; ainda quando tivesse o dom de profecia, que penetrasse todos os mistérios, e tivesse perfeita ciência de todas as coisas; ainda quando tivesse toda a fé possível, até o ponto de transportar montanhas, *se não tiver caridade, nada sou*. E, quando houvesse distribuído os meus bens para alimentar os pobres e houvesse entregado meu corpo para ser queimado, se não tivesse caridade, tudo isso de nada me serviria.

A caridade é paciente; é branda e benfazeja; a caridade não é injubilosa; não é temerária, nem precipitada; não se enche de orgulho; não é desdenhosa; não cuida de seus interesses; não se agasta, nem se azeda com coisa alguma; não suspeita mal; não se rejubila com a injustiça, mas se rejubila com a verdade; tudo suporta, tudo crê, tudo espera, tudo sofre.

Agora, estas três virtudes: a fé, a esperança e a caridade permanecem; mas, dentre elas, a mais excelente é a caridade. (Paulo, 1ª Epístola aos Coríntios, 13:1 a 7 e 13.)

7. De tal modo compreendeu Paulo essa grande verdade, que disse: *Quando mesmo eu tivesse a linguagem dos anjos; quando tivesse o dom de profecia, que penetrasse todos os mistérios; quando tivesse toda a fé possível, até o ponto de transportar montanhas, se não tiver caridade, nada sou. Dentre estas três virtudes: a fé, a esperança e a caridade, a mais excelente é a caridade*. Coloca assim, sem equívoco, a caridade acima até da fé. É que a caridade está ao alcance de toda gente: do ignorante, como do sábio, do rico, como do pobre, e independe de qualquer crença particular.

Faz mais: define a verdadeira caridade, mostra-a não só na beneficência, como também no conjunto de todas as qualidades do coração, na bondade e na benevolência para com o próximo.

Fora da Igreja não há salvação. Fora da verdade não há salvação

8. Enquanto a máxima – *Fora da caridade não há salvação* – assenta num princípio universal e abre a todos os filhos de Deus acesso à suprema felicidade,

o dogma – *Fora da Igreja não há salvação* – se estriba, não na fé fundamental em Deus e na imortalidade da alma, fé comum a todas as religiões, porém, *numa fé especial, em dogmas particulares*; é exclusivo e absoluto. Longe de unir os filhos de Deus, separa-os; em vez de incitá-los ao amor de seus irmãos, alimenta e sanciona a irritação entre sectários dos diferentes cultos que reciprocamente se consideram malditos na eternidade, embora sejam parentes e amigos esses sectários. Desprezando a grande lei de igualdade perante o túmulo, ele os afasta uns dos outros, até no campo do repouso. A máxima – *Fora da caridade não há salvação* – consagra o princípio da igualdade perante Deus e da liberdade de consciência. Tendo-a por norma, todos os homens são irmãos e, qualquer que seja a maneira por que adorem o Criador, eles se estendem as mãos e oram uns pelos outros. Com o dogma – *Fora da Igreja não há salvação*, anatematizam-se e se perseguem reciprocamente, vivem como inimigos; o pai não pede pelo filho, nem o filho pelo pai, nem o amigo pelo amigo, desde que mutuamente se consideram condenados sem remissão. É, pois, um dogma essencialmente contrário aos ensinamentos do Cristo e à lei evangélica.

9. *Fora da verdade não há salvação* equivaleria ao *Fora da Igreja não há salvação* e seria igualmente exclusivo, porquanto nenhuma seita existe que não pretenda ter o privilégio da verdade. Que homem se pode vangloriar de a possuir integral, quando o

âmbito dos conhecimentos incessantemente se alarga e todos os dias se retificam as ideias? A verdade absoluta é patrimônio unicamente de Espíritos da categoria mais elevada e a humanidade terrena não poderia pretender possuí-la, porque não lhe é dado saber tudo. Ela somente pode aspirar a uma verdade relativa e proporcionada ao seu adiantamento. Se Deus houvera feito da posse da verdade absoluta condição expressa da felicidade futura, teria proferido uma sentença de proscrição geral, ao passo que a caridade, mesmo na sua mais ampla acepção, podem todos praticá-la. O Espiritismo, de acordo com o Evangelho, admitindo a salvação para todos, independente de qualquer crença, contanto que a Lei de Deus seja observada, não diz: *Fora do Espiritismo não há salvação*; e, como não pretende ensinar ainda toda a verdade, também não diz: *Fora da verdade não há salvação*, pois que esta máxima separaria em lugar de unir e perpetuaria os antagonismos.

Instruções dos Espíritos
Fora da caridade não há salvação

10. Meus filhos, na máxima: *Fora da caridade não há salvação* estão encerrados os destinos dos homens, na Terra e no céu; na Terra, porque à sombra desse estandarte eles viverão em paz; no céu, porque os que a houverem praticado acharão graças diante do Senhor. Essa divisa é o facho celeste, a luminosa coluna que guia o homem no deserto da

vida, encaminhando-o para a Terra da Promissão. Ela brilha no céu, como auréola santa, na fronte dos eleitos, e, na Terra, se acha gravada no coração daqueles a quem Jesus dirá: "Passai à direita, benditos de meu Pai." Reconhecê-los-eis pelo perfume de caridade que espalham em torno de si. Nada exprime com mais exatidão o pensamento de Jesus, nada resume tão bem os deveres do homem, como essa máxima de ordem divina. Não poderia o Espiritismo provar melhor a sua origem, do que apresentando-a como regra, por isso que é um reflexo do mais puro Cristianismo. Levando-a por guia, nunca o homem se transviará. Dedicai-vos, assim, meus amigos, a perscrutar-lhe o sentido profundo e as consequências, a descobrir-lhe, por vós mesmos, todas as aplicações. Submetei todas as vossas ações ao governo da caridade e a consciência vos responderá. Não só ela evitará que pratiqueis o mal, como também fará que pratiqueis o bem, porquanto uma virtude negativa não basta: é necessária uma virtude ativa. Para fazer-se o bem, mister sempre se torna a ação da vontade; para se não praticar o mal, basta as mais das vezes a inércia e a despreocupação.

Meus amigos, agradecei a Deus o haver permitido que pudésseis gozar a luz do Espiritismo. Não é que somente os que a possuem hajam de ser salvos; é que, ajudando-vos a compreender os ensinos do Cristo, ela vos faz melhores cristãos. Esforçai-vos, pois, para que os vossos irmãos, observando-vos, sejam induzidos a reconhecer que verdadeiro espírita e verdadeiro cristão são uma só e a mesma coisa, dado que todos quantos praticam a caridade são discípulos de Jesus, sem embargo da seita a que pertençam. – *Paulo*, o apóstolo. (Paris, 1860.)

CAPÍTULO XVI

Não se pode servir a Deus e a Mamon

• Salvação dos ricos • Preservar-se da avareza • Jesus em casa de Zaqueu • Parábola do Mau Rico • Parábola dos Talentos • Utilidade providencial da riqueza. Provas da riqueza e da miséria • Desigualdade das riquezas • *Instruções dos Espíritos*: A verdadeira propriedade – Emprego da riqueza – Desprendimento dos bens terrenos – Transmissão da riqueza

Salvação dos ricos

1. Ninguém pode servir a dois senhores, porque ou odiará a um e amará a outro, ou se prenderá a um e desprezará o outro. Não podeis servir simultaneamente a Deus e a Mamon. (Lucas, 16:13.)

2. Então, aproximou-se dele um mancebo e disse: "Bom Mestre, que bem devo fazer para adquirir a vida eterna?" – Respondeu-lhe Jesus: "Por que me chamas bom? Bom, só Deus o é. Se queres entrar na vida, guarda os mandamentos." "Que mandamentos?" – retrucou o mancebo. Disse Jesus: "Não matarás; não cometerás adultério; não furtarás; não darás testemunho falso. Honra a teu pai e a tua mãe e ama a teu próximo como a ti mesmo."

O moço lhe replicou: "Tenho guardado todos esses mandamentos desde que cheguei à mocidade. Que é o que ainda me falta?" – Disse Jesus: "Se queres ser perfeito, vai, vende tudo o que tens, dá-o aos pobres e terás um tesouro no céu. Depois, vem e segue-me."

Ouvindo essas palavras, o moço se foi todo tristonho, porque possuía grandes haveres. Jesus disse então a seus discípulos: "Digo-vos em verdade que bem difícil é que um rico entre no Reino dos Céus. Ainda uma vez vos digo: É mais fácil que um camelo passe pelo buraco de uma agulha, do que entrar um rico no Reino dos Céus."[15] (Mateus, 19:16 a 24; Lucas, 18:18 a 25; Marcos, 10:17 a 25.)

Preservar-se da avareza

3. Então, no meio da turba, um homem lhe disse: "Mestre, dize a meu irmão que divida comigo a herança que nos tocou." – Jesus lhe disse: "Ó homem! quem me designou para vos julgar ou para fazer as vossas partilhas?" – E acrescentou: "Tende o cuidado de preservar-vos de toda a avareza, porquanto, seja qual for a abundância em que o homem se encontre, sua vida não depende dos bens que ele possua."

Disse-lhes a seguir esta parábola: "Havia um rico homem cujas terras tinham produzido extraordinariamente e que se entretinha a pensar consigo mesmo, assim: 'Que hei de fazer, pois já não tenho lugar onde possa encerrar tudo o

---

[15] Nota de Allan Kardec: Esta arrojada figura pode parecer um pouco forçada, pois que não se percebe que relação possa existir entre um camelo e uma agulha. Acontece, no entanto, que, em hebreu, a mesma palavra serve para designar um *camelo* e um *cabo*. Na tradução, deram-lhe o primeiro desses significados; mas é provável que Jesus a tenha empregado com a outra significação. É, pelo menos, mais natural.

que vou colher? Aqui está', disse, 'o que farei: Demolirei os meus celeiros e construirei outros maiores, onde porei toda a minha colheita e todos os meus bens. E direi a minha alma: Minha alma, tens de reserva muitos bens para longos anos; repousa, come, bebe, goza.' – Mas Deus, ao mesmo tempo, disse ao homem: 'Que insensato és! Esta noite mesmo tomar-te-ão a alma; para que servirá o que acumulaste?'"

É o que acontece àquele que acumula tesouros para si próprio e que não é rico diante de Deus. (Lucas, 12:13 a 21.)

Jesus em casa de Zaqueu

4. Tendo Jesus entrado em Jericó, passava pela cidade e havia ali um homem chamado Zaqueu, chefe dos publicanos e muito rico, o qual, desejoso de ver a Jesus, para conhecê-lo, não o conseguia devido à multidão, por ser ele de estatura muito baixa. Por isso, correu à frente da turba e subiu a um sicômoro, para o ver, porquanto Ele tinha de passar por ali. Chegando a esse lugar, Jesus dirigiu para o alto o olhar e, vendo-o, disse-lhe: "Zaqueu, dá-te pressa em descer, porquanto preciso que me hospedes hoje em tua casa." – Zaqueu desceu imediatamente e o recebeu jubiloso. Vendo isso, todos murmuravam, a dizer: "Ele foi hospedar-se em casa de um homem de má vida." (Veja-se: *Introdução*, artigo *Publicanos*.)

Entretanto, Zaqueu, pondo-se diante do Senhor, disse-lhe: "Senhor, dou a metade dos meus bens aos pobres e, se causei dano a alguém, seja no que for, indenizo-o com quatro tantos." – Ao que Jesus lhe disse: "Esta casa recebeu hoje a salvação, porque também este é filho de Abraão; visto que o Filho do Homem veio para procurar e salvar o que estava perdido." (Lucas, 19:1 a 10.)

Parábola do Mau Rico

5. Havia um homem rico, que vestia púrpura e linho e se tratava magnificamente todos os dias. Havia também um pobre, chamado Lázaro, deitado à sua porta, todo coberto de úlceras, que muito estimaria poder mitigar a fome com as migalhas que caíam da mesa do rico; mas ninguém lhas dava e os cães lhe vinham lamber as chagas. Ora, aconteceu que esse pobre morreu e foi levado pelos anjos para o seio de Abraão. O rico também morreu e teve por sepulcro o inferno. Quando se achava nos tormentos, levantou os olhos e viu de longe Abraão e Lázaro em seu seio, e, exclamando, disse estas palavras: "Pai Abraão, tem piedade de mim e manda-me Lázaro, a fim de que molhe a ponta do dedo na água para me refrescar a língua, pois sofro horrível tormento nestas chamas."

Mas Abraão lhe respondeu: "Meu filho, lembra-te de que recebeste em vida teus bens e de que Lázaro só teve males; por isso, ele agora está na consolação e tu nos tormentos."

Ademais, existe para sempre um grande abismo entre nós e vós, de sorte que os que queiram passar daqui para aí não o podem, como também ninguém pode passar do lugar onde estás para aqui.

Disse o rico: "Eu então te suplico, pai Abraão, que o mandes à casa de meu pai, onde tenho cinco irmãos, a dar-lhes testemunho destas coisas, a fim de que não venham também eles para este lugar de tormento." — Abraão lhe retrucou: "Eles têm Moisés e os profetas; que os escutem." "Não, meu pai Abraão," — disse o rico: "Se algum dos mortos for ter com eles, farão penitência." —

Respondeu-lhe Abraão: "Se eles não ouvem a Moisés, nem aos profetas, também não acreditarão, ainda mesmo que algum dos mortos ressuscite." (Lucas, 16:19 a 31.)

Parábola dos Talentos

6. O Senhor age como um homem que, tendo de fazer longa viagem fora do seu país, chamou seus servidores e lhes entregou seus bens. Depois de dar cinco talentos a um, dois a outro e um a outro, a cada um segundo a sua capacidade, partiu imediatamente. Então, o que recebeu cinco talentos foi-se, negociou com aquele dinheiro e ganhou cinco outros. O que recebera dois ganhou, do mesmo modo, outros tantos. Mas o que apenas recebera um, cavou um buraco na terra e aí escondeu o dinheiro de seu amo. Passado longo tempo, o amo daqueles servidores voltou e os chamou a contas. Veio o que recebera cinco talentos e lhe apresentou outros cinco, dizendo: "Senhor, entregaste-me cinco talentos; aqui estão, além desses, mais cinco que ganhei." – Respondeu-lhe o amo: "Servidor bom e fiel; pois que foste fiel em pouca coisa, confiar-te-ei muitas outras; compartilha da alegria do teu senhor." – O que recebera dois talentos apresentou-se a seu turno e lhe disse: "Senhor, entregaste-me dois talentos; aqui estão, além desses, dois outros que ganhei." – O amo lhe respondeu: "Bom e fiel servidor; pois que foste fiel em pouca coisa, confiar-te-ei muitas outras; compartilha da alegria do teu senhor." – Veio em seguida o que recebeu apenas um talento e disse: "Senhor, sei que és homem severo, que ceifas onde não semeaste e colhes de onde nada puseste; por isso, como te temia, escondi o teu

talento na terra; aqui o tens: restituo o que te pertence."

– O homem, porém, lhe respondeu: "Servidor mau e preguiçoso; se sabias que ceifo onde não semeei e que colho onde nada pus, devias pôr o meu dinheiro nas mãos dos banqueiros, a fim de que, regressando, eu retirasse com juros o que me pertence." "Tirem-lhe, pois, o talento que está com ele e deem-no ao que tem dez talentos; porquanto, dar-se-á a todos os que já têm e esses ficarão cumulados de bens; quanto àquele que nada tem, tirar-se-lhe-á mesmo o que pareça ter; e seja esse servidor inútil lançado nas trevas exteriores, onde haverá prantos e ranger de dentes." (Mateus, 25:14 a 30.)

Utilidade providencial da riqueza. Provas da riqueza e da miséria

7. Se a riqueza houvesse de constituir obstáculo absoluto à salvação dos que a possuem, conforme se poderia inferir de certas palavras de Jesus, interpretadas segundo a letra e não segundo o espírito, Deus, que a concede, teria posto nas mãos de alguns um instrumento de perdição, sem apelação nenhuma, ideia que repugna à razão. Sem dúvida, pelos arrastamentos a que dá causa, pelas tentações que gera e pela fascinação que exerce, a riqueza constitui uma prova muito arriscada, mais perigosa do que a miséria. É o supremo excitante do orgulho, do egoísmo e da vida sensual. É o laço mais forte que prende o homem à Terra e lhe desvia do céu os pensamentos. Produz tal vertigem que, muitas vezes, aquele que passa da miséria à riqueza

esquece de pronto a sua primeira condição, os que com ele a partilharam, os que o ajudaram, e faz-se insensível, egoísta e vão. Ao fato, porém, de a riqueza tornar difícil a jornada, não se segue que a torne impossível e não possa vir a ser um meio de salvação para o que dela sabe servir-se, como certos venenos podem restituir a saúde, se empregados a propósito e com discernimento.

Quando Jesus disse ao moço que o inquiria sobre os meios de ganhar a vida eterna: "Desfaze-te de todos os teus bens e segue-me", não pretendeu, decerto, estabelecer como princípio absoluto que cada um deva despojar-se do que possui e que a salvação só a esse preço se obtém; mas apenas mostrar que *o apego aos bens terrenos* é um obstáculo à salvação. Aquele moço, com efeito, se julgava quite porque observara certos mandamentos e, no entanto, recusava-se à ideia de abandonar os bens de que era dono. Seu desejo de obter a vida eterna não ia até o extremo de adquiri-la com sacrifício.

O que Jesus lhe propunha era uma prova decisiva, destinada a pôr a nu o fundo do seu pensamento. Ele podia, sem dúvida, ser um homem perfeitamente honesto na opinião do mundo, não causar dano a ninguém, não maldizer do próximo, não ser vão, nem orgulhoso, honrar a seu pai e a sua mãe, mas não tinha a verdadeira caridade; sua virtude não chegava até a abnegação. Isso o que Jesus quis demonstrar. Fazia uma aplicação do princípio: "Fora da caridade não há salvação."

A consequência dessas palavras, em sua acepção rigorosa, seria a abolição da riqueza por prejudicial à felicidade futura e como causa de uma imensidade de males na Terra; seria, ademais, a condenação do trabalho que a pode granjear; consequência absurda, que reconduziria o homem à vida selvagem e que, por isso mesmo, estaria em contradição com a lei do progresso, que é Lei de Deus.

Se a riqueza é causa de muitos males, se exacerba tanto as más paixões, se provoca mesmo tantos crimes, não é a ela que devemos inculpar, mas ao homem, que dela abusa, como de todos os dons de Deus. Pelo abuso, ele torna pernicioso o que lhe poderia ser de maior utilidade. É a consequência do estado de inferioridade do mundo terrestre. Se a riqueza somente males houvesse de produzir, Deus não a teria posto na Terra. Compete ao homem fazê-la produzir o bem. Se não é um elemento direto de progresso moral, é, sem contestação, poderoso elemento de progresso intelectual.

Com efeito, o homem tem por missão trabalhar pela melhoria material do planeta. Cabe-lhe desobstruí-lo, saneá-lo, dispô-lo para receber um dia toda a população que a sua extensão comporta. Para alimentar essa população que cresce incessantemente, preciso se faz aumentar a produção. Se a produção de um país é insuficiente, será necessário buscá-la fora. Por isso mesmo, as relações entre os povos constituem uma necessidade.

A fim de mais as facilitar, cumpre sejam destruídos os obstáculos materiais que os separam e tornadas mais rápidas as com comunicações. Para trabalhos que são obra dos séculos, teve o homem de extrair os materiais até das entranhas da Terra; procurou na Ciência os meios de os executar com maior segurança e rapidez. Mas para os levar a efeito, precisa de recursos: a necessidade fê-lo criar a riqueza, como o fez descobrir a Ciência. A atividade que esses mesmos trabalhos impõem lhe amplia e desenvolve a inteligência, e essa inteligência que ele concentra, primeiro, na satisfação das necessidades materiais, o ajudará mais tarde a compreender as grandes verdades morais. Sendo a riqueza o meio primordial de execução, sem ela não mais grandes trabalhos, nem atividade, nem estimulante, nem pesquisas. Com razão, pois, é a riqueza considerada elemento de progresso.

Desigualdade das riquezas

8. A desigualdade das riquezas é um dos problemas que inutilmente se procurará resolver, desde que se considere apenas a vida atual. A primeira questão que se apresenta é esta: Por que não são igualmente ricos todos os homens? Não o são por uma razão muito simples: *por não serem igualmente inteligentes, ativos e laboriosos para adquirir, nem sóbrios e previdentes para conservar*. É, aliás, ponto matematicamente demonstrado que a riqueza, repartida com igualdade, a cada um daria uma

parcela mínima e insuficiente; que, supondo efetuada essa repartição, o equilíbrio em pouco tempo estaria desfeito, pela diversidade dos caracteres e das aptidões; que, supondo-a possível e durável, tendo cada um somente com que viver, o resultado seria o aniquilamento de todos os grandes trabalhos que concorrem para o progresso e para o bem-estar da Humanidade; que, admitido desse ela a cada um o necessário, já não haveria o aguilhão que impele os homens às grandes descobertas e aos empreendimentos úteis. Se Deus a concentra em certos pontos, é para que daí se expanda em quantidade suficiente, de acordo com as necessidades.

Admitido isso, pergunta-se por que Deus a concede a pessoas incapazes de fazê-la frutificar para o bem de todos. Ainda aí está uma prova da sabedoria e da bondade de Deus. Dando-lhe o livre-arbítrio, quis Ele que o homem chegasse, por experiência própria, a distinguir o bem do mal e que a prática do primeiro resultasse de seus esforços e da sua vontade. Não deve o homem ser conduzido fatalmente ao bem, nem ao mal, sem o que não mais fora senão instrumento passivo e irresponsável como os animais. A riqueza é um meio de o experimentar moralmente, mas como, ao mesmo tempo, é poderoso meio de ação para o progresso, não quer Deus que ela permaneça longo tempo improdutiva, pelo que *incessantemente a desloca*. Cada um tem de possuí-la para se exercitar em utilizá-la e demonstrar que uso sabe fazer dela. Sendo, no entanto, materialmente impossível que todos a possuam ao mesmo tempo, e acontecendo, além disso, que, se todos a possuíssem, ninguém trabalharia, com o que o melhoramento do planeta ficaria comprometido, *cada um a possui por sua vez*. Assim, um que não na tem hoje, já a teve ou terá noutra existência; outro, que agora a tem, talvez não na tenha amanhã. Há ricos e pobres, porque sendo Deus justo, como é, a cada um prescreve trabalhar a seu turno. A pobreza é, para os que a sofrem, a prova da paciência e da resignação; a riqueza é, para os outros, a prova da caridade e da abnegação.

Deploram-se, com razão, o péssimo uso que alguns fazem das suas riquezas, as ignóbeis paixões que a cobiça provoca, e pergunta-se: Deus será justo, dando-as a tais criaturas? É exato que, se o homem só tivesse uma única existência, nada justificaria semelhante repartição dos bens da Terra; se, entretanto, não tivermos em vista apenas a vida atual e, ao contrário, considerarmos o conjunto das existências, veremos que tudo se equilibra com justiça. Carece, pois, o pobre de motivo assim para acusar a Providência, como para invejar os ricos e estes para se glorificarem do que possuem. Se abusam, não será com decretos ou leis suntuárias que se remediará o mal. As leis podem, de momento, mudar o exterior, mas não logram mudar o coração; daí vem serem elas de duração efêmera e quase sempre seguidas de uma reação mais desenfreada. A origem do mal reside no egoísmo e no orgulho:

os abusos de toda espécie cessarão quando os homens se regerem pela lei da caridade.

Instruções dos Espíritos
A verdadeira propriedade

9. O homem só possui em plena propriedade aquilo que lhe é dado levar deste mundo. Do que encontra ao chegar e deixa ao partir goza ele enquanto aqui permanece. Forçado, porém, que é a abandonar tudo isso, não tem das suas riquezas a posse real, mas, simplesmente, o usufruto. Que é então o que ele possui? Nada do que é de uso do corpo; tudo o que é de uso da alma: a inteligência, os conhecimentos, as qualidades morais. Isso o que ele traz e leva consigo, o que ninguém lhe pode arrebatar, o que lhe será de muito mais utilidade no outro mundo do que neste. Depende dele ser mais rico ao partir do que ao chegar, visto como, do que tiver adquirido em bem, resultará a sua posição futura. Quando alguém vai a um país distante, constitui a sua bagagem de objetos utilizáveis nesse país; não se preocupa com os que ali lhe seriam inúteis. Procedei do mesmo modo com relação à vida futura; aprovisionai-vos de tudo o de que lá vos possais servir.

Ao viajante que chega a um albergue, bom alojamento é dado, se o pode pagar. A outro, de parcos recursos, toca um menos agradável. Quanto ao que nada tenha de seu, vai dormir numa enxerga. O mesmo sucede ao homem à sua chegada no mundo dos Espíritos: depende dos seus haveres o lugar para onde vá. Não será, todavia, com o seu ouro que ele o pagará. Ninguém lhe perguntará: Quanto tinhas na Terra? Que posição ocupavas? Eras príncipe ou operário? Perguntar-lhe-ão: Que trazes contigo? Não se lhe avaliarão os bens, nem os títulos, mas a soma das virtudes que possua. Ora, sob esse aspecto, pode o operário ser mais rico do que o príncipe. Em vão alegará que antes de partir da Terra pagou a peso de ouro a sua entrada no outro mundo. Responder-lhe-ão: Os lugares aqui não se compram: conquistam-se por meio da prática do bem. Com a moeda terrestre, hás podido comprar campos, casas, palácios; aqui, tudo se paga com as qualidades da alma. És rico dessas qualidades? Sê bem-vindo e vai para um dos lugares da primeira categoria, onde te esperam todas as venturas. És pobre delas? Vai para um dos da última, onde serás tratado de acordo com os teus haveres. – *Pascal*. (Genebra, 1860.)

10. Os bens da Terra pertencem a Deus, que os distribui a seu grado, não sendo o homem senão o usufrutuário, o administrador mais ou menos íntegro e inteligente desses bens. Tanto eles não constituem propriedade individual do homem, que Deus frequentemente anula todas as previsões e a riqueza foge àquele que se julga com os melhores títulos para possuí-la. Direis, porventura, que isso se compreende no tocante aos bens hereditários, porém, não relativamente aos que são adquiridos pelo trabalho. Sem dúvida alguma, se há riquezas legítimas,

são estas últimas, quando honestamente conseguidas, porquanto *uma propriedade só é legitimamente adquirida quando, da sua aquisição, não resulta dano para ninguém*. Contas serão pedidas até mesmo de um único ceitil mal ganho, isto é, com prejuízo de outrem. O fato, porém, de um homem dever a si próprio a riqueza que possua, seguir-se-á que, ao morrer, alguma vantagem lhe advenha desse fato? Não são amiúde inúteis as precauções que ele toma para transmiti-la a seus descendentes? Decerto, porquanto, se Deus não quiser que ela lhes vá ter às mãos, nada prevalecerá contra a sua vontade. Poderá o homem usar e abusar de seus haveres durante a vida, sem ter de prestar contas? Não. Permitindo-lhe que a adquirisse, é possível haja Deus tido em vista recompensar-lhe, no curso da existência atual, os esforços, a coragem, a perseverança. Se, porém, ele somente os utilizou na satisfação dos seus sentidos ou do seu orgulho; se tais haveres se lhe tornaram causa de falência, melhor fora não os ter possuído, visto que perde de um lado o que ganhou do outro, anulando o mérito de seu trabalho. Quando deixar a Terra, Deus lhe dirá que já recebeu a sua recompensa. – *M*., Espírito protetor. (Bruxelas, 1861.)

Emprego da riqueza

11. Não podeis servir a Deus e a Mamon. Guardai bem isso em lembrança, vós, a quem o amor do ouro domina; vós, que venderíeis a alma para possuir tesouros, porque eles permitem vos eleveis

acima dos outros homens e vos proporcionam os gozos das paixões. Não; não podeis servir a Deus e a Mamon! Se, pois, sentis vossa alma dominada pelas cobiças da carne, dai-vos pressa em alijar o jugo que vos oprime, porquanto Deus, justo e severo, vos dirá: "Que fizeste, ecônomo infiel, dos bens que te confiei? Esse poderoso móvel de boas obras exclusivamente o empregaste na tua satisfação pessoal."

Qual, então, o melhor emprego que se pode dar à riqueza? Procurai nestas palavras: "Amai-vos uns aos outros", a solução do problema. Elas guardam o segredo do bom emprego das riquezas. Aquele que se acha animado do amor do próximo tem aí toda traçada a sua linha de proceder. Na caridade está, para as riquezas, o emprego que mais apraz a Deus. Não nos referimos, é claro, a essa caridade fria e egoísta, que consiste em a criatura espalhar ao seu derredor o supérfluo de uma existência dourada. Referimo-nos à caridade plena de amor, que procura a desgraça e a ergue, sem a humilhar. Rico!... dá do que te sobra; faze mais: dá um pouco do que te é necessário, porquanto o de que necessitas ainda é supérfluo; mas dá com sabedoria. Não repilas o que se queixa, com receio de que te engane; vai às origens do mal. Alivia, primeiro; em seguida, informa-te, e vê se o trabalho, os conselhos, mesmo a afeição não serão mais eficazes do que a tua esmola. Difunde em torno de ti, como os socorros materiais, o amor de Deus, o amor do trabalho, o amor do próximo. Coloca tuas riquezas sobre uma base que nunca lhes faltará e que te trará grandes lucros: a das boas obras. A riqueza da inteligência deves utilizá-la como a do ouro. Derrama em torno de ti os tesouros da instrução; derrama sobre teus irmãos os tesouros do teu amor e eles frutificarão. – *Cheverus*. (Bordeaux, 1861.)

12. Quando considero a brevidade da vida, dolorosamente me impressiona a incessante preocupação de que é para vós objeto o bem-estar material, ao passo que tão pouca importância dais ao vosso aperfeiçoamento moral, a que pouco ou nenhum tempo consagrais e que, no entanto, é o que importa para a eternidade. Dir-se-ia, diante da atividade que desenvolveis, tratar-se de uma questão do mais alto interesse para a Humanidade, quando não se trata, na maioria dos casos, senão de vos pordes em condições de satisfazer a necessidades exageradas, à vaidade, ou de vos entregardes a excessos. Que de penas, de amofinações, de tormentos cada um se impõe; que de noites de insônia, para aumentar haveres muitas vezes mais que suficientes! Por cúmulo de cegueira, frequentemente se encontram pessoas escravizadas a penosos trabalhos, pelo amor imoderado da riqueza e dos gozos que ela proporciona, a se vangloriarem de viver uma existência dita de sacrifício e de mérito — como se trabalhassem para os outros, e não para si mesmas! Insensatos! Credes, então, realmente, que vos serão levados em conta os cuidados e os

esforços que despendeis movidos pelo egoísmo, pela cupidez ou pelo orgulho, enquanto negligenciais do vosso futuro, bem como dos deveres que a solidariedade fraterna impõe a todos os que gozam das vantagens da vida social? Unicamente no vosso corpo haveis pensado; seu bem-estar, seus prazeres foram o objeto exclusivo da vossa solicitude egoística. Por ele, que morre, desprezastes o vosso Espírito, que viverá sempre. Por isso mesmo, esse senhor tão amimado e acariciado se tornou o vosso tirano; ele manda sobre o vosso Espírito, que se lhe constituiu escravo. Seria essa a finalidade da existência que Deus vos outorgou? – *Um Espírito protetor*. (Cracóvia, 1861.)

13. Sendo o homem o depositário, o administrador dos bens que Deus lhe pôs nas mãos, contas severas lhe serão pedidas do emprego que lhes haja Ele dado, em virtude do seu livre-arbítrio. O mau uso consiste em os aplicar exclusivamente na sua satisfação pessoal; bom é o uso, ao contrário, todas as vezes que deles resulta um bem qualquer para outrem. O merecimento de cada um está na proporção do sacrifício que se impõe a si mesmo. A beneficência é apenas um modo de empregar-se a riqueza; ela dá alívio à miséria presente; aplaca a fome, preserva do frio e proporciona abrigo ao que não o tem. Dever, porém, igualmente imperioso e meritório é o de prevenir a miséria. Tal, sobretudo, a missão das grandes fortunas, missão a ser cumprida mediante os trabalhos de todo gênero que com

elas se podem executar. Nem, pelo fato de tirarem desses trabalhos legítimo proveito os que assim as empregam, deixaria de existir o bem resultante delas, porquanto o trabalho desenvolve a inteligência e exalça a dignidade do homem, facultando-lhe dizer, altivo, que ganha o pão que come, enquanto a esmola humilha e degrada. A riqueza concentrada em uma mão deve ser qual fonte de água viva que espalha a fecundidade e o bem-estar ao seu derredor. Ó vós, ricos, que a empregardes segundo as vistas do Senhor! O vosso coração será o primeiro a dessedentar-se nessa fonte benfazeja; já nesta existência fruireis os inefáveis gozos da alma, em vez dos gozos materiais do egoísta, que produzem no coração o vazio. Vossos nomes serão benditos na Terra e, quando a deixardes, o soberano Senhor vos dirá, como na Parábola dos Talentos: "Bom e fiel servo, entra na alegria do teu Senhor." Nessa parábola, o servidor que enterrou o dinheiro que lhe fora confiado é a representação dos avarentos, em cujas mãos se conserva improdutiva a riqueza. Se, entretanto, Jesus fala principalmente das esmolas, é que naquele tempo e no país em que Ele vivia não se conheciam os trabalhos que as Artes e a Indústria criaram depois e nas quais as riquezas podem ser aplicadas utilmente para o bem geral. A todos os que podem dar, pouco ou muito, direi, pois: dai esmola quando for preciso; mas, tanto quanto possível, convertei-a em salário, a fim de que aquele que a receba não se envergonhe dela. – *Fénelon*. (Argel, 1860.)

Desprendimento dos bens terrenos

14. Venho, meus irmãos, meus amigos, trazer-vos o meu óbolo, a fim de vos ajudar a avançar, desassombradamente, pela senda do aperfeiçoamento em que entrastes. Nós nos devemos uns aos outros; somente pela união sincera e fraternal entre os Espíritos e os encarnados será possível a regeneração.

O amor aos bens terrenos constitui um dos mais fortes óbices ao vosso adiantamento moral e espiritual. Pelo apego à posse de tais bens, destruís as vossas faculdades de amar, com as aplicardes todas às coisas materiais. Sede sinceros: proporciona a riqueza uma felicidade sem mescla? Quando tendes cheios os cofres, não há sempre um vazio no vosso coração? No fundo dessa cesta de flores não há sempre oculto um réptil? Compreendo a satisfação, bem justa, aliás, que experimenta o homem que, por meio de trabalho honrado e assíduo, ganhou uma fortuna; mas dessa satisfação, muito natural e que Deus aprova, a um apego que absorve todos os outros sentimentos e paralisa os impulsos do coração vai grande distância, tão grande quanto a que separa da prodigalidade exagerada a sórdida avareza, dois vícios entre os quais colocou Deus a caridade, santa e salutar virtude que ensina o rico a dar sem ostentação, para que o pobre receba sem baixeza.

Quer a fortuna vos tenha vindo da vossa família, quer a tenhais ganho com o vosso trabalho, há uma coisa que não deveis esquecer nunca: é que tudo promana de Deus, tudo retorna a Deus. Nada vos pertence na Terra, nem sequer o vosso pobre corpo: a morte vos despoja dele, como de todos os bens materiais. Sois depositários e não proprietários, não vos iludais. Deus vo-los emprestou, tendes de lhos restituir; e Ele empresta sob a condição de que o supérfluo, pelo menos, caiba aos que carecem do necessário.

Um dos vossos amigos vos empresta certa quantia. Por pouco honesto que sejais, fazeis questão de lha restituirdes escrupulosamente e lhe ficais agradecido. Pois bem: essa a posição de todo homem rico. Deus é o amigo celestial, que lhe emprestou a riqueza, não querendo para si mais do que o amor e o reconhecimento do rico. Exige deste, porém, que a seu turno dê aos pobres, que são, tanto quanto ele, seus filhos.

Ardente e desvairada cobiça despertam nos vossos corações os bens que Deus vos confiou. Já pensastes, quando vos deixais apegar imoderadamente a uma riqueza perecível e passageira como vós mesmos, que um dia tereis de prestar contas ao Senhor daquilo que vos veio dele? Olvidais que, pela riqueza, vos revestistes do caráter sagrado de ministros da caridade na Terra, para serdes da aludida riqueza dispensadores inteligentes? Portanto, quando somente em vosso proveito usais do que se vos confiou, que sois, senão depositários infiéis? Que resulta desse esquecimento voluntário dos vossos deveres? A morte, inflexível, inexorável, rasga o véu sob que vos ocultáveis e vos força a prestar contas ao Amigo que vos favorecera e que nesse momento enverga diante de vós a toga de juiz.

    Em vão procurais na Terra iludir-vos, colorindo com o nome de virtude o que as mais das vezes não passa de egoísmo. Em vão chamais economia e previdência ao que apenas é cupidez e avareza, ou generosidade ao que não é senão prodigalidade em proveito vosso. Um pai de família, por exemplo, se abstém de praticar a caridade, economizará, amontoará ouro, para, diz ele, deixar aos filhos a maior soma possível de bens e evitar que caiam na miséria. É muito justo e paternal, convenho, e ninguém pode censurar. Mas será sempre esse o único móvel a que ele obedece? Não será muitas vezes um compromisso com a sua consciência, para justificar, aos seus próprios olhos e aos olhos do mundo, seu apego pessoal aos bens terrenais? Admitamos, no entanto, seja o amor paternal o único móvel que o guie. Será isso motivo para que esqueça seus irmãos perante Deus? Quando já ele tem o supérfluo, deixará na miséria os filhos, por lhes ficar um pouco menos desse supérfluo? Não será, antes, dar-lhes uma lição de egoísmo e endurecer-lhes os corações? Não será estiolar neles o amor ao próximo? Pais e mães, laborais em grande erro, se credes que desse modo granjeais maior afeição dos vossos filhos. Ensinando-lhes a ser egoístas para com os outros, ensinais-lhes a sê-lo para com vós mesmos.

A um homem que muito haja trabalhado, e que com o suor de seu rosto acumulou bens, é comum ouvirdes dizer que, quando o dinheiro é ganho, melhor se lhe conhece o valor. Nada mais exato. Pois bem! Pratique a caridade, dentro das suas possibilidades, esse homem que declara conhecer todo o valor do dinheiro, e maior será o seu merecimento, do que o daquele que, nascido na abundância, ignora as rudes fadigas do trabalho. Mas também se esse homem, que se recorda dos seus penares, dos seus esforços, for egoísta, impiedoso para com os pobres, bem mais culpado se tornará do que o outro, pois, quanto melhor cada um conhece por si mesmo as dores ocultas da miséria, tanto mais propenso deve sentir-se em aliviá-las nos outros.

Infelizmente, sempre há no homem que possui bens de fortuna um sentimento tão forte quanto o apego aos mesmos bens: é o orgulho. Não raro, vê-se o arrivista atordoar, com a narrativa de seus trabalhos e de suas habilidades, o desgraçado que lhe pede assistência, em vez de acudi-lo e acabar dizendo: "Faça o que eu fiz." Segundo o seu modo de ver, a bondade de Deus não entra por coisa alguma na obtenção da riqueza que conseguiu acumular; pertence-lhe a ele, exclusivamente, o mérito de a possuir. O orgulho lhe põe sobre os olhos uma venda e lhe tapa os ouvidos. Apesar de toda a sua inteligência e de toda a sua aptidão, não compreende que, com uma só palavra, Deus o pode lançar por terra.

Esbanjar a riqueza não é demonstrar desprendimento dos bens terrenos: é descaso e indiferença. Depositário desses bens, não tem o homem o direito de os dilapidar, como não tem o de os confiscar em seu proveito. Prodigalidade não é generosidade: é, frequentemente, uma modalidade do egoísmo. Um, que despenda a mancheias o ouro de que disponha, para satisfazer a uma fantasia, talvez não dê um centavo para prestar um serviço. O desapego aos bens terrenos consiste em apreciá-los no seu justo valor, em saber servir-se deles em benefício dos outros e não apenas em benefício próprio, em não sacrificar por eles os interesses da vida futura, em perdê-los sem murmurar, caso apraza a Deus retirá-los. Se, por efeito de imprevistos reveses, vos tornardes qual Jó, dizei, como ele: "Senhor, Tu mos havias dado e mos tiraste. Faça-se a tua vontade." Eis aí o verdadeiro desprendimento. Sede, antes de tudo, submissos; confiai naquele que, tendo-vos dado e tirado, pode novamente restituir-vos o que vos tirou. Resisti animosos ao abatimento, ao desespero, que vos paralisam as forças. Quando Deus vos desferir um golpe, não esqueçais nunca que, ao lado da mais rude prova, coloca sempre uma consolação. Ponderai, sobretudo, que há bens infinitamente mais preciosos do que os da Terra e essa ideia vos ajudará a desprender-vos destes últimos. O pouco apreço que se ligue a uma coisa faz que menos sensível seja a sua perda. O homem que se aferra aos bens terrenos é como a criança que somente vê o momento que passa. O que deles se desprende é como o adulto que vê as coisas mais importantes, por compreender estas proféticas palavras do Salvador: "O meu reino não é deste mundo."

A ninguém ordena o Senhor que se despoje do que possua, condenando-se a uma voluntária mendicidade, porquanto o que tal fizesse tornar-se-ia em carga para a sociedade. Proceder assim fora compreender mal o desprendimento dos bens terrenos. Fora egoísmo de outro gênero, porque seria o indivíduo eximir-se da responsabilidade que a riqueza faz pesar sobre aquele que a possui. Deus a concede a quem bem lhe parece, a fim de que a administre em proveito de todos. O rico tem, pois, uma missão, que ele pode embelezar e tornar proveitosa a si mesmo. Rejeitar a riqueza, quando Deus a outorga, é renunciar aos benefícios do bem que se pode fazer, gerindo-a com critério. Sabendo prescindir dela quando não a tem, sabendo empregá-la utilmente quando a possui, sabendo sacrificá-la quando necessário, procede a criatura de acordo com os desígnios do Senhor. Diga, pois, aquele a cujas mãos venha o que no mundo se chama uma boa fortuna: Meu Deus, tu me destinaste um novo encargo; dá-me a força de desempenhá-lo segundo a tua santa vontade.

Aí tendes, meus amigos, o que eu vos queria ensinar acerca do desprendimento dos bens terrenos. Resumirei o que expus, dizendo: Sabei contentar-vos com pouco. Se sois pobres, não invejeis os ricos, porquanto a riqueza não é necessária à felicidade. Se sois ricos, não esqueçais que os bens de que dispondes apenas vos estão confiados e que tendes de justificar o emprego que lhes derdes, como se prestásseis contas de uma tutela. Não sejais depositário infiel, utilizando-os unicamente em satisfação do vosso orgulho e da vossa sensualidade. Não vos julgueis com o direito de dispor em vosso exclusivo proveito daquilo que recebestes, não por doação, mas simplesmente como empréstimo. Se não sabeis restituir, não tendes o direito de pedir, e lembrai-vos de que aquele que dá aos pobres, salda a dívida que contraiu com Deus. – *Lacordaire*. (Constantina, 1863.)

Transmissão da riqueza

15. *O princípio, segundo o qual ele é apenas depositário da fortuna de que Deus lhe permite gozar durante a vida, tira ao homem o direito de transmiti-la aos seus descendentes?*

O homem pode perfeitamente transmitir, por sua morte, aquilo de que gozou durante a vida, porque o efeito desse direito está subordinado sempre à vontade de Deus, que pode, quando quiser, impedir que aqueles descendentes gozem do que lhes foi transmitido. Não é outra a razão por que desmoronam fortunas que parecem solidamente constituídas. É, pois, impotente a vontade do homem para conservar nas mãos da sua descendência a fortuna que possua. Isso, entretanto, não o priva do direito de transmitir o empréstimo que recebeu de Deus, uma vez que Deus pode retirá-lo, quando o julgue oportuno. – *São Luís*. (Paris, 1860.)

CAPÍTULO XVII

Sede perfeitos

• Caracteres da perfeição • O homem de bem • Os bons espíritas • Parábola do Semeador • *Instruções dos Espíritos*: O dever – A virtude – Os superiores e os inferiores – O homem no mundo – Cuidar do corpo e do espírito

Caracteres da perfeição

1. Amai os vossos inimigos; fazei o bem aos que vos odeiam e orai pelos que vos perseguem e caluniam. Porque, se somente amardes os que vos amam, que recompensa tereis disso? Não fazem assim também os publicanos? Se unicamente saudardes os vossos irmãos, que fazeis com isso mais do que outros? Não fazem o mesmo os pagãos? *Sede, pois, vós outros, perfeitos, como perfeito é o vosso Pai celestial*. (Mateus, 5:44, 46 a 48.)

2. Pois que Deus possui a perfeição infinita em todas as coisas, esta proposição: "Sede perfeitos, como perfeito é o vosso Pai celestial", tomada ao pé da letra, pressuporia a possibilidade de atingir-se a perfeição absoluta. Se à criatura fosse dado ser tão perfeita quanto o Criador, tornar-se-ia ela igual a este, o que é inadmissível. Os homens a quem Jesus falava não compreenderiam essa nuança, pelo que Ele se limitou a lhes apresentar um modelo e a dizer-lhes que se esforçassem pelo alcançar.

Aquelas palavras, portanto, devem entender-se no sentido da perfeição relativa, a de que a Humanidade é suscetível e que mais a aproxima da Divindade. Em que consiste essa perfeição? Jesus o diz: "Em amarmos os nossos inimigos, em fazermos o bem aos que nos odeiam, em orarmos pelos que nos perseguem." Mostra Ele desse modo que a essência da perfeição é a caridade na sua mais ampla acepção, porque implica a prática de todas as outras virtudes.

Com efeito, se se observam os resultados de todos os vícios e, mesmo, dos simples defeitos, reconhecer-se-á nenhum haver que não altere mais ou menos o sentimento da caridade, porque todos têm seu princípio no egoísmo e no orgulho, que lhes são a negação; e isso porque tudo o que sobre-excita o sentimento da personalidade destrói, ou, pelo menos, enfraquece os elementos da verdadeira caridade, que são: a benevolência, a indulgência, a abnegação e o devotamento. Não podendo o amor do próximo, levado até o amor dos inimigos, aliar-se a nenhum defeito contrário à caridade, aquele amor é sempre, portanto, indício de maior ou menor superioridade moral, donde decorre que o grau da perfeição está na razão direta da sua extensão. Foi por isso que Jesus, depois de haver dado a seus discípulos as regras da caridade, no que tem de mais sublime, lhes disse: "Sede perfeitos, como perfeito é vosso Pai celestial."

O homem de bem

3. O verdadeiro homem de bem é o que cumpre a lei de justiça, de amor e de caridade, na sua maior pureza. Se ele interroga a consciência sobre seus próprios atos, a si mesmo perguntará se violou essa lei, se não praticou o mal, se fez todo o bem *que podia*, se desprezou voluntariamente alguma ocasião de ser útil, se ninguém tem qualquer queixa dele; enfim, se fez a outrem tudo o que desejara lhe fizessem.

Deposita fé em Deus, na sua bondade, na sua justiça e na sua sabedoria. Sabe que sem a sua permissão nada acontece e se lhe submete à vontade em todas as coisas.

Tem fé no futuro, razão por que coloca os bens espirituais acima dos bens temporais.

Sabe que todas as vicissitudes da vida, todas as dores, todas as decepções são provas ou expiações e as aceita sem murmurar.

Possuído do sentimento de caridade e de amor ao próximo, faz o bem pelo bem, sem esperar paga alguma; retribui o mal com o bem, toma a defesa do fraco contra o forte e sacrifica sempre seus interesses à justiça.

Encontra satisfação nos benefícios que espalha, nos serviços que presta, no fazer ditosos os outros, nas lágrimas que enxuga, nas consolações que prodigaliza aos aflitos. Seu primeiro impulso é para pensar nos outros, antes de pensar em si, é para cuidar dos interesses dos outros antes do seu próprio interesse. O egoísta, ao contrário, calcula os proventos e as perdas decorrentes de toda ação generosa.

O homem de bem é bom, humano e benevolente para com todos, sem distinção *de raças, nem de crenças*, porque em todos os homens vê irmãos seus.

Respeita nos outros todas as convicções sinceras e não lança anátema aos que como ele não pensam.

Em todas as circunstâncias, toma por guia a caridade, tendo como certo que aquele que prejudica a outrem com palavras malévolas, que fere com o seu orgulho e o seu desprezo a suscetibilidade de alguém, que não recua à ideia de causar um sofrimento, uma contrariedade, ainda que ligeira, quando a pode evitar, falta ao dever de amar o próximo e não merece a clemência do Senhor.

Não alimenta ódio, nem rancor, nem desejo de vingança; a exemplo de Jesus, perdoa e esquece as ofensas e só dos benefícios se lembra, por saber que perdoado lhe será conforme houver perdoado.

É indulgente para as fraquezas alheias, porque sabe que também necessita de indulgência e tem presente esta sentença do Cristo: "Atire-lhe a primeira pedra aquele que se achar sem pecado."

Nunca se compraz em rebuscar os defeitos alheios, nem, ainda, em evidenciá-los. Se a isso se vê obrigado, procura sempre o bem que possa atenuar o mal.

Estuda suas próprias imperfeições e trabalha incessantemente em combatê-las. Todos os esforços emprega para poder dizer, no dia seguinte, que alguma coisa traz em si de melhor do que na véspera.

Não procura dar valor ao seu espírito, nem aos seus talentos, a expensas de outrem; aproveita, ao revés, todas as ocasiões para fazer ressaltar o que seja proveitoso aos outros.

Não se envaidece da sua riqueza, nem de suas vantagens pessoais, por saber que tudo o que lhe foi dado pode ser-lhe tirado.

Usa, mas não abusa dos bens que lhe são concedidos, sabe que é um depósito de que terá de prestar contas e que o mais prejudicial emprego que lhe pode dar é o de aplicá-lo à satisfação de suas paixões.

Se a ordem social colocou sob o seu mando outros homens, trata-os com bondade e benevolência, porque são seus iguais perante Deus; usa da sua autoridade para lhes levantar o moral e não para os esmagar com o seu orgulho. Evita tudo quanto lhes possa tornar mais penosa a posição subalterna em que se encontram.

O subordinado, de sua parte, compreende os deveres da posição que ocupa e se empenha em cumpri-los conscienciosamente. (Cap. XVII, item 9.)

Finalmente, o homem de bem respeita todos os direitos que aos seus semelhantes dão as Leis da Natureza, como quer que sejam respeitados os seus.

Não ficam assim enumeradas todas as qualidades que distinguem o homem de bem; mas aquele que se esforce por possuir as que acabamos de mencionar, no caminho se acha que a todas as demais conduz.[16]

Os bons espíritas

4. Bem compreendido, mas sobretudo bem sentido, o Espiritismo leva aos resultados acima expostos, que caracterizam o verdadeiro espírita, como o cristão verdadeiro, pois que um o mesmo é que outro. O Espiritismo não institui nenhuma nova moral; apenas facilita aos homens a inteligência e a prática da do Cristo, facultando fé inabalável e esclarecida aos que duvidam ou vacilam.

Muitos, entretanto, dos que acreditam nos fatos das manifestações não lhes apreendem as consequências, nem o alcance moral, ou, se os apreendem, não os aplicam a si mesmos. A que atribuir isso? A alguma falta de clareza da Doutrina? Não, pois que ela não contém alegorias nem figuras que possam dar lugar a falsas interpretações. A clareza é da sua essência mesma e é donde lhe vem toda a força, porque a faz ir direito à inteligência. Nada tem de misteriosa e seus iniciados não se acham de posse de qualquer segredo, oculto ao vulgo.

Será então necessária, para compreendê-la, uma inteligência fora do comum? Não, tanto que há homens de notória capacidade que não a compreendem,

---

[16] N.E.: Ver *Nota Explicativa*. p. 579.

ao passo que inteligências vulgares, moços mesmo, apenas saídos da adolescência, lhe apreendem, com admirável precisão, os mais delicados matizes. Provém isso de que a parte por assim dizer *material* da ciência somente requer olhos que observam, enquanto a parte *essencial* exige um certo grau de sensibilidade, a que se pode chamar *maturidade do senso moral*, maturidade que independe da idade e do grau de instrução, porque é peculiar ao desenvolvimento, em sentido especial, do Espírito encarnado.

Nalguns ainda muito tenazes são os laços da matéria para permitirem que o Espírito se desprenda das coisas da Terra; a névoa que os envolve tira-lhes a visão do infinito, donde resulta não romperem facilmente com os seus pendores, nem com seus hábitos, não percebendo haja qualquer coisa melhor do que aquilo de que são dotados. Têm a crença nos Espíritos como um simples fato, mas que nada ou bem pouco lhes modifica as tendências instintivas. Numa palavra: não divisam mais do que um raio de luz, insuficiente a guiá-los e a lhes facultar uma vigorosa aspiração, capaz de lhes sobrepujar as inclinações. Atêm-se mais aos fenômenos do que à moral, que se lhes afigura cediça e monótona. Pedem aos Espíritos que incessantemente os iniciem em novos mistérios, sem procurar saber se já se tornaram dignos de penetrar os arcanos do Criador. Esses são os espíritas imperfeitos, alguns dos quais ficam a meio caminho ou se afastam de seus irmãos em crença, porque recuam ante a obrigação de se reformarem, ou então guardam as suas simpatias para os que lhes compartilham das fraquezas ou das prevenções. Contudo, a aceitação do princípio da doutrina é um primeiro passo que lhes tornará mais fácil o segundo, noutra existência.

Aquele que pode ser, com razão, qualificado de espírita verdadeiro e sincero, se acha em grau superior de adiantamento moral. O Espírito, que nele domina de modo mais completo a matéria, dá-lhe uma percepção mais clara do futuro; os princípios da Doutrina lhe fazem vibrar fibras que nos outros se conservam inertes. Em suma: *é tocado no coração*, pelo que inabalável se lhe torna a fé. Um é qual músico que alguns acordes bastam para comover, ao passo que outro apenas ouve sons. *Reconhece-se o verdadeiro espírita pela sua transformação moral e pelos esforços que emprega para domar suas inclinações más*. Enquanto um se contenta com o seu horizonte limitado, outro, que apreende alguma coisa de melhor, se esforça por desligar-se dele e sempre o consegue, se tem firme a vontade.

Parábola do Semeador

5. Naquele mesmo dia, tendo saído de casa, Jesus sentou-se à borda do mar; em torno dele logo reuniu-se grande multidão; pelo que entrou numa barca, onde sentou-se, permanecendo na margem todo o povo. Disse então muitas coisas por parábolas, falando-lhes assim:

"Aquele que semeia saiu a semear; e, semeando, uma parte

da semente caiu ao longo do caminho e os pássaros do céu vieram e a comeram. Outra parte caiu em lugares pedregosos onde não havia muita terra; as sementes logo brotaram, porque carecia de profundidade a terra onde haviam caído. Mas, levantando-se, o Sol as queimou e, como não tinham raízes, secaram. Outra parte caiu entre espinheiros e estes, crescendo, as abafaram. Outra, finalmente, caiu em terra boa e produziu frutos, dando algumas sementes cem por um, outras sessenta e outras trinta. Ouça quem tem ouvidos de ouvir." (Mateus, 13:1 a 9.)

"Escutai, pois, vós outros a parábola do semeador. Quem quer que escuta a palavra do Reino e não lhe dá atenção, vem o espírito maligno e tira o que lhe fora semeado no coração. Esse é o que recebeu a semente ao longo do caminho. Aquele que recebe a semente em meio das pedras é o que escuta a palavra e que a recebe com alegria no primeiro momento. Mas não tendo nele raízes, dura apenas algum tempo. Sobrevindo reveses e perseguições por causa da palavra, tira ele daí motivo de escândalo e de queda. Aquele que recebe a semente entre espinheiros é o que ouve a palavra; mas em quem, logo, os cuidados deste século e a ilusão das riquezas abafam aquela palavra e a tornam infrutífera. Aquele, porém, que recebe a semente em boa terra é o que escuta a palavra, que lhe presta atenção e em quem ela produz frutos, dando cem ou sessenta, ou trinta por um." (Mateus, 13:18 a 23.)

6. A Parábola do Semeador exprime perfeitamente os matizes existentes na maneira de serem utilizados os ensinos do Evangelho. Quantas pessoas há, com efeito, para as quais não passa ele

de letra morta e que, como a semente caída sobre pedregulhos, nenhum fruto dá!

Não menos justa aplicação encontra ela nas diferentes categorias espíritas. Não se acham simbolizados nela os que apenas atentam nos fenômenos materiais e nenhuma consequência tiram deles, porque neles mais não veem do que fatos curiosos? Os que apenas se preocupam com o lado brilhante das comunicações dos Espíritos, pelas quais só se interessam quando lhes satisfazem à imaginação, e que, depois de as terem ouvido, se conservam tão frios e indiferentes quanto eram? Os que reconhecem muito bons os conselhos e os admiram, mas para serem aplicados aos outros e não a si próprios? Aqueles, finalmente, para os quais essas instruções são como a semente que cai em terra boa e dá frutos?

Instruções dos Espíritos
O dever

7. O dever é a obrigação moral da criatura para consigo mesma, primeiro, e, em seguida, para com os outros. O dever é a lei da vida. Com ele deparamos nas mais ínfimas particularidades, como nos atos mais elevados. Quero aqui falar apenas do dever moral, e não do dever que as profissões impõem.

Na ordem dos sentimentos, o dever é muito difícil de cumprir-se, por se achar em antagonismo com as atrações do interesse e do coração. Não têm testemunhas as suas vitórias e não estão sujeitas à repressão suas derrotas. O dever íntimo do homem fica entregue ao seu livre-arbítrio. O aguilhão da consciência, guardião da probidade interior, o adverte e sustenta; mas, muitas vezes, mostra-se impotente diante dos sofismas da paixão. Fielmente observado, o dever do coração eleva o homem; como determiná-lo, porém, com exatidão? Onde começa ele? onde termina? *O dever principia, para cada um de vós, exatamente no ponto em que ameaçais a felicidade ou a tranquilidade do vosso próximo; acaba no limite que não desejais ninguém transponha com relação a vós.*

Deus criou todos os homens iguais para a dor. Pequenos ou grandes, ignorantes ou instruídos, sofrem todos pelas mesmas causas, a fim de que cada um julgue em sã consciência o mal que pode fazer. Com relação ao bem, infinitamente vário nas suas expressões, não é o mesmo o critério. *A igualdade em face da dor é uma sublime providência de Deus, que quer que todos os seus filhos, instruídos pela experiência comum, não pratiquem o mal, alegando ignorância de seus efeitos.*

O dever é o resumo prático de todas as especulações morais; é uma bravura da alma que enfrenta as angústias da luta; é austero e brando; pronto a dobrar-se às mais diversas complicações, conserva-se inflexível diante das suas tentações. *O homem que cumpre o seu dever ama a Deus mais do que as criaturas e ama as criaturas mais do que a si mesmo.* É a um tempo juiz e escravo em causa própria.

O dever é o mais belo laurel da razão; descende desta como de sua mãe o filho. O homem tem de amar o dever, não porque preserve de males a vida, males aos quais a Humanidade não pode subtrair-se, mas porque confere à alma o vigor necessário ao seu desenvolvimento.

O dever cresce e irradia sob mais elevada forma, em cada um dos estágios superiores da Humanidade. Jamais cessa a obrigação moral da criatura para com Deus. Tem esta de refletir as virtudes do Eterno, que não aceita esboços imperfeitos, porque quer que a beleza da sua obra resplandeça a seus próprios olhos. – *Lázaro*. (Paris, 1863.)

A virtude

8. A virtude, no mais alto grau, é o conjunto de todas as qualidades essenciais que constituem o homem de bem. Ser bom, caritativo, laborioso, sóbrio, modesto, são qualidades do homem virtuoso. Infelizmente, quase sempre as acompanham pequenas enfermidades morais que as desornam e atenuam. Não é virtuoso aquele que faz ostentação da sua virtude, pois que lhe falta a qualidade principal: a modéstia, e tem o vício que mais se lhe opõe: o orgulho. A virtude, verdadeiramente digna desse nome, não gosta de estadear-se. Adivinham-na; ela, porém, se oculta na obscuridade e foge à admiração das massas. São Vicente de Paulo era virtuoso; eram virtuosos o digno cura d'Ars e muitos outros quase desconhecidos do mundo, mas conhecidos

de Deus. Todos esses homens de bem ignoravam que fossem virtuosos; deixavam-se ir ao sabor de suas santas inspirações e praticavam o bem com desinteresse, completo e inteiro esquecimento de si mesmos.

À virtude assim compreendida e praticada é que vos convido, meus filhos; a essa virtude verdadeiramente cristã e verdadeiramente espírita é que vos concito a consagrar-vos. Afastai, porém, de vossos corações tudo o que seja orgulho, vaidade, amor-próprio, que sempre desadornam as mais belas qualidades. Não imiteis o homem que se apresenta como modelo e trombeteia, ele próprio, suas qualidades a todos os ouvidos complacentes. A virtude que assim se ostenta esconde muitas vezes uma imensidade de pequenas torpezas e de odiosas covardias.

Em princípio, o homem que se exalça, que ergue uma estátua à sua própria virtude, anula, por esse simples fato, todo mérito real que possa ter. Entretanto, que direi daquele cujo único valor consiste em parecer o que não é? Admito de boa mente que o homem que pratica o bem experimenta uma satisfação íntima em seu coração; mas, desde que tal satisfação se exteriorize, para colher elogios, degenera em amor-próprio.

Ó vós todos a quem a fé espírita aqueceu com seus raios, e que sabeis quão longe da perfeição está o homem, jamais esbarreis em semelhante escolho. A virtude é uma graça que desejo a todos os espíritas sinceros. Contudo, dir-lhes-ei: Mais vale pouca virtude com modéstia do que muita com orgulho. Pelo orgulho é que as humanidades sucessivamente se hão perdido; pela humildade é que um dia elas se hão de redimir. – *François-Nicolas-Madeleine*. (Paris, 1863.)

Os superiores e os inferiores

9. A autoridade, tanto quanto a riqueza, é uma delegação de que terá de prestar contas aquele que se ache dela investido. Não julgueis que lhe seja ela conferida para lhe proporcionar o vão prazer de mandar; nem, conforme o supõe a maioria dos potentados da Terra, como um direito, uma propriedade. Deus, aliás, lhes prova constantemente que não é nem uma nem outra coisa, pois que deles a retira quando lhe apraz. Se fosse um privilégio inerente às suas personalidades, seria inalienável. A ninguém cabe dizer que uma coisa lhe pertence, quando lhe pode ser tirada sem seu consentimento. Deus confere a autoridade a título de *missão*, ou de prova, quando o entende, e a retira quando julga conveniente.

Quem quer que seja depositário de autoridade, seja qual for a sua extensão, desde a do senhor sobre o seu servo, até a do soberano sobre o seu povo, não deve olvidar que tem almas a seu cargo; que responderá pela boa ou má diretriz que dê aos seus subordinados e que sobre ele recairão as faltas que estes cometam, os vícios a que sejam arrastados em consequência dessa diretriz ou dos *maus exemplos*, do mesmo modo que colherá os frutos da solicitude que empregar para os conduzir ao bem. Todo homem tem na Terra uma missão, grande ou pequena; qualquer que ela seja, sempre lhe é dada para o bem; falseá-la em seu princípio é, pois, falir ao seu desempenho.

Assim como pergunta ao rico: "Que fizeste da riqueza que nas tuas mãos devera ser um manancial a espalhar a fecundidade ao teu derredor", também Deus inquirirá daquele que disponha de alguma autoridade: "Que uso fizeste dessa autoridade? Que males evitaste? Que progresso facultaste? Se te dei subordinados, não foi para que os fizesses escravos da tua vontade, nem instrumentos dóceis aos teus caprichos ou à tua cupidez; fiz-te forte e confiei-te os que eram fracos, para que os amparasses e ajudasses a subir ao meu seio."

O superior, que se ache compenetrado das palavras do Cristo, a nenhum despreza dos que lhe estejam submetidos, porque sabe que as distinções sociais não prevalecem às vistas de Deus. Ensina-lhe o Espiritismo que, se eles hoje lhe obedecem, talvez já lhe tenham dado ordens, ou poderão dar-lhas mais tarde, e que ele então será tratado conforme os haja tratado, quando sobre eles exerça autoridade.

Se o superior tem deveres a cumprir, o inferior, de seu lado, também os tem e não menos sagrados. Se for espírita, sua consciência ainda mais imperiosamente lhe dirá que não pode considerar-se dispensado de cumpri-los, nem mesmo quando o seu chefe deixe de dar cumprimento aos que lhe correm, porquanto sabe muito bem não ser lícito retribuir o mal com o mal e que as faltas de uns não justificam as de outrem. Se a sua posição lhe acarreta sofrimentos, reconhecerá que sem dúvida os mereceu, porque, provavelmente, abusou outrora da autoridade que tinha, cabendo-lhe, portanto, experimentar a seu turno o que fizera sofressem os outros. Se se vê forçado a suportar essa posição, por não encontrar outra melhor, o Espiritismo lhe ensina a resignar-se, como constituindo isso uma prova para a sua humildade, necessária ao seu adiantamento. Sua crença lhe orienta a conduta e o induz a proceder como quereria que seus subordinados procedessem para com ele, caso fosse o chefe. Por isso mesmo, mais escrupuloso se mostra no cumprimento de suas obrigações, pois compreende que toda negligência no trabalho que lhe está determinado redunda em prejuízo para aquele que o remunera e a quem deve ele o seu tempo e os seus esforços. Numa palavra: solicita-o o sentimento do dever, oriundo da sua fé, e a certeza de que todo afastamento do caminho reto implica uma dívida que, cedo ou tarde, terá de pagar. – *François-Nicolas-Madeleine*, cardeal Morlot. (Paris, 1863.)

O homem no mundo

10. Um sentimento de piedade deve sempre animar o coração dos que se reúnem sob as vistas do Senhor e imploram a assistência dos bons Espíritos. Purificai, pois, os vossos corações; não consintais que neles demore qualquer pensamento mundano ou fútil. Elevai o vosso espírito àqueles por quem chamais, a fim de que, encontrando em vós as necessárias disposições, possam lançar em profusão a semente que é preciso germine em vossas almas e dê frutos de caridade e justiça.

Não julgueis, todavia, que, exortando-vos incessantemente à prece e à evocação mental, pretendamos vivais uma vida mística, que vos conserve fora das leis da sociedade onde estais condenados a viver. Não; vivei com os homens da vossa época, como devem viver os homens. Sacrificai às necessidades, mesmo às frivolidades do dia, mas sacrificai com um sentimento de pureza que as possa santificar.

Sois chamados a estar em contato com espíritos de naturezas diferentes, de caracteres opostos: não choqueis a nenhum daqueles com quem estiverdes. Sede joviais, sede ditosos, mas seja a vossa jovialidade a que provém de uma consciência limpa, seja a vossa ventura a do herdeiro do Céu que conta os dias que faltam para entrar na posse da sua herança.

Não consiste a virtude em assumirdes severo e lúgubre aspecto, em repelirdes os prazeres que as vossas condições humanas vos permitem. Basta reporteis todos os atos da vossa vida ao Criador que vo-la deu; basta que, quando começardes ou acabardes uma obra, eleveis o pensamento a esse Criador e lhe peçais, num arroubo de alma, ou a sua proteção para que obtenhais êxito, ou a sua bênção para ela, se a concluístes. Em tudo o que fizerdes, remontai à Fonte de todas as coisas, para que nenhuma de vossas ações deixe de ser purificada e santificada pela lembrança de Deus.

A perfeição está toda, como disse o Cristo, na prática da caridade absoluta; os deveres da caridade alcançam todas as posições sociais, desde o menor até o maior. Nenhuma caridade teria a praticar o homem que vivesse insulado. Unicamente no contato com os seus semelhantes, nas lutas mais árduas é que ele encontra ensejo de praticá-la. Aquele, pois, que se isola priva-se voluntariamente do mais poderoso meio de aperfeiçoar-se; não tendo de pensar senão em si, sua vida é a de um egoísta. (Cap. V, item 26.)

Não imagineis, portanto, que, para viverdes em comunicação constante conosco, para viverdes sob as vistas do Senhor, seja preciso vos cilicieis e cubrais de cinzas. Não, não, ainda uma vez vos dizemos. Ditosos sede, segundo as necessidades da Humanidade; mas que jamais na vossa felicidade entre um pensamento ou um ato que o possa ofender, ou fazer se vele o semblante dos que vos amam e dirigem. Deus é amor, e aqueles que amam santamente Ele os abençoa. – *Um Espírito protetor*. (Bordeaux, 1863.)

Cuidar do corpo e do espírito

11. Consistirá na maceração do corpo a perfeição moral? Para resolver essa questão, apoiar-me-ei em princípios elementares e começarei por demonstrar a necessidade de cuidar-se do corpo que, segundo as alternativas de saúde e de enfermidade, influi de maneira muito importante sobre a alma, que cumpre se considere cativa da carne. Para que essa prisioneira viva, se expanda e chegue mesmo a conceber as ilusões da liberdade, tem o corpo de estar são, disposto, forte. Façamos uma comparação: Eis se acham ambos em perfeito estado; que devem fazer para manter o equilíbrio entre as suas aptidões e as suas necessidades tão diferentes? Inevitável parece a luta entre os dois e difícil achar-se o segredo de como chegarem a equilíbrio.

Dois sistemas se defrontam: o dos ascetas, que tem por base o aniquilamento do corpo, e o dos materialistas, que se baseia no rebaixamento da alma. Duas violências quase tão insensatas uma quanto a outra. Ao lado desses dois grandes partidos, formiga a numerosa tribo dos indiferentes que, sem convicção e sem paixão, são mornos no amar e econômicos no gozar. Onde, então, a sabedoria? Onde, então, a ciência de viver? Em parte alguma; e o grande problema ficaria sem solução, se o

Espiritismo não viesse em auxílio dos pesquisadores, demonstrando-lhes as relações que existem entre o corpo e a alma e dizendo-lhes que, por se acharem em dependência mútua, importa cuidar de ambos. Amai, pois, a vossa alma, porém, cuidai igualmente do vosso corpo, instrumento daquela. Desatender as necessidades que a própria Natureza indica, é desatender a Lei de Deus. Não castigueis o corpo pelas faltas que o vosso livre-arbítrio o induziu a cometer e pelas quais é ele tão responsável quanto o cavalo mal dirigido, pelos acidentes que causa. Sereis, porventura, mais perfeitos se, martirizando o corpo, não vos tornardes menos egoístas, nem menos orgulhosos e mais caritativos para com o vosso próximo? Não, a perfeição não está nisso: está toda nas reformas por que fizerdes passar o vosso Espírito. Dobrai-o, submetei-o, humilhai-o, mortificai-o: esse o meio de o tornardes dócil à vontade de Deus e o único de alcançardes a perfeição. – *Georges*, Espírito protetor. (Paris, 1863.)

CAPÍTULO XVIII

Muitos os chamados, poucos os escolhidos

• Parábola do Festim das Bodas • A porta estreita • Nem todos os que dizem: Senhor! Senhor! entrarão no Reino dos Céus • Muito se pedirá àquele que muito recebeu • *Instruções dos Espíritos*: Dar-se-á àquele que tem – Pelas suas obras é que se reconhece o cristão

Parábola do Festim das Bodas

1. Falando ainda por parábolas, disse-lhes Jesus: "O Reino dos Céus se assemelha a um rei que, querendo festejar as bodas de seu filho, despachou seus servos a chamar para as bodas os que tinham sido convidados; estes, porém, recusaram-se a ir. O rei despachou outros servos com ordem de dizer da sua parte aos convidados: 'Preparei o meu jantar; mandei matar os meus bois e todos os meus cevados; tudo está pronto; vinde às bodas.' — Eles, porém, sem se incomodarem com isso, lá se foram, um para a sua casa de campo, outro para o seu negócio. Os outros pegaram dos servos e os mataram, depois de lhes haverem feito muitos ultrajes. Sabendo disso, o rei se tomou de cólera e, mandando contra eles seus exércitos, exterminou os assassinos e lhes queimou a cidade.
Então, disse a seus servos: 'O festim das bodas está inteiramente preparado; mas os que para ele foram

chamados não eram dignos dele. Ide, pois, às encruzilhadas e chamai para as bodas todos quantos encontrardes.' — Os servos então saíram pelas ruas e trouxeram todos os que iam encontrando, bons e maus; a sala das bodas se encheu de pessoas que se puseram à mesa.

  Entrou, em seguida, o rei para ver os que estavam à mesa, e, dando com um homem que não vestia a túnica nupcial disse-lhe: 'Meu amigo, como entraste aqui sem a túnica nupcial?' O homem guardou silêncio. Então, disse o rei à sua gente: 'Atai-lhe as mãos e os pés e lançai-o nas trevas exteriores: aí é que haverá prantos e ranger de dentes, porquanto, *muitos há chamados, mas poucos escolhidos.*'" (Mateus, 22:1 a 14.)

  2. O incrédulo sorri a esta parábola, que lhe parece de pueril ingenuidade, por não compreender que se possa opor tanta dificuldade para assistir a um festim e, ainda menos, que convidados levem a resistência a ponto de massacrarem os enviados do dono da casa. "As parábolas", diz ele, o incrédulo, "são, sem dúvida, imagens; mas, ainda assim, mister se torna que não ultrapassem os limites do verossímil."

  Outro tanto pode ser dito de todas as alegorias, das mais engenhosas fábulas, se não lhes forem tirados os respectivos envoltórios, para ser achado o sentido oculto. Jesus compunha as suas com os hábitos mais vulgares da vida e as adaptava aos costumes e ao caráter do povo a quem falava. A maioria delas tinha por objeto fazer penetrar nas massas populares a ideia da vida espiritual, parecendo muitas ininteligíveis, quanto ao sentido, apenas por não se colocarem neste ponto de vista os que as interpretam.

Na de que tratamos, Jesus compara o Reino dos Céus, onde tudo é alegria e ventura, a um festim. Falando dos primeiros convidados, alude aos hebreus, que foram os primeiros chamados por Deus ao conhecimento da sua Lei. Os enviados do rei são os profetas que os vinham exortar a seguir a trilha da verdadeira felicidade; suas palavras, porém, quase não eram escutadas; suas advertências eram desprezadas; muitos foram mesmo massacrados, como os servos da parábola. Os convidados que se escusam, pretextando terem de ir cuidar de seus campos e de seus negócios, simbolizam as pessoas mundanas que, absorvidas pelas coisas terrenas, se conservam indiferentes às coisas celestes.

Era crença comum aos judeus de então que a nação deles tinha de alcançar supremacia sobre todas as outras. Deus, com efeito, não prometera a Abraão que a sua posteridade cobriria toda a Terra? Como sempre, porém, atendo-se à forma, sem atentarem ao fundo, eles acreditavam tratar-se de uma dominação efetiva e material.

Antes da vinda do Cristo, com exceção dos hebreus, todos os povos eram idólatras e politeístas. Se alguns homens superiores ao vulgo conceberam a ideia da unidade de Deus, essa ideia permaneceu no estado de sistema pessoal, em parte nenhuma foi aceita como verdade fundamental, a não ser por alguns iniciados que ocultavam seus conhecimentos sob um véu de mistério, impenetrável para as massas populares. Os hebreus foram os primeiros a praticar publicamente o monoteísmo; é a eles que Deus transmite a sua lei, primeiramente por via de Moisés, depois por intermédio de Jesus. Foi daquele pequenino foco que partiu a luz destinada a espargir-se pelo mundo inteiro, a triunfar do paganismo e a dar a Abraão uma posteridade *espiritual* "tão numerosa quanto as estrelas do firmamento". Entretanto, abandonando de todo a idolatria, os judeus desprezaram a lei moral, para se aferrarem ao mais fácil: à prática do culto exterior. O mal chegara ao cúmulo; a nação, além de escravizada, era esfacelada pelas facções e dividida pelas seitas; a incredulidade atingira mesmo o santuário. Foi então que apareceu Jesus, enviado para os chamar à observância da Lei e para lhes rasgar os horizontes novos da vida futura. Dos *primeiros* a ser convidados para o grande banquete da fé universal, eles repeliram a palavra do Messias celeste e o imolaram. Perderam assim o fruto que teriam colhido da iniciativa que lhes coubera.

Fora, contudo, injusto acusar-se o povo inteiro de tal estado de coisas. A responsabilidade tocava principalmente aos fariseus e saduceus, que sacrificaram a nação por efeito do orgulho e do fanatismo de uns e pela incredulidade dos outros. São, pois, eles, sobretudo, que Jesus identifica nos convidados que recusam comparecer ao festim das bodas. Depois, acrescenta: "Vendo isso, o Senhor mandou convidar a todos os que fossem encontrados nas encruzilhadas, bons e maus." Queria dizer desse modo que a palavra ia ser pregada a todos os outros povos, pagãos e idólatras, e estes, acolhendo-a, seriam admitidos ao festim, em lugar dos primeiros convidados.

No entanto, não basta a ninguém ser convidado; não basta dizer-se cristão, nem sentar-se à mesa para tomar parte no banquete celestial. É preciso, antes de tudo e sob condição expressa, estar revestido da túnica nupcial, isto é, ter puro o coração e cumprir a lei segundo o espírito. Ora, a lei toda se contém nestas palavras: *Fora da caridade não há salvação*. Entre todos, porém, que ouvem a palavra divina, quão poucos são os que a guardam e a aplicam proveitosamente! Quão poucos se tornam dignos de entrar no Reino dos Céus! Eis por que disse Jesus: "*Chamados haverá muitos; poucos, no entanto, serão os escolhidos*."

A porta estreita

3. Entrai pela porta estreita, porque larga é a porta da perdição e espaçoso o caminho que a ela conduz, e muitos são os que por ela entram. Quão pequena é a porta da vida! quão apertado o caminho que a ela conduz! e quão poucos a encontram! (Mateus, 7:13 e 14.)

4. Tendo-lhe alguém feito esta pergunta: "Senhor, serão poucos os que se salvam?" – Respondeu-lhes Ele:

"Esforçai-vos por entrar pela porta estreita, pois vos asseguro que muitos procurarão transpô-la e não o poderão."

– E quando o pai de família houver entrado e fechado a porta, e vós, de fora, começardes a bater, dizendo: "Senhor, abre-nos." – Ele vos responderá: "Não sei donde sois." – Pôr-vos-eis a dizer: "Comemos e bebemos na tua presença e nos instruíste nas nossas praças públicas." – Ele vos responderá: "Não sei donde sois; afastai-vos de mim, todos vós que praticais a iniquidade."

Então, haverá prantos e ranger de dentes, quando virdes que Abraão, Isaque, Jacó e todos os profetas estão no Reino de Deus e que vós outros sois dele expelidos. Virão muitos do Oriente e do Ocidente, do Setentrião e do Meio-Dia, que participarão do festim no Reino de Deus. Então, os que forem últimos serão os primeiros e os que forem primeiros serão os últimos. (Lucas, 13:23 a 30.)

5. Larga é a porta da perdição, porque são numerosas as paixões más e porque o maior número envereda pelo caminho do mal. É estreita a da salvação, porque a grandes esforços sobre si mesmo é obrigado o homem que a queira transpor, para vencer suas más tendências, coisa a que poucos se resignam. É o complemento da máxima: "Muitos são os chamados e poucos os escolhidos."

Tal o estado da humanidade terrena, porque, sendo a Terra mundo de expiação, nela predomina o mal. Quando se achar transformada, a estrada do bem será a mais frequentada. Aquelas palavras devem, pois, entender-se em sentido relativo, e não em sentido absoluto. Se houvesse de ser esse o estado normal da Humanidade, teria Deus condenado à perdição a imensa maioria das suas criaturas, suposição inadmissível, desde que se reconheça que Deus é todo justiça e bondade.

Todavia, de que delitos esta Humanidade se houvera feito culpada para merecer tão triste sorte, no presente e no futuro, se toda ela se achasse degredada na Terra e se a alma não tivesse tido outras existências? Por que tantos entraves postos diante de seus passos? Por que essa porta tão estreita que só a muito poucos é dado transpor, se a sorte da alma é determinada para sempre, logo após a morte? Assim é que, com a unicidade da existência, o homem está sempre em contradição consigo mesmo e com a Justiça de Deus. Com a anterioridade da alma e a pluralidade dos mundos, o horizonte se alarga; faz-se luz sobre os pontos mais obscuros da fé; o presente e o futuro tornam-se solidários com o passado, e só então se pode compreender toda a profundeza, toda a verdade e toda a sabedoria das máximas do Cristo.

Nem todos os que dizem: "Senhor! Senhor!" – entrarão no Reino dos Céus

6. Nem todos os que me dizem: "Senhor! Senhor!" – entrarão no Reino dos Céus; apenas entrará aquele que faz a vontade de meu Pai, que está nos céus. Muitos, nesse dia, me dirão: "Senhor! Senhor! não profetizamos em teu nome? Não expulsamos em teu nome o demônio? Não fizemos muitos milagres em teu nome?" – Eu então

lhes direi em altas vozes: "Afastai-vos de mim, vós que fazeis obras de iniquidade." (Mateus, 7:21 a 23.)

7. Aquele, pois, que ouve estas minhas palavras e as pratica, será comparado a um homem prudente que construiu sobre a rocha a sua casa. Quando caiu a chuva, os rios transbordaram, sopraram os ventos sobre a casa; ela não ruiu, por estar edificada na rocha. Mas aquele que ouve estas minhas palavras e não as pratica, se assemelha a um homem insensato que construiu sua casa na areia. Quando a chuva caiu, os rios transbordaram, os ventos sopraram e a vieram açoitar, ela foi derribada; grande foi a sua ruína. (Mateus, 7:24 a 27; Lucas, 6:46 a 49.)

8. Aquele que violar um destes menores mandamentos e que ensinar os homens a violá-los, será considerado como último no Reino dos Céus; mas será grande no Reino dos Céus aquele que os cumprir e ensinar. (Mateus, 5:19.)

9. Todos os que reconhecem a missão de Jesus dizem: "Senhor! Senhor!" – De que serve, porém, lhe chamarem Mestre ou Senhor, se não lhe seguem os preceitos? Serão cristãos os que o honram com exteriores atos de devoção e, ao mesmo tempo, sacrificam ao orgulho, ao egoísmo, à cupidez e a todas as suas paixões? Serão seus discípulos os que passam os dias em oração e não se mostram nem melhores, nem mais caridosos, nem mais indulgentes para com seus semelhantes? Não, porquanto, do mesmo modo que os fariseus, eles têm a prece nos lábios, e não no coração. Pela forma poderão impor-se aos homens; não, porém, a Deus. Em vão dirão eles a Jesus: "Senhor! não profetizamos, isto

é, não ensinamos em teu nome; não expulsamos em teu nome os demônios; não comemos e bebemos contigo?" Ele lhes responderá: "Não sei quem sois; afastai-vos de mim, vós que cometeis iniquidades, vós que desmentis com os atos o que dizeis com os lábios, que caluniais o vosso próximo, que espoliais as viúvas e cometeis adultério. Afastai-vos de mim, vós, cujo coração destila ódio e fel, que derramais o sangue dos vossos irmãos em meu nome, que fazeis corram lágrimas, em vez de secá-las. Para vós, haverá prantos e ranger de dentes, porquanto o Reino de Deus é para os que são brandos, humildes e caridosos. Não espereis dobrar a Justiça do Senhor pela multiplicidade das vossas palavras e das vossas genuflexões. O caminho único que vos está aberto, para achardes graça perante Ele, é o da prática sincera da lei de amor e de caridade."

São eternas as palavras de Jesus, porque são a verdade. Constituem não só a salvaguarda da vida celeste, mas também o penhor da paz, da tranquilidade e da estabilidade nas coisas da vida terrestre. Eis por que todas as instituições humanas, políticas, sociais e religiosas, que se apoiarem nessas palavras, serão estáveis como a casa construída sobre a rocha. Os homens as conservarão, porque se sentirão felizes nelas. As que, porém, forem uma violação daquelas palavras, serão como a casa edificada na areia: o vento das renovações e o rio do progresso as arrastarão.

Muito se pedirá àquele que muito recebeu

10. "O servo que souber da vontade do seu amo e que, entretanto, não estiver pronto e não fizer o que dele queira o amo, será rudemente castigado. Mas aquele que não tenha sabido da sua vontade e fizer coisas dignas de castigo menos punido será. Muito se pedirá àquele a quem muito se houver dado e maiores contas serão tomadas àquele a quem mais coisas se haja confiado." (Lucas, 12:47 e 48.)

11. "Vim a este mundo para exercer um juízo, a fim de que os que não veem vejam e os que veem se tornem cegos."

– Alguns fariseus, que estavam com Ele, ouvindo essas palavras, lhe perguntaram: "Também nós, então, somos cegos?"

– Respondeu-lhes Jesus: "Se fôsseis cegos, não teríeis pecados; mas, agora, dizeis que vedes e é por isso que em vós permanece o vosso pecado." (João, 9:39 a 41.)

12. Principalmente ao ensino dos Espíritos é que estas máximas se aplicam. Quem quer que conheça os preceitos do Cristo e não os pratique, é certamente culpado; contudo, além de o Evangelho, que os contém, achar-se espalhado somente no seio das seitas cristãs, mesmo dentro destas quantos há que não o leem, e, entre os que o leem, quantos os que o não compreendem! Resulta daí que as próprias palavras de Jesus são perdidas para a maioria dos homens.

O ensino dos Espíritos, reproduzindo essas máximas sob diferentes formas, desenvolvendo-as e comentando-as, para pô-las ao alcance de todos, tem isto de particular: não é circunscrito; todos, letrados ou iletrados, crentes ou incrédulos, cristãos ou não, o podem receber, pois que os Espíritos se comunicam por toda parte. Nenhum dos que o recebam, diretamente ou por intermédio de outrem, pode pretextar ignorância; não se pode desculpar nem com a falta de instrução, nem com a obscuridade do sentido alegórico. Aquele, portanto, que não aproveita essas máximas para melhorar-se, que as admira como coisas interessantes e curiosas, sem que lhe toquem o coração, que não se torna nem menos vão, nem menos orgulhoso, nem menos egoísta, nem menos apegado aos bens materiais, nem melhor para seu próximo, mais culpado é, porque mais meios tem de conhecer a verdade.

Os médiuns que obtêm boas comunicações ainda mais censuráveis são, se persistem no mal, porque muitas vezes escrevem sua própria condenação e porque, se não os cegasse o orgulho, reconheceriam que a eles é que se dirigem os Espíritos. Todavia, em vez de tomarem para si as lições que escrevem, ou que leem escritas por outros, têm por única preocupação aplicá-las aos demais, confirmando assim estas palavras de Jesus: "Vedes um argueiro no olho do vosso próximo e não vedes a trave que está no vosso." (Cap. X, item 9.)

Por esta sentença: "Se fôsseis cegos, não teríeis pecados", quis Jesus significar que a culpabilidade está na razão das luzes que a criatura possua. Ora, os fariseus, que tinham a pretensão de ser, e eram, com efeito, os mais esclarecidos da sua nação, mais culposos se mostravam aos olhos de Deus do que o povo ignorante. O mesmo se dá hoje.

Aos espíritas, pois, muito será pedido, porque muito hão recebido; mas também aos que houverem aproveitado, muito será dado.

O primeiro cuidado de todo espírita sincero deve ser o de procurar saber se, nos conselhos que os Espíritos dão, alguma coisa não há que lhe diga respeito.

O Espiritismo vem multiplicar o número dos *chamados*. Pela fé que faculta, multiplicará também o número dos *escolhidos*.

Instruções dos Espíritos
Dar-se-á àquele que tem

13. Aproximando-se dele, seus discípulos lhe disseram: "Por que lhes falas por parábolas?" – Respondendo, disse-lhes Ele: "É porque, a vós outros, vos foi dado conhecer os mistérios do Reino dos Céus, ao passo que a eles isso não foi dado. Porque, àquele que já tem, mais se lhe dará e ele ficará na abundância; àquele, entretanto, que não tem, mesmo o que tem se lhe tirará. Por isso é que lhes falo por parábolas: porque, vendo, nada veem e, ouvindo, nada entendem, nem compreendem." Neles [nos mistérios do Reino dos Céus] se cumpre a profecia de Isaías, quando diz: "Ouvireis com os vossos ouvidos e nada entendereis; olhareis com os vossos olhos e nada vereis." (Mateus, 13:10 a 14.)

14. Tende muito cuidado com o que ouvis, porquanto usarão para convosco da mesma medida de que vos houverdes servido para medir os outros, e ainda se vos acrescentará; pois, ao que já tem, dar-se-á, e, ao que não tem, até o que tem se lhe tirará. (Marcos, 4:24 e 25.)

15. "Dá-se ao que já tem e tira-se ao que não tem." Meditai esses grandes ensinamentos que se vos hão por vezes afigurado paradoxais. Aquele que recebeu é o que possui o sentido da palavra divina; recebeu unicamente porque tentou tornar-se digno dela e porque o Senhor, em seu amor misericordioso, anima os esforços que tendem para o bem. Aturados, perseverantes, esses esforços atraem as graças do Senhor; são um ímã que chama a si o que é progressivamente melhor, as graças copiosas que vos fazem fortes para galgar a montanha santa, em cujo cume está o repouso após o labor.

"Tira-se ao que não tem ou tem pouco." Tomai isso como uma antítese figurada. Deus não retira das suas criaturas o bem que se haja dignado de fazer-lhes. Homens cegos e surdos, abri as vossas inteligências e os vossos corações; vede pelo vosso espírito; ouvi pela vossa alma e não interpreteis de modo tão grosseiramente injusto as palavras daquele que fez resplandecesse aos vossos olhos a Justiça do Senhor. Não é Deus quem retira daquele que pouco recebera: é o próprio Espírito que, por pródigo e descuidado, não sabe conservar o que tem e aumentar, fecundando-o, o óbolo que lhe caiu no coração.

Aquele que não cultiva o campo que o trabalho de seu pai lhe granjeou, e que lhe coube em herança, o vê cobrir-se de ervas parasitas. É seu pai quem lhe tira as colheitas que ele não quis preparar? Se, à falta de cuidado, deixou fenecessem as sementes destinadas a produzir nesse campo, é a seu pai que lhe cabe acusar por nada produzirem elas? Não e não. Em vez de acusar aquele que tudo lhe preparara [Deus], de criticar as suas doações, queixe-se do verdadeiro autor de suas misérias [si mesmo] e, arrependido e operoso, meta, corajoso, mãos à obra; arroteie o solo ingrato com o esforço de sua vontade; lavre-o fundo com auxílio do arrependimento e da esperança; lance nele, confiante, a semente que haja separado, por boa, dentre as más; regue-o com o seu amor e a sua caridade, e Deus, o Deus de amor e de caridade, dará àquele que já recebera. Verá ele, então, coroados de êxito os seus esforços e um grão produzir cem e outro mil. Ânimo, trabalhadores! Tomai dos vossos arados e das vossas charruas; lavrai os vossos corações; arrancai deles a cizânia; semeai a boa semente que o Senhor vos confia e o orvalho do amor lhe fará produzir frutos de caridade. – *Um Espírito amigo*. (Bordeaux, 1862.)

Pelas suas obras é que se reconhece o cristão

16. "Nem todos os que me dizem: 'Senhor! Senhor!' entrarão no Reino dos Céus, mas somente aqueles que fazem a vontade de meu Pai que está nos céus."

Escutai essa palavra do Mestre, todos vós que repelis a Doutrina Espírita como obra do demônio. Abri os ouvidos, que é chegado o momento de ouvir.

Será bastante trazer a libré do Senhor, para ser-se fiel servidor seu? Bastará dizer: "Sou cristão", para que alguém seja um seguidor do Cristo? Procurai os verdadeiros cristãos e os reconhecereis pelas suas obras. "Uma árvore boa não pode dar maus frutos, nem uma árvore má pode dar frutos bons." "Toda árvore que não dá bons frutos é cortada e lançada ao fogo." São do Mestre essas palavras. Discípulos do Cristo, compreendei-as bem! Que frutos deve dar a árvore do Cristianismo, árvore possante, cujos ramos frondosos cobrem com sua sombra uma parte do mundo, mas que ainda não abrigam todos os que se hão de grupar em torno dela? Os da árvore da vida são frutos de vida, de esperança e de fé. O Cristianismo, qual o fizeram há muitos séculos, continua a pregar essas virtudes divinas; esforça-se por espalhar seus frutos, mas quão poucos os colhem! A árvore é boa sempre, porém maus são os jardineiros. Entenderam de moldá-la pelas suas ideias; de talhá-la de acordo com as suas necessidades; cortaram-na, diminuíram-na, mutilaram-na; tornados estéreis, seus ramos não dão maus frutos, porque nenhuns mais produzem. O viajor sedento, que se detém sob seus galhos à procura do fruto da esperança, capaz de lhe restabelecer a força e a coragem, somente vê uma ramaria árida, prenunciando tempestade. Em vão pede ele o fruto de vida à árvore da vida; caem-lhe secas as folhas; tanto as remexeu a mão do homem, que as crestou.

Abri, pois, os ouvidos e os corações, meus bem-amados! Cultivai essa árvore da vida, cujos frutos dão a vida eterna. Aquele que a plantou vos concita a tratá-la com amor, que ainda a vereis dar com abundância seus frutos divinos. Conservai-a tal como o Cristo vo-la entregou: não a mutileis; ela quer estender a sua sombra imensa sobre o Universo: não lhe corteis os galhos. Seus frutos benfazejos caem abundantes para alimentar o viajor faminto que deseja chegar ao termo da jornada; não amontoeis esses frutos, para os armazenar e deixar apodrecer, a fim de que a ninguém sirvam. "Muitos são os chamados e poucos os escolhidos." É que há açambarcadores do pão da vida, como os há do pão material. Não sejais do número deles; a árvore que dá bons frutos tem que os dar para todos. Ide, pois, procurar os que estão famintos; levai-os para debaixo da fronde da árvore e partilhai com eles do abrigo que ela oferece. "Não se colhem uvas nos espinheiros." Meus irmãos, afastai-vos dos que vos chamam para vos apresentar as sarças do caminho, segui os que vos conduzem à sombra da árvore da vida.

O divino Salvador, o justo por excelência, disse, e suas palavras não passarão: "Nem todos os que dizem: 'Senhor! Senhor!' entrarão no Reino dos Céus; entrarão somente os que fazem a vontade de meu Pai que está nos céus."

Que o Senhor de bênçãos vos abençoe; que o Deus de luz vos ilumine; que a árvore da vida vos ofereça abundantemente seus frutos! Crede e orai. – *Simeão*. (Bordeaux, 1863.)

CAPÍTULO XIX

A fé transporta montanhas

• Poder da fé • A fé religiosa. Condição da fé inabalável • Parábola da Figueira que Secou • *Instruções dos Espíritos*: A fé: mãe da esperança e da caridade – A fé humana e a divina

Poder da fé

1. Quando Ele veio ao encontro do povo, um homem se lhe aproximou e, lançando-se de joelhos a seus pés, disse: "Senhor, tem piedade do meu filho, que é lunático e sofre muito, pois cai muitas vezes no fogo e muitas vezes na água. Apresentei-o aos teus discípulos, mas eles não o puderam curar." – Jesus respondeu, dizendo: "Ó raça incrédula e depravada, até quando estarei convosco? Até quando vos sofrerei? Trazei-me aqui esse menino." – E tendo Jesus ameaçado o demônio, este saiu do menino, que no mesmo instante ficou são. Os discípulos vieram então ter com Jesus em particular e lhe perguntaram: "Por que não pudemos nós outros expulsar esse demônio?" – Respondeu-lhes Jesus: "Por causa da vossa incredulidade. Pois em verdade vos digo, se tivésseis a fé do tamanho de um grão de mostarda, diríeis a esta montanha: 'Transporta-te daí para ali e ela se transportaria, e nada vos seria impossível.'" (Mateus, 17:14 a 20.)

2. No sentido próprio, é certo que a confiança nas suas próprias forças torna o homem capaz de executar coisas materiais, que não consegue fazer

quem duvida de si. Aqui, porém, unicamente no sentido moral se devem entender essas palavras. As montanhas que a fé desloca são as dificuldades, as resistências, a má vontade, em suma, com que se depara da parte dos homens, ainda quando se trate das melhores coisas. Os preconceitos da rotina, o interesse material, o egoísmo, a cegueira do fanatismo e as paixões orgulhosas são outras tantas montanhas que barram o caminho a quem trabalha pelo progresso da Humanidade. A fé robusta dá a perseverança, a energia e os recursos que fazem se vençam os obstáculos, assim nas pequenas coisas, que nas grandes. Da fé vacilante resultam a incerteza e a hesitação de que se aproveitam os adversários que se têm de combater; essa fé não procura os meios de vencer, porque não acredita que possa vencer.

3. Noutra acepção, entende-se como fé a confiança que se tem na realização de uma coisa, a certeza de atingir determinado fim. Ela dá uma espécie de lucidez que permite se veja, em pensamento, a meta que se quer alcançar e os meios de chegar lá, de sorte que aquele que a possui caminha, por assim dizer, com absoluta segurança. Num como noutro caso, pode ela dar lugar a que se executem grandes coisas.

A fé sincera e verdadeira é sempre calma; faculta a paciência que sabe esperar, porque, tendo seu ponto de apoio na inteligência e na compreensão das coisas, tem a certeza de chegar ao objetivo visado. A fé vacilante sente a sua própria fraqueza; quando a estimula o interesse, torna-se furibunda e julga suprir, com a violência, a força que lhe falece. A calma na luta é sempre um sinal de força e de confiança; a violência, ao contrário, denota fraqueza e dúvida de si mesmo.

4. Cumpre não confundir a fé com a presunção. A verdadeira fé se conjuga à humildade; aquele que a possui deposita mais confiança em Deus do que em si próprio, por saber que, simples instrumento da vontade divina, nada pode sem Deus. Por essa razão é que os bons Espíritos lhe vêm em auxílio. A presunção é menos fé do que orgulho, e o orgulho é sempre castigado, cedo ou tarde, pela decepção e pelos malogros que lhe são infligidos.

5. O poder da fé se demonstra, de modo direto e especial, na ação magnética; por seu intermédio, o homem atua sobre o fluido, agente universal, modifica-lhe as qualidades e lhe dá uma impulsão por assim dizer irresistível. Daí decorre que aquele que a um grande poder fluídico normal junta ardente fé, pode, só pela força da sua vontade dirigida para o bem, operar esses singulares fenômenos de cura e outros, tidos antigamente por prodígios, mas que não passam de efeito de uma lei natural. Tal o motivo por que Jesus disse a seus apóstolos: se não o curastes, foi porque não tínheis fé.

A fé religiosa. Condição da fé inabalável

6. Do ponto de vista religioso, a fé consiste na crença em dogmas especiais, que constituem as diferentes religiões. Todas elas têm seus artigos de fé. Sob esse aspecto, pode a fé ser *raciocinada ou cega*. Nada examinando, a fé cega aceita, sem verificação, assim o verdadeiro como o falso, e a cada passo se choca com a evidência e a razão. Levada ao excesso, produz o *fanatismo*. Assentando no erro, cedo ou tarde desmorona; somente a fé que se baseia na verdade garante o futuro, porque nada tem a temer do progresso das luzes, dado que *o que é verdadeiro na obscuridade, também o é à luz meridiana*. Cada religião pretende ter a posse exclusiva da *verdade; preconizar alguém a fé cega sobre um ponto de crença é confessar-se impotente para demonstrar que está com a razão.*

7. Diz-se vulgarmente que *a fé não se prescreve*, donde resulta alegar muita gente que não lhe cabe a culpa de não ter fé. Sem dúvida, a fé não se prescreve, nem, o que ainda é mais certo, *se impõe*. Não; ela se adquire e ninguém há que esteja impedido de possuí-la, mesmo entre os mais refratários. Falamos das verdades espirituais básicas e não de tal ou qual crença particular. Não é à fé que compete procurá-los; a eles é que cumpre ir-lhe ao encontro e, se a buscarem sinceramente, não deixarão de achá-la. Tende, pois, como certo que os que dizem: "Nada de melhor desejamos do que crer, mas não o podemos", apenas de lábios o dizem e não do íntimo, porquanto,

ao dizerem isso, tapam os ouvidos. As provas, no entanto, chovem-lhes ao derredor; por que fogem de observá-las? Da parte de uns, há descaso; da de outros, o temor de serem forçados a mudar de hábitos; da parte da maioria, há o orgulho, negando-se a reconhecer a existência de uma força superior, porque teria de curvar-se diante dela.

Em certas pessoas, a fé parece de algum modo inata; uma centelha basta para desenvolvê-la. Essa facilidade de assimilar as verdades espirituais é sinal evidente de anterior progresso. Em outras pessoas, ao contrário, elas dificilmente penetram, sinal não menos evidente de naturezas retardatárias. As primeiras já creram e compreenderam; trazem, ao renascerem, a intuição do que souberam: estão com a educação feita; as segundas tudo têm de aprender: estão com a educação por fazer. Ela, entretanto, se fará e, se não ficar concluída nesta existência, ficará em outra.

A resistência do incrédulo, devemos convir, muitas vezes provém menos dele do que da maneira por que lhe apresentam as coisas. A fé necessita de uma base, base que é a inteligência perfeita daquilo em que se deve crer. E, para crer, não basta *ver*; é preciso, sobretudo, *compreender*. A fé cega já não é deste século[18], tanto assim que precisamente o dogma da fé cega é que produz hoje o maior número dos incrédulos, porque ela pretende impor-se, exigindo a abdicação de uma das mais preciosas prerrogativas do homem: o raciocínio e o livre-arbítrio.

---

[18] N.E.: Ver *Nota Explicativa*. p. 579.

É principalmente contra essa fé que se levanta o incrédulo, e dela é que se pode, com verdade, dizer que não se prescreve. Não admitindo provas, ela deixa no espírito alguma coisa de vago, que dá nascimento à dúvida. A fé raciocinada, por se apoiar nos fatos e na lógica, nenhuma obscuridade deixa. A criatura então crê, porque tem certeza, e ninguém tem certeza senão porque compreendeu. Eis por que não se dobra. *Fé inabalável só o é a que pode encarar de frente a razão, em todas as épocas da Humanidade.*

A esse resultado conduz o Espiritismo, pelo que triunfa da incredulidade, sempre que não encontra oposição sistemática e interessada.

Parábola da Figueira que Secou

8. Quando saíam de Betânia, Ele teve fome; e, vendo ao longe uma figueira, para ela encaminhou-se, a ver se acharia alguma coisa; tendo-se, porém, aproximado, só achou folhas, visto não ser tempo de figos. Então, disse Jesus à figueira: "Que ninguém coma de ti fruto algum." – o que seus discípulos ouviram. No dia seguinte, ao passarem pela figueira, viram que secara até a raiz. Pedro, lembrando-se do que dissera Jesus, disse: "Mestre, olha como secou a figueira que Tu amaldiçoaste." – Jesus, tomando a palavra, lhes disse: "Tende fé em Deus. Digo-vos, em verdade, que aquele que disser a esta montanha: 'Tira-te daí e lança-te ao mar', mas sem hesitar no seu coração, crente, ao contrário, firmemente, de que tudo o que houver dito acontecerá, verá que, com efeito, acontece.'" (Marcos, 11:12 a 14 e 20 a 23.)

9. A figueira que secou é o símbolo dos que apenas aparentam propensão para o bem, mas que, em realidade, nada de bom produzem; dos oradores que mais brilho têm do que solidez, cujas palavras trazem superficial verniz, de sorte que agradam aos ouvidos, sem que, entretanto, revelem, quando perscrutadas, algo de substancial para os corações. É de perguntar-se que proveito tiraram delas os que as escutaram.

Simboliza também todos aqueles que, tendo meios de ser úteis, não o são; todas as utopias, todos os sistemas ocos, todas as doutrinas carentes de base sólida. O que as mais das vezes falta é a verdadeira fé, a fé produtiva, a fé que abala as fibras do coração, a fé, numa palavra, que transporta montanhas. São árvores cobertas de folhas, porém, baldas de frutos. Por isso é que Jesus as condena à esterilidade, porquanto dia virá em que se acharão secas até a raiz. Quer dizer que todos os sistemas, todas as doutrinas que nenhum bem para a Humanidade houverem produzido, cairão reduzidas a nada; que todos os homens deliberadamente inúteis, por não terem posto em ação os recursos que traziam consigo, serão tratados como a figueira que secou.

10. Os médiuns são os intérpretes dos Espíritos; suprem, nestes últimos, a falta de órgãos materiais pelos quais transmitam suas instruções. Daí vem o serem dotados de faculdades para esse efeito. Nos tempos atuais, de renovação social, cabe-lhes uma missão especialíssima; são árvores destinadas

a fornecer alimento espiritual a seus irmãos; multiplicam-se em número, para que abunde o alimento; há-os por toda a parte, em todos os países, em todas as classes da sociedade, entre os ricos e os pobres, entre os grandes e os pequenos, a fim de que em nenhum ponto faltem e a fim de ficar demonstrado aos homens que *todos são chamados*. Se, porém, eles desviam do objetivo providencial a preciosa faculdade que lhes foi concedida, se a empregam em coisas fúteis ou prejudiciais, se a põem a serviço dos interesses mundanos, se em vez de frutos sazonados dão maus frutos, se se recusam a utilizá-la em benefício dos outros, se nenhum proveito tiram dela para si mesmos, melhorando-se, são quais a figueira estéril. Deus lhes retirará um dom que se tornou inútil neles: a semente que não sabem fazer que frutifique, e consentirá que se tornem presas dos Espíritos maus.

Instruções dos Espíritos
A fé: mãe da esperança e da caridade

11. Para ser proveitosa, a fé tem de ser ativa; não deve entorpecer-se. Mãe de todas as virtudes que conduzem a Deus, cumpre-lhe velar atentamente pelo desenvolvimento dos filhos que gerou.

A esperança e a caridade são corolários da fé e formam com esta uma trindade inseparável. Não é a fé que faculta a esperança na realização das promessas do Senhor? Se não tiverdes fé, que esperareis? Não é a fé que dá o amor? Se não tendes fé, qual será o vosso reconhecimento e, portanto, o vosso amor?

Inspiração divina, a fé desperta todos os instintos nobres que encaminham o homem para o bem. É a base da regeneração. Preciso é, pois, que essa base seja forte e durável, porquanto, se a mais ligeira dúvida a abalar, que será do edifício que sobre ela construirdes? Levantai, conseguintemente, esse edifício sobre alicerces inamovíveis. Seja mais forte a vossa fé do que os sofismas e as zombarias dos incrédulos, visto que a fé que não afronta o ridículo dos homens não é fé verdadeira.

A fé sincera é empolgante e contagiosa; comunica-se aos que não na tinham, ou, mesmo, não desejariam tê-la. Encontra palavras persuasivas que vão à alma, ao passo que a fé aparente usa de palavras sonoras que deixam frio e indiferente quem as escuta. Pregai pelo exemplo da vossa fé, para a incutirdes nos homens. Pregai pelo exemplo das vossas obras para lhes demonstrardes o merecimento da fé. Pregai pela vossa esperança firme, para lhes dardes a ver a confiança que fortifica e põe a criatura em condições de enfrentar todas as vicissitudes da vida.

Tende, pois, a fé, com o que ela contém de belo e de bom, com a sua pureza, com a sua racionalidade. Não admitais a fé sem comprovação, cega filha da cegueira. Amai a Deus, mas sabendo porque o amais; crede nas suas promessas, mas sabendo porque acreditais nelas; segui os nossos conselhos, mas compenetrados do fim que vos apontamos e dos meios que vos trazemos para o atingirdes.

Crede e esperai sem desfalecimento: os milagres são obras da fé. – *José*, Espírito protetor. (Bordeaux, 1862.)

A fé humana e a divina

12. No homem, a fé é o sentimento inato de seus destinos futuros; é a consciência que ele tem das faculdades imensas depositadas em gérmen no seu íntimo, a princípio em estado latente, e que lhe cumpre fazer que desabrochem e cresçam pela ação da sua vontade.

Até o presente, a fé não foi compreendida senão pelo lado religioso, porque o Cristo a exalçou como poderosa alavanca e porque o tem considerado apenas como chefe de uma religião. Entretanto, o Cristo, que operou milagres materiais, mostrou, por esses milagres mesmos, o que pode o homem, quando tem fé, isto é, *a vontade de querer* e a certeza de que essa vontade pode obter satisfação. Também os apóstolos não operaram milagres, seguindo-lhe o exemplo? Ora, que eram esses milagres, senão efeitos naturais, cujas causas os homens de então desconheciam, mas que, hoje, em grande parte se explicam e que pelo estudo do Espiritismo e do Magnetismo se tornarão completamente compreensíveis?

A fé é humana ou divina, conforme o homem aplica suas faculdades à satisfação das necessidades terrenas, ou das suas aspirações celestiais e futuras. O homem de gênio, que se lança à realização de algum grande empreendimento, triunfa, se tem fé, porque sente em si que pode e há de chegar ao fim colimado, certeza que lhe faculta imensa força. O homem de bem que, crente em seu futuro celeste, deseja encher de belas e nobres ações a sua existência, haure na sua fé, na certeza da felicidade que o espera, a força necessária, e ainda aí se operam milagres de caridade, de devotamento e de abnegação. Enfim, com a fé, não há maus pendores que se não chegue a vencer.

O Magnetismo é uma das maiores provas do poder da fé posta em ação. É pela fé que ele cura e produz esses fenômenos singulares, qualificados outrora de milagres.

Repito: a fé é *humana e divina*. Se todos os encarnados se achassem bem persuadidos da força que em si trazem, e se quisessem pôr a vontade a serviço dessa força, seriam capazes de realizar o a que, até hoje, eles chamaram prodígios e que, no entanto, não passa de um desenvolvimento das faculdades humanas. – *Um Espírito protetor*. (Paris, 1863.)

CAPÍTULO XX

Os trabalhadores da última hora

- *Instruções dos Espíritos*: Os últimos serão os primeiros – Missão dos espíritas – Os obreiros do Senhor

1. O Reino dos Céus é semelhante a um pai de família que saiu de madrugada, a fim de assalariar trabalhadores para a sua vinha. Tendo convencionado com os trabalhadores que pagaria um denário a cada um por dia, mandou-os para a vinha. Saiu de novo à terceira hora do dia e, vendo outros que se conservavam na praça sem fazer coisa alguma, disse-lhes: "Ide também vós outros para a minha vinha e vos pagarei o que for razoável." Eles foram. Saiu novamente à hora sexta e à hora nona do dia e fez o mesmo. Saindo mais uma vez à hora undécima, encontrou ainda outros que estavam desocupados, aos quais disse: "Por que permaneceis aí o dia inteiro sem trabalhar?" – "É", disseram eles, "que ninguém nos assalariou." – Ele então lhes disse: "Ide vós também para a minha vinha."
Ao cair da tarde disse o dono da vinha àquele que cuidava dos seus negócios: "Chama os trabalhadores e paga-lhes, começando pelos últimos e indo até aos primeiros." – Aproximando-se então os que só à undécima hora haviam chegado, receberam um denário cada um. Vindo a seu turno os que tinham sido encontrados em primeiro lugar,

julgaram que iam receber mais; porém, receberam apenas um denário cada um. Recebendo-o, queixaram-se ao pai de família, dizendo: "Estes últimos trabalharam apenas uma hora e lhes dás tanto quanto a nós que suportamos o peso do dia e do calor."

Mas, respondendo, disse o dono da vinha a um deles: "Meu amigo, não te causo dano algum; não convencionaste comigo receber um denário pelo teu dia? Toma o que te pertence e vai-te; apraz-me a mim dar a este último tanto quanto a ti. Não me é então lícito fazer o que quero? Tens mau olho, porque sou bom?"

Assim, os últimos serão os primeiros e os primeiros serão os últimos, porque muitos são os chamados e poucos os escolhidos. (Mateus, 20:1 a 16. Ver também: "Parábola do Festim das Bodas", cap. XVIII, item 1.)

Instruções dos Espíritos
Os últimos serão os primeiros

2. O obreiro da última hora tem direito ao salário, mas é preciso que a sua boa vontade o haja conservado à disposição daquele que o tinha de empregar e que o seu retardamento não seja fruto da preguiça ou da má vontade. Tem ele direito ao salário, porque desde a alvorada esperava com impaciência aquele que por fim o chamaria para o trabalho. Laborioso, apenas lhe faltava o labor.

Se, porém, se houvesse negado ao trabalho a qualquer hora do dia; se houvesse dito: "Tenhamos paciência, o repouso me é agradável; quando soar a última hora é que será tempo de pensar no salário do dia; que necessidade tenho de me incomodar por um patrão a quem não conheço e não estimo! quanto mais tarde, melhor"; esse tal, meus amigos, não teria tido o salário do obreiro, mas o da preguiça.

Que dizer, então, daquele que, em vez de apenas se conservar inativo, haja empregado as horas destinadas ao labor do dia em praticar atos culposos; que haja blasfemado de Deus, derramado o sangue de seus irmãos, lançado a perturbação nas famílias, arruinado os que nele confiaram, abusado da inocência, que, enfim, se haja cevado em todas as ignomínias da Humanidade? Que será desse? Bastar-lhe-á dizer à última hora: "Senhor, empreguei mal o meu tempo; toma-me até o fim do dia, para que eu execute um pouco, embora bem pouco, da minha tarefa, e dá-me o salário do trabalhador de boa vontade?" Não, não; o Senhor lhe dirá: "Não tenho presentemente trabalho para te dar; malbarataste o teu tempo; esqueceste o que havias aprendido; já não sabes trabalhar na minha vinha. Recomeça, portanto, a aprender e, quando te achares mais bem-disposto, vem ter comigo e eu te franquearei o meu vasto campo, onde poderás trabalhar a qualquer hora do dia."

Bons espíritas, meus bem-amados, sois todos obreiros da última hora. Bem orgulhoso seria aquele que dissesse: Comecei o trabalho ao alvorecer do dia e só o terminarei ao anoitecer. Todos viestes quando fostes chamados, um pouco mais cedo, um pouco mais tarde, para a encarnação cujos grilhões arrastais; mas há quantos séculos e séculos o Senhor vos chamava para a sua vinha, sem que quisésseis penetrar nela! Eis-vos no momento de embolsar o salário; empregai bem a hora que vos resta e não esqueçais nunca que a vossa existência, por longa que vos pareça, mais não é do que um instante fugitivo na imensidade dos tempos que formam para vós a eternidade. – *Constantino,* Espírito protetor. (Bordeaux, 1863.)

3. Jesus gostava da simplicidade dos símbolos e, na sua linguagem máscula, os obreiros que chegaram na primeira hora são os profetas, Moisés e todos os iniciadores que marcaram as etapas do progresso, as quais continuaram a ser assinaladas através dos séculos pelos apóstolos, pelos mártires, pelos Pais da Igreja, pelos sábios, pelos filósofos e, finalmente, pelos espíritas. Estes, que por último vieram, foram anunciados e preditos desde a aurora do advento do Messias e receberão a mesma recompensa. Que digo? recompensa maior. Últimos chegados, eles aproveitam dos labores intelectuais dos seus predecessores, porque o homem tem de herdar do homem e porque coletivos são os trabalhos humanos: Deus abençoa a solidariedade. Aliás, muitos dentre aqueles revivem hoje, ou reviverão amanhã, para terminarem a obra que começaram outrora. Mais de um patriarca, mais de um profeta, mais de um discípulo do Cristo, mais de um propagador da fé cristã, se encontram no meio

deles, porém, mais esclarecidos, mais adiantados, trabalhando, não já na base, e sim na cumeeira do edifício. Receberão, pois, salário proporcionado ao valor da obra.

O belo dogma da reencarnação eterniza e precisa a filiação espiritual. Chamado a prestar contas do seu mandato terreno, o Espírito se apercebe da continuidade da tarefa interrompida, mas sempre retomada. Ele vê, sente que apanhou, de passagem, o pensamento dos que o precederam. Entra de novo na liça, amadurecido pela experiência, para avançar mais. E todos, trabalhadores da primeira e da última hora, com os olhos bem abertos sobre a profunda Justiça de Deus, não mais murmuram: adoram.

Tal um dos verdadeiros sentidos desta parábola, que encerra, como todas as de que Jesus se utilizou falando ao povo, o gérmen do futuro e também, sob todas as formas, sob todas as imagens, a revelação da magnífica unidade que harmoniza todas as coisas no Universo, da solidariedade que liga todos os seres presentes ao passado e ao futuro. – *Henri Heine*. (Paris, 1863.)

Missão dos espíritas

4. Não escutais já o ruído da tempestade que há de arrebatar o velho mundo e abismar no nada o conjunto das iniquidades terrenas? Ah! bendizei o Senhor, vós que haveis posto a vossa fé na sua soberana justiça e que, novos apóstolos da crença

revelada pelas proféticas vozes superiores, ides pregar o novo dogma da reencarnação e da elevação dos Espíritos, conforme tenham cumprido, bem ou mal, suas missões e suportado suas provas terrestres.

Não mais vos assusteis! As línguas de fogo estão sobre as vossas cabeças. Ó verdadeiros adeptos do Espiritismo!... sois os escolhidos de Deus! Ide e pregai a palavra divina. É chegada a hora em que deveis sacrificar à sua propagação os vossos hábitos, os vossos trabalhos, as vossas ocupações fúteis. Ide e pregai. Convosco estão os Espíritos elevados. Certamente falareis a criaturas que não quererão escutar a voz de Deus, porque essa voz as exorta incessantemente à abnegação. Pregareis o desinteresse aos avaros, a abstinência aos dissolutos, a mansidão aos tiranos domésticos, como aos déspotas! Palavras perdidas, eu o sei; mas não importa. Faz-se mister regueis com os vossos suores o terreno onde tendes de semear, porquanto ele não frutificará e não produzirá senão sob os reiterados golpes da enxada e da charrua evangélicas. Ide e pregai!

Ó todos vós, homens de boa fé, conscientes da vossa inferioridade em face dos mundos disseminados pelo Infinito!... lançai-vos em cruzada contra a injustiça e a iniquidade. Ide e proscrevei esse culto do bezerro de ouro, que cada dia mais se alastra. Ide, Deus vos guia! Homens simples e ignorantes, vossas línguas se soltarão e falareis como nenhum orador fala. Ide e pregai, que as populações atentas recolherão ditosas as vossas palavras de consolação, de fraternidade, de esperança e de paz.

Que importam as emboscadas que vos armem pelo caminho! Somente lobos caem em armadilhas para lobos, porquanto o pastor saberá defender suas ovelhas das fogueiras imoladoras.

Ide, homens, que, grandes diante de Deus, mais ditosos do que Tomé, credes sem fazerdes questão de ver e aceitais os fatos da mediunidade, mesmo quando não tenhais conseguido obtê-los por vós mesmos; ide, o Espírito de Deus vos conduz.

Marcha, pois, avante, falange imponente pela tua fé! Diante de ti os grandes batalhões dos incrédulos se dissiparão, como a bruma da manhã aos primeiros raios do sol nascente.

"A fé é a virtude que desloca montanhas", disse Jesus. Todavia, mais pesados do que as maiores montanhas, jazem depositados nos corações dos homens a impureza e todos os vícios que derivam da impureza. Parti, então, cheios de coragem, para removerdes essa montanha de iniquidades que as futuras gerações só deverão conhecer como lenda, do mesmo modo que vós, que só muito imperfeitamente conheceis os tempos que antecederam a civilização pagã.

Sim, em todos os pontos do globo vão produzir-se as subversões morais e filosóficas; aproxima-se a hora em que a luz divina se espargirá sobre os dois mundos.

Ide, pois, e levai a palavra divina: aos grandes que a desprezarão, aos eruditos que exigirão provas, aos pequenos e simples que a aceitarão; porque, principalmente entre os mártires do trabalho, desta provação terrena, encontrareis fervor e fé. Ide; estes receberão, com hinos de gratidão e louvores a Deus, a santa consolação que lhes levareis, e baixarão a fronte, rendendo-lhe graças pelas aflições que a Terra lhes destina.

Arme-se a vossa falange de decisão e coragem! Mãos à obra! o arado está pronto; a terra espera; arai!

Ide e agradecei a Deus a gloriosa tarefa que Ele vos confiou; mas atenção! entre os chamados para o Espiritismo muitos se transviaram; reparai, pois, vosso caminho e segui a verdade.

Pergunta. – Se, entre os chamados para o Espiritismo, muitos se transviaram, quais os sinais pelos quais reconheceremos os que se acham no bom caminho?

Resposta. – Reconhecê-los-eis pelos princípios da verdadeira caridade que eles ensinarão e praticarão. Reconhecê-los-eis pelo número de aflitos a que levem consolo; reconhecê-los-eis pelo seu amor ao próximo, pela sua abnegação, pelo seu desinteresse pessoal; reconhecê-los-eis, finalmente, pelo triunfo de seus princípios, porque Deus quer o triunfo de sua lei; os que seguem sua lei, esses são os escolhidos e Ele lhes dará a vitória; mas Ele destruirá aqueles que falseiam o espírito dessa lei e fazem dela degrau para contentar sua vaidade e sua ambição. – *Erasto*, anjo da guarda do médium. (Paris, 1863.)

Os obreiros do Senhor

5. Aproxima-se o tempo em que se cumprirão as coisas anunciadas para a transformação da Humanidade. Ditosos serão os que houverem trabalhado no campo do Senhor, com desinteresse e sem outro móvel, senão a caridade! Seus dias de trabalho serão pagos pelo cêntuplo do que tiverem esperado. Ditosos os que hajam dito a seus irmãos: "Trabalhemos juntos e unamos os nossos esforços, a fim de que o Senhor, ao chegar, encontre acabada a obra", porquanto o Senhor lhes dirá: "Vinde a mim, vós que sois bons servidores, vós que soubestes impor silêncio aos vossos ciúmes e às vossas discórdias, a fim de que daí não viesse dano para a obra!" Mas ai daqueles que, por efeito das suas dissensões, houverem retardado a hora da colheita, pois a tempestade virá e eles serão levados no turbilhão! Clamarão: "Graça! graça!" O Senhor, porém, lhes dirá: "Como implorais graças, vós que não tivestes piedade dos vossos irmãos e que vos negastes a estender-lhes as mãos, que esmagastes o fraco, em vez de o amparardes? Como suplicais graças, vós que buscastes a vossa recompensa nos gozos da Terra e na satisfação do vosso orgulho? Já recebestes a vossa recompensa, tal qual a quisestes. Nada mais vos cabe pedir; as recompensas celestes são

para os que não tenham buscado as recompensas da Terra."

Deus procede, neste momento, ao censo dos seus servidores fiéis e já marcou com o dedo aqueles cujo devotamento é apenas aparente, a fim de que não usurpem o salário dos servidores animosos, pois aos que não recuarem diante de suas tarefas é que Ele vai confiar os postos mais difíceis na grande obra da regeneração pelo Espiritismo. Cumprir-se-ão estas palavras: "Os primeiros serão os últimos e os últimos serão os primeiros no Reino dos Céus." – *O Espírito de Verdade*. (Paris, 1862.)

CAPÍTULO XXI

Haverá falsos cristos e falsos profetas

• Conhece-se a árvore pelo fruto • Missão dos profetas • Prodígios dos falsos profetas • Não creais em todos os Espíritos • *Instruções dos Espíritos*: Os falsos profetas – Caracteres do verdadeiro profeta – Os falsos profetas da erraticidade – Jeremias e os falsos profetas

Conhece-se a árvore pelo fruto

1. A árvore que produz maus frutos não é boa e a árvore que produz bons frutos não é má; porquanto, cada árvore se conhece pelo seu próprio fruto. Não se colhem figos nos espinheiros, nem cachos de uvas nas sarças. O homem de bem tira boas coisas do bom tesouro do seu coração e o mau tira as más do mau tesouro do seu coração; porquanto, a boca fala do que está cheio o coração. (Lucas, 6:43 a 45.)

2. *Guardai-vos dos falsos profetas* que vêm ter convosco cobertos de peles de ovelha e que por dentro são lobos rapaces. Conhecê-los-eis pelos seus frutos. *Podem colher-se uvas nos espinheiros ou figos nas sarças*? Assim, toda árvore boa produz bons frutos e toda árvore má produz maus frutos. *Uma árvore boa não pode produzir frutos maus e uma árvore má não pode produzir frutos bons.* Toda árvore que não produz bons frutos será cortada e

lançada ao fogo. Conhecê-la-eis, pois, pelos seus frutos. (Mateus, 7:15 a 20.)

3. Tende cuidado para que alguém não vos seduza; porque muitos virão em meu nome, dizendo: "Eu sou o Cristo", e seduzirão a muitos.

Levantar-se-ão muitos falsos profetas que seduzirão a muitas pessoas; e porque abundará a iniquidade, a caridade de muitos esfriará. Mas aquele que perseverar até o fim se salvará.

Então, se alguém vos disser: "O Cristo está aqui, ou está ali", não acrediteis absolutamente; porquanto *falsos cristos e falsos profetas se levantarão e farão grandes prodígios* e coisas de espantar, ao ponto de seduzirem, se fosse possível, os próprios escolhidos. (Mateus, 24:4, 5, 11 a 13, 23 e 24; Marcos, 13:5, 6, 21 e 22.)

Missão dos profetas

4. Atribui-se comumente aos profetas o dom de adivinhar o futuro, de sorte que as palavras *profecia e predição* se tornaram sinônimas. No sentido evangélico, o vocábulo *profeta* tem mais extensa significação. Diz-se de todo enviado de Deus com a missão de instruir os homens e de lhes revelar as coisas ocultas e os mistérios da vida espiritual. Pode, pois, um homem ser profeta, sem fazer predições. Aquela era a ideia dos judeus, ao tempo de Jesus. Daí vem que, quando o levaram à presença do sumo sacerdote Caifás, os escribas e os anciães, reunidos, lhe cuspiram no rosto, lhe deram socos e bofetadas, dizendo: "Cristo, profetiza para nós e

dize quem foi que te bateu." Entretanto, deu-se o caso de haver profetas que tiveram a presciência do futuro, quer por intuição, quer por providencial revelação, a fim de transmitirem avisos aos homens. Tendo-se realizado os acontecimentos preditos, o dom de predizer o futuro foi considerado como um dos atributos da qualidade de profeta.

Prodígios dos falsos profetas

5. "Levantar-se-ão falsos cristos e falsos profetas, que farão grandes prodígios e coisas de espantar, a ponto de seduzirem os próprios escolhidos." Estas palavras dão o verdadeiro sentido do termo prodígio. Na acepção teológica, os prodígios e os milagres são fenômenos excepcionais, fora das Leis da Natureza. Sendo estas, *exclusivamente*, obra de Deus, pode Ele, sem dúvida, derrogá-las, se lhe apraz; o simples bom senso, porém, diz que não é possível haja Ele dado a seres inferiores e perversos um poder igual ao seu, nem, ainda menos, o direito de desfazer o que Ele tenha feito. Semelhante princípio não no pode Jesus ter consagrado. Se, portanto, de acordo com o sentido que se atribui a essas palavras, o Espírito do mal tem o poder de fazer prodígios tais que os próprios escolhidos se deixem enganar, o resultado seria que, podendo fazer o que Deus faz, os prodígios e os milagres não são privilégio exclusivo dos enviados de Deus e nada provam, pois que nada distingue os milagres dos santos

dos milagres do demônio. Necessário, então, se torna procurar um sentido mais racional para aquelas palavras.

Para o vulgo ignorante, todo fenômeno cuja causa é desconhecida passa por sobrenatural, maravilhoso e miraculoso; uma vez encontrada a causa, reconhece-se que o fenômeno, por muito extraordinário que pareça, mais não é do que aplicação de uma Lei da Natureza. Assim, o círculo dos fatos sobrenaturais se restringe à medida que o da Ciência se alarga. Em todos os tempos, homens houve que exploraram, em proveito de suas ambições, de seus interesses e do seu anseio de dominação, certos conhecimentos que possuíam, a fim de alcançarem o prestígio de um pseudopoder sobre-humano, ou de uma pretendida missão divina. São esses os falsos cristos e falsos profetas. A difusão das luzes lhes aniquila o crédito, donde resulta que o número deles diminui à proporção que os homens se esclarecem. O fato de operar o que certas pessoas consideram prodígios não constitui, pois, sinal de uma missão divina, visto que pode resultar de conhecimento cuja aquisição está ao alcance de qualquer um, ou de faculdades orgânicas especiais, que o mais indigno não se acha inibido de possuir, tanto quanto o mais digno. O verdadeiro profeta se reconhece por mais sérios caracteres e exclusivamente morais.

Não creais em todos os Espíritos

6. Meus bem-amados, *não creais em qualquer Espírito*; experimentai se os Espíritos são de Deus, porquanto muitos falsos profetas se têm levantado no mundo. (João, 1a Epístola, 4:1.)

7. Os fenômenos espíritas, longe de abonarem os falsos cristos e os falsos profetas, como a algumas pessoas apraz dizer, golpe mortal desferem neles. Não peçais ao Espiritismo prodígios, nem milagres, porquanto ele formalmente declara que os não opera. Do mesmo modo que a Física, a Química, a Astronomia, a Geologia revelaram as leis do mundo material, o Espiritismo revela outras leis desconhecidas, as que regem as relações do mundo corpóreo com o mundo espiritual, leis que, tanto quanto aquelas outras da Ciência, são Leis da Natureza. Facultando a explicação de certa ordem de fenômenos incompreendidos até o presente, ele destrói o que ainda restava do domínio do maravilhoso. Quem, portanto, se sentisse tentado a lhe explorar em proveito próprio os fenômenos, fazendo-se passar por messias de Deus, não conseguiria abusar por muito tempo da credulidade alheia e seria logo desmascarado. Aliás, como já se tem dito, tais fenômenos, por si sós, nada provam: a missão se prova por efeitos morais, o que não é dado a qualquer um produzir. Esse um dos resultados do desenvolvimento da ciência espírita; pesquisando a causa de certos fenômenos, de sobre muitos mistérios levanta ela o véu. Só os que preferem a obscuridade à luz, têm interesse em combatê-la;

mas a verdade é como o Sol: dissipa os mais densos nevoeiros.

O Espiritismo revela outra categoria bem mais perigosa de falsos cristos e de falsos profetas, que se encontram, não entre os homens, mas entre os desencarnados: a dos Espíritos enganadores, hipócritas, orgulhosos e pseudossábios, que passaram da Terra para a erraticidade e tomam nomes venerados para, sob a máscara de que se cobrem, facilitarem a aceitação das mais singulares e absurdas ideias. Antes que se conhecessem as relações mediúnicas, eles atuavam de maneira menos ostensiva, pela inspiração, pela mediunidade inconsciente, audiente ou falante. É considerável o número dos que, em diversas épocas, mas, sobretudo, nestes últimos tempos, se hão apresentado como alguns dos antigos profetas, como o Cristo, como Maria, sua mãe, e até como Deus. João adverte contra eles os homens, dizendo: "Meus bem-amados, não acrediteis em todo Espírito; mas experimentai se os Espíritos são de Deus, porquanto muitos falsos profetas se têm levantado no mundo." O Espiritismo nos faculta os meios de experimentá-los, apontando os caracteres pelos quais se reconhecem os bons Espíritos, caracteres *sempre morais, nunca materiais*.[20] É à maneira de se distinguirem dos maus os bons Espíritos que, principalmente, podem aplicar-se estas palavras de Jesus: "Pelo fruto é

---

[20] Nota de Allan Kardec: Ver, sobre a maneira de se distinguirem os Espíritos: *O livro dos médiuns,* 2ª Parte, cap. XXIV e seguintes.

que se reconhece a qualidade da árvore; uma árvore boa não pode produzir maus frutos, e uma árvore má não os pode produzir bons." Julgam-se os Espíritos pela qualidade de suas obras, como uma árvore pela qualidade dos seus frutos.

Instruções dos Espíritos
Os falsos profetas

8. Se vos disserem: "O Cristo está aqui", não vades; ao contrário, tende-vos em guarda, porquanto numerosos serão os falsos profetas. Não vedes que as folhas da figueira começam a branquear; não vedes os seus múltiplos rebentos aguardando a época da floração; e não vos disse o Cristo: "Conhece-se a árvore pelo fruto?" Se, pois, são amargos os frutos, já sabeis que má é a árvore; se, porém, são doces e saudáveis, direis: "Nada que seja puro pode provir de fonte má."

É assim, meus irmãos, que deveis julgar; são as obras que deveis examinar. Se os que se dizem investidos de poder divino revelam sinais de uma missão de natureza elevada, isto é, se possuem no mais alto grau as virtudes cristãs e eternas: a caridade, o amor, a indulgência, a bondade que concilia os corações; se, em apoio das palavras, apresentam os atos, podereis então dizer: Estes são realmente enviados de Deus.

Desconfiai, porém, das palavras melífluas, desconfiai dos escribas e dos fariseus que oram nas praças públicas, vestidos de longas túnicas.

Desconfiai dos que pretendem ter o monopólio da verdade!

Não, não, o Cristo não está entre esses, porquanto os que Ele envia para propagar a sua santa doutrina e regenerar o seu povo serão, acima de tudo, seguindo-lhe o exemplo, brandos e humildes de coração; os que hajam, com os exemplos e conselhos que prodigalizem, de salvar a Humanidade, que corre para a perdição e pervaga por caminhos tortuosos, serão essencialmente modestos e humildes. De tudo o que revele um átomo de orgulho, fugi, como de uma moléstia contagiosa, que corrompe tudo em que toca. *Lembrai-vos de que cada criatura traz na fronte, mas principalmente nos atos, o cunho da sua grandeza ou da sua inferioridade.*

Ide, portanto, meus filhos bem-amados, caminhai sem tergiversações, sem pensamentos ocultos, na rota bendita que tomastes. Ide, ide sempre, sem temor; afastai, cuidadosamente, tudo o que vos possa entravar a marcha para o objetivo eterno. Viajores, só por pouco tempo mais estareis nas trevas e nas dores da provação, se abrirdes o vosso coração a essa suave doutrina que vos vem revelar as leis eternas e satisfazer a todas as aspirações de vossa alma acerca do desconhecido. Já podeis dar corpo a esses silfos ligeiros que vedes passar nos vossos sonhos e que, efêmeros, apenas vos encantavam o espírito, sem coisa alguma dizerem ao vosso coração. Agora, meus amados, a morte desapareceu, dando lugar ao anjo radioso que conheceis, o anjo do novo encontro e da reunião! Agora, vós que bem desempenhado haveis a tarefa que o Criador confia às suas criaturas, nada mais tendes de temer da sua justiça, pois Ele é pai e perdoa sempre aos filhos transviados que clamam por misericórdia. Continuai, portanto, avançai incessantemente. Seja vossa divisa a do progresso, do progresso contínuo em todas as coisas, até que, finalmente, chegueis ao termo feliz da jornada, onde vos esperam todos os que vos precederam. – *Luís.* (Bordeaux, 1861.)

Caracteres do verdadeiro profeta

9.*Desconfiai dos falsos profetas*. É útil em todos os tempos essa recomendação, mas, sobretudo, nos momentos de transição em que, como no atual, se elabora uma transformação da Humanidade, porque, então, uma multidão de ambiciosos e intrigantes se arvoram em reformadores e messias. É contra esses impostores que se deve estar em guarda, correndo a todo homem honesto o dever de os desmascarar. Perguntareis, sem dúvida, como reconhecê-los. Aqui tendes o que os assinala:

Somente a um hábil general, capaz de o dirigir, se confia o comando de um exército. Julgais que Deus seja menos prudente do que os homens? Ficai certos de que só confia missões importantes aos que Ele sabe capazes de as cumprir, porquanto as grandes missões são fardos pesados que esmagariam o homem carente de forças para carregá-los. Em todas as coisas, o mestre há de sempre saber mais do que o discípulo; para fazer que a Humanidade avance moralmente e intelectualmente, são precisos homens superiores em inteligência e em moralidade. Por isso, para essas missões são sempre escolhidos Espíritos já adiantados, que fizeram suas provas noutras existências, visto que, se não fossem superiores ao meio em que têm de atuar, nula lhes resultaria a ação.

Isto posto, haveis de concluir que o verdadeiro missionário de Deus tem de justificar, pela sua superioridade, pelas suas virtudes, pela grandeza, pelo resultado e pela influência moralizadora de suas obras, a missão de que se diz portador. Tirai também esta outra consequência: se, pelo seu caráter, pelas suas virtudes, pela sua inteligência, ele se mostra abaixo do papel com que se apresente, ou da personagem sob cujo nome se coloca, mais não é do que um histrião de baixo estofo, que nem sequer sabe imitar o modelo que escolheu.

Outra consideração: os verdadeiros missionários de Deus ignoram-se a si mesmos, em sua maior parte; desempenham a missão a que foram chamados pela força do gênio que possuem, secundado pelo poder oculto que os inspira e dirige a seu mau grado, mas sem desígnio premeditado. Numa palavra: *os verdadeiros profetas se revelam por seus atos, são adivinhados, ao passo que os falsos profetas se dão, eles próprios, como enviados de Deus*. O primeiro é humilde e modesto; o segundo, orgulhoso e cheio de si, fala com altivez e, como todos os mendazes, parece sempre temeroso de que não lhe deem crédito.

Alguns desses impostores têm havido, pretendendo passar por apóstolos do Cristo, outros pelo próprio Cristo, e, para vergonha da Humanidade, hão encontrado pessoas assaz crédulas que lhes creem nas torpezas. Entretanto, uma ponderação bem simples seria bastante a abrir os olhos do mais cego, a de que se o Cristo reencarnasse na Terra, viria com todo o seu poder e todas as suas virtudes, a menos se admitisse, o que fora absurdo, que houvesse degenerado. Ora, do mesmo modo que, se tirardes a Deus um só de seus atributos, já não tereis Deus, se tirardes uma só de suas virtudes ao Cristo, já não mais o tereis. Possuem todas as suas virtudes os que se dão como o Cristo? Essa a questão. Observai-os, perscrutai-lhes as ideias e os atos e reconhecereis que, acima de tudo, lhes faltam as qualidades distintivas do Cristo: a humildade e a caridade, sobejando-lhes as que o Cristo não tinha: a cupidez e o orgulho. Notai, ademais, que neste momento há, em vários países, muitos pretensos Cristos, como há muitos pretensos Elias, muitos João ou Pedro e que não é absolutamente possível sejam verdadeiros todos. Tende como certo que são apenas criaturas que exploram a credulidade dos outros e acham cômodo viver à custa dos que lhes prestam ouvidos.

Desconfiai, pois, dos falsos profetas, máxime numa época de renovação, qual a presente, porque muitos impostores se dirão enviados de Deus. Eles procuram satisfazer na Terra à sua vaidade; mas uma terrível justiça os espera, podeis estar certos. – *Erasto*. (Paris, 1862.)

Os falsos profetas da erraticidade

10. Os falsos profetas não se encontram unicamente entre os encarnados. Há-os também, e em muito maior número, entre os Espíritos orgulhosos que, aparentando amor e caridade, semeiam a desunião e retardam a obra de emancipação da Humanidade, lançando-lhe de través seus sistemas absurdos, depois de terem feito que seus médiuns os aceitem. E, para melhor fascinarem àqueles a quem desejam iludir, para darem mais peso às suas teorias, se apropriam sem escrúpulo de nomes que só com muito respeito os homens pronunciam.

São eles que espalham o fermento dos antagonismos entre os grupos, que os impelem a isolarem-se uns dos outros e a olharem-se com prevenção. Isso por si só bastaria para os desmascarar, pois, procedendo assim, são os primeiros a dar o mais formal desmentido às suas pretensões. Cegos, portanto, são os homens que se deixam cair em tão grosseiro embuste.

Há, porém, muitos outros meios de serem reconhecidos. Espíritos da categoria em que eles dizem achar-se têm de ser não só muito bons, como também eminentemente racionais. Pois bem: passai-lhes os sistemas pelo crivo da razão e do bom senso e vede o que restará. Convinde, pois, comigo, em que, todas as vezes que um Espírito indica, como remédio aos males da Humanidade ou como meio de conseguir-se a sua transformação, coisas utópicas e impraticáveis, medidas pueris e ridículas; quando formula um sistema que as mais rudimentares noções da Ciência contradizem, não pode ser senão um Espírito ignorante e mentiroso.

Por outro lado, crede que, se nem sempre os indivíduos apreciam a verdade, esta é apreciada sempre pelo bom senso das massas, constituindo isso mais um critério. Se dois princípios se contradizem, achareis a medida do valor intrínseco de ambos, verificando qual dos dois encontra mais ecos e simpatias. *Fora, com efeito, ilógico admitir-se que uma doutrina cujo número de adeptos diminua progressivamente seja mais verdadeira do que outra que veja o dos seus em contínuo aumento*. Querendo que a verdade chegue a todos, Deus não a confina num círculo acanhado: fá-la surgir em diferentes pontos, a fim de que por toda a parte a luz esteja ao lado das trevas.

Repeli sem condescendência todos esses Espíritos que se apresentam como conselheiros exclusivos, pregando a separação e o insulamento. São quase sempre Espíritos vaidosos e medíocres, que procuram impor-se a homens fracos e crédulos, prodigalizando-lhes exagerados louvores, a fim de os fascinar e de tê-los dominados. São, geralmente, Espíritos sequiosos de poder e que, déspotas públicos ou nos lares, quando vivos, ainda querem vítimas para tiranizar depois de terem morrido. *Em geral, desconfiai das comunicações que trazem um caráter de misticismo e de singularidade, ou que prescrevem cerimônias e atos extravagantes.* Há sempre, nesses casos, motivo legítimo de suspeição.

Estai certos, igualmente, de que quando uma verdade tem de ser revelada aos homens, é, por assim dizer, comunicada instantaneamente a todos os grupos sérios, que dispõem de médiuns também sérios, e não a tais ou quais, com exclusão dos outros. Nenhum médium é perfeito, se está obsidiado; e há manifesta obsessão quando um médium só é apto a receber comunicações de determinado Espírito, por mais alto que este procure colocar-se. Conseguintemente, todo médium e todo grupo que considerem privilégio seu receber as comunicações que obtêm e que, por outro lado, se submetem a práticas que tendem para a superstição, indubitavelmente se acham presas de uma obsessão bem caracterizada, sobretudo quando o Espírito dominador se pavoneia com um nome que todos, encarnados e desencarnados, devem honrar e respeitar e não permitir seja declinado a todo propósito.

É incontestável que, submetendo ao crivo da razão e da lógica todos os dados e todas as comunicações dos Espíritos, fácil se torna rejeitar a absurdidade e o erro. Pode um médium ser fascinado, e iludido um grupo; mas a verificação severa a que procedam os outros grupos, a ciência adquirida, a alta autoridade moral dos diretores de grupos, as comunicações que os principais médiuns recebam, com um cunho de lógica e de autenticidade dos melhores Espíritos, justiçarão rapidamente esses ditados mentirosos e astuciosos, emanados de uma turba de Espíritos mistificadores ou maus. – *Erasto, discípulo de Paulo.* (Paris, 1862.)

(Veja-se, na *Introdução*, item II: Controle universal do ensino dos Espíritos. *O livro dos médiuns*, 2ª Parte, cap. XXIII, Da obsessão.)

Jeremias e os falsos profetas

11. Eis o que diz o Senhor dos Exércitos: "Não escuteis as palavras dos profetas que vos profetizam e que vos enganam. Eles publicam as visões de seus corações e não o que aprenderam da boca do Senhor." – Dizem aos que de mim blasfemam: "O Senhor o disse, tereis paz; e a todos os que andam na corrupção de seus corações: 'Nenhum mal vos acontecerá.'" – Mas qual dentre eles assistiu ao conselho de Deus? Qual o que o viu e escutou o que Ele disse? Eu não enviava esses profetas; eles corriam por si mesmos; Eu absolutamente não lhes falava; eles profetizavam de suas cabeças. Eu ouvi o que disseram esses profetas que profetizavam a mentira em meu nome, dizendo: "Sonhei, sonhei." – Até quando essa imaginação estará no coração dos que profetizam a mentira e cujas profecias não são senão as seduções do coração deles? Se, pois, este povo, ou um profeta, ou um sacerdote vos interrogar e disser: "Qual o fardo do Senhor?" Dir-lhe-eis: "Vós mesmos sois o fardo e Eu vos lançarei bem longe de mim", diz o Senhor. (Jeremias, 23:16 a 18, 21, 25, 26 e 33.)

É dessa passagem do profeta Jeremias que quero tratar convosco, meus amigos. Falando pela sua boca, diz Deus: "É a visão do coração deles que os faz falar." Essas palavras claramente indicam que, já naquela época, os charlatães e os exaltados abusavam do dom de profecia e o exploravam. Abusavam, por conseguinte, da fé simples e quase cega do povo, predizendo, *por dinheiro*, coisas boas e agradáveis. Muito generalizada se achava essa espécie de fraude na nação judia, e fácil é de compreender-se que o pobre povo, em sua ignorância, nenhuma possibilidade tinha de distinguir os bons dos maus, sendo sempre mais ou menos ludibriado pelos pseudoprofetas, que não passavam de impostores ou fanáticos. Nada há de mais significativo do que estas palavras: "Eu não enviei esses profetas e eles correram por si mesmos; não lhes falei e eles profetizaram." Mais adiante, diz: "Eu ouvi esses profetas que profetizavam a mentira em meu nome, dizendo: "Sonhei, sonhei." Indicava assim um dos meios que eles empregavam para explorar a confiança de que eram objeto. A multidão, sempre crédula, não pensava em lhes contestar a veracidade dos sonhos, ou das visões; achava isso muito natural e constantemente os convidava a falar.

Após as palavras do profeta, escutai os sábios conselhos do apóstolo João, quando diz: "Não acrediteis em todo Espírito; experimentai se os Espíritos são de Deus", porque, entre os invisíveis, também há os que se comprazem em iludir, se se lhes depara ocasião. Os iludidos são, está-se a ver, os médiuns que se não precatam bastante. Aí se encontra, é fora de toda dúvida, um dos maiores escolhos em que muitos funestamente esbarram, mormente se são novatos no Espiritismo. É-lhes isso uma prova de que só com muita prudência podem triunfar. Aprendei, pois, antes de tudo, a distinguir os bons e os maus Espíritos, para, por vossa vez, não vos tornardes falsos profetas. – *Luoz*, Espírito protetor. (Carlsruhe, 1861.)

CAPÍTULO XXII

Não separeis o que Deus juntou

• Indissolubilidade do casamento • O divórcio

Indissolubilidade do casamento

1. Também os fariseus vieram ter com Ele para o tentarem e lhe disseram: "Será permitido a um homem despedir sua mulher, por qualquer motivo?" – Ele respondeu: "Não lestes que aquele que criou o homem desde o princípio os criou macho e fêmea e disse: 'Por esta razão, o homem deixará seu pai e sua mãe e se ligará à sua mulher e não farão os dois senão uma só carne?' – Assim, já não serão duas, mas uma só carne. Não separe, pois, o homem o que Deus juntou."

"Por que, então", retrucaram eles, "ordenava Moisés que o marido desse à sua mulher um escrito de separação e a despedisse?" – Jesus respondeu: "Foi por causa da dureza do vosso coração que Moisés permitiu despedísseis vossas mulheres; mas, no começo, não foi assim. Por isso Eu vos declaro que aquele que despede sua mulher, a não ser em caso de adultério, e desposa outra, comete adultério; e que aquele que desposa a mulher que outro despediu também comete adultério." (Mateus, 19:3 a 9.)

2. Imutável só há o que vem de Deus. Tudo o que é obra dos homens está sujeito a mudança. As Leis da Natureza são as mesmas em todos os tempos e em todos os países. As leis humanas mudam segundo os tempos, os lugares e o progresso da

inteligência. No casamento, o que é de ordem divina é a união dos sexos, para que se opere a substituição dos seres que morrem; mas as condições que regulam essa união são de tal modo humanas, que não há, no mundo inteiro, nem mesmo na cristandade, dois países onde elas sejam absolutamente idênticas, e nenhum onde não hajam, com o tempo, sofrido mudanças. Daí resulta que, em face da lei civil, o que é legítimo num país e em dada época, é adultério noutro país e noutra época, isso pela razão de que a lei civil tem por fim regular os interesses das famílias, interesses que variam segundo os costumes e as necessidades locais. Assim é, por exemplo, que, em certos países, o casamento religioso é o único legítimo; noutros é necessário, além desse, o casamento civil; noutros, finalmente, este último casamento basta.

3. Mas, na união dos sexos, a par da Lei divina material, comum a todos os seres vivos, há outra Lei divina, imutável como todas as Leis de Deus, exclusivamente moral: a lei de amor. Quis Deus que os seres se unissem não só pelos laços da carne, mas também pelos da alma, a fim de que a afeição mútua dos esposos se lhes transmitisse aos filhos e que fossem dois, e não um somente, a amá-los, a cuidar deles e a fazê-los progredir. Nas condições ordinárias do casamento, a lei de amor é tida em consideração? De modo nenhum. Não se leva em conta a afeição de dois seres que, por sentimentos recíprocos, se atraem um para o outro, visto que, as

mais das vezes, essa afeição é rompida. O de que se cogita, não é da satisfação do coração, e sim da do orgulho, da vaidade, da cupidez, numa palavra: de todos os interesses materiais. Quando tudo vai pelo melhor consoante esses interesses, diz-se que o casamento é de conveniência e, quando as bolsas estão bem aquinhoadas, diz-se que os esposos igualmente o são e muito felizes hão de ser.

Nem a lei civil, porém, nem os compromissos que ela faz se contraiam podem suprir a lei do amor, se esta não preside à união, resultando, frequentemente, *separarem-se por si mesmos os que à força* se uniram; torna-se um perjúrio, se pronunciado como fórmula banal, o juramento feito ao pé do altar. Daí as uniões infelizes, que acabam tornando-se criminosas, dupla desgraça que se evitaria se, ao estabelecerem-se as condições do matrimônio, se não abstraísse da única que o sanciona aos olhos de Deus: a lei de amor. Ao dizer Deus: "Não sereis senão uma só carne", e quando Jesus disse: "Não separeis o que Deus uniu", essas palavras se devem entender com referência à união segundo a lei imutável de Deus, e não segundo a lei mutável dos homens.

4. Será então supérflua a lei civil e dever-se-á volver aos casamentos segundo a Natureza? Não, decerto. A lei civil tem por fim regular as relações sociais e os interesses das famílias, de acordo com as exigências da civilização; por isso, é útil, necessária, mas variável. Deve ser previdente, porque o homem civilizado não pode viver como selvagem; nada,

entretanto, nada absolutamente se opõe a que ela seja um corolário da Lei de Deus. Os obstáculos ao cumprimento da Lei divina promanam dos prejuízos, e não da lei civil. Esses prejuízos, se bem ainda vivazes, já perderam muito do seu predomínio no seio dos povos esclarecidos; desaparecerão com o progresso moral que, por fim, abrirá os olhos aos homens para os males sem conto, as faltas, mesmo os crimes que decorrem das uniões contraídas com vistas unicamente nos interesses materiais. Um dia perguntar-se-á o que é mais humano, mais caridoso, mais moral: se encadear um ao outro dois seres que não podem viver juntos, se restituir-lhes a liberdade; se a perspectiva de uma cadeia indissolúvel não aumenta o número de uniões irregulares.

O divórcio

5. O divórcio é lei humana que tem por objeto separar legalmente o que já, de fato, está separado. Não é contrário à Lei de Deus, pois que apenas reforma o que os homens hão feito e só é aplicável nos casos em que não se levou em conta a Lei divina. Se fosse contrário a essa lei, a própria Igreja seria obrigada a considerar prevaricadores aqueles de seus chefes que, por autoridade própria e em nome da religião, hão imposto o divórcio em mais de uma ocasião. E dupla seria aí a prevaricação, porque, nesses casos, o divórcio há objetivado unicamente interesses materiais, e não a satisfação da lei de amor.

Nem mesmo Jesus consagrou a indissolubilidade absoluta do casamento. Não disse Ele: "Foi por causa da dureza dos vossos corações que Moisés permitiu despedísseis vossas mulheres"? Isso significa que, já ao tempo de Moisés, não sendo a afeição mútua a única determinante do casamento, a separação podia tornar-se necessária. Acrescenta, porém: "no princípio, não foi assim", isto é, na origem da Humanidade, quando os homens ainda não estavam pervertidos pelo egoísmo e pelo orgulho e viviam segundo a Lei de Deus, as uniões, derivando da simpatia, e não da vaidade ou da ambição, nenhum ensejo davam ao repúdio.

Vai mais longe: especifica o caso em que pode dar-se o repúdio, o do adultério. Ora, não existe adultério onde reina sincera afeição recíproca. É verdade que Ele proíbe ao homem desposar a mulher repudiada; mas cumpre se tenham em vista os costumes e o caráter dos homens daquela época. A lei moisaica, nesse caso, prescrevia a lapidação. Querendo abolir um uso bárbaro, precisou de uma penalidade que o substituísse e a encontrou no opróbrio que adviria da proibição de um segundo casamento. Era, de certo modo, uma lei civil substituída por outra lei civil, mas que, como todas as leis dessa natureza, tinha de passar pela prova do tempo.

CAPÍTULO XXIII

Estranha moral

• Odiar os pais • Abandonar pai, mãe e filhos • Deixar aos mortos o cuidado de enterrar seus mortos • Não vim trazer a paz, mas a divisão

Odiar os pais

1. Como nas suas pegadas caminhasse grande massa de povo, Jesus, voltando-se, disse-lhes: "Se alguém vem a mim e não odeia a seu pai e a sua mãe, a sua mulher e a seus filhos, a seus irmãos e irmãs, mesmo a sua própria vida, não pode ser meu discípulo. E quem quer que não carregue a sua cruz e me siga, não pode ser meu discípulo. Assim, aquele dentre vós que não renunciar a tudo o que tem não pode ser meu discípulo." (Lucas, 14:25 a 27 e 33.)

2. "Aquele que ama a seu pai ou a sua mãe, mais do que a mim, de mim não é digno; aquele que ama a seu filho ou a sua filha, mais do que a mim, de mim não é digno." (Mateus, 10:37.)

3. Certas palavras, aliás muito raras, atribuídas ao Cristo, fazem tão singular contraste com o seu modo habitual de falar que, instintivamente, se lhes repele o sentido literal, sem que a sublimidade da sua doutrina sofra qualquer dano. Escritas depois de sua morte, pois que nenhum dos Evangelhos foi redigido enquanto Ele viveu, lícito é acreditar-se que, em casos como este, o

fundo do seu pensamento não foi bem expresso, ou, o que não é menos provável, o sentido primitivo, passando de uma língua para outra, há de ter experimentado alguma alteração. Basta que um erro se haja cometido uma vez, para que os copiadores o tenham repetido, como se dá frequentemente com relação aos fatos históricos.

O termo *odiar*, nesta frase de Lucas: *Se alguém vem a mim e não odeia a seu pai e a sua mãe*, está compreendido nessa hipótese. A ninguém acudirá atribuí-la a Jesus. Será então supérfluo discuti-la e, ainda menos, tentar justificá-la. Importaria, primeiro, saber se Ele a pronunciou e, em caso afirmativo, se, na língua em que se exprimia, a palavra em questão tinha o mesmo valor que na nossa. Nesta passagem de João: "Aquele que *odeia* sua vida, neste mundo, a conserva para a vida eterna", é indubitável que ela não exprime a ideia que lhe atribuímos.

A língua hebraica não era rica e continha muitas palavras com várias significações. Tal, por exemplo, a que, no *Gênesis*, designa as fases da Criação: servia, simultaneamente, para exprimir um período qualquer de tempo e a revolução diurna. Daí, mais tarde, a sua tradução pelo termo *dia* e a crença de que o mundo foi obra de seis vezes vinte e quatro horas. Tal, também, a palavra com que se designava um *camelo* e um *cabo*, uma vez que os cabos eram feitos de pelos de camelo. Daí o haverem-na traduzido pelo termo *camelo*, na alegoria do buraco de uma agulha. (Ver capítulo XVI, item 2.)[21]

Cumpre, ademais, se atenda aos costumes e ao caráter dos povos, pelo muito que influem sobre o gênio particular de seus idiomas. Sem esse conhecimento, escapa amiúde o sentido verdadeiro de certas palavras. De uma língua para outra, o mesmo termo se reveste de maior ou menor energia. Pode, numa, envolver injúria ou blasfêmia, e carecer de importância noutra, conforme a ideia que suscite. Na mesma língua, algumas palavras perdem seu valor com o correr dos séculos. Por isso é que uma tradução rigorosamente literal nem sempre exprime perfeitamente o pensamento e que, para manter a exatidão, se tem às vezes de empregar, não termos correspondentes, mas outros equivalentes ou perífrases.

---

[21] Nota do Sr. Pezzani: **Non odit**, em latim: **Kaï** ou **miseï** em grego, não quer dizer **odiar**, porém, **amar menos**. O que o verbo grego **miseïn** exprime, ainda melhor o expressa o verbo hebreu, de que Jesus se há de ter servido. Esse verbo não significa apenas **odiar**, mas também **amar menos, não amar igualmente, tanto quanto a um outro**. No dialeto siríaco, do qual, dizem, Jesus usava com mais frequência, ainda melhor acentuada é essa significação. Nesse sentido é que o Gênesis (29:30 e 31) diz: *E Jacó amou também mais a Raquel do que a Lia, e Jeová, vendo que Lia era* **odiada**..." É evidente que o verdadeiro sentido aqui é: **menos amada**. Assim se deve traduzir. Em muitas outras passagens hebraicas e, sobretudo, siríacas, o mesmo verbo é empregado no sentido de **não amar tanto quanto a outro**, de sorte que fora contrassenso traduzi-lo por odiar, que tem outra acepção bem determinada. O texto de Mateus, aliás, afasta toda a dificuldade.

Estas notas encontram aplicação especial na interpretação das Santas Escrituras e, em particular, dos Evangelhos. Se se não tiver em conta o meio em que Jesus vivia, fica-se exposto a equívocos sobre o valor de certas expressões e de certos fatos, em consequência do hábito em que se está de assimilar os outros a si próprio. Em todo caso, cumpre despojar o termo odiar da sua acepção moderna, como contrária ao espírito do ensino de Jesus. (Veja-se também o cap. XIV, itens 5 e seguintes.)

Abandonar pai, mãe e filhos

4. Aquele que houver deixado, pelo meu nome, sua casa, os seus irmãos, ou suas irmãs, ou seu pai, ou sua mãe, ou sua mulher, ou seus filhos, ou suas terras, receberá o cêntuplo de tudo isso e terá por herança a vida eterna. (Mateus, 19:29.)

5. Então, disse-lhe Pedro: "Quanto a nós, vês que tudo deixamos e te seguimos."

– Jesus lhe observou: "Digo-vos, em verdade, que ninguém deixará, pelo Reino de Deus, sua casa, ou seu pai, ou sua mãe, ou seus irmãos, ou sua mulher, ou seus filhos, que não receba, já neste mundo, muito mais, e no século vindouro a vida eterna." (Lucas, 18:28 a 30.)

6. Disse-lhe outro: "Senhor, eu te seguirei; mas permite que, antes, disponha do que tenho em minha casa." – Jesus lhe respondeu: "Quem quer que, tendo posto a mão na charrua, olhar para trás, não está apto para o Reino de Deus." (Lucas, 9:61 e 62.)

Sem discutir as palavras, deve-se aqui procurar o pensamento, que era, evidentemente, este: "Os interesses da vida futura prevalecem sobre todos os interesses e todas as considerações humanas", porque esse pensamento está de acordo com a substância da doutrina de Jesus, ao passo que a ideia de uma renunciação à família seria a negação dessa doutrina.

Não temos, aliás, sob as vistas a aplicação dessas máximas no sacrifício dos interesses e das afeições de família aos da Pátria? Censura-se, porventura, aquele que deixa seu pai, sua mãe, seus irmãos, sua mulher, seus filhos, para marchar em defesa do seu país? Não se lhe reconhece, ao contrário, grande mérito em arrancar-se às doçuras do lar doméstico, aos liames da amizade, para cumprir um dever? É que, então, há deveres que sobrelevam a outros deveres. Não impõe a lei à filha a obrigação de deixar os pais para acompanhar o esposo? Formigam no mundo os casos em que são necessárias as mais penosas separações. Nem por isso, entretanto, as afeições se rompem. O afastamento não diminui o respeito, nem a solicitude do filho para com os pais, nem a ternura destes para com aquele. Vê-se, portanto, que, mesmo tomadas ao pé da letra, excetuado o termo *odiar*, aquelas palavras não seriam uma negação do mandamento que prescreve ao homem honrar a seu pai e a sua mãe, nem do afeto paternal; com mais forte razão, não o seriam, se tomadas segundo o espírito. Tinham elas por fim mostrar, mediante uma hipérbole, quão imperioso é para a criatura o dever de ocupar-se com a vida futura. Aliás, pouco chocantes haviam de ser para um povo e numa época em que, como consequência dos costumes, os laços de família eram menos fortes do que no seio de uma civilização moral mais avançada. Esses laços, mais fracos nos povos primitivos, fortalecem-se com o desenvolvimento da sensibilidade e do senso moral. A própria separação é necessária ao progresso. Assim as famílias como as raças se abastardam, desde que se não entrecruzem, se não enxertem umas nas outras. É essa uma Lei da Natureza, tanto no interesse do progresso moral, quanto no do progresso físico.

Aqui, as coisas são consideradas apenas do ponto de vista terreno. O Espiritismo no-las faz ver de mais alto, mostrando serem os do Espírito, e não os do corpo, os verdadeiros laços de afeição; que aqueles laços não se quebram pela separação, nem mesmo pela morte do corpo; que se robustecem na vida espiritual, pela depuração do Espírito, verdade consoladora da qual grande força haurem as criaturas, para suportarem as vicissitudes da vida. (Cap. IV, item 18; cap. XIV, item 8.)[22]

---

[22] N.E.: *Ver Nota Explicativa*, p. 579.

Deixar aos mortos o cuidado de enterrar seus mortos

7. Disse a outro: "Segue-me"; e o outro respondeu: "Senhor, consente que, primeiro, eu vá enterrar meu pai."

– Jesus lhe retrucou: "Deixa aos mortos o cuidado de enterrar seus mortos; quanto a ti, vai anunciar o Reino de Deus." (Lucas, 9:59 e 60.)

8. Que podem significar estas palavras: "Deixa aos mortos o cuidado de enterrar seus mortos"? As considerações precedentes mostram, em primeiro lugar, que, nas circunstâncias em que foram proferidas, não podiam conter censura àquele que considerava um dever de piedade filial ir sepultar seu pai. Têm, no entanto, um sentido profundo, que só o conhecimento mais completo da vida espiritual podia tornar perceptível.

A vida espiritual é, com efeito, a verdadeira vida, é a vida normal do Espírito, sendo-lhe transitória e passageira a existência terrestre, espécie de morte, se comparada ao esplendor e à atividade da outra. O corpo não passa de simples vestimenta grosseira que temporariamente cobre o Espírito, verdadeiro grilhão que o prende à gleba terrena, do qual se sente ele feliz em libertar-se. O respeito que aos mortos se consagra não é a matéria que o inspira; é, pela lembrança, o Espírito ausente quem o infunde. Ele é análogo àquele que se vota aos objetos que lhe pertenceram, que ele tocou e que as pessoas que lhe são afeiçoadas guardam como relíquias. Era isso o que aquele homem não podia por si mesmo compreender. Jesus lho ensina, dizendo: "Não te preocupes com o corpo, pensa antes no Espírito; vai ensinar o Reino de Deus; vai dizer aos homens que a pátria deles não é a Terra, mas o céu, porquanto somente lá transcorre a verdadeira vida.

Não vim trazer a paz, mas a divisão

9. Não penseis que Eu tenha vindo trazer paz à Terra; não vim trazer a paz, mas a espada; porquanto vim separar de seu pai o filho, de sua mãe a filha, de sua sogra a nora; e o homem terá por inimigos os de sua própria casa. (Mateus, 10:34 a 36.)

10. Vim para lançar fogo à Terra; e que é o que desejo senão que ele se acenda? Tenho de ser batizado com um batismo e quanto me sinto desejoso de que ele se cumpra! Julgais que Eu tenha vindo trazer paz à Terra? Não, Eu vos afirmo; ao contrário, vim trazer a divisão; pois, doravante, se se acharem numa casa cinco pessoas, estarão elas divididas umas contra as outras: três contra duas e duas contra três. O pai estará em divisão com o filho e o filho com o pai, a mãe com a filha e a filha com a mãe, a sogra com a nora e a nora com a sogra. (Lucas, 12:49 a 53.)

11. Será mesmo possível que Jesus, a personificação da doçura e da bondade, que não cessou de pregar o amor do próximo, haja dito: "Não vim trazer a paz, mas a espada; vim separar do pai o filho, do esposo a esposa; vim lançar fogo à Terra e tenho pressa de que ele se acenda"? Não estarão essas

palavras em contradição flagrante com os seus ensinos? Não haverá blasfêmia em lhe atribuírem a linguagem de um conquistador sanguinário e devastador? Não, não há blasfêmia, nem contradição nessas palavras, pois foi mesmo Ele quem as pronunciou, e elas dão testemunho da sua alta sabedoria. Apenas, um pouco equívoca, a forma não lhe exprime com exatidão o pensamento, o que deu lugar a que se enganassem relativamente ao verdadeiro sentido delas. Tomadas à letra, tenderiam a transformar a sua missão, toda de paz, noutra de perturbação e discórdia, consequência absurda, que o bom senso repele, porquanto Jesus não podia desmentir-se. (Cap. XIV, item 6.)

12. Toda ideia nova forçosamente encontra oposição e nenhuma há que se implante sem lutas. Ora, nesses casos, a resistência é sempre proporcional à importância dos resultados *previstos*, porque, quanto maior ela é, tanto mais numerosos são os interesses que fere. Se for notoriamente falsa, se a julgam isenta de consequências, ninguém se alarma; deixam-na todos passar, certos de que lhe falta vitalidade. Se, porém, é verdadeira, se assenta em sólida base, se lhe preveem futuro, um secreto pressentimento adverte os seus antagonistas de que constitui um perigo para eles e para a ordem de coisas em cuja manutenção se empenham. Atiram-se, então, contra ela e contra os seus adeptos.

Assim, pois, a medida da importância e dos resultados de uma ideia nova se encontra na emoção que o seu aparecimento causa, na violência da oposição que provoca, bem como no grau e na persistência da ira de seus adversários.

13. Jesus vinha proclamar uma doutrina que solaparia pela base os abusos de que viviam os fariseus, os escribas e os sacerdotes do seu tempo. Imolaram-no, portanto, certos de que, matando o homem, matariam a ideia. Esta, porém, sobreviveu, porque era verdadeira; engrandeceu-se, porque correspondia aos desígnios de Deus e, nascida num pequeno e obscuro burgo da Judeia, foi plantar o seu estandarte na capital mesma do mundo pagão, em face dos seus mais encarniçados inimigos, daqueles que mais porfiavam em combatê-la, porque subvertia crenças seculares a que eles se apegavam muito mais por interesse do que por convicção. Lutas das mais terríveis esperavam aí pelos seus apóstolos; foram inumeráveis as vítimas; a ideia, no entanto, avolumou-se sempre e triunfou, porque, como verdade, sobrelevava as que a precederam.

14. É de notar-se que o Cristianismo surgiu quando o Paganismo já entrara em declínio e se debatia contra as luzes da razão. Ainda era praticado *pro forma*; a crença, porém, desaparecera; apenas o interesse pessoal o sustentava. Ora, é tenaz o interesse; jamais cede à evidência; irrita-se tanto mais quanto mais peremptórios e demonstrativos de seu erro são os argumentos que se lhe opõem. Sabe ele muito bem que está errado, mas isso não o abala,

porquanto a verdadeira fé não lhe está na alma. O que mais teme é a luz, que dá vista aos cegos. É-lhe proveitoso o erro; ele se lhe agarra e o defende.

Sócrates, também, não ensinara uma doutrina até certo ponto análoga à do Cristo? Por que não prevaleceu naquela época a sua doutrina, no seio de um dos povos mais inteligentes da Terra? É que ainda não chegara o tempo. Ele semeou numa terra não lavrada; o Paganismo ainda se não achava *gasto*. O Cristo recebeu em propício tempo a sua missão. Muito faltava, é certo, para que todos os homens da sua época estivessem à altura das ideias cristãs, mas havia entre eles uma aptidão mais geral para as assimilar, pois que já se começava a sentir o vazio que as crenças vulgares deixavam na alma. Sócrates e Platão haviam aberto o caminho e predisposto os espíritos. (Veja-se, na *Introdução*, o § IV: Sócrates e Platão, precursores da ideia cristã e do Espiritismo.)

15. Infelizmente, os adeptos da nova doutrina não se entenderam quanto à interpretação das palavras do Mestre, veladas, as mais das vezes, pela alegoria e pelas figuras da linguagem. Daí o nascerem, sem demora, numerosas seitas, pretendendo todas possuir, exclusivamente, a verdade e o não bastarem dezoito séculos para pô-las de acordo. Olvidando o mais importante dos preceitos divinos, o que Jesus colocou por pedra angular do seu edifício e como condição expressa da salvação: a caridade, a fraternidade e o amor ao próximo, aquelas

seitas lançaram anátema umas sobre as outras, e umas contra as outras se atiraram, as mais fortes esmagando as mais fracas, afogando-as em sangue, aniquilando-as nas torturas e nas chamas das fogueiras. Vencedores do Paganismo, os cristãos, de perseguidos que eram, fizeram-se perseguidores. A ferro e fogo foi que se puseram a plantar a cruz do Cordeiro sem mácula nos dois mundos. É fato constante que as guerras de religião foram as mais cruéis, mais vítimas causaram do que as guerras políticas; em nenhumas outras se praticaram tantos atos de atrocidade e de barbárie.

Cabe a culpa à doutrina do Cristo? Não, decerto que ela formalmente condena toda violência. Disse Ele alguma vez a seus discípulos: Ide, matai, massacrai, queimai os que não crerem como vós? Não; o que, ao contrário, lhes disse, foi: Todos os homens são irmãos e Deus é soberanamente misericordioso; amai o vosso próximo; amai os vossos inimigos; fazei o bem aos que vos persigam. Disse-lhes, outrossim: "Quem matar com a espada pela espada perecerá." A responsabilidade, portanto, não pertence à doutrina de Jesus, mas aos que a interpretaram falsamente e a transformaram em instrumento próprio a lhes satisfazer as paixões; pertence aos que desprezaram estas palavras: "Meu reino não é deste mundo."

Em sua profunda sabedoria, Ele tinha a previdência do que aconteceria; mas essas coisas eram inevitáveis, porque inerentes à inferioridade da natureza humana, que não podia transformar-se repentinamente. Cumpria que o Cristianismo passasse por essa longa e cruel prova de dezoito séculos para mostrar toda a sua força, visto que, malgrado todo o mal cometido em seu nome, ele saiu dela puro. Jamais esteve em causa. As invectivas sempre recaíram sobre os que dele abusaram. A cada ato de intolerância, sempre se disse: Se o Cristianismo fosse mais bem compreendido e mais bem praticado, isso não se daria.

16. Quando Jesus declara: "Não creais que Eu tenha vindo trazer a paz, mas sim a divisão", seu pensamento era este:

"Não creais que a minha doutrina se estabeleça pacificamente; ela trará lutas sangrentas, tendo por pretexto o meu nome, porque os homens não me terão compreendido, ou não me terão querido compreender. Os irmãos, separados pelas suas respectivas crenças, desembainharão a espada um contra o outro e a divisão reinará no seio de uma mesma família, cujos membros não partilhem da mesma crença. Vim lançar fogo à Terra para expungi-la dos erros e dos preconceitos, do mesmo modo que se põe fogo a um campo para destruir nele as ervas más, e tenho pressa de que o fogo se acenda para que a depuração seja mais rápida, visto que do conflito sairá triunfante a verdade. À guerra sucederá a paz; ao ódio dos partidos, a fraternidade universal; às trevas do fanatismo, a luz da fé esclarecida. Então, quando o campo estiver preparado,

Eu vos enviarei o *Consolador*, o *Espírito de Verdade, que virá restabelecer todas as coisas*, isto é, que, dando a conhecer o sentido verdadeiro das minhas palavras, que os homens mais esclarecidos poderão enfim compreender, porá termo à luta fratricida que desune os filhos do mesmo Deus. Cansados, afinal, de um combate sem resultado, que consigo traz unicamente a desolação e a perturbação até o seio das famílias, reconhecerão os homens onde estão seus verdadeiros interesses, com relação a este mundo e ao outro. Verão de que lado estão os amigos e os inimigos da tranquilidade deles. Todos então se porão sob a mesma bandeira: a da caridade, e as coisas serão restabelecidas na Terra, de acordo com a verdade e os princípios que vos tenho ensinado."

17. O Espiritismo vem realizar, na época prevista, as promessas do Cristo. Entretanto, não o pode fazer sem destruir os abusos. Como Jesus, ele topa com o orgulho, o egoísmo, a ambição, a cupidez, o fanatismo cego, os quais, levados às suas últimas trincheiras, tentam barrar-lhe o caminho e lhe suscitam entraves e perseguições. Também ele, portanto, tem de combater; mas o tempo das lutas e das perseguições sanguinolentas passou; são todas de ordem moral as que terá de sofrer e próximo lhes está o termo. As primeiras duraram séculos; estas durarão apenas alguns anos, porque a luz, em vez de partir de um único foco, irrompe de todos os pontos do globo e abrirá mais de pronto os olhos aos cegos.

18. Essas palavras de Jesus devem, pois, entender-se com referência às cóleras que a sua doutrina provocaria, aos conflitos momentâneos a que ia dar causa, às lutas que teria de sustentar antes de se firmar, como aconteceu aos hebreus antes de entrarem na Terra Prometida, e não como decorrentes de um desígnio premeditado de sua parte de semear a desordem e a confusão. O mal viria dos homens, e não dele, que era como o médico que se apresenta para curar, mas cujos remédios provocam uma crise salutar, atacando os maus humores do doente.

CAPÍTULO XXIV

Não ponhais a candeia debaixo do alqueire

• Candeia sob o alqueire. Por que fala Jesus por parábolas • Não vades ter com os gentios • Não são os que gozam saúde que precisam de médico • Coragem da fé • Carregar sua cruz. Quem quiser salvar a vida, perdê-la-á

Candeia sob o alqueire. Por que fala Jesus por parábolas

1. Ninguém acende uma candeia para pô-la debaixo do alqueire; põe-na, ao contrário, sobre o candeeiro, a fim de que ilumine a todos os que estão na casa. (Mateus, 5:15.)

2. Ninguém há que, depois de ter acendido uma candeia, a cubra com um vaso, ou a ponha debaixo da cama; põe-na sobre o candeeiro, a fim de que os que entrem vejam a luz; pois nada há secreto que não haja de ser descoberto, nem nada oculto que não haja de ser conhecido e de aparecer publicamente. (Lucas, 8:16 e 17.)

3. Aproximando-se, disseram-lhe os discípulos: "Por que lhes falas por parábolas?"

— Respondendo-lhes, disse Ele: "É porque a vós outros foi dado conhecer os mistérios do Reino dos Céus; mas, a eles, isso não lhes foi dado. Porque àquele que já tem, mais se lhe dará e ele ficará na abundância; àquele, entretanto, que não tem, mesmo o que tem se lhe tirará.

> Falo-lhes por parábolas, porque, vendo, não veem e, ouvindo, não escutam e não compreendem. E neles se cumprirá a profecia de Isaías, que diz: 'Ouvireis com os vossos ouvidos, e não escutareis; olhareis com os vossos olhos, e não vereis. Porque, o coração deste povo se tornou pesado, e seus ouvidos se tornaram surdos e fecharam os olhos para que seus olhos não vejam e seus ouvidos não ouçam, para que seu coração não compreenda e para que, tendo-se convertido, Eu não os cure.'" (Mateus, 13:10 a 15.)

4. É de causar admiração diga Jesus que a luz não deve ser colocada debaixo do alqueire, quando Ele próprio constantemente oculta o sentido de suas palavras sob o véu da alegoria, que nem todos podem compreender. Ele se explica, dizendo a seus apóstolos: "Falo-lhes por parábolas, porque não estão em condições de compreender certas coisas. Eles veem, olham, ouvem, mas não entendem. Fora, pois, inútil tudo dizer-lhes, por enquanto. Digo-o, porém, a vós, porque dado vos foi compreender estes mistérios." Procedia, portanto, com o povo, como se faz com crianças cujas ideias ainda se não desenvolveram. Desse modo, indica o verdadeiro sentido da sentença: "Não se deve pôr a candeia debaixo do alqueire, mas sobre o candeeiro, a fim de que todos os que entrem a possam ver." Tal sentença não significa que se deva revelar inconsideradamente todas as coisas.

Todo ensinamento deve ser proporcionado à inteligência daquele a quem se queira instruir, porquanto há pessoas a quem uma luz por demais viva deslumbraria, sem as esclarecer.

Dá-se com os homens, em geral, o que se dá em particular com os indivíduos. As gerações têm sua infância, sua juventude e sua maturidade. Cada coisa tem de vir na época própria; a semente lançada à terra, fora da estação, não germina; mas o que a prudência manda calar, momentaneamente, cedo ou tarde será descoberto, porque, chegados a certo grau de desenvolvimento, os homens procuram por si mesmos a luz viva; pesa-lhes a obscuridade. Tendo-lhes Deus outorgado a inteligência para compreenderem e se guiarem por entre as coisas da Terra e do céu, eles tratam de raciocinar sobre sua fé. É então que não se deve pôr a candeia debaixo do alqueire, visto que, *sem a luz da razão, desfalece a fé*. (Cap. XIX, item 7.)

5. Se, pois, em sua previdente sabedoria, a Providência só gradualmente revela as verdades, é claro que as desvenda à proporção que a Humanidade se vai mostrando amadurecida para as receber. Ela [a Providência] as mantém de reserva, e não sob o alqueire. Os homens, porém, que entram a possuí-las, quase sempre as ocultam do vulgo com o intento de o dominarem. São esses os que, verdadeiramente, colocam a luz debaixo do alqueire. É por isso que todas as religiões têm tido seus mistérios, cujo exame proíbem. Todavia, ao passo que essas religiões iam ficando para trás, a Ciência e a inteligência avançaram e romperam o véu misterioso. Havendo-se tornado adulto, o vulgo entendeu de penetrar o fundo das coisas e eliminou de sua fé o que era contrário à observação.

Não podem existir mistérios absolutos e Jesus está com a razão quando diz que nada há secreto que não venha a ser conhecido. Tudo o que se acha oculto será descoberto um dia e o que o homem ainda não pode compreender lhe será sucessivamente desvendado, em mundos mais adiantados, quando se houver purificado. Aqui na Terra, ele ainda se encontra em pleno nevoeiro.

6. Pergunta-se: que proveito podia o povo tirar dessa multidão de parábolas, cujo sentido se lhe conservava impenetrável? É de notar-se que Jesus somente se exprimiu por parábolas sobre as partes de certo modo abstratas da sua doutrina. Tendo feito, porém, da caridade para com o próximo e da humildade condições básicas da salvação, tudo o que disse a esse respeito é inteiramente claro, explícito e sem ambiguidade alguma. Assim devia ser, porque era a regra de conduta, regra que todos tinham de compreender para poderem observá-la. Era o essencial para a multidão ignorante, à qual Ele se limitava a dizer: "Eis o que é preciso se faça para ganhar o Reino dos Céus." Sobre as outras partes, apenas aos discípulos desenvolvia o seu pensamento. Por serem eles mais adiantados, moral e intelectualmente, Jesus pôde iniciá-los no conhecimento de verdades mais abstratas. Daí o haver dito: *Aos que já têm, ainda mais se dará*. (Cap. XVIII, item 15.)

Entretanto, mesmo com os apóstolos, conservou-se impreciso acerca de muitos pontos, cuja completa inteligência ficava reservada a ulteriores tempos. Foram esses pontos que deram ensejo a tão diversas interpretações, até que a Ciência, de um lado, e o Espiritismo, de outro, revelassem as novas Leis da Natureza, que lhes tornaram perceptível o verdadeiro sentido.

7. O Espiritismo, hoje, projeta luz sobre uma imensidade de pontos obscuros; não a lança, porém, inconsideradamente. Com admirável prudência se conduzem os Espíritos, ao darem suas instruções. Só gradual e sucessivamente consideraram as diversas partes já conhecidas da Doutrina, deixando as outras partes para serem reveladas à medida que se for tornando oportuno fazê-las sair da obscuridade. Se a houvessem apresentado completa desde o primeiro momento, somente a reduzido número depessoas se teria ela mostrado acessível; houvera mesmo assustado as que não se achassem preparadas para recebê-la, do que resultaria ficar prejudicada a sua propagação. Se, pois, os Espíritos ainda não dizem tudo ostensivamente, não é porque haja na Doutrina mistérios em que só alguns privilegiados possam penetrar, nem porque eles coloquem a lâmpada debaixo do alqueire; é porque cada coisa tem de vir no momento oportuno. Eles dão a cada ideia tempo para amadurecer e propagar-se, antes que apresentem outra, *e aos acontecimentos o de preparar a aceitação dessa outra.*

Não vades ter com os gentios

8. Jesus enviou seus doze apóstolos, depois de lhes haver dado as instruções seguintes: Não procureis os gentios e não entreis nas cidades dos samaritanos. Ide, antes, em busca das ovelhas perdidas da casa de Israel; e, nos lugares onde fordes, pregai, dizendo que o Reino dos Céus está próximo. (Mateus, 10:5 a 7.)

9. Em muitas circunstâncias, prova Jesus que suas vistas não se circunscrevem ao povo judeu, mas que abrangem a Humanidade toda. Se, portanto, diz a seus apóstolos que não vão ter com os pagãos, não é que desdenhe da conversão deles, o que nada teria de caridoso; é que os judeus, que já acreditavam no Deus uno e esperavam o Messias, estavam preparados, pela lei de Moisés e pelos profetas, a lhes acolherem a palavra. Com os pagãos, onde até mesmo a base faltava, estava tudo por fazer e os apóstolos não se achavam ainda bastante esclarecidos para tão pesada tarefa. Foi por isso que lhes disse: "Ide em busca das ovelhas transviadas de Israel", isto é, ide semear em terreno já arroteado. Sabia que a conversão dos gentios se daria a seu tempo. Mais tarde, com efeito, os apóstolos foram plantar a cruz no centro mesmo do Paganismo.

10. Essas palavras podem também aplicar-se aos adeptos e aos disseminadores do Espiritismo. Os incrédulos sistemáticos, os zombadores obstinados, os adversários interessados são para eles o que eram os gentios para os apóstolos. Que, pois, a exemplo destes, procurem, primeiramente,

fazer prosélitos entre os de boa vontade, entre os que desejam luz, nos quais um gérmen fecundo se encontra e cujo número é grande, sem perderem tempo com os que não querem ver, nem ouvir e tanto mais resistem, por orgulho, quanto maior for a importância que se pareça ligar à sua conversão. Mais vale abrir os olhos a cem cegos que desejam ver claro, do que a um só que se compraza na treva, porque, assim procedendo, em maior proporção se aumentará o número dos sustentadores da causa. Deixar tranquilos os outros não é dar mostra de indiferença, mas de boa política. Chegar-lhes-á a vez, quando estiverem dominados pela opinião geral e escutarem a mesma coisa incessantemente repetida ao seu derredor. Aí, julgarão que aceitam voluntariamente, por impulso próprio, a ideia, e não por pressão de outrem. Depois, há ideias que são como as sementes: não podem germinar fora da estação apropriada, nem em terreno que não tenha sido de antemão preparado, pelo que melhor é se espere o tempo propício e se cultivem primeiro as que germinem, para não acontecer que abortem as outras, em virtude de um cultivo demasiado intenso.

Na época de Jesus e em consequência das ideias acanhadas e materiais então em curso, tudo se circunscrevia e localizava. A casa de Israel era um pequeno povo; os gentios eram outros pequenos povos circunvizinhos. Hoje, as ideias se universalizam e espiritualizam. A luz nova não constitui privilégio de nenhuma nação; para ela não existem barreiras, tem o seu foco em toda parte e todos os homens são irmãos. Mas também os gentios já não são um povo, são apenas uma opinião com que se topa em toda parte e da qual a verdade triunfa pouco a pouco, como do Paganismo triunfou o Cristianismo. Já não são combatidos com armas de guerra, mas com a força da ideia.

Não são os que gozam saúde que precisam de médico

11. Estando Jesus à mesa em casa desse homem (Mateus), vieram aí ter muitos publicanos e gente de má vida, que se puseram à mesa com Jesus e seus discípulos; o que fez que os fariseus, notando-o, dissessem aos discípulos: "Como é que o vosso Mestre come com publicanos e pessoas de má vida?" – Tendo-os ouvido, disse-lhes Jesus: "Não são os que gozam saúde que precisam de médico." (Mateus, 9:10 a 12.)

12. Jesus se acercava, principalmente, dos pobres e dos deserdados, porque são os que mais necessitam de consolações; dos cegos dóceis e de boa-fé, porque pedem se lhes dê a vista, e não dos orgulhosos que julgam possuir toda a luz e de nada precisar. (Veja-se: *Introdução*, artigo: *Publicanos, Portageiros*.)

Essas palavras, como tantas outras, encontram no Espiritismo a aplicação que lhes cabe. Há quem se admire de que, por vezes, a mediunidade seja concedida a pessoas indignas, capazes de a usarem mal. Parece, dizem, que tão preciosa faculdade devera ser atributo exclusivo dos de maior merecimento.

Digamos, antes de tudo, que a mediunidade é inerente a uma disposição orgânica, de que qualquer homem pode ser dotado, como da de ver, de ouvir, de falar. Ora, nenhuma há de que o homem, por efeito do seu livre-arbítrio, não possa abusar, e se Deus não houvesse concedido, por exemplo, a palavra senão aos incapazes de proferirem coisas más, maior seria o número dos mudos do que o dos que falam. Deus outorgou faculdades ao homem e lhe dá a liberdade de usá-las, mas não deixa de punir o que delas abusa.

Se só aos mais dignos fosse concedida a faculdade de comunicar com os Espíritos, quem ousaria pretendê-la? Onde, ademais, o limite entre a dignidade e a indignidade? A mediunidade é conferida sem distinção, a fim de que os Espíritos possam trazer a luz a todas as camadas, a todas as classes da sociedade, ao pobre como ao rico; aos retos, para os fortificar no bem, aos viciosos para os corrigir. Não são estes últimos os doentes que necessitam de médico? Por que Deus, que não quer a morte do pecador, o privaria do socorro que o pode arrancar ao lameiro? Os bons Espíritos lhe vêm em auxílio e seus conselhos, dados diretamente, são de natureza a impressioná-lo de modo mais vivo, do que se os recebesse indiretamente. Deus, em sua bondade, para lhe poupar o trabalho de ir buscá-la longe, nas mãos lhe coloca a luz. Não será ele bem mais culpado, se não a quiser ver? Poderá desculpar-se com a sua ignorância, quando ele mesmo haja escrito com suas mãos, visto com seus próprios olhos, ouvido com seus próprios ouvidos, e pronunciado com a própria boca a sua condenação? Se não aproveitar, será então punido pela perda ou pela perversão da faculdade que lhe fora outorgada e da qual, nesse caso, se aproveitam os maus Espíritos para o obsidiarem e enganarem, sem prejuízo das aflições reais com que Deus castiga os servidores indignos e os corações que o orgulho e o egoísmo endureceram.

A mediunidade não implica necessariamente relações habituais com os Espíritos superiores. É apenas uma *aptidão* para servir de instrumento mais ou menos dúctil aos Espíritos, em geral. O bom médium, pois, não é aquele que comunica facilmente, mas aquele que é simpático aos bons Espíritos e somente deles tem assistência. Unicamente neste sentido é que a excelência das qualidades morais se torna onipotente sobre a mediunidade.

Coragem da fé

13. Aquele que me confessar e me reconhecer diante dos homens, Eu também o reconhecerei e confessarei diante de meu Pai que está nos céus; e aquele que me renegar diante dos homens, também Eu o renegarei diante de meu Pai que está nos céus. (Mateus, 10:32 e 33.)

14. Se alguém se envergonhar de mim e das minhas palavras, o Filho do Homem também dele se envergonhará, quando vier na sua glória e na de seu Pai e dos santos anjos. (Lucas, 9:26.)

15. A coragem das opiniões próprias sempre foi tida em grande estima entre os homens, porque há mérito em afrontar os perigos, as perseguições, as contradições e até os simples sarcasmos, aos quais se expõe, quase sempre, aquele que não teme proclamar abertamente ideias que não são as de toda gente. Aqui, como em tudo, o merecimento é proporcionado às circunstâncias e à importância do resultado. Há sempre fraqueza em recuar alguém diante das consequências que lhe acarreta a sua opinião e em renegá-la; mas há casos em que isso constitui covardia tão grande, quanto fugir no momento do combate.

Jesus profliga essa covardia, do ponto de vista especial da sua doutrina, dizendo que, se alguém se envergonhar de suas palavras, desse também Ele se envergonhará; que renegará aquele que o haja renegado; que reconhecerá, perante o Pai que está nos céus, *aquele que o confessar diante dos homens. Por outras palavras: aqueles que se houverem arreceado de se confessarem discípulos da verdade não são dignos de se ver admitidos no Reino da Verdade.* Perderão as vantagens da fé que alimentem, porque se trata de uma fé egoísta que eles guardam para si, ocultando-a para que não lhes traga prejuízo neste mundo, ao passo que aqueles que, pondo a verdade acima de seus interesses materiais, a proclamam abertamente, trabalham pelo seu próprio futuro e pelo dos outros.

16. Assim será com os adeptos do Espiritismo. Pois que a doutrina que professam mais não é do que o desenvolvimento e a aplicação da do Evangelho, também a eles se dirigem as palavras do Cristo. Eles semeiam na Terra o que colherão na vida espiritual. Colherão lá os frutos da sua coragem ou da sua fraqueza.

Carregar sua cruz.
Quem quiser salvar a vida, perdê-la-á

17. Bem-ditosos sereis quando os homens vos odiarem e separarem, quando vos tratarem injuriosamente, quando repelirem como mau o vosso nome, por causa do Filho do Homem. Rejubilai nesse dia e ficai em transportes de alegria, porque grande recompensa vos está reservada no céu, visto que era assim que os pais deles tratavam os profetas. (Lucas, 6:22 e 23.)

18. Chamando para perto de si o povo e os discípulos, disse-lhes: "Se alguém quiser vir nas minhas pegadas, renuncie a si mesmo, tome a sua cruz e siga-me; porquanto, aquele que se quiser salvar a si mesmo, perder-se-á; e aquele que se perder por amor de mim e do Evangelho se salvará." — Com efeito, de que serviria a um homem ganhar o mundo todo e perder-se a si mesmo? (Marcos, 8:34 a 36; Lucas, 9:23 a 25; Mateus, 10:38 e 39; João, 12:25 e 26.)

19. "Rejubilai-vos", diz Jesus, "quando os homens vos odiarem e perseguirem por minha causa, visto que sereis recompensados no céu." Podem traduzir-se assim essas verdades: "Considerai-vos ditosos, quando haja homens que, pela sua má

vontade para convosco, vos deem ocasião de provar a sinceridade da vossa fé, porquanto o mal que vos façam redundará em proveito vosso. Lamentai-lhes a cegueira, porém, não os maldigais."

Depois, acrescenta: "Tome a sua cruz aquele que me quiser seguir", isto é, suporte corajosamente as tribulações que sua fé lhe acarretar, dado que aquele que quiser salvar a vida e seus bens, renunciando a mim, perderá as vantagens do Reino dos Céus, enquanto os que tudo houverem perdido neste mundo, mesmo a vida, para que a verdade triunfe, receberão, na vida futura, o prêmio da coragem, da perseverança e da abnegação de que deram prova. Mas aos que sacrificam os bens celestes aos gozos terrestres, Deus dirá: "Já recebestes a vossa recompensa."

CAPÍTULO XXV

Buscai e achareis

• Ajuda-te a ti mesmo, que o céu te ajudará • Observai os pássaros do céu • Não vos afadigueis pela posse do ouro

Ajuda-te a ti mesmo, que o céu te ajudará

1. Pedi e se vos dará; buscai e achareis; batei à porta e se vos abrirá; porquanto, quem pede recebe e quem procura acha e, àquele que bata à porta, abrir-se-á.

Qual o homem, dentre vós, que dá uma pedra ao filho que lhe pede pão? Ou, se pedir um peixe, dar-lhe-á uma serpente? Ora, se, sendo maus como sois, sabeis dar boas coisas aos vossos filhos, não é lógico que, com mais forte razão, vosso Pai que está nos céus dê os bens verdadeiros aos que lhos pedirem? (Mateus, 7:7 a 11.)

2. Do ponto de vista terreno, a máxima: *Buscai e achareis é análoga a esta outra: Ajuda-te a ti mesmo, que o céu te ajudará.* É o princípio da *lei do trabalho* e, por conseguinte, da *lei do progresso*, porquanto o progresso é filho do trabalho, visto que este põe em ação as forças da inteligência.

Na infância da Humanidade, o homem só aplica a inteligência à cata do alimento, dos meios de se preservar das intempéries e de se defender dos seus inimigos. Deus, porém, lhe deu, a mais do que outorgou ao animal, *o desejo incessante do melhor*, e é esse desejo que o impele à pesquisa dos meios de melhorar a sua posição, que o leva às descobertas, às invenções, ao aperfeiçoamento da Ciência, porquanto é a Ciência que lhe proporciona o que lhe falta. Pelas suas pesquisas, a inteligência se lhe engrandece, o moral se lhe depura. Às necessidades do corpo sucedem as do espírito: depois do alimento material, precisa ele do alimento espiritual. É assim que o homem passa da selvageria à civilização.

Mas bem pouca coisa é, imperceptível mesmo, em grande número deles, o progresso que cada um realiza individualmente no curso da vida. Como poderia então progredir a Humanidade, sem a preexistência e a reexistência da alma? Se as almas se fossem todos os dias, para não mais voltarem, a Humanidade se renovaria incessantemente com os elementos primitivos, tendo de fazer tudo, de aprender tudo. Não haveria, nesse caso, razão para que o homem se achasse hoje mais adiantado do que nas primeiras idades do mundo, uma vez que a cada nascimento todo o trabalho intelectual teria de recomeçar. Ao contrário, voltando com o progresso que já realizou e adquirindo de cada vez alguma coisa a mais, a alma passa gradualmente da barbárie à *civilização material* e desta à *civilização moral.* (Vede: cap. IV, item 17.)

3. Se Deus houvesse isentado do trabalho do corpo o homem, seus membros se teriam atrofiado; se o houvesse isentado do trabalho da inteligência, seu espírito teria permanecido na infância, no

estado de instinto animal. Por isso é que lhe fez do trabalho uma necessidade e lhe disse: *Procura e acharás; trabalha e produzirás*. Dessa maneira serás filho das tuas obras, terás delas o mérito e serás recompensado de acordo com o que hajas feito.

4. Em virtude desse princípio é que os Espíritos não acorrem a poupar o homem ao trabalho das pesquisas, trazendo-lhe, já feitas e prontas a ser utilizadas, descobertas e invenções, de modo a não ter ele mais do que tomar o que lhe ponham nas mãos, sem o incômodo, sequer, de abaixar-se para apanhar, nem mesmo o de pensar. Se assim fosse, o mais preguiçoso poderia enriquecer-se e o mais ignorante tornar-se sábio à custa de nada e ambos se atribuírem o mérito do que não fizeram. Não, os *Espíritos não vêm isentar o homem da lei do trabalho: vêm unicamente mostrar-lhe a meta que lhe cumpre atingir e o caminho que a ela conduz, dizendo-lhe: Anda e chegarás*. Toparás com pedras; olha e afasta-as tu mesmo. Nós te daremos a força necessária, se a quiseres empregar. (*O livro dos médiuns*, 2ª Parte, cap. XXVI, itens 291 e seguintes.)

5. Do ponto de vista moral, essas palavras de Jesus significam: Pedi a luz que vos clareie o caminho e ela vos será dada; pedi forças para resistirdes ao mal e as tereis; pedi a assistência dos bons Espíritos e eles virão acompanhar-vos e, como o anjo de Tobias, vos guiarão; pedi bons conselhos e eles não vos serão jamais recusados; batei à nossa porta e ela se vos abrirá; mas pedi sinceramente, com

fé, confiança e fervor; apresentai-vos com humildade, e não com arrogância, sem o que sereis abandonados às vossas próprias forças e as quedas que derdes serão o castigo do vosso orgulho.

Tal o sentido das palavras: buscai e achareis; batei e abrir-se-vos-á.

Observai os pássaros do céu

6. Não acumuleis tesouros na Terra, onde a ferrugem e os vermes os comem e onde os ladrões os desenterram e roubam; acumulai tesouros no céu, onde nem a ferrugem, nem os vermes os comem; porquanto, onde está o vosso tesouro aí está também o vosso coração.

Eis por que vos digo: "Não vos inquieteis por saber onde achareis o que comer para sustento da vossa vida, nem de onde tirareis vestes para cobrir o vosso corpo. Não é a vida mais do que o alimento e o corpo mais do que as vestes?"

Observai os pássaros do céu: não semeiam, não ceifam, nada guardam em celeiros; mas vosso Pai celestial os alimenta. Não sois muito mais do que eles? e qual, dentre vós, o que pode, com todos os seus esforços, aumentar de um côvado a sua estatura?

Por que também vos inquietais pelo vestuário? Observai como crescem os lírios dos campos: não trabalham, nem fiam; entretanto, eu vos declaro que nem Salomão, em toda a sua glória, jamais se vestiu como um deles. Ora, se Deus tem o cuidado de vestir dessa maneira a erva dos campos, que existe hoje e amanhã será lançada na fornalha, quanto maior cuidado não terá em vos vestir, ó homens de pouca fé!

Não vos inquieteis, pois, dizendo: Que comeremos? ou: que beberemos? ou: de que nos vestiremos? como fazem os pagãos, que andam à procura de todas essas coisas; porque vosso Pai sabe que tendes necessidade delas.

Buscai primeiramente o Reino de Deus e a sua justiça, que todas essas coisas vos se- rão dadas de acréscimo. Assim, pois, não vos ponhais inquietos pelo dia de amanhã, porquanto o amanhã cuidará de si. A cada dia basta o seu mal. (Mateus, 6:19 a 21 e 25 a 34.)

7. Interpretadas à letra, essas palavras seriam a negação de toda previdência, de todo trabalho e, conseguintemente, de todo progresso. Com semelhante princípio, o homem limitar-se-ia a esperar passivamente. Suas forças físicas e intelectuais conservar-se-iam inativas. Se tal fora a sua condição normal na Terra, jamais houvera ele saído do estado primitivo e, se dessa condição fizesse ele a sua lei para a atualidade, só lhe caberia viver sem fazer coisa alguma. Não pode ter sido esse o pensamento de Jesus, pois estaria em contradição com o que disse de outras vezes, com as próprias Leis da Natureza. Deus criou o homem sem vestes e sem abrigo, mas deu-lhe a inteligência para fabricá-los. (Cap. XIV, item 6; cap. XXV, item 2.)

Não se deve, portanto, ver, nessas palavras, mais do que uma poética alegoria da Providência, que nunca deixa ao abandono os que nela confiam, querendo, todavia, que esses, por seu lado, trabalhem. Se ela nem sempre acode com um auxílio material, inspira as ideias com que se encontram os meios de sair da dificuldade. (Cap. XXVII, item 8.)

Deus conhece as nossas necessidades e a elas provê, como for necessário. O homem, porém, insaciável nos seus desejos, nem sempre sabe contentar-se com o que tem: o necessário não lhe basta; reclama o supérfluo. A Providência, então, o deixa entregue a si mesmo. Frequentemente, ele se torna infeliz por culpa sua e por haver desatendido à voz que por intermédio da consciência o advertia. Nesses casos, Deus fá-lo sofrer as consequências, a fim de que lhe sirvam de lição para o futuro. (Cap. V, item 4.)

8. A Terra produzirá o suficiente para alimentar a todos os seus habitantes, quando os homens souberem administrar, segundo as leis de justiça, de caridade e de amor ao próximo, os bens que ela dá. Quando a fraternidade reinar entre os povos, como entre as províncias de um mesmo império, o momentâneo supérfluo de um suprirá a momentânea insuficiência do outro; e cada um terá o necessário. O rico, então, considerar-se-á como um que possui grande quantidade de sementes; se as espalhar, elas produzirão pelo cêntuplo para si e para os outros; se, entretanto, comer sozinho as sementes, se as desperdiçar e deixar se perca o excedente do que haja comido, nada produzirão, e não haverá o bastante para todos. Se as amontoar no seu celeiro, os vermes as devorarão. Daí o haver Jesus dito: "Não acumuleis tesouros na Terra, pois

que são perecíveis; acumulai-os no céu, onde são eternos." Em outros termos: não ligueis aos bens materiais mais importância do que aos espirituais e sabei sacrificar os primeiros aos segundos. (Cap. XVI, itens 7 e seguintes.)

A caridade e a fraternidade não se decretam em leis. Se uma e outra não estiverem no coração, o egoísmo aí sempre imperará. Cabe ao Espiritismo fazê-las penetrar nele.

Não vos afadigueis pela posse do ouro

9. Não vos afadigueis por possuir ouro, ou prata, ou qualquer outra moeda em vossos bolsos. Não prepareis saco para a viagem, nem dois fatos, nem calçados, nem cajados, porquanto aquele que trabalha merece sustentado.

10. Ao entrardes em qualquer cidade ou aldeia, procurai saber quem é digno de vos hospedar e ficai na sua casa até que partais de novo. Entrando na casa, saudai-a assim: "Que a paz seja nesta casa." Se a casa for digna disso, a vossa paz virá sobre ela; se não o for, a vossa paz voltará para vós.

Quando alguém não vos queira receber, nem escutar, sacudi, ao sairdes dessa casa ou cidade, a poeira dos vossos pés. Digo-vos, em verdade: "No dia do juízo, Sodoma e Gomorra serão tratadas menos rigorosamente do que essa cidade." (Mateus, 10:9 a 15.)

11. Naquela época, nada tinham de estranhável essas palavras que Jesus dirigiu a seus apóstolos, quando os mandou, pela primeira vez, anunciar a Boa Nova. Estavam de acordo com os costumes

patriarcais do Oriente, onde o viajor encontrava sempre acolhida na tenda; mas, então, os viajantes eram raros. Entre os povos modernos, o desenvolvimento da circulação houve de criar costumes novos. Os dos tempos antigos somente se conservam em países longínquos, onde ainda não penetrou o grande movimento. Se Jesus voltasse hoje, já não poderia dizer a seus apóstolos: "Ponde-vos a caminho sem provisões."

A par do sentido próprio, essas palavras guardam um sentido moral muito profundo. Proferindo-as, ensinava Jesus a seus discípulos que confiassem na Providência. Ademais, eles, nada tendo, não despertariam a cobiça nos que os recebessem. Era um meio de distinguirem dos egoístas os caridosos. Por isso foi que lhes disse: "Procurai saber quem é digno de vos hospedar" ou: quem é bastante humano para agasalhar o viajante que não tem com que pagar, porquanto esses são dignos de escutar as vossas palavras; pela caridade deles é que os reconhecereis.

Quanto aos que não os quisessem receber, nem ouvir, recomendou Ele porventura aos apóstolos que os amaldiçoassem, que se lhes impusessem, que usassem de violência e de constrangimento para os converterem? Não; mandou, pura e simplesmente, que se fossem embora, à procura de pessoas de boa vontade.

O mesmo diz hoje o Espiritismo a seus adeptos: não violenteis nenhuma consciência; a ninguém forceis para que deixe a sua crença, a fim de adotar a vossa; não anatematizeis os que não pensem como vós; acolhei os que venham ter convosco e deixai tranquilos os que vos repelem. Lembrai-vos das palavras do Cristo. Outrora, o céu era tomado com violência; hoje o é pela brandura. (Cap. IV, itens 10 e 11.)

CAPÍTULO XXVI

Dai gratuitamente o que gratuitamente recebestes

• Dom de curar • Preces pagas • Mercadores expulsos do templo • Mediunidade gratuita

Dom de curar

1. Restituí a saúde aos doentes, ressuscitai os mortos, curai os leprosos, expulsai os demônios. Dai gratuitamente o que gratuitamente haveis recebido. (Mateus, 10:8.)

2. "Dai gratuitamente o que gratuitamente haveis recebido", diz Jesus a seus discípulos. Com essa recomendação, prescreve que ninguém se faça pagar daquilo por que nada pagou. Ora, o que eles haviam recebido gratuitamente era a faculdade de curar os doentes e de expulsar os demônios, isto é, os maus Espíritos. Esse dom Deus lhes dera gratuitamente, para alívio dos que sofrem e como meio de propagação da fé; Jesus, pois, recomendava-lhes que não fizessem dele objeto de comércio, nem de especulação, nem meio de vida.

Preces pagas

3. Disse em seguida a seus discípulos, diante de todo o povo que o escutava: "Precatai-vos dos escribas que se exibem a passear com longas túnicas, que gostam de ser saudados

nas praças públicas e de ocupar os primeiros assentos nas sinagogas e os primeiros lugares nos festins; que, *a pretexto de extensas preces, devoram as casas das viúvas*. Essas pessoas receberão condenação mais rigorosa." (Lucas, 20:45 a 47; Marcos, 12:38 a 40; Mateus, 23:14.)

4. Disse também Jesus: não façais que vos paguem as vossas preces; não façais como os escribas que, "a pretexto de longas preces, *devoram as casas das viúvas*", isto é, abocanham as fortunas. A prece é ato de caridade, é um arroubo do coração. Cobrar alguém que se dirija a Deus por outrem é transformar-se em intermediário assalariado. A prece, então, fica sendo uma fórmula, cujo comprimento se proporciona à soma que custe. Ora, uma de duas: Deus ou mede ou não mede as suas graças pelo número das palavras. Se estas forem necessárias em grande número, por que dizê-las poucas, ou quase nenhumas, por aquele que não pode pagar? É falta de caridade. Se uma só basta, é inútil dizê-las em excesso. Por que então cobrá-las? É prevaricação.

Deus não vende os benefícios que concede. Como, pois, um que não é, sequer, o distribuidor deles, que não pode garantir a sua obtenção, cobraria um pedido que talvez nenhum resultado produza? Não é possível que Deus subordine um ato de clemência, de bondade ou de justiça, que da sua misericórdia se solicite, a uma soma em dinheiro. Do contrário, se a soma não fosse paga, ou fosse insuficiente, a justiça, a bondade e a clemência de Deus ficariam em suspenso. A razão, o bom senso e a lógica dizem ser impossível que Deus, a perfeição absoluta, delegue a criaturas imperfeitas o direito de estabelecer preço para a sua justiça. A Justiça de Deus é como o Sol: existe para todos, para o pobre como para o rico. Pois que se considera imoral traficar com as graças de um soberano da Terra, poder-se-á ter por lícito o comércio com as do soberano do Universo?

Ainda outro inconveniente apresentam as preces pagas: é que aquele que as compra se julga, as mais das vezes, dispensado de orar ele próprio, porquanto se considera quite, desde que deu o seu dinheiro. Sabe-se que os Espíritos se sentem tocados pelo fervor de quem por eles se interessa. Qual pode ser o fervor daquele que comete a terceiro o encargo de por ele orar, mediante paga? Qual o fervor desse terceiro, quando delega o seu mandato a outro, este a outro e assim por diante? Não será isso reduzir a eficácia da prece ao valor de uma moeda em curso?

Mercadores expulsos do templo

5. Eles vieram em seguida a Jerusalém, e Jesus, entrando no templo, começou por expulsar dali os que vendiam e compravam; derribou as mesas dos cambistas e os bancos dos que vendiam pombos; e não permitiu que alguém transportasse qualquer utensílio pelo templo. Ao mesmo tempo os instruía, dizendo: "Não está escrito: 'Minha casa será

chamada casa de oração por todas as nações?' Entretanto, fizestes dela um covil de ladrões!" – Os príncipes dos sacerdotes, ouvindo isso, procuravam meio de o perderem, pois o temiam, visto que todo o povo era tomado de admiração pela sua doutrina. (Marcos, 11:15 a 18; Mateus, 21:12 e 13.)

6. Jesus expulsou do templo os mercadores. Condenou assim o tráfico das coisas santas *sob qualquer forma*. Deus não vende a sua bênção, nem o seu perdão, nem a entrada no Reino dos Céus. Não tem, pois, o homem, o direito de lhes estipular preço.

Mediunidade gratuita

7. Os médiuns atuais – pois que também os apóstolos tinham mediunidade – igualmente receberam de Deus um dom gratuito: o de serem intérpretes dos Espíritos, para instrução dos homens, para lhes mostrar o caminho do bem e conduzi-los à fé, não para lhes vender palavras que não lhes pertencem, a eles médiuns, visto que não são fruto de *suas concepções, nem de suas pesquisas, nem de seus trabalhos pessoais*. Deus quer que a luz chegue a todos; não quer que o mais pobre fique dela privado e possa dizer: não tenho fé, porque não a pude pagar; não tive o consolo de receber os encorajamentos e os testemunhos de afeição dos que pranteio, porque sou pobre. Tal a razão por que a mediunidade não constitui privilégio e se encontra por toda parte. Fazê-la paga seria, pois, desviá-la do seu providencial objetivo.

8. Quem conhece as condições em que os bons Espíritos se comunicam, a repulsão que sentem por tudo o que é de interesse egoístico, e sabe quão pouca coisa se faz mister para que eles se afastem, jamais poderá admitir que os Espíritos superiores estejam à disposição do primeiro que apareça e os convoque a tanto por sessão. O simples bom senso repele semelhante ideia. Não seria também uma profanação evocarmos, por dinheiro, os seres que respeitamos, ou que nos são caros? É fora de dúvida que se podem assim obter manifestações; mas quem lhes poderia garantir a sinceridade? Os Espíritos levianos, mentirosos, brincalhões e toda a caterva dos Espíritos inferiores, nada escrupulosos, sempre acorrem, prontos a responder ao que se lhes pergunte, sem se preocuparem com a verdade. Quem, pois, deseje comunicações sérias deve, antes de tudo, pedi-las seriamente e, em seguida, inteirar-se da natureza das simpatias do médium com os seres do mundo espiritual. Ora, a primeira condição para se granjear a benevolência dos bons Espíritos é a humildade, o devotamento, a abnegação, o mais absoluto desinteresse *moral e material.*

9. A par da questão moral, apresenta-se uma consideração efetiva não menos importante, que entende com a natureza mesma da faculdade. A mediunidade séria não pode ser e não o será nunca uma profissão, não só porque se desacreditaria moralmente, identificada para logo com a dos ledores da boa sorte, como também porque um

obstáculo a isso se opõe. É que se trata de uma faculdade essencialmente móvel, fugidia e mutável, com cuja perenidade, pois, ninguém pode contar. Constituiria, portanto, para o explorador, uma fonte absolutamente incerta de receitas, de natureza a poder faltar-lhe no momento exato em que mais necessária lhe fosse. Coisa diversa é o talento adquirido pelo estudo, pelo trabalho e que, por essa razão mesma, representa uma propriedade da qual naturalmente lícito é, ao seu possuidor, tirar partido. A mediunidade, porém, não é uma arte, nem um talento, pelo que não pode tornar-se uma profissão. Ela não existe sem o concurso dos Espíritos; faltando estes, já não há mediunidade. Pode subsistir a aptidão, mas o seu exercício se anula. Daí vem não haver no mundo um único médium capaz de garantir a obtenção de qualquer fenômeno espírita em dado instante. Explorar alguém a mediunidade é, conseguintemente, dispor de uma coisa da qual não é realmente dono. Afirmar o contrário é enganar a quem paga. Há mais: não é de *si próprio* que o explorador dispõe; é do concurso dos Espíritos, das almas dos mortos, que ele põe a preço de moeda. Essa ideia causa instintiva repugnância. Foi esse tráfico, degenerado em abuso, explorado pelo charlatanismo, pela ignorância, pela credulidade e pela superstição que motivou a proibição de Moisés. O moderno Espiritismo, compreendendo o lado sério da questão, pelo descrédito a que lançou essa exploração, elevou a mediunidade à categoria de missão. (Veja-se: *O livro dos médiuns*, 2ª Parte, cap. XXVIII. *O céu e o inferno*, 1a Parte, cap. XI.)

10. A mediunidade é coisa santa, que deve ser praticada santamente, religiosamente. Se há um gênero de mediunidade que requeira essa condição de modo ainda mais absoluto é a mediunidade curadora. O médico dá o fruto de seus estudos, feitos, muita vez, à custa de sacrifícios penosos. O magnetizador dá o seu próprio fluido, por vezes até a sua saúde. Podem pôr-lhes preço. O médium curador transmite o fluido salutar dos bons Espíritos; não tem o direito de vendê-lo. Jesus e os apóstolos, ainda que pobres, nada cobravam pelas curas que operavam.

Procure, pois, aquele que carece do que viver, recursos em qualquer parte, menos na mediunidade; não lhe consagre, se assim for preciso, senão o tempo de que materialmente possa dispor. Os Espíritos lhe levarão em conta o devotamento e os sacrifícios, ao passo que se afastam dos que esperam fazer deles uma escada por onde subam.

CAPÍTULO XXVII

Pedi e obtereis

• Qualidades da prece • Eficácia da prece • Ação da prece. Transmissão do pensamento • Preces inteligíveis • Da prece pelos mortos e pelos Espíritos sofredores • *Instruções dos Espíritos*: Maneira de orar – Felicidade que a prece proporciona

Qualidades da prece

1. Quando orardes, não vos assemelheis aos hipócritas, que, afetadamente, oram de pé nas sinagogas e nos cantos das ruas para serem vistos pelos homens. Digo-vos, em verdade, que eles já receberam sua recompensa. Quando quiserdes orar, entrai para o vosso quarto e, fechada a porta, orai a vosso Pai em secreto; e vosso Pai, que vê o que se passa em secreto, vos dará a recompensa.

Não cuideis de pedir muito nas vossas preces, como fazem os pagãos, os quais imaginam que pela multiplicidade das palavras é que serão atendidos. Não vos torneis semelhantes a eles, porque vosso Pai sabe do que é que tendes necessidade, antes que lho peçais. (Mateus, 6:5 a 8.)

2. Quando vos aprestardes para orar, se tiverdes qualquer coisa contra alguém, perdoai-lhe, a fim de que vosso Pai, que está nos céus, também vos perdoe os vossos pecados. Se não perdoardes, vosso Pai, que está nos céus, também não vos perdoará os pecados. (Marcos, 11:25 e 26.)

3. Também disse esta parábola a alguns que punham a sua confiança em si mesmos, como justos, e desprezavam os outros:

Dois homens subiram ao templo para orar; um era fariseu, publicano o outro. O fariseu, conservando-se de pé, orava assim, consigo mesmo: "Meu Deus, rendo-vos graças por não ser como os outros homens, que são ladrões, injustos e adúlteros, nem mesmo como esse publicano. Jejuo duas vezes na semana; dou o dízimo de tudo o que possuo."

O publicano, ao contrário, conservando-se afastado, não ousava, sequer, erguer os olhos ao céu; mas batia no peito, dizendo: "Meu Deus, tem piedade de mim, que sou um pecador."

Declaro-vos que este voltou para a sua casa justificado, e o outro não; porquanto, aquele que se eleva será rebaixado e aquele que se humilha será elevado. (Lucas, 18:9 a 14.)

4. Jesus definiu claramente as qualidades da prece. Quando orardes, diz Ele, não vos ponhais em evidência; antes, orai em secreto. Não afeteis orar muito, pois não é pela multiplicidade das palavras que sereis escutados, mas pela sinceridade delas. Antes de orardes, se tiverdes qualquer coisa contra alguém, perdoai-lhe, visto que a prece não pode ser agradável a Deus, se não parte de um coração purificado de todo sentimento contrário à caridade. Orai, enfim, com humildade, como o publicano, e não com orgulho, como o fariseu. Examinai os vossos defeitos, não as vossas qualidades e, se vos comparardes aos outros, procurai o que há em vós de mau. (Cap. X, itens 7 e 8.)

Eficácia da prece

5. Seja o que for que peçais na prece, crede que o obtereis e concedido vos será o que pedirdes. (Marcos, 11:24.)

6. Há quem conteste a eficácia da prece, com fundamento no princípio de que, conhecendo Deus as nossas necessidades, inútil se torna expor-lhas. E acrescentam os que assim pensam que, achando-se tudo no Universo encadeado por leis eternas, não podem as nossas súplicas mudar os decretos de Deus.

Sem dúvida alguma há leis naturais e imutáveis que não podem ser abrogadas ao capricho de cada um; mas daí a crer-se que todas as circunstâncias da vida estão submetidas à fatalidade, vai grande distância. Se assim fosse, nada mais seria o homem do que instrumento passivo, sem livre-arbítrio e sem iniciativa. Nessa hipótese, só lhe caberia curvar a cabeça ao jugo dos acontecimentos, sem cogitar de evitá-los; não devera ter procurado desviar o raio. Deus não lhe outorgou a razão e a inteligência, para que ele as deixasse sem serventia; a vontade, para não querer; a atividade, para ficar inativo. Sendo livre o homem de agir num sentido ou noutro, seus atos lhe acarretam, e aos demais, consequências subordinadas ao que ele faz ou não. Há, pois, devidos à sua iniciativa, sucessos que forçosamente escapam à fatalidade e que não quebram a harmonia das leis universais, do mesmo modo que o avanço ou o atraso do ponteiro de um relógio não anula a lei do movimento sobre a qual se funda o mecanismo. Possível é, portanto, que Deus aceda a certos pedidos, sem perturbar a imutabilidade das leis que regem o conjunto, subordinada sempre essa anuência à sua vontade.

7. Desta máxima: "Concedido vos será o que quer que pedirdes pela prece", fora ilógico deduzir que basta pedir para obter e fora injusto acusar a Providência se não acede a toda súplica que se lhe faça, uma vez que ela sabe, melhor do que nós, o que é para nosso bem. É como procede um pai criterioso que recusa ao filho o que seja contrário aos seus interesses. Em geral, o homem apenas vê o presente; ora, se o sofrimento é de utilidade para a sua felicidade futura, Deus o deixará sofrer, como o cirurgião deixa que o doente sofra as dores de uma operação que lhe trará a cura.

O que Deus lhe concederá sempre, se ele o pedir com confiança, é a coragem, a paciência, a resignação. Também lhe concederá os meios de se tirar por si mesmo das dificuldades, mediante ideias que fará lhe sugiram os bons Espíritos, deixando-lhe dessa forma o mérito da ação. Ele assiste os que ajudam a si mesmos, de conformidade com esta máxima: "Ajuda-te, que o Céu te ajudará"; não assiste, porém, os que tudo esperam de um socorro estranho, sem fazer uso das faculdades que possui. Entretanto, as mais das vezes, o que o homem quer é ser socorrido por milagre, sem despender o mínimo esforço. (Cap. XXV, itens 1 e seguintes.)

8. Tomemos um exemplo. Um homem se acha perdido no deserto. A sede o martiriza horrivelmente. Desfalecido, cai por terra. Pede a Deus que o assista, e espera. Nenhum anjo lhe virá dar de beber. Contudo, um bom Espírito lhe *sugere* a ideia de levantar-se e tomar um dos caminhos que tem diante de si. Por um movimento maquinal, reunindo todas as forças que lhe restam, ele se ergue, caminha e descobre ao longe um regato. Ao divisá-lo, ganha coragem. Se tem fé, exclamará: "Obrigado, meu Deus, pela ideia que me inspiraste e pela força que me deste." Se lhe falta a fé, exclamará: "Que boa ideia tive! Que *sorte* a minha de tomar o caminho da direita, em vez do da esquerda; o acaso, às vezes, nos serve admiravelmente! Quanto me felicito pela *minha* coragem e por não me ter deixado abater!"

Mas dirão, por que o bom Espírito não lhe disse claramente: "Segue este caminho, que encontrarás o de que necessitas"? Por que não se lhe mostrou para o guiar e sustentar no seu desfalecimento? Dessa maneira tê-lo-ia convencido da intervenção da Providência. Primeiramente, para lhe ensinar que cada um deve ajudar a si mesmo e fazer uso das suas forças. Depois, pela incerteza, Deus põe à prova a confiança que nele deposita a criatura e a submissão desta à sua vontade. Aquele homem estava na situação de uma criança que cai e que, dando com alguém, se põe a gritar e fica à espera de que a venham levantar; se não vê pessoa alguma, faz esforços e se ergue sozinha.

Se o anjo que acompanhou Tobias lhe houvera dito: "Sou enviado por Deus para te guiar na tua viagem e te preservar de todo perigo", nenhum mérito teria tido Tobias. Fiando-se no seu companheiro, nem sequer de pensar teria precisado. Essa a razão por que o anjo só se deu a conhecer ao regressarem.

Ação da prece. Transmissão do pensamento

9. A prece é uma invocação, mediante a qual o homem entra, pelo pensamento, em comunicação com o ser a quem se dirige. Pode ter por objeto um pedido, um agradecimento, ou uma glorificação. Podemos orar por nós mesmos ou por outrem, pelos vivos ou pelos mortos. As preces feitas a Deus escutam-nas os Espíritos incumbidos da execução de suas vontades; as que se dirigem aos bons Espíritos são reportadas a Deus. Quando alguém ora a outros seres que não a Deus, fá-lo recorrendo a intermediários, a intercessores, porquanto nada sucede sem a vontade de Deus.

10. O Espiritismo torna compreensível a ação da prece, explicando o modo de transmissão do pensamento, quer no caso em que o ser a quem oramos acuda ao nosso apelo, quer no em que apenas lhe chegue o nosso pensamento. Para apreendermos o que ocorre em tal circunstância, precisamos conceber mergulhados no fluido universal, que ocupa o Espaço, todos os seres, encarnados e desencarnados, tal qual nos achamos, neste mundo, dentro

da atmosfera. Esse fluido recebe da vontade uma impulsão; ele é o veículo do pensamento, como o ar o é do som, com a diferença de que as vibrações do ar são circunscritas, ao passo que as do fluido universal se estendem ao infinito. Dirigido, pois, o pensamento para um ser qualquer, na Terra ou no Espaço, de encarnado para desencarnado, ou vice-versa, uma corrente fluídica se estabelece entre um e outro, transmitindo de um ao outro o pensamento, como o ar transmite o som.

A energia da corrente guarda proporção com a do pensamento e da vontade. É assim que os Espíritos ouvem a prece que lhes é dirigida, qualquer que seja o lugar onde se encontrem; é assim que os Espíritos se comunicam entre si, que nos transmitem suas inspirações, que relações se estabelecem a distância entre encarnados.

Essa explicação vai, sobretudo, com vistas aos que não compreendem a utilidade da prece puramente mística. Não tem por fim materializar a prece, mas tornar-lhe inteligíveis os efeitos, mostrando que pode exercer ação direta e efetiva. Nem por isso deixa essa ação de estar subordinada à vontade de Deus, Juiz supremo em todas as coisas, único apto a torná-la eficaz.

11. Pela prece, obtém o homem o concurso dos bons Espíritos que acorrem a sustentá-lo em suas boas resoluções e a inspirar-lhe ideias sãs. Ele adquire, desse modo, a força moral necessária a vencer as dificuldades e a volver ao caminho reto,

se deste se afastou. Por esse meio, pode também desviar de si os males que atrairia pelas suas próprias faltas. Um homem, por exemplo, vê arruinada a sua saúde, em consequência de excessos a que se entregou, e arrasta, até o termo de seus dias, uma vida de sofrimento: terá ele o direito de queixar-se, se não obtiver a cura que deseja? Não, pois que houvera podido encontrar na prece a força de resistir às tentações.

12. Se em duas partes se dividirem os males da vida, uma constituída dos que o homem não pode evitar e a outra das tribulações de que ele se constituiu a causa primária, pela sua incúria ou por seus excessos (cap. V, item 4), ver-se-á que a segunda, em quantidade, excede de muito à primeira. Faz-se, portanto, evidente que o homem é o autor da maior parte das suas aflições, às quais se pouparia, se sempre obrasse com sabedoria e prudência.

Não menos certo é que todas essas misérias resultam das nossas infrações às Leis de Deus e que, se as observássemos pontualmente, seríamos inteiramente ditosos. Se não ultrapassássemos o limite do necessário, na satisfação das nossas necessidades, não apanharíamos as enfermidades que resultam dos excessos, nem experimentaríamos as vicissitudes que as doenças acarretam. Se puséssemos freio à nossa ambição, não teríamos de temer a ruína; se não quiséssemos subir mais alto do que podemos, não teríamos de recear a queda;

se fôssemos humildes, não sofreríamos as decepções do orgulho abatido; se praticássemos a lei de caridade, não seríamos maldizentes, nem invejosos, nem ciosos, e evitaríamos as disputas e dissensões; se mal a ninguém fizéssemos, não houvéramos de temer as vinganças etc.

Admitamos que o homem nada possa com relação aos outros males; que toda prece lhe seja inútil para livrar-se deles; já não seria muito o ter a possibilidade de ficar isento de todos os que decorrem da sua maneira de proceder? Ora, aqui, facilmente se concebe a ação da prece, visto ter por efeito atrair a salutar inspiração dos Espíritos bons, granjear deles força para resistir aos maus pensamentos, cuja realização nos pode ser funesta. Nesse caso, *o que eles fazem não é afastar de nós o mal, porém, sim, desviar-nos do mau pensamento que nos pode causar dano; eles em nada obstam ao cumprimento dos decretos de Deus, nem suspendem o curso das Leis da Natureza; apenas evitam que as infrinjamos, dirigindo o nosso livre-arbítrio.* Agem, contudo, à nossa revelia, de maneira imperceptível, para nos não subjugar a vontade. O homem se acha então na posição de um que solicita bons conselhos e os põe em prática, mas conservando a liberdade de segui-los ou não. Quer Deus que seja assim, para que aquele tenha a responsabilidade dos seus atos e o mérito da escolha entre o bem e o mal. É isso o que o homem pode estar sempre certo de receber, se o pedir com fervor, sendo, pois, a isso que se podem, sobretudo, aplicar estas palavras: "Pedi e obtereis."

Mesmo com sua eficácia reduzida a essas proporções, já não traria a prece resultados imensos? Ao Espiritismo fora reservado provar-nos a sua ação, com o nos revelar as relações existentes entre o mundo corpóreo e o mundo espiritual. Os efeitos da prece, porém, não se limitam aos que vimos de apontar.

Recomendam-na todos os Espíritos. Renunciar alguém à prece é negar a bondade de Deus; é recusar, para si, a sua assistência e, para com os outros, abrir mão do bem que lhes pode fazer.

13. Acedendo ao pedido que se lhe faz, Deus muitas vezes objetiva recompensar a intenção, o devotamento e a fé daquele que ora. Daí decorre que a prece do homem de bem tem mais merecimento aos olhos de Deus e sempre mais eficácia, porquanto o homem vicioso e mau não pode orar com o fervor e a confiança que somente nascem do sentimento da verdadeira piedade. Do coração do egoísta, do daquele que apenas de lábios ora, unicamente saem *palavras*, nunca os ímpetos de caridade que dão à prece todo o seu poder. Tão claramente isso se compreende que, por um movimento instintivo, quem se quer recomendar às preces de outrem fá-lo de preferência às daqueles cujo proceder, sente-se, há de ser mais agradável a Deus, pois que são mais prontamente ouvidos.

14. Por exercer a prece uma como ação magnética, poder-se-ia supor que o seu efeito depende da força

fluídica. Assim, entretanto, não o é. Exercendo sobre os homens essa ação, os Espíritos, sendo preciso, suprem a insuficiência daquele que ora, ou agindo diretamente *em seu nome*, ou dando-lhe momentaneamente uma força excepcional, quando o julgam digno dessa graça, ou que ela lhe pode ser proveitosa.

O homem que não se considere suficientemente bom para exercer salutar influência não deve por isso abster-se de orar a bem de outrem, com a ideia de que não é digno de ser escutado. A consciência da sua inferioridade constitui uma prova de humildade, grata sempre a Deus, que leva em conta a intenção caridosa que o anima. Seu fervor e sua confiança são um primeiro passo para a sua conversão ao bem, conversão que os Espíritos bons se sentem ditosos em incentivar. Repelida só o é a prece *do orgulhoso que deposita fé no seu poder e nos seus merecimentos e acredita ser-lhe possível sobrepor-se à vontade do Eterno.*

15. Está no pensamento o poder da prece, que por nada depende nem das palavras, nem do lugar, nem do momento em que seja feita. Pode-se, portanto, orar em toda parte e a qualquer hora, a sós ou em comum. A influência do lugar ou do tempo só se faz sentir nas circunstâncias que favoreçam o recolhimento. *A prece em comum tem ação mais poderosa, quando todos os que oram se associam de coração a um mesmo pensamento e colimam o mesmo objetivo*, porquanto é como se muitos

clamassem juntos e em uníssono. Mas que importa seja grande o número de pessoas reunidas para orar, se cada uma atua isoladamente e por conta própria?! Cem pessoas juntas podem orar como egoístas, enquanto duas ou três, ligadas por uma mesma aspiração, oram quais verdadeiros irmãos em Deus, e mais força terá a prece que lhe dirijam do que a das cem outras. (Cap. XXVIII, itens 4 e 5.)

Preces inteligíveis

16. Se eu não entender o que significam as palavras, serei um bárbaro para aquele a quem falo e aquele que me fala será para mim um bárbaro. *Se oro numa língua que não entendo, meu coração ora*, mas a minha inteligência não colhe fruto. Se louvais a Deus apenas de coração, como é que um homem do número daqueles que só entendem a sua própria língua responderá amém no fim da vossa ação de graças, *uma vez que ele não entende o que dizeis?* Não é que a vossa ação não seja boa, mas os outros não se edificam com ela. (Paulo, 1ª aos Coríntios, 14:11, 14, 16 e 17.)

17. A prece só tem valor pelo pensamento que lhe está conjugado. Ora, é impossível conjugar um pensamento qualquer ao que se não compreende, porquanto o que não se compreende não pode tocar o coração. Para a imensa maioria das criaturas, as preces feitas numa língua que elas não entendem não passam de amálgamas de palavras que nada dizem ao espírito. Para que a prece toque,

preciso se torna que cada palavra desperte uma ideia e, desde que não seja entendida, nenhuma ideia poderá despertar. Será dita como simples fórmula, cuja virtude dependerá do maior ou menor número de vezes que a repitam. Muitos oram por dever; alguns, mesmo, por obediência aos usos, pelo que se julgam quites, desde que tenham dito uma oração determinado número de vezes e em tal ou tal ordem. Deus vê o que se passa no fundo dos corações; lê o pensamento e percebe a sinceridade. Julgá-lo, pois, mais sensível à forma do que ao fundo é rebaixá-lo. (Cap. XXVIII, item 2.)

Da prece pelos mortos e pelos Espíritos sofredores

18. Os Espíritos sofredores reclamam preces e estas lhes são proveitosas, porque, verificando que há quem neles pense, menos abandonados se sentem, menos infelizes. Entretanto, a prece tem sobre eles ação mais direta: reanima-os, incute-lhes o desejo de se elevarem pelo arrependimento e pela reparação e, possivelmente, desvia-lhes do mal o pensamento. É nesse sentido que lhes pode não só aliviar, como abreviar os sofrimentos. (Veja-se: *O céu e o inferno*, 2ª Parte, *Exemplos*.)

19. Pessoas há que não admitem a prece pelos mortos, porque, segundo acreditam, a alma só tem duas alternativas: ser salva ou ser condenada às penas eternas, resultando, pois, em ambos os casos, inútil a prece. Sem discutir o valor dessa crença,

admitamos, por instantes, a realidade das penas eternas e irremissíveis e que as nossas preces sejam impotentes para lhes pôr termo. Perguntamos se, nessa hipótese, será lógico, será caridoso, será cristão recusar a prece pelos réprobos? Tais preces, por mais impotentes que fossem para os liberar, não lhes seriam uma demonstração de piedade capaz de abrandar-lhes os sofrimentos? Na Terra, quando um homem é condenado a galés perpétuas, quando mesmo não haja a mínima esperança de obter-se para ele perdão, será defeso a uma pessoa caridosa ir carregar-lhe os grilhões, para aliviá-lo do peso destes? Sendo alguém atacado de mal incurável, dever-se-á, por não haver para o doente esperança nenhuma de cura, abandoná-lo, sem lhe proporcionar qualquer alívio? Lembrai-vos de que, entre os réprobos, pode achar-se uma pessoa que vos foi cara, um amigo, talvez um pai, uma mãe, ou um filho, e dizei se, não havendo, segundo credes, possibilidade de ser perdoado esse ente, lhe recusaríeis um copo de água para mitigar-lhe a sede? um bálsamo que lhe seque as chagas? Não faríeis por ele o que faríeis por um galé? Não lhe daríeis uma prova de amor, uma consolação? Não, isso cristão não seria. Uma crença que petrifica o coração é incompatível com a crença em um Deus que põe na primeira categoria dos deveres o amor ao próximo.

A não eternidade das penas não implica a negação de uma penalidade temporária, dado não ser possível que Deus, em sua justiça, confunda o bem e o mal. Ora, negar, neste caso, a eficácia da prece, fora negar a eficácia da consolação, dos encorajamentos, dos bons conselhos; fora negar a força que haurimos da assistência moral dos que nos querem bem.

20. Outros se fundam numa razão mais especiosa: a imutabilidade dos decretos divinos. Deus, dizem esses, não pode mudar as suas decisões a pe- dido das criaturas; a não ser assim, careceria de estabilidade o mundo. O homem, pois, nada tem de pedir a Deus, só lhe cabendo submeter-se e adorá-lo.

Há, nesse modo de raciocinar, uma aplicação falsa do princípio da imutabilidade da Lei divina, ou melhor, ignorância da lei, no que concerne à penalidade futura. Essa lei revelam-na hoje os Espíritos do Senhor, quando o homem se tornou suficientemente maduro para compreender o que, na fé, é conforme ou contrário aos atributos divinos.

Segundo o dogma da eternidade absoluta das penas, não se levam em conta ao culpado os remorsos, nem o arrependimento. É-lhe inútil todo desejo de melhorar-se: está condenado a conservar-se perpetuamente no mal. Se a sua condenação foi por determinado tempo, a pena cessará, uma vez expirado esse tempo. Mas quem poderá afirmar que ele então possua melhores sentimentos? Quem poderá dizer que, a exemplo de muitos condenados da Terra, ao sair da prisão, ele não seja tão mau quanto antes? No primeiro caso, seria manter na dor do castigo um homem que volveu ao bem; no segundo, seria agraciar a um que continua culpado. A Lei de Deus é mais previdente. Sempre justa, equitativa e misericordiosa, não estabelece para a pena, qualquer que esta seja, duração alguma. Ela se resume assim:

21. "O homem sofre sempre a consequência de suas faltas; não há uma só infração à Lei de Deus que fique sem a correspondente punição.

"A severidade do castigo é proporcionada à gravidade da falta.

"*Indeterminada* é a duração do castigo, para qualquer falta; *fica subordinada ao arrependimento do culpado e ao seu retorno à senda do bem*; a pena dura tanto quanto a obstinação no mal; seria perpétua, se perpétua fosse a obstinação; dura pouco, se pronto é o arrependimento.

"Desde que o culpado clame por misericórdia, Deus o ouve e lhe concede a esperança. Mas não basta o simples pesar do mal causado; é necessária a reparação, pelo que o culpado se vê submetido a novas provas em que pode, sempre por sua livre vontade, praticar o bem, reparando o mal que haja feito.

"O homem é, assim, constantemente, o árbitro de sua própria sorte; pertence-lhe abreviar ou prolongar indefinidamente o seu suplício; a sua felicidade ou a sua desgraça dependem da vontade que tenha de praticar o bem."

Tal a lei, lei *imutável* e em conformidade com a bondade e a Justiça de Deus.

Assim, o Espírito culpado e infeliz pode sempre salvar-se a si mesmo: a Lei de Deus estabelece a condição em que se lhe torna possível fazê-lo. O que as mais das vezes lhe falta é a vontade, a força, a coragem. Se, por nossas preces, lhe inspiramos essa vontade, se o amparamos e animamos; se, pelos nossos conselhos, lhe damos as luzes de que carece, *em lugar de pedirmos a Deus que derrogue a sua lei, tornamo-nos instrumentos da execução de outra lei, também sua, a de amor e de caridade*, execução em que, desse modo, Ele nos permite participar, dando nós mesmos, com isso, uma prova de caridade. (Veja-se *O céu e o inferno*, 1ª Parte, caps. IV, VII, VIII.)

Instruções dos Espíritos
Maneira de orar

22. O dever primordial de toda criatura humana, o primeiro ato que deve assinalar a sua volta à vida ativa de cada dia, é a prece. Quase todos vós orais, mas quão poucos são os que sabem orar! Que importam ao Senhor as frases que maquinalmente articulais umas às outras, fazendo disso um hábito, um dever que cumpris e que vos pesa como qualquer dever?

A prece do cristão, do *espírita*, seja qual for o culto, deve ele dizê-la logo que o Espírito haja retomado o jugo da carne; deve elevar-se aos pés da majestade divina com humildade, com profundeza, num ímpeto de reconhecimento por todos os benefícios recebidos até aquele dia; pela noite transcorrida e durante a qual lhe foi permitido, ainda que sem consciência disso, ir ter com os seus amigos, com os seus guias, para haurir, no contato com eles, mais força e perseverança. Deve ela subir humilde aos pés do Senhor, para lhe recomendar a vossa fraqueza, para lhe suplicar amparo, indulgência e misericórdia. Deve ser profunda, porquanto é a vossa alma que tem de elevar-se para o Criador, de transfigurar-se, como Jesus no Tabor, a fim de lá chegar nívea e radiosa de esperança e de amor.

A vossa prece deve conter o pedido das graças de que necessitais, mas de que necessitais em realidade. Inútil, portanto, pedir ao Senhor que vos abrevie as provas, que vos dê alegrias e riquezas. Rogai-lhe que vos conceda os bens mais preciosos da paciência, da resignação e da fé. Não digais, como o fazem muitos: "Não vale a pena orar, porquanto Deus não me atende." Que é o que, na maioria dos casos, pedis a Deus? Já vos tendes lembrado de pedir-lhe a vossa melhoria moral? Oh! não; bem poucas vezes o tendes feito. O que preferentemente vos lembrais de pedir *é o bom êxito para os vossos empreendimentos terrenos* e haveis com frequência exclamado: "Deus não se ocupa conosco; se se ocupasse, não se verificariam tantas injustiças." Insensatos! Ingratos! Se descêsseis ao fundo da vossa consciência, quase sempre deparariéis, em vós mesmos, com o ponto de partida dos males de que vos queixais. Pedi, pois, antes de tudo, que vos possais melhorar e vereis que torrente de graças e de consolações se derramará sobre vós. (Cap. V, item 4.)

Deveis orar incessantemente, sem que, para isso, se faça mister vos recolhais ao vosso oratório, ou vos lanceis de joelhos nas praças públicas. A prece do dia é o cumprimento dos vossos deveres, sem exceção de nenhum, qualquer que seja a natureza deles. Não é ato de amor a Deus assistirdes os vossos irmãos numa necessidade, moral ou física? Não é ato de reconhecimento o elevardes a Ele o vosso pensamento, quando uma felicidade vos advém, quando evitais um acidente, quando mesmo uma simples contrariedade apenas vos roça a alma, desde que vos não esqueçais de exclamar: *Sede bendito, meu Pai?!* Não é ato de contrição o vos humilhardes diante do supremo Juiz, quando sentis que falistes, ainda que somente por um pensamento fugaz, para lhe dizerdes: *Perdoai-me, meu Deus, pois pequei (por orgulho, por egoísmo, ou por falta de caridade); dai-me forças para não falir de novo e coragem para a reparação da minha falta?!*

Isso independe das preces regulares da manhã, da noite e dos dias consagrados. Como o vedes, a prece pode ser de todos os instantes, sem nenhuma interrupção acarretar aos vossos trabalhos. Dita assim, ela, ao contrário, os santifica. Tende como certo que um só desses pensamentos, se partir do coração, é mais ouvido pelo vosso Pai celestial do que as longas orações ditas por hábito, muitas vezes sem causa determinante e às quais *apenas maquinalmente vos chama a hora convencional*. – *V. Monod*. (Bordeaux, 1862.)

Felicidade que a prece proporciona

23. Vinde, vós que desejais crer. Os Espíritos celestes acorrem a vos anunciar grandes coisas. Deus, meus filhos, abre os seus tesouros, para vos outorgar todos os benefícios. Homens incrédulos! Se soubésseis quão grande bem faz a fé ao coração e como induz a alma ao arrependimento e à prece! A prece! ah!... como são tocantes as palavras que saem da boca daquele que ora! A prece é o orvalho divino que aplaca o calor excessivo das paixões. Filha primogênita da fé, ela nos encaminha para a senda que conduz a Deus. No recolhimento e na solidão, estais com Deus. Para vós, já não há mistérios; eles se vos desvendam. Apóstolos do pensamento, é para vós a vida. Vossa alma se desprende da matéria e rola por esses mundos infinitos e etéreos, que os pobres humanos desconhecem.

Avançai, avançai pelas veredas da prece e ouvireis as vozes dos anjos. Que harmonia! Já não são o ruído confuso e os sons estrídulos da Terra; são as liras dos arcanjos; são as vozes brandas e suaves dos serafins, mais delicadas do que as brisas matinais, quando brincam na folhagem dos vossos bosques. Por entre que delícias não caminhareis!

A vossa linguagem não poderá exprimir essa ventura, tão rápida entra ela por todos os vossos poros, tão vivo e refrigerante é o manancial em que, orando, se bebe. Dulçorosas vozes, inebriantes perfumes, que a alma ouve e aspira, quando se lança a essas esferas desconhecidas e habitadas pela prece! Sem mescla de desejos carnais, são divinas todas as aspirações. Também vós, orai como o Cristo, levando a sua cruz ao Gólgota, ao Calvário. Carregai a vossa cruz e sentireis as doces emoções que lhe perpassavam na alma, se bem que vergado ao peso de um madeiro infamante. Ele ia morrer, mas para viver a vida celestial na morada de seu Pai. – *Santo Agostinho*. (Paris, 1861.)

CAPÍTULO XXVIII

Coletânea de preces espíritas

Preâmbulo

1. Os Espíritos hão dito sempre: "A forma nada vale, o pensamento é tudo. Ore, pois, cada um segundo suas convicções e da maneira que mais o toque. Um bom pensamento vale mais do que grande número de palavras com as quais nada tenha o coração."

Os Espíritos jamais prescreveram qualquer fórmula absoluta de preces. Quando dão alguma, é apenas para fixar as ideias e, sobretudo, para chamar a atenção sobre certos princípios da Doutrina Espírita. Fazem-no também com o fim de auxiliar os que sentem embaraço para externar suas ideias, pois alguns há que não acreditariam ter orado realmente, desde que não formulassem seus pensamentos.

A coletânea de preces, que este capítulo encerra, representa uma escolha feita entre muitas que os Espíritos ditaram em várias circunstâncias. Eles, sem dúvida, podem ter ditado outras e em termos diversos, apropriadas a certas ideias ou a casos especiais; mas pouco importa a forma, se o pensamento é essencialmente o mesmo. O objetivo da prece consiste em elevar nossa alma a Deus; a diversidade das fórmulas nenhuma diferença deve criar entre os que nele creem, nem, ainda menos, entre os adeptos do Espiritismo, porquanto Deus as aceita todas quando sinceras.

Não há, pois, considerar esta coletânea como um formulário absoluto e único, mas apenas uma variedade no conjunto das instruções que os Espíritos ministram. É uma aplicação dos princípios da moral evangélica desenvolvidos neste livro, um complemento aos ditados deles, relativos aos deveres para com Deus e o próximo, complemento em que são lembrados todos os princípios da Doutrina.

O Espiritismo reconhece como boas as preces de todos os cultos, quando ditas de coração, e não de lábios somente. Nenhuma impõe, nem reprova nenhuma. Deus, segundo ele, é sumamente grande para repelir a voz que lhe suplica ou lhe entoa louvores, porque o faz de um modo, e não de outro. *Quem quer que lance anátema às preces que não estejam no seu formulário provará que desconhece a grandeza de Deus.* Crer que Deus se atenha a uma fórmula é emprestar-lhe a pequenez e as paixões da Humanidade.

Condição essencial à prece, segundo Paulo (cap. XXVII, item 16), é que seja inteligível, a fim de que nos possa falar ao espírito. Para isso, não basta seja dita numa língua que aquele que ora compreenda. Há preces em língua vulgar que não dizem ao pensamento muito mais do que se fossem proferidas em língua estrangeira, e que, por isso mesmo, não chegam ao coração. As raras ideias que elas contêm ficam, as mais das vezes, abafadas pela superabundância das palavras e pelo misticismo da linguagem.

A qualidade principal da prece é ser clara, simples e concisa, sem fraseologia inútil, nem luxo de epítetos, que são meros adornos de lentejoulas. Cada palavra deve ter alcance próprio, despertar uma ideia, pôr em vibração uma fibra da alma. Numa palavra: *deve fazer refletir*. Somente sob essa condição pode a prece alcançar o seu objetivo; de outro modo, *não passa de ruído*. Entretanto, notai com que ar distraído e com que volubilidade elas são ditas na maioria dos casos. Veem-se lábios a mover-se; mas, pela expressão da fisionomia, pelo som mesmo da voz, verifica-se que ali apenas há um ato maquinal, puramente exterior, ao qual se conserva indiferente a alma.

Estão divididas em cinco categorias as preces constantes nesta coletânea; 1ª) Preces gerais; 2ª) Preces por aquele mesmo que ora; 3ª) Preces pelos vivos; 4ª) Preces pelos mortos; 5ª) Preces especiais pelos enfermos e pelos obsidiados.

Com o propósito de chamar, de maneira especial, a atenção sobre o objeto de cada prece e de lhe tornar mais compreensível o alcance, vão todas precedidas de uma instrução preliminar, de uma espécie de exposição de motivos, sob o título de *prefácio*.

I – Preces gerais
Oração dominical

2. Prefácio. Os Espíritos recomendaram que, encabeçando esta coletânea, puséssemos a *Oração dominical*, não somente como prece, mas também como símbolo. De todas as preces, é a que eles colocam em primeiro lugar, seja porque procede do próprio Jesus (Mateus, 6:9 a 13), seja porque pode suprir a todas, conforme os pensamentos que se lhe conjuguem; é o mais perfeito modelo de concisão, verdadeira obra-prima de sublimidade na simplicidade. Com efeito, sob a mais singela forma, ela resume todos os deveres do homem para com Deus, para consigo mesmo e para com o próximo. Encerra uma profissão de fé, um ato de adoração e de submissão; o pedido das coisas necessárias à vida e o princípio da caridade. Quem a diga, em intenção de alguém, pede para este o que pediria para si.

Contudo, em virtude mesmo da sua brevidade, o sentido profundo que encerram as poucas palavras de que ela se compõe escapa à maioria das pessoas. Daí vem o dizerem-na, geralmente, sem que os pensamentos se detenham sobre as aplicações de cada uma de suas partes. Dizem-na como uma fórmula cuja eficácia se ache condicionada ao número de vezes que seja repetida. Ora, quase sempre esse é um dos números cabalísticos: *três*, *sete* ou *nove*, tomados à antiga crença supersticiosa na virtude dos números e de uso nas operações da magia.

Para preencher o que de vago a concisão desta prece deixa na mente, a cada uma de suas proposições aditamos, aconselhado pelos Espíritos e com a assistência deles, um comentário que lhes desenvolve o sentido e mostra as aplicações. Conforme, pois, as circunstâncias e o tempo de que disponha, poderá, aquele que ore, dizer a Oração dominical, ou na sua forma *simples*, ou na *desenvolvida*.

3. Prece. – I. *Pai nosso, que estás no céu, santificado seja o teu nome!*

Cremos em ti, Senhor, porque tudo revela o teu poder e a tua bondade. A harmonia do Universo dá testemunho de uma sabedoria, de uma prudência e de uma previdência que ultrapassam todas as faculdades humanas. Em todas as obras da Criação, desde o raminho de erva minúscula e o pequenino inseto, até os astros que se movem no Espaço, o nome se acha inscrito de um ser soberanamente grande e sábio. Por toda parte se nos depara a prova de paternal solicitude. Cego, portanto, é aquele que te não reconhece nas tuas obras, orgulhoso aquele que te não glorifica e ingrato aquele que te não rende graças.

II. *Venha o teu reino!*

Senhor, deste aos homens leis plenas de sabedoria e que lhes dariam a felicidade, se eles as cumprissem. Com essas leis, fariam reinar entre si a paz e a justiça e mutuamente se auxiliariam, em vez de se maltratarem, como o fazem. O forte sustentaria o fraco, em vez de o esmagar. Evitados seriam os males, que se geram dos excessos e dos abusos. Todas as misérias deste mundo provêm da violação de tuas leis, porquanto nenhuma infração delas deixa de ocasionar fatais consequências.

Deste ao bruto o instinto, que lhe traça o limite do necessário, e ele maquinalmente se conforma; ao homem, no entanto, além desse instinto, deste a inteligência e a razão; também lhe deste a liberdade de cumprir ou infringir aquelas das tuas leis que pessoalmente lhe concernem, isto é, a liberdade de escolher entre o bem e o mal, a fim de que tenha o mérito e a responsabilidade das suas ações.

Ninguém pode pretextar ignorância das tuas leis, pois, com paternal previdência, quiseste que elas se gravassem na consciência de cada um, sem distinção de cultos, nem de nações. Se as violam, é porque as desprezam.

Dia virá em que, segundo a tua promessa, todos as praticarão. Desaparecido terá, então, a incredulidade. Todos te reconhecerão por soberano Senhor de todas as coisas, e o reinado das tuas leis será o teu reino na Terra. Digna-te, Senhor, de apressar-lhe o advento, outorgando aos homens a luz necessária, que os conduza ao caminho da verdade.

III. *Faça-se a tua vontade, assim na Terra como no Céu.*

Se a submissão é um dever do filho para com o pai, do inferior para com o seu superior, quão maior não deve ser a da criatura para com o seu Criador! Fazer a tua vontade, Senhor, é observar as tuas leis e submeter-se, sem queixumes, aos teus decretos. O homem a ela se submeterá, quando compreender que és a fonte de toda a sabedoria e que sem ti ele nada pode. Fará, então, a tua vontade na Terra, como os eleitos a fazem no Céu.

IV. *Dá-nos o pão de cada dia.*

Dá-nos o alimento indispensável à sustentação das forças do corpo; mas dá-nos também o alimento espiritual para o desenvolvimento do nosso Espírito.

O bruto encontra a sua pastagem; o homem, porém, deve o sustento à sua própria atividade e aos recursos da sua inteligência, porque o criaste livre.

Tu lhe hás dito: "Tirarás da terra o alimento com o suor da tua fronte." Desse modo, fizeste do trabalho, para ele, uma obrigação, a fim de que exercitasse a inteligência na procura dos meios de prover às suas necessidades e ao seu bem-estar, uns mediante o labor manual, outros pelo labor intelectual. Sem o trabalho, ele se conservaria estacionário e não poderia aspirar à felicidade dos Espíritos superiores.

Ajudas o homem de boa vontade que em ti confia, pelo que concerne ao necessário; não, porém, àquele que se compraz na ociosidade e desejara tudo obter sem esforço, nem àquele que busca o supérfluo. (Cap. XXV.)

Quantos e quantos sucumbem por culpa própria, pela sua incúria, pela sua imprevidência, ou pela sua ambição e por não terem querido contentar-se com o que lhes havias concedido! Esses são os artífices do seu infortúnio e carecem do direito de queixar-se, pois que são punidos naquilo em que pecaram. No entanto, nem a esses mesmos abandonas, porque és infinitamente misericordioso. As mãos lhes estendes para socorrê-los, desde que, como o filho pródigo, se voltem sinceramente para ti. (Cap. V, item 4.)

Antes de nos queixarmos da sorte, inquiramos de nós mesmos se ela não é obra nossa. A cada desgraça que nos chegue, cuidemos de saber se não teria estado em nossas mãos evitá-la. Consideremos também que Deus nos outorgou a inteligência para nos tirar do lameiro, e que de nós depende o modo de a utilizarmos.

Pois que à lei do trabalho se acha submetido o homem na Terra, dá-nos coragem e forças para obedecer a essa lei. Dá-nos também a prudência, a previdência e a moderação, a fim de não perdermos o respectivo fruto.

Dá-nos, pois, Senhor, o pão de cada dia, isto é, os meios de adquirirmos, pelo trabalho, as coisas necessárias à vida, porquanto ninguém tem o direito de reclamar o supérfluo.

Se trabalhar nos é impossível, à tua divina Providência nos confiamos.

Se está nos teus desígnios experimentar-nos pelas mais duras provações, malgrado os nossos esforços, aceitamo-las como justa expiação das faltas que tenhamos cometido nesta existência, ou noutra anterior, porquanto és justo. Sabemos que não há penas imerecidas e que jamais castigas sem causa.

Preserva-nos, ó meu Deus, de invejar os que possuem o que não temos, nem mesmo os que dispõem do supérfluo, ao passo que a nós nos falta o necessário. Perdoa-lhes, se esquecem a lei de caridade e de amor do próximo, que lhes ensinaste. (Cap. XVI, item 8.)

Afasta, igualmente, do nosso espírito a ideia de negar a tua justiça, ao notarmos a prosperidade do mau e a desgraça que cai por vezes sobre o homem de bem. Já sabemos, graças às novas luzes que te aprouve conceder-nos, que a tua justiça se cumpre sempre e a ninguém excetua; que a prosperidade material do mau é efêmera, como a sua existência corpórea, e que experimentará terríveis reveses, ao passo que eterno será o júbilo daquele que sofre resignado. (Cap. V, itens 7, 9, 12 e 18.)

V. *Perdoa as nossas dívidas, como perdoamos aos que nos devem. Perdoa as nossas ofensas, como perdoamos aos que nos ofenderam.*

Cada uma das nossas infrações às tuas leis, Senhor, é uma ofensa que te fazemos e uma dívida que contraímos e que cedo ou tarde teremos de saldar. Rogamos-te que no-las perdoes pela tua infinita misericórdia, sob a promessa, que te fazemos, de empregarmos os maiores esforços para não contrair outras.

Tu nos impuseste por lei expressa a caridade; mas a caridade não consiste apenas em assistirmos aos nossos semelhantes em suas necessidades; também consiste no esquecimento e no perdão das ofensas. Com que direito reclamaríamos a tua indulgência, se dela não usássemos para com aqueles que nos hão dado motivo de queixa?

Concede-nos, ó meu Deus, forças para apagar de nossa alma todo ressentimento, todo ódio e todo rancor. *Faze que a morte não nos surpreenda guardando nós no coração desejos de vingança.* Se te aprouver tirar-nos hoje mesmo deste mundo, faze que nos possamos apresentar, diante de ti, puros de toda animosidade, a exemplo do Cristo, cujos últimos pensamentos foram em prol dos seus algozes. (Cap. X.)

Constituem parte das nossas provas terrenas as perseguições que os maus nos infligem. Devemos, então, recebê-las sem nos queixarmos, como todas as outras provas, e não maldizer dos que, por suas maldades, nos rasgam o caminho da felicidade eterna, visto que nos disseste, por intermédio de Jesus: "Bem-aventurados os que sofrem pela justiça!" Bendigamos, portanto, a mão que nos fere e humilha, uma vez que as mortificações do corpo nos fortificam a alma e que seremos exalçados por efeito da nossa humildade. (Cap. XII, item 4.) Bendito seja teu nome, Senhor, por nos teres ensinado que nossa sorte não está irrevogavelmente fixada depois da morte; que encontraremos, em outras existências, os meios de resgatar e de reparar nossas culpas passadas, de cumprir em nova vida o que não podemos fazer nesta, para nosso progresso. (Cap. IV, e cap. V, item 5.)

Assim se explicam, afinal, todas as anomalias aparentes da vida. É a luz que se projeta sobre o nosso passado e o nosso futuro, sinal evidente da tua justiça soberana e da tua infinita bondade.

VI. *Não nos deixes entregues à tentação, mas livra-nos do mal.*[24]

Dá-nos, Senhor, a força de resistir às sugestões dos Espíritos maus, que tentem desviar-nos da senda do bem, inspirando-nos maus pensamentos.

Somos Espíritos imperfeitos, encarnados na Terra para expiar nossas faltas e melhorar-nos. Em nós mesmos está a causa primária do mal e os maus Espíritos mais não fazem do que aproveitar os nossos pendores viciosos, em que nos entretêm para nos tentarem.

Cada imperfeição é uma porta aberta à influência deles, ao passo que são impotentes e renunciam a toda tentativa contra os seres perfeitos. É inútil tudo o que possamos fazer para afastá-los, se não lhes opusermos decidida e inabalável vontade de permanecer no bem e absoluta renunciação ao mal. Contra nós mesmos, pois, é que precisamos dirigir os nossos esforços e, se o fizermos, os maus

---

[24] Nota de Allan Kardec: Algumas traduções dizem: **Não nos induzas à tentação** (*et ne nos inducas in tentationem*). Essa expressão daria a entender que a tentação promana de Deus; que Ele, voluntariamente, impele os homens ao mal, ideia blasfematória que igualaria Deus a satanás e que, portanto, não poderia estar na mente de Jesus. É, aliás, conforme à doutrina vulgar sobre o papel dos demônios. (Veja-se: *O céu e o inferno*, 1ª Parte, cap. IX, *Os demônios*.)

Espíritos naturalmente se afastarão, porquanto o mal é que os atrai, ao passo que o bem os repele. (Veja-se adiante: "Preces pelos obsidiados".)

Senhor, ampara-nos em nossa fraqueza; inspira-nos, pelos nossos anjos guardiães e pelos bons Espíritos, a vontade de nos corrigirmos de todas as imperfeições a fim de obstarmos aos Espíritos maus o acesso à nossa alma. (Veja-se adiante o item 11.)

O mal não é obra tua, Senhor, porquanto o manancial de todo o bem nada de mau pode gerar. Somos nós mesmos que criamos o mal, infringindo as tuas leis e fazendo mau uso da liberdade que nos outorgaste. Quando os homens as cumprirmos, o mal desaparecerá da Terra, como já desapareceu de mundos mais adiantados que o nosso.

O mal não constitui para ninguém uma necessidade fatal e só parece irresistível aos que nele se comprazem. Desde que temos vontade para o fazer, também podemos ter a de praticar o bem, pelo que, ó meu Deus, pedimos a tua assistência e a dos Espíritos bons, a fim de resistirmos à tentação.

VII. *Assim seja*.

Praza-te, Senhor, que os nossos desejos se efetivem, mas curvamo-nos perante a tua sabedoria infinita. Que em todas as coisas que nos escapam à compreensão se faça a tua santa vontade e não a nossa, pois somente queres o nosso bem e melhor do que nós sabes o que nos convém.

Dirigimos-te esta prece, ó Deus, por nós mesmos e também por todas as almas sofredoras, encarnadas e desencarnadas, pelos nossos amigos e inimigos, por todos os que solicitem a nossa assistência e, em particular, por N...

Para todos suplicamos a tua misericórdia e a tua bênção.

Nota – Aqui, podem formular-se os agradecimentos que se queiram dirigir a Deus e o que se deseje pedir para si mesmo ou para outrem. (Vejam-se, adiante, as preces dos itens 26 e 27.)

Reuniões espíritas

4. Onde quer que se encontrem duas ou três pessoas reunidas em meu nome, Eu com elas estarei. (Mateus, 18:20.)

5. Prefácio. Estarem reunidas, em nome de Jesus, duas, três ou mais pessoas, não quer dizer que basta se achem materialmente juntas. É preciso que o estejam espiritualmente, em comunhão de intentos e de ideias, para o bem. Jesus, então, ou os Espíritos puros, que o representam, se encontrarão na assembleia. O Espiritismo nos faz compreender como podem os Espíritos achar-se entre nós. Compareçam com seu corpo fluídico ou espiritual e sob a aparência que nos levaria a reconhecê-los, se se tornassem visíveis. Quanto mais elevados são na hierarquia espiritual, tanto maior é neles o poder de irradiação. É assim que possuem o dom da ubiquidade e que podem estar simultaneamente em muitos lugares, bastando para isso que enviem a cada um desses lugares um raio de suas mentes.

Dizendo as palavras acima transcritas, quis Jesus revelar o efeito da união e da fraternidade. O que o atrai não é o maior ou menor número de pessoas que se reúnam, pois, em vez de duas ou três, houvera Ele podido dizer dez ou vinte, mas o sentimento de caridade que reciprocamente as anime. Ora, para isso, basta que elas sejam duas. Contudo, se essas duas pessoas oram cada uma por seu lado, embora dirijam-se ambas a Jesus, não há entre elas comunhão de pensamentos, sobretudo se ali não estão sob o influxo de um sentimento de mútua benevolência. Se se olham com prevenção, com ódio, inveja ou ciúme, as correntes fluídicas de seus pensamentos, longe de se conjugarem por um comum impulso de simpatia, repelem-se. Nesse caso, *não estarão reunidas em nome de Jesus*, que, então, não passa de pretexto para a reunião, não o tendo esta por verdadeiro motivo. (Cap. XXVII, item 9.)

Isso não significa que Ele se mostre surdo ao que lhe diga uma única pessoa; e se Ele não disse: "Atenderei a todo aquele que me chamar", é que, antes de tudo, exige o amor do próximo; e desse amor mais provas podem dar-se quando são muitos os que exoram, com exclusão de todo sentimento pessoal, e não um apenas. Segue-se que, se, numa assembleia numerosa, somente duas ou três pessoas se unem de coração, pelo sentimento de verdadeira caridade, enquanto as outras se isolam e se concentram em pensamentos egoísticos ou mundanos, Ele estará com as primeiras, e não com as outras. Não é, pois, a simultaneidade das palavras, dos cânticos ou dos atos exteriores que constitui a reunião em nome de Jesus, mas a comunhão de pensamentos, em concordância com o espírito de caridade que Ele personifica. (Cap. X, itens 7 e 8; cap. XXVII, itens 2 a 4.)

Tal o caráter de que devem revestir-se as reuniões espíritas sérias, aquelas em que sinceramente se deseja o concurso dos bons Espíritos.

6. Prece. (Para o começo da reunião.) – Ao Senhor Deus onipotente suplicamos que envie, para nos assistirem, Espíritos bons; que afaste os que nos possam induzir em erro e nos conceda a luz necessária para distinguirmos da impostura a verdade.

Afasta, igualmente, Senhor, os Espíritos malfazejos, encarnados e desencarnados, que tentem lançar entre nós a discórdia e desviar-nos da caridade e do amor ao próximo. Se procurarem alguns deles introduzir-se aqui, faze não achem acesso no coração de nenhum de nós.

Bons Espíritos que vos dignais de vir instruir-nos, tornai-nos dóceis aos vossos conselhos; preservai-nos de toda ideia de egoísmo, orgulho, inveja e ciúme; inspirai-nos indulgência e benevolência para com os nossos semelhantes, presentes e ausentes, amigos ou inimigos; fazei, em suma, que, pelos sentimentos de que nos achemos animados, reconheçamos a vossa influência salutar.

Dai aos médiuns que escolherdes para transmissores dos vossos ensinamentos, consciência do mandato que lhes é conferido e da gravidade do ato que vão praticar, a fim de que o façam com o fervor e o recolhimento precisos.

Se, em nossa reunião, estiverem pessoas que tenham vindo impelidas por sentimentos outros que não os do bem, abri-lhes os olhos à luz e perdoai-lhes, como nós lhes perdoamos, se trouxerem malévolas intenções.

Pedimos, especialmente, ao Espírito N..., nosso guia espiritual, que nos assista e por nós vele.

7. (Para o fim da reunião.) – Agradecemos aos bons Espíritos que se dignaram de comunicar-se conosco e lhes rogamos que nos ajudem a pôr em prática as instruções que nos deram e façam que, ao sair daqui, cada um de nós se sinta fortalecido para a prática do bem e do amor ao próximo.

Também desejamos que as suas instruções aproveitem aos Espíritos sofredores, ignorantes ou viciosos, que tenham participado da nossa reunião e para os quais imploramos a misericórdia de Deus.

Para os médiuns

8. Nos últimos tempos, diz o Senhor, difundirei do meu Espírito sobre toda carne; vossos filhos e filhas profetizarão; vossos jovens terão visões e vossos velhos, sonhos. Nesses dias, difundirei do meu Espírito sobre os meus servidores e servidoras, e eles profetizarão. (Atos, 2:17 e 18.) [25]

---

[25] N.E.: Ver Nota Explicativa, p. 579.

9. Prefácio. Quis o Senhor que a luz se fizesse para todos os homens e que em toda parte penetrasse a voz dos Espíritos, a fim de que cada um pudesse obter a prova da imortalidade. Com esse objetivo é que os Espíritos se manifestam hoje em todos os pontos da Terra e a mediunidade se revela em pessoas de todas as idades e de todas as condições, nos homens como nas mulheres, nas crianças como nos velhos. É um dos sinais de que chegaram os tempos preditos.

Para conhecer as coisas do mundo visível e descobrir os segredos da Natureza material, outorgou Deus ao homem a vista corpórea, os sentidos e instrumentos especiais. Com o telescópio, ele mergulha o olhar nas profundezas do espaço, e, com o microscópio, descobriu o mundo dos infinitamente pequenos. Para penetrar no mundo invisível, deu-lhe a mediunidade.

Os médiuns são os intérpretes incumbidos de transmitir aos homens os ensinos dos Espíritos; ou, melhor, *são os órgãos materiais de que se servem os Espíritos para se expressarem aos homens por maneira inteligível*. Santa é a missão que desempenham, visto ter por fim rasgar os horizontes da vida eterna.

Os Espíritos vêm instruir o homem sobre seus destinos, a fim de o reconduzirem à senda do bem, e não para o pouparem ao trabalho material que lhe cumpre executar neste mundo, tendo por meta o seu adiantamento, nem para lhe favorecerem a ambição e a cupidez. Aí têm os médiuns o de que devem compenetrar-se bem, para não fazer mau uso de suas faculdades. Aquele que, médium, compreende a gravidade do mandato de que se acha investido, religiosamente o desempenha. Sua consciência lhe profligaria, como ato sacrílego, utilizar por divertimento e distração, *para si ou para os outros*, faculdades que lhe são concedidas para fins sobremaneira sérios e que o põem em comunicação com os seres de além-túmulo.

Como intérpretes do ensino dos Espíritos, têm os médiuns de desempenhar importante papel na transformação moral que se opera. Os serviços que podem prestar guardam proporção com a boa diretriz que imprimam às suas faculdades, porquanto os que enveredam por mau caminho são mais nocivos do que úteis à causa do Espiritismo. Pela má impressão que produzem, mais de uma conversão retardam. Terão, por isso mesmo, de dar contas do uso que hajam feito de um dom que lhes foi concedido para o bem de seus semelhantes.

O médium que queira gozar sempre da assistência dos bons Espíritos tem de trabalhar por melhorar-se. O que deseja que a sua faculdade se desenvolva e engrandeça tem de se engrandecer moralmente e de se abster de tudo o que possa concorrer para desviá-la do seu fim providencial.

Se, às vezes, os Espíritos bons se servem de médiuns imperfeitos, é para dar bons conselhos, com os quais procuram fazê-los retomar a estrada do bem. Se, porém, topam com corações endurecidos e se suas advertências não são escutadas, afastam-se, ficando livre o campo aos maus. (Cap. XXIV, itens 11 e 12.)

Prova a experiência que, da parte dos que não aproveitam os conselhos que recebem dos bons Espíritos, as comunicações, depois de terem revelado certo brilho durante algum tempo, degeneram pouco a pouco e acabam caindo no erro, na vertigem, ou no ridículo, sinal incontestável do afastamento dos bons Espíritos.

Conseguir a assistência destes, afastar os Espíritos levianos e mentirosos, tal deve ser a meta para qual convirjam os esforços constantes de todos os médiuns sérios. Sem isso, a mediunidade se torna uma faculdade estéril, capaz mesmo de redundar em prejuízo daquele que a possua, pois pode degenerar em perigosa obsessão.

O médium que compreende o seu dever, longe de se orgulhar de uma faculdade que não lhe pertence, visto que lhe pode ser retirada, atribui a Deus as boas coisas que obtém. Se as suas comunicações receberem elogios, não se envaidecerá com isso, porque as sabe independentes do seu mérito pessoal; agradece a Deus o haver consentido que por seu intermédio bons Espíritos se manifestassem. Se dão lugar à crítica, não se ofende, porque não são obra do seu próprio Espírito. Ao contrário, reconhece no seu íntimo que não foi um instrumento bom e que não dispõe de todas as qualidades necessárias a obstar a imiscuição dos Espíritos maus. Cuida, então, de adquirir essas qualidades e suplica, por meio da prece, as forças que lhe faltam.

10. Prece. – Deus onipotente, permite que os bons Espíritos me assistam na comunicação que solicito. Preserva-me da presunção de me julgar resguardado dos Espíritos maus; do orgulho que me induza em erro sobre o valor do que obtenha; de todo sentimento oposto à caridade para com outros médiuns. Se cair em erro, inspira a alguém a ideia de me advertir disso e a mim a humildade que me faça aceitar reconhecido a crítica e tomar como endereçados a mim mesmo, e não aos outros, os conselhos que os bons Espíritos me queiram ditar.

Se for tentado a cometer abuso, no que quer que seja, ou a me envaidecer da faculdade que te aprouve conceder-me, peço que ma retires, de preferência a consentires seja ela desviada do seu objetivo providencial, que é o bem de todos e o meu próprio avanço moral.

II – Preces por aquele mesmo que ora
Aos anjos guardiães e aos Espíritos protetores

11. Prefácio. Todos temos, ligado a nós, desde o nosso nascimento, um Espírito bom, que nos tomou sob a sua proteção. Desempenha, junto de nós, a missão de um pai para com seu filho: a de nos conduzir pelo caminho do bem e do progresso, através das provações da vida. Sente-se feliz, quando correspondemos à sua solicitude; sofre, quando nos vê sucumbir.

Seu nome pouco importa, pois bem pode dar-se que não tenha nome conhecido na Terra. Invocamo-lo, então, como nosso anjo guardião, nosso bom gênio. Podemos mesmo invocá-lo sob o nome de qualquer Espírito superior, que mais viva e particular simpatia nos inspire.

Além do anjo guardião, que é sempre um Espírito superior, temos Espíritos protetores que, embora menos elevados, não são menos bons e magnânimos. Contamo-los entre amigos ou parentes, ou, até, entre pessoas que não conhecemos na existência atual. Eles nos assistem com seus conselhos e, não raro, intervindo nos atos da nossa vida.

Espíritos simpáticos são os que se nos ligam por uma certa analogia de gostos e pendores. Podem ser bons ou maus, conforme a natureza das inclinações nossas que os atraiam.

Os Espíritos sedutores se esforçam por nos afastar das veredas do bem, sugerindo-nos maus pensamentos. Aproveitam-se de todas as nossas fraquezas, como de outras tantas portas abertas, que lhes facultam acesso à nossa alma. Alguns há que se nos aferram, como a uma presa, mas que *se afastam, reconhecendo-se impotentes para lutar contra a nossa vontade*.

Deus, em nosso anjo guardião, nos deu um guia principal e superior e, nos Espíritos protetores e familiares, guias secundários. Fora erro, porém, acreditarmos que *forçosamente*, temos um mau gênio ao nosso lado, para contrabalançar as boas influências que sobre nós se exerçam. Os maus Espíritos acorrem *voluntariamente*, desde que achem meio de assumir predomínio sobre nós, ou pela nossa fraqueza, ou pela negligência que ponhamos em seguir as inspirações dos bons Espíritos. Somos nós, portanto, que os atraímos. Resulta desse fato que jamais nos encontramos privados da assistência dos bons Espíritos e que de nós depende o afastamento dos maus. Sendo, por suas imperfeições, a causa primária das misérias que o afligem, o homem é, as mais das vezes, o seu próprio mau gênio. (Cap. V, item 4.)

A prece aos anjos guardiães e aos Espíritos protetores deve ter por objeto solicitar-lhes a intercessão junto de Deus, pedir-lhes a força de resistir às más sugestões e que nos assistam nas contingências da vida.

12. Prece. – Espíritos esclarecidos e benevolentes, mensageiros de Deus, que tendes por missão assistir aos homens e conduzi-los pelo bom caminho, sustentai-me nas provas desta vida; dai-me a força de suportá-las sem queixumes; livrai-me dos maus pensamentos e fazei que eu não dê entrada a nenhum mau Espírito que queira induzir-me ao mal. Esclarecei a minha consciência com relação aos meus defeitos e tirai-me de sobre os olhos o véu do orgulho, capaz de impedir que eu os perceba e os confesse a mim mesmo.

A ti, sobretudo, N..., meu anjo guardião, que mais particularmente velas por mim, e a todos vós,

Espíritos protetores, que por mim vos interessais, peço fazerdes que me torne digno da vossa proteção. Conheceis as minhas necessidades; sejam elas atendidas, segundo a vontade de Deus.

13. (Outra) – Meu Deus, permite que os bons Espíritos que me cercam venham em meu auxílio, quando me achar em sofrimento, e que me sustentem se desfalecer. Faze, Senhor, que eles me incutam fé, esperança e caridade; que sejam para mim um amparo, uma inspiração e um testemunho da tua misericórdia. Faze, enfim, que neles encontre eu a força que me falta nas provas da vida e, para resistir às inspirações do mal, a fé que salva e o amor que consola.

14. (Outra) – Espíritos bem-amados, anjos guardiães que, com a permissão de Deus, pela sua infinita misericórdia, velais sobre os homens, sede nossos protetores nas provas da vida terrena. Dai-nos força, coragem e resignação; inspirai-nos tudo o que é bom, detende-nos no declive do mal; que a vossa bondosa influência nos penetre a alma; fazei sintamos que um amigo devotado está ao nosso lado, que vê os nossos sofrimentos e partilha das nossas alegrias.

E tu, meu bom anjo, não me abandones. Necessito de toda a tua proteção, para suportar com fé e amor as provas que praza a Deus enviar-me.

Para afastar os maus Espíritos

15. *Ai de vós, escribas e fariseus* hipócritas, que limpais *por fora o copo e o prato* e estais, por dentro, cheios de rapinas

e impurezas. Fariseus cegos, limpai primeiramente o interior do copo e do prato, a fim de que também o exterior fique limpo. Ai de vós, escribas e fariseus hipócritas, que vos assemelhais a sepulcros branqueados, que por fora parecem belos aos olhos dos homens, mas que, por dentro, estão cheios de toda espécie de podridões. Assim, pelo exterior, pareceis justos aos olhos dos homens, mas, por dentro, estais cheios de hipocrisia e de iniquidades. (Mateus, 23:25 a 28.)

16. Prefácio. Os maus Espíritos somente procuram os lugares onde encontrem possibilidades de dar expansão à sua perversidade. Para os afastar, não basta pedir-lhes, nem mesmo ordenar-lhes que se vão; é preciso que o homem elimine de si o que os atrai. Os Espíritos maus farejam as chagas da alma, como as moscas farejam as chagas do corpo. Assim como se limpa o corpo, para evitar a bicheira, também se deve limpar de suas impurezas a alma, para evitar os maus Espíritos. Vivendo num mundo onde estes pululam, nem sempre as boas qualidades do coração nos põem a salvo de suas tentativas; dão-nos, entretanto, forças para que lhes resistamos.

17. Prece. – Em nome de Deus Todo-Poderoso, afastem-se de mim os maus Espíritos, servindo-me os bons de antemural contra eles.

Espíritos malfazejos, que inspirais maus pensamentos aos homens; Espíritos velhacos e mentirosos, que os enganais; Espíritos zombeteiros, que vos divertis com a credulidade deles, eu vos repilo com todas as forças de minha alma e fecho os ouvidos às vossas sugestões; mas imploro para vós a misericórdia de Deus.

Bons Espíritos que vos dignais de assistir-me, dai-me a força de resistir à influência dos Espíritos maus e as luzes de que necessito para não ser vítima de suas tramas. Preservai-me do orgulho e da presunção; isentai o meu coração do ciúme, do ódio, da malevolência, de todo sentimento contrário à caridade, que são outras tantas portas abertas ao Espírito do mal.

Para pedir a corrigenda de um defeito

18. Prefácio. Os nossos maus instintos resultam da imperfeição do nosso próprio Espírito, e não da nossa organização física; a não ser assim, o homem se acharia isento de toda espécie de responsabilidade. De nós depende a nossa melhoria, pois todo aquele que se acha no gozo de suas faculdades tem, com relação a todas as coisas, a liberdade de fazer ou de não fazer. Para praticar o bem, de nada mais precisa senão do querer. (Cap. XV, item 10; cap. XIX, item 12.)

19. Prece. – Deste-me, ó meu Deus, a inteligência necessária a distinguir o que é bem do que é mal. Ora, do momento em que reconheço que uma coisa é do mal, torno-me culpado, se não me esforçar por lhe resistir.

Preserva-me do orgulho que me poderia impedir de perceber os meus defeitos e dos maus Espíritos que me possam incitar a perseverar neles.

Entre as minhas imperfeições, reconheço que sou particularmente propenso a...; e, se não resisto a esse pendor, é porque contraí o hábito de a ele ceder.

Não me criaste culpado, pois que és justo, mas com igual aptidão para o bem e para o mal; se tomei o mau caminho, foi por efeito do meu livre-arbítrio. Todavia, pela mesma razão que tive a liberdade de fazer o mal, tenho a de fazer o bem e, conseguintemente, a de mudar de caminho.

Meus atuais defeitos são restos das imperfeições que conservei das minhas precedentes existências; são o meu pecado original, de que me posso libertar pela ação da minha vontade e com a ajuda dos Espíritos bons.

Bons Espíritos que me protegeis, e sobretudo tu, meu anjo da guarda, dai-me forças para resistir às más sugestões e para sair vitorioso da luta.

Os defeitos são barreiras que nos separam de Deus e cada um que eu suprima será um passo dado na senda do progresso que dele me há de aproximar.

O Senhor, em sua infinita misericórdia, houve por bem conceder-me a existência atual, para que servisse ao meu adiantamento. Bons Espíritos, ajudai-me a aproveitá-la, para que me não fique perdida e para que, quando ao Senhor aprouver ma retirar, eu dela saia melhor do que entrei. (Cap. V, item 5; cap. XVII, item 3.)

Para pedir a força de resistir a uma tentação

20. Prefácio. Duas origens pode ter qualquer pensamento mau: a própria imperfeição de nossa alma, ou uma funesta influência que sobre ela se exerça. Neste último caso, há sempre indício de uma fraqueza que nos sujeita a receber essa influência; há, por conseguinte, indício de uma alma imperfeita. De sorte que aquele que venha a falir não poderá invocar por escusa a influência de um Espírito estranho, visto que *esse Espírito não o teria arrastado ao mal, se o considerasse inacessível à sedução.*

Quando surge em nós um mau pensamento, podemos, pois, imaginar um Espírito maléfico a nos atrair para o mal, mas a cuja atração podemos ceder ou resistir, como se se tratara das solicitações de uma pessoa viva. Devemos, ao mesmo tempo, imaginar que, por seu lado, o nosso anjo guardião, ou Espírito protetor, combate em nós a má influência e espera com ansiedade *a decisão que tomemos.* A nossa hesitação em praticar o mal é a voz do Espírito bom, a se fazer ouvir pela nossa consciência.

Reconhece-se que um pensamento é mau, quando se afasta da caridade, que constitui a base da verdadeira moral, quando tem por princípio o orgulho, a vaidade, ou o egoísmo; quando a sua realização pode causar qualquer prejuízo a outrem; quando, enfim, nos induz a fazer aos outros o que não quereríamos que nos fizessem. (Cap. XXVIII, item 15; cap. XV, item 10.)

21. Prece. – Deus Todo-Poderoso, não me deixes sucumbir à tentação que me impele a falir.

Espíritos benfazejos, que me protegeis, afastai de mim este mau pensamento e dai-me a força de resistir à sugestão do mal. Se eu sucumbir, merecerei expiar a minha falta nesta vida e na outra, porque tenho a liberdade de escolher.

Ação de graças pela vitória alcançada sobre uma tentação

22. Prefácio. Aquele que resistiu a uma tentação deve-o à assistência dos bons Espíritos, a cuja voz atendeu. Cumpre-lhe agradecê-lo a Deus e ao seu anjo de guarda.

23. Prece. – Meu Deus, agradeço-te o haveres permitido eu saísse vitorioso da luta que acabo de sustentar contra o mal. Faze que essa vitória me dê a força de resistir a novas tentações.

E a ti, meu anjo guardião, agradeço a assistência com que me valeste. Possa a minha submissão aos teus conselhos granjear-me de novo a tua proteção!

Para pedir um conselho

24. Prefácio. Quando estamos indecisos sobre o fazer ou não fazer uma coisa, devemos antes de tudo propor a nós mesmos as questões seguintes:

1ª – Aquilo que eu hesito em fazer pode acarretar qualquer prejuízo a outrem?

2ª – Pode ser proveitoso a alguém?

3ª – Se agissem assim comigo, ficaria eu satisfeito?

Se o que pensamos fazer, somente a nós interessa, lícito nos é pesar as vantagens e os inconvenientes pessoais que nos possam advir.

Se interessa a outrem e se, resultando em bem para um, redundará em mal para outro, cumpre, igualmente, pesemos a soma de bem ou de mal que se produzirá, para nos decidirmos a agir, ou a abster-nos.

Enfim, mesmo se tratando das melhores coisas, importa ainda consideremos a oportunidade e as circunstâncias concomitantes, porquanto uma coisa boa, em si mesma, pode dar maus resultados em mãos inábeis, se não for conduzida com prudência e circunspecção. Antes de empreendê-la, convém consultemos as nossas forças e meios de execução.

Em todos os casos, sempre podemos solicitar a assistência dos nossos Espíritos protetores, lembrados desta sábia advertência: *Na dúvida, abstém-te*. (Cap. XXVIII, item 38.)

25. Prece. – Em nome de Deus Todo-Poderoso, inspirai-me, bons Espíritos que me protegeis, a melhor resolução a ser tomada na incerteza em que me encontro. Encaminhai meu pensamento para o bem e livrai-me da influência dos que tentarem transviar-me.

Nas aflições da vida

26. Prefácio. Podemos pedir a Deus favores terrenos e Ele no-los pode conceder, quando tenham um fim útil e sério. Mas como a utilidade das coisas sempre a julgamos do nosso ponto de vista e como as nossas vistas se circunscrevem ao presente, nem sempre vemos o lado mau do que desejamos. Deus,

que vê muito melhor do que nós e que só o nosso bem quer, pode recusar o que peçamos, como um pai nega ao filho o que lhe seja prejudicial. Se não nos é concedido o que pedimos, não devemos por isso entregar-nos ao desânimo; devemos pensar, ao contrário, que a privação do que desejamos nos é imposta como prova, ou como expiação, e que a nossa recompensa será proporcionada à resignação com que a houvermos suportado. (Cap. XXVII, item 6; cap. II, itens 5 a 7.)

27. Prece. – Deus Onipotente, que vês as nossas misérias, digna-te de escutar, benevolente, a súplica que neste momento te dirijo. Se é desarrazoado o meu pedido, perdoa-me; se é justo e conveniente segundo as tuas vistas, que os bons Espíritos, executores das tuas vontades, venham em meu auxílio para que ele seja satisfeito.

Como quer que seja, meu Deus, faça-se a tua vontade. Se os meus desejos não forem atendidos, é que está nos teus desígnios experimentar-me e eu me submeto sem me queixar. Faze que por isso nenhum desânimo me assalte e que nem a minha fé nem a minha resignação sofram qualquer abalo.

(Formular o pedido.)

Ação de graças por um favor obtido

28. Prefácio. Não se devem considerar como sucessos ditosos apenas o que seja de grande importância. Muitas vezes, coisas aparentemente insignificantes são as que mais influem em nosso

destino. O homem facilmente esquece o bem, para, de preferência, lembrar-se do que o aflige. Se registrássemos, dia a dia, os benefícios de que somos objeto, sem os havermos pedido, ficaríamos, com frequência, espantados de termos recebido tantos e tantos que se nos varreram da memória, e nos sentiríamos humilhados com a nossa ingratidão.

Todas as noites, ao elevarmos a Deus a nossa alma, devemos recordar em nosso íntimo os favores que Ele nos fez durante o dia e agradecer-lhos. Sobretudo no momento mesmo em que experimentamos o efeito da sua bondade e da sua proteção, é que nos cumpre, por um movimento espontâneo, testemunhar-lhe a nossa gratidão. Basta, para isso, que lhe dirijamos um pensamento, atribuindo-lhe o benefício, sem que se faça mister interrompamos o nosso trabalho.

Não consistem os benefícios de Deus unicamente em coisas materiais. Devemos também agradecer-lhe as boas ideias, as felizes inspirações que recebemos. Ao passo que o egoísta atribui tudo isso aos seus méritos pessoais e o incrédulo ao acaso, aquele que tem fé rende graças a Deus e aos bons Espíritos. São desnecessárias, para esse efeito, longas frases. "*Obrigado, meu Deus, pelo bom pensamento que me foi inspirado*", diz mais do que muitas palavras. O impulso espontâneo, que nos faz atribuir a Deus o que de bom nos sucede, dá testemunho de um ato de reconhecimento e de humildade, que nos granjeia a simpatia dos bons Espíritos. (Cap. XXVII, itens 7 e 8.)

29. Prece. – Deus infinitamente bom, que o teu nome seja bendito pelos benefícios que me hás concedido. Indigno eu seria, se os atribuísse ao acaso dos acontecimentos ou ao meu próprio mérito.

Bons Espíritos, que fostes os executores das vontades de Deus, agradeço-vos e especialmente a ti, meu anjo guardião. Afastai de mim a ideia de orgulhar-me do que recebi e de não o aproveitar somente para o bem.

Agradeço-vos, em particular,...

Ato de submissão e de resignação

30. Prefácio. Quando um motivo de aflição nos advém, se lhe procurarmos a causa, amiúde reconheceremos estar numa imprudência ou imprevidência nossa, ou, quando não, em um ato anterior. Em qualquer desses casos, só de nós mesmos nos devemos queixar. Se a causa de um infortúnio independe completamente de qualquer ação nossa, é ou uma prova para a existência atual, ou expiação de falta de uma existência anterior, caso, este último, em que, pela natureza da expiação, poderemos conhecer a natureza da falta, visto que somos sempre punidos por aquilo em que pecamos. (Cap. V, itens 4, 6 e seguintes.)

No que nos aflige, só vemos, em geral, o presente, e não as ulteriores consequências favoráveis que possa ter a nossa aflição. Muitas vezes, o bem é a consequência de um mal passageiro, como a cura de uma enfermidade é o resultado dos meios dolorosos que se empregaram para combatê-la. Em todos os casos devemos submeter-nos à vontade de Deus, suportar com coragem as tribulações da vida, se queremos que elas nos sejam levadas em conta e que se nos possam aplicar estas palavras do Cristo: "Bem-aventurados os que sofrem." (Cap. V, item 18.)

31. Prece. – Meu Deus, és soberanamente justo; todo sofrimento, neste mundo, há, pois, de ter a sua causa e a sua utilidade. Aceito a aflição que acabo de experimentar, como expiação de minhas faltas passadas e como prova para o futuro.

Bons Espíritos que me protegeis, dai-me forças para suportá-la sem lamentos. Fazei que ela me seja um aviso salutar; que me acresça a experiência; que abata em mim o orgulho, a ambição, a tola vaidade e o egoísmo, e que contribua assim para o meu adiantamento.

32. (Outra) – Sinto, ó meu Deus, necessidade de te pedir me dês forças para suportar as provações que te aprouve destinar-me. Permite que a luz se faça bastante viva em meu espírito, para que eu aprecie toda a extensão de um amor que me aflige porque me quer salvar. Submeto-me resignado, ó meu Deus; mas a criatura é tão fraca, que temo sucumbir, se me não amparares. Não me abandones, Senhor, que sem ti nada posso.

33. (Outra) – A ti dirigi o meu olhar, ó Eterno, e me senti fortalecido. És a minha força, não me abandones. Ó meu Deus, sinto-me esmagado sob o peso das minhas iniquidades. Ajuda-me. Conheces a fraqueza da minha carne, não desvies de mim o teu olhar!

Ardente sede me devora; faze brotar a fonte da água viva onde eu me dessedente. Que a minha boca só se abra para te entoar louvores, e não para soltar queixas nas aflições da minha vida. Sou fraco, Senhor, mas o teu amor me sustentará.

Ó Eterno, só Tu és grande, só Tu és o fim e o objetivo da minha vida! Bendito seja o teu nome, se me fazes sofrer, porquanto és o Senhor e eu o servo infiel. Curvarei a fronte sem me queixar, porquanto só Tu és grande, só Tu és a meta.

Num perigo iminente

34. Prefácio. Pelos perigos que corremos, Deus nos adverte da nossa fraqueza e da fragilidade da nossa existência. Mostra-nos que entre suas mãos está a nossa vida e que ela se acha presa por um fio que se pode romper no momento em que menos o esperamos. Sob esse aspecto, não há privilégio para ninguém, pois que às mesmas alternativas se encontram sujeitos assim o grande como o pequeno.

Se examinarmos a natureza e as consequências do perigo, veremos que estas, as mais das vezes, se se verificassem, teriam sido a punição de uma falta cometida, ou da *falta do cumprimento de um dever.*

35. Prece. – Deus Todo-Poderoso, e tu, meu anjo guardião, socorrei-me! Se tenho de sucumbir, que a vontade de Deus se cumpra. Se devo ser salvo, que o restante da minha vida repare o mal que eu haja feito e do qual me arrependo.

Ação de graças por haver escapado a um perigo

36. Prefácio. Pelo perigo que tenhamos corrido, mostra-nos Deus que, de um momento para outro, podemos ser chamados a prestar contas do modo por que utilizamos a vida. Avisa-nos, assim, que devemos tomar tento e emendar-nos.

37. Prece. – Meu Deus, meu anjo de guarda, agradeço-vos o socorro que me proporcionastes no perigo de que estive ameaçado. Seja para mim um aviso esse perigo e me esclareça sobre as faltas que me hajam colocado sob a sua ameaça. Compreendo, Senhor, que nas tuas mãos está a minha vida e que ma podes tirar, quando te apraza. Inspira-me, por intermédio dos bons Espíritos que me assistem, o propósito de empregar utilmente o tempo que ainda me concederes de vida neste mundo.

Meu anjo guardião, firma-me na resolução que tomo de reparar os meus erros e de fazer todo o bem que esteja ao meu alcance, a fim de chegar menos onerado de imperfeições ao mundo dos Espíritos, quando Deus determine o meu regresso para lá.

À hora de dormir

38. Prefácio. O sono tem por fim dar repouso ao corpo; o Espírito, porém, não precisa de repousar. Enquanto os sentidos físicos se acham entorpecidos, a alma se desprende, em parte, da

matéria e entra no gozo das faculdades do Espírito. O sono foi dado ao homem para reparação das forças orgânicas e também para a das forças morais. Enquanto o corpo recupera os elementos que perdeu por efeito da atividade da vigília, o Espírito vai retemperar-se entre os outros Espíritos. Haure, no que vê, no que ouve e nos conselhos que lhe dão, ideias que, ao despertar, lhe surgem em estado de intuição. É a volta temporária do exilado à sua verdadeira pátria. É o prisioneiro restituído por momentos à liberdade.

Como se dá com o presidiário perverso, acontece que nem sempre o Espírito aproveita dessa hora de liberdade para seu adiantamento. Se conserva instintos maus, em vez de procurar a companhia de Espíritos bons, busca a de seus iguais e vai visitar os lugares onde possa dar livre curso aos seus pendores.

Eleve, pois, aquele que se ache compenetrado desta verdade, o seu pensamento a Deus, quando sinta aproximar-se o sono, e peça o conselho dos bons Espíritos e de todos cuja memória lhe seja cara, a fim de que venham juntar-se-lhe, nos curtos instantes de liberdade que lhe são concedidos, e, ao despertar, sentir-se-á mais forte contra o mal, mais corajoso diante da adversidade.

39. Prece. – Minha alma vai estar por alguns instantes com os outros Espíritos. Venham os bons ajudar-me com seus conselhos. Faze, meu anjo guardião, que, ao despertar, eu conserve durável e salutar impressão desse convívio.

Prevendo próxima a morte

40. Prefácio. A fé no futuro, a orientação do pensamento, durante a vida, para os destinos vindouros, favorecem e aceleram o desligamento do Espírito, por enfraquecerem os laços que o prendem ao corpo, tanto que, frequentemente, a vida corpórea ainda se não extinguiu de todo, e a alma, impaciente, já alçou o voo para a imensidade. Ao contrário, no homem que concentra nas coisas materiais todos os seus cuidados, aqueles laços são mais tenazes, *penosa e dolorosa é a separação* e cheio de perturbação e ansiedade o despertar no além-túmulo.

41. Prece. – Meu Deus, creio em ti e na tua bondade infinita e, por isso mesmo, não posso crer hajas dado ao homem a inteligência, que lhe faculta conhecer-te, e a aspiração pelo futuro, para o mergulhares no nada.

Creio que o meu corpo é apenas o envoltório perecível de minha alma e que, quando eu tenha deixado de viver, acordarei no mundo dos Espíritos.

Deus Todo-Poderoso, sinto se rompem os laços que me prendem a alma ao corpo e que dentro em pouco irei prestar contas do uso que fiz da vida que me foge.

Vou experimentar as consequências do bem e do mal que pratiquei. Lá não haverá ilusões, nem subterfúgios possíveis. Diante de mim vai desenrolar-se todo o meu passado e serei julgado segundo as minhas obras.

Nada levarei dos bens da Terra. Honras, riquezas, satisfações da vaidade e do orgulho, tudo, enfim, que é peculiar ao corpo permanecerá neste mundo. Nem a mais mínima parcela de todas essas coisas me acompanhará, nem me será de utilidade alguma no mundo dos Espíritos. Apenas levarei comigo o que pertence à alma, isto é, as boas e as más qualidades, para serem pesadas na balança da mais rigorosa justiça. E tanto maior severidade haverá no meu julgamento, quanto maior número de ocasiões para fazer o bem, que não fiz, me tenha proporcionado a posição que ocupei na Terra. (Cap. XVI, item 9.) Deus de misericórdia, que o meu arrependimento te chegue aos pés!

Digna-te de lançar sobre mim o manto da tua indulgência.

Se te aprouver prolongar a minha existência, seja esse prolongamento empregado em reparar, tanto quanto em mim esteja, o mal que eu tenha praticado. Se soou, sem dilação possível, a minha hora, levo comigo o consolador pensamento de que me será permitido redimir-me, por meio de novas provas, a fim de merecer um dia a felicidade dos eleitos.

Se não me for dado gozar imediatamente dessa felicidade sem mescla, partilha tão só do justo por excelência, sei que me não é defesa para sempre a esperança e que, pelo trabalho, alcançarei o fim, mais tarde ou mais cedo, conforme os meus esforços.

Sei que próximos de mim, para me receberem, estão Espíritos bons e o meu anjo de guarda, aos quais dentro em pouco verei, como eles me veem. Sei que, *se o tiver merecido*, encontrarei de novo aqueles a quem amei na Terra e que aqueles que aqui deixo irão juntar-se a mim, que um dia estaremos todos reunidos para sempre e que, enquanto esse dia não chegar, poderei vir visitá-los.

Sei também que vou encontrar aqueles a quem ofendi. Possam eles perdoar-me o que tenham a reprochar-me: o meu orgulho, a minha dureza, minhas injustiças, a fim de que a presença deles não me acabrunhe de vergonha!

Perdoo aos que me tenham feito ou querido fazer mal; nenhum rancor contra eles alimento e peço-te, meu Deus, que lhes perdoes.

Senhor, dá-me forças para deixar sem pena os prazeres grosseiros deste mundo, que nada são em confronto com as alegrias sãs e puras do mundo em que vou penetrar e onde, para o justo, não há mais tormentos, nem sofrimentos, nem misérias, onde somente o culpado sofre, mas tendo a confortá-lo a esperança.

A vós, bons Espíritos, e a ti, meu anjo guardião, suplico que me não deixeis falir neste momento supremo. Fazei que a Luz divina brilhe aos meus olhos, a fim de que a minha fé se reanime, se vier a abalar-se.

Nota – Veja-se, adiante, o parágrafo V: "Preces pelos doentes e obsidiados."

III – Preces por outrem
Por alguém que esteja em aflição

42. Prefácio. Se é do interesse do aflito que a sua prova prossiga, ela não será abreviada a nosso pedido; mas fora ato de impiedade desanimarmos por não ter sido satisfeita a nossa súplica. Aliás, em falta de cessação da prova, podemos esperar alguma outra consolação que lhe mitigue o amargor. O que de mais necessário há para aquele que se acha aflito, são a resignação e a coragem, sem as quais não lhe será possível sofrê-la com proveito para si, porque terá de recomeçá-la. É, pois, para esse objetivo que nos cumpre, sobretudo, orientar os nossos esforços, quer pedindo lhe venham em auxílio os bons Espíritos, quer levantando-lhe o moral por meio de conselhos e encorajamentos, quer, enfim, assistindo-o materialmente, se for possível. A prece, neste caso, pode também ter efeito direto, dirigindo, sobre a pessoa por quem é feita, uma corrente fluídica com o intento de lhe fortalecer o moral. (Cap. V, itens 5 e 27; cap. XXVII, itens 6 e 10.)

43. Prece. – Deus de infinita bondade, digna-te de suavizar o amargor da posição em que se encontra N..., se assim for a tua vontade.

Bons Espíritos, em nome de Deus Todo-Poderoso, eu vos suplico que o assistais nas suas aflições. Se, no seu interesse, elas lhe não puderem ser poupadas, fazei [que N...] compreenda que são necessárias ao seu progresso. Dai-lhe confiança em Deus e no futuro que lhas tornará menos acerbas. Dai-lhe também forças para não sucumbir ao desespero, que lhe faria perder o fruto de seus sofrimentos e lhe tornaria ainda mais penosa no futuro a situação. Encaminhai para ele o meu pensamento, a fim de que o ajude a manter-se corajoso.

Ação de graças por um benefício concedido a outrem

44. Prefácio. Quem não se acha dominado pelo egoísmo rejubila-se com o bem que acontece ao seu próximo, ainda mesmo que o não haja solicitado por meio da prece.

45. Prece. – Meu Deus, sê bendito pela felicidade que adveio a N...

Bons Espíritos, fazei que nisso ele veja um efeito da bondade de Deus. Se o bem que lhe aconteceu é uma prova, inspirai-lhe a lembrança de fazer bom uso dele e de se não envaidecer, a fim de que esse bem não redunde, de futuro, em prejuízo seu.

A ti, bom gênio que me proteges e desejas a minha felicidade, peço afastes do meu coração todo sentimento de inveja ou de ciúme.

Pelos nossos inimigos e pelos que nos querem mal

46. Prefácio. Disse Jesus: *Amai os vossos inimigos*. Esta máxima é o sublime da caridade cristã; mas, enunciando-a, não pretendeu Jesus preceituar que devamos ter para com os nossos inimigos o carinho que dispensamos aos amigos. Por aquelas palavras, Ele nos recomenda que lhes esqueçamos as

ofensas, que lhes perdoemos o mal que nos façam, que lhes paguemos com o bem esse mal. Além do merecimento que, aos olhos de Deus, resulta de semelhante proceder, Ele equivale a mostrar aos homens o em que consiste a verdadeira superioridade. (Cap. XII, itens 3 e 4.)

47. Prece. – Meu Deus, perdoo a N... o mal que me fez e o que me quis fazer, como desejo me perdoes e também ele me perdoe as faltas que eu haja cometido. Se o colocaste no meu caminho, como prova para mim, faça-se a tua vontade.

Livra-me, ó meu Deus, da ideia de o maldizer e de todo desejo malévolo contra ele. Faze que jamais me alegre com as desgraças que lhe cheguem, nem me desgoste com os bens que lhe poderão ser concedidos, a fim de não macular minha alma por pensamentos indignos de um cristão.

Possa a tua bondade, Senhor, estendendo-se sobre ele, induzi-lo a alimentar melhores sentimentos para comigo!

Bons Espíritos, inspirai-me o esquecimento do mal e a lembrança do bem. Que nem o ódio, nem o rancor, nem o desejo de lhe retribuir o mal com outro mal me entrem no coração, porquanto o ódio e a vingança só são próprios dos Espíritos maus, encarnados e desencarnados! Pronto esteja eu, ao contrário, a lhe estender mão fraterna, a lhe pagar com o bem o mal e a auxiliá-lo, se estiver ao meu alcance.

Desejo, para experimentar a sinceridade do que digo, que ocasião se me apresente de lhe ser útil; mas, sobretudo, ó meu Deus, preserva-me de fazê-lo por orgulho ou ostentação, abatendo-o com uma generosidade humilhante, o que me acarretaria a perda do fruto da minha ação, pois, nesse caso, eu mereceria me fossem aplicadas estas palavras do Cristo: *Já recebeste a tua recompensa*. (Cap. XIII, itens 1 e seguintes.)

Ação de graças pelo bem concedido aos nossos inimigos

48. Prefácio. Não desejar mal aos seus inimigos é ser apenas meio caridoso. A verdadeira caridade quer que lhes almejemos o bem e que nos sintamos felizes com o bem que lhes advenha. (Cap. XII, itens 7 e 8.)

49. Prece. – Meu Deus, entendeste em tua justiça encher de júbilo o coração de N... Agradeço-te por ele, sem embargo do mal que me fez ou que tem procurado fazer-me. Se desse bem ele se aproveitasse para me humilhar, eu receberia isso como uma prova para a minha caridade.

Bons Espíritos que me protegeis, não permitais que me sinta pesaroso por isso. Isentai-me da inveja e do ciúme que rebaixam. Inspirai-me, ao contrário, a generosidade que eleva. A humilhação está no mal, e não no bem; e sabemos que, cedo ou tarde, justiça será feita a cada um, segundo suas obras.

Pelos inimigos do Espiritismo

50. Bem-aventurados os famintos de justiça, porque serão saciados. Bem-aventurados os que sofrem perseguição por amor da justiça, porque deles é o Reino dos Céus.

Ditosos sereis, quando os homens vos carregarem de maldições, vos perseguirem e falsamente disserem contra vós toda espécie de mal, por minha causa. Rejubilai-vos, então, porque grande recompensa vos está reservada nos céus, pois assim perseguiram eles os profetas enviados antes de vós. (Mateus, 5:6 e 10 a 12.)

Não temais os que matam o corpo, mas que não podem matar a alma; temei, antes, aquele que pode perder alma e corpo no inferno. (Mateus, 10:28.)

51. Prefácio. De todas as liberdades, a mais inviolável é a de pensar, que abrange a de consciência. Lançar alguém anátema sobre os que não pensam como ele é reclamar para si essa liberdade e negá-la aos outros, é violar o primeiro mandamento de Jesus: a caridade e o amor ao próximo. Perseguir os outros, por motivos de suas crenças, é atentar contra o mais sagrado direito que tem todo homem, o de crer no que lhe convém e de adorar a Deus como o entenda. Constrangê-los a atos exteriores semelhantes aos nossos é mostrarmos que damos mais valor à forma do que ao fundo, mais às aparências do que à convicção. Nunca a abjuração forçada deu a quem quer que fosse a fé; apenas pode fazer hipócritas. É um abuso da força material, que não prova a verdade. *A verdade é senhora de si: convence e não persegue, porque não precisa perseguir.*

O Espiritismo é uma opinião, uma crença; fosse[26] até uma religião, por que se não teria a liberdade de

---

[26] N.E.: *Ver Nota Explicativa*, p. 579.

se dizer espírita, como se tem a de se dizer católico, protestante, ou judeu, adepto de tal ou qual doutrina filosófica, de tal ou qual sistema econômico? Essa crença é falsa ou é verdadeira. Se é falsa, cairá por si mesma, visto que o erro não pode prevalecer contra a verdade, quando se faz luz nas inteligências. Se é verdadeira, não haverá perseguição que a torne falsa.

A perseguição é o batismo de toda ideia nova, grande e justa e cresce com a magnitude e a importância da ideia. O furor e o desabrimento dos seus inimigos são proporcionais ao temor que ela lhes inspira. Tal a razão por que o Cristianismo foi perseguido outrora e por que o Espiritismo o é hoje, com a diferença, todavia, de que aquele o foi pelos pagãos, enquanto o segundo o foi por cristãos. Passou o tempo das perseguições sangrentas, é exato; contudo, se já não matam o corpo, torturam a alma, atacam-na até nos seus mais íntimos sentimentos, nas suas mais caras afeições. Lança-se a desunião nas famílias, excita-se a mãe contra a filha, a mulher contra o marido; investe-se mesmo contra o corpo, agravando-se-lhe as necessidades materiais, tirando-se-lhe o ganha-pão, para reduzir pela fome o crente. (Cap. XXIII, itens 9 e seguintes.)

Espíritas, não vos aflijais com os golpes que vos desfiram, pois eles provam que estais com a verdade. Se assim não fosse, deixar-vos-iam tranquilos e não vos procurariam ferir. Constitui uma prova para a vossa fé, porquanto é pela vossa coragem, pela vossa resignação e pela vossa paciência que Deus vos reconhecerá entre os seus servidores fiéis, a cuja contagem Ele hoje procede, para dar a cada um a parte que lhe toca, segundo suas obras.

A exemplo dos primeiros cristãos, carregai com altivez a vossa cruz. Crede na palavra do Cristo, que disse: "Bem-aventurados os que sofrem perseguição por amor da justiça, que deles é o Reino dos Céus. Não temais os que matam o corpo, mas que não podem matar a alma." Ele também disse: "Amai os vossos inimigos, fazei bem aos que vos fazem mal e orai pelos que vos perseguem." Mostrai que sois seus verdadeiros discípulos e que a vossa doutrina é boa, fazendo o que Ele disse e fez.

A perseguição pouco durará. Aguardai com paciência o romper da aurora, pois que já rutila no horizonte a estrela-d'alva. (Cap. XXIV, itens 13 e seguintes.)

52. Prece. – Senhor, Tu nos disseste pela boca de Jesus, o teu Messias: "Bem-aventurados os que sofrem perseguição por amor da justiça; perdoai aos vossos inimigos; orai pelos que vos persigam." E Ele próprio nos deu o exemplo, orando pelos seus algozes.

Seguindo esse exemplo, meu Deus, imploramos a tua misericórdia para os que desprezam os teus sacratíssimos preceitos, únicos capazes de facultar a paz neste mundo e no outro. Como o Cristo, também nós te dizemos: "Perdoa-lhes, Pai, que eles não sabem o que fazem."

Dá-nos forças para suportar com paciência e resignação, como provas para a nossa fé e a nossa humildade, seus escárnios, injúrias, calúnias e perseguições; isenta-nos de toda ideia de represálias, visto que para todos soará a hora da tua justiça, hora que esperamos submissos à tua vontade santa.

Por uma criança que acaba de nascer

53. Prefácio. Somente depois de terem passado pelas provas da vida corpórea, chegam à perfeição os Espíritos. Os que se encontram na erraticidade aguardam que Deus lhes permita volver a uma existência que lhes proporcione meios de progredir, quer pela expiação de suas faltas passadas, mediante as vicissitudes a que fiquem sujeitos, quer desempenhando uma missão proveitosa para a Humanidade. O seu adiantamento e a sua felicidade futura serão proporcionados à maneira por que empreguem o tempo que hajam de estar na Terra. O encargo de lhes guiar os primeiros passos e de os encaminhar para o bem cabe a seus pais, que responderão perante Deus pelo desempenho que derem a esse mandato. Para lhos facilitar, foi que Deus fez do amor paterno e do amor filial uma Lei da Natureza, lei que jamais se transgride impunemente.

54. Prece. (Para ser dita pelos pais.) – Espírito que encarnaste no corpo do nosso filho, sê bem-vindo. Sê bendito, ó Deus Onipotente, que no-lo mandaste.

É um depósito que nos foi confiado e do qual

teremos um dia de prestar contas. Se ele pertence à nova geração de Espíritos bons que hão de povoar a Terra, obrigado, ó meu Deus, por essa graça! Se é uma alma imperfeita, corre-nos o dever de ajudá-lo a progredir na senda do bem, pelos nossos conselhos e bons exemplos. Se cair no mal, por culpa nossa, responderemos por isso, visto que, então, teremos falido em nossa missão junto dele.

Senhor, ampara-nos em nossa tarefa e dá-nos a força e a vontade de cumpri-la. Se este filho nos vem como provação para os nossos Espíritos, faça-se a tua vontade!

Bons Espíritos que presidistes ao seu nascimento e que tendes de acompanhá-lo no curso de sua existência, não o abandoneis. Afastai dele os maus Espíritos que tentem orientá-lo para o mal. Dai-lhe forças para lhes resistir às sugestões e coragem para sofrer com paciência e resignação as provas que o esperam na Terra. (Cap. XIV, item 9.)

55. (Outra) – Meu Deus, confiaste-me a sorte de um dos teus Espíritos; faze, Senhor, que eu seja digno do encargo que me impuseste. Concede-me a tua proteção. Ilumina a minha inteligência, a fim de que eu possa perceber desde cedo as tendências daquele que me compete preparar para ascender à tua paz.

56. (Outra) – Deus de bondade, pois que te aprouve permitir que o Espírito desta criança viesse de novo sofrer as provas terrenas, destinadas a fazê-lo progredir, dá-lhe luz, a fim de que aprenda a conhecer-te, amar-te e adorar-te. Faze, pela tua

onipotência, que esta alma se regenere na fonte das tuas sábias instruções; que, sob a égide do seu anjo guardião, a sua inteligência se desenvolva e amplie e o leve a ter por aspiração aproximar-se cada vez mais de ti; que a ciência do Espiritismo seja a luz brilhante que o ilumine através dos escolhos da vida; que ele, enfim, saiba apreciar toda a extensão do teu amor, que nos põe em prova, para purificar-nos.

Senhor, lança paterno olhar sobre a família a que confiaste esta alma, para que ela compreenda a importância da sua missão e faça que germinem nesta criança as boas sementes, até o dia em que ela possa, por suas próprias aspirações, elevar-se sozinha para ti.

Digna-te, ó meu Deus, de atender a esta humilde prece, em nome e pelos merecimentos daquele que disse: "Deixai venham a mim as criancinhas, porquanto o Reino dos Céus é para os que se lhes assemelham."

Por um agonizante

57. Prefácio. A agonia é o prelúdio da separação da alma e do corpo. Pode dizer-se que, nesse momento, o homem tem um pé neste mundo e um no outro. É penosa às vezes essa passagem, para os que muito apegados se acham à matéria e viveram mais para os bens deste mundo do que para os do outro, ou cuja consciência se encontra agitada pelos pesares e remorsos. Para aqueles cujos pensamentos, ao contrário, buscaram o Infinito e se

desprenderam da matéria, menos difíceis de romper-se são os laços que os prendem à Terra e nada têm de dolorosos os seus últimos momentos. Apenas um fio liga, então, a alma ao corpo, enquanto no outro caso profundas raízes a conservam presa ao corpo. Em todos os casos, a prece exerce ação poderosa sobre o trabalho de separação. (Ver, adiante, "Preces pelos doentes"; também *O céu e o inferno*, 2ª Parte, cap. I – *O Passamento*.)

58. Prece. – Deus onipotente e misericordioso, aqui está uma alma prestes a deixar o seu envoltório terreno para volver ao mundo dos Espíritos, sua verdadeira pátria. Dado lhe seja fazê-lo em paz e que sobre ela se estenda a tua misericórdia.

Bons Espíritos que a acompanhastes na Terra, não a abandoneis neste momento supremo. Dai-lhe forças para suportar os últimos sofrimentos por que lhe cumpre passar neste mundo, a bem do seu progresso futuro. Inspirai-a, para que consagre ao arrependimento de suas faltas os últimos clarões de inteligência que lhe restem, ou que momentaneamente lhe advenham.

Dirigi o meu pensamento, a fim de que atue de modo a tornar menos penoso para ela o trabalho da separação e a fim de que leve consigo, ao abandonar a Terra, as consolações da esperança.

IV – Preces pelos que já não são da Terra
Por alguém que acaba de morrer

59. Prefácio. As preces pelos Espíritos que acabam de deixar a Terra não objetivam, unicamente,

dar-lhes um testemunho de simpatia: também têm por efeito auxiliar-lhes o desprendimento e, desse modo, abreviar-lhes a perturbação que sempre se segue à separação, tornando-lhes mais calmo o despertar. Ainda aí, porém, como em qualquer outra circunstância, a eficácia está na sinceridade do pensamento, e não na quantidade das palavras que se profiram mais ou menos pomposamente e em que, amiúde, nenhuma parte toma o coração.

As preces que deste se elevam ressoam em torno do Espírito, cujas ideias ainda estão confusas, como as vozes amigas que nos fazem despertar do sono. (Cap. XXVII, item 10.)

60. Prece. – Onipotente Deus, que a tua misericórdia se derrame sobre a alma de N..., a quem acabaste de chamar da Terra. Possam ser-lhe contadas as provas que aqui sofreu, bem como ter suavizadas e encurtadas as penas que ainda haja de suportar na Espiritualidade!

Bons Espíritos que o viestes receber e tu, particularmente, seu anjo guardião, ajudai-o a despojar-se da matéria; dai-lhe luz e a consciência de si mesmo, a fim de que saia presto da perturbação inerente à passagem da vida corpórea para a vida espiritual. Inspirai-lhe o arrependimento das faltas que haja cometido e o desejo de obter permissão para as reparar, a fim de acelerar o seu avanço rumo à vida eterna bem-aventurada.

N..., acabas de entrar no mundo dos Espíritos e, no entanto, presente aqui te achas entre nós; tu nos vês e ouves, por isso que de menos do que havia, entre ti e nós, só há o corpo perecível que vens de abandonar e que em breve estará reduzido a pó.

Despistes o envoltório grosseiro, sujeito a vicissitudes e à morte, e conservaste apenas o envoltório etéreo, imperecível e inacessível aos sofrimentos. Já não vives pelo corpo; vives da vida dos Espíritos, vida essa isenta das misérias que afligem a Humanidade.

Já não tens diante de ti o véu que às nossas vistas oculta os esplendores da vida no Além. Podes, doravante, contemplar novas maravilhas, ao passo que nós ainda continuamos mergulhados em trevas.

Vais, em plena liberdade, percorrer o espaço e visitar os mundos, enquanto nós rastejamos penosamente na Terra, à qual se conserva preso o nosso corpo material, semelhante, para nós, a pesado fardo.

Diante de ti, vai desenrolar-se o panorama do Infinito e, em face de tanta grandeza, compreenderás a vacuidade dos nossos desejos terrestres, das nossas ambições mundanas e dos gozos fúteis com que os homens tanto se deleitam.

A morte, para os homens, mais não é do que uma separação material de alguns instantes. Do exílio onde ainda nos retém a vontade de Deus, bem assim os deveres que nos correm neste mundo, acompanhar-te-emos pelo pensamento, até que nos seja permitido juntar-nos a ti, como tu te reuniste aos que te precederam.

Não podemos ir onde te achas, mas tu podes vir ter conosco. Vem, pois, aos que te amam e que tu amaste; ampara-os nas provas da vida; vela pelos que te são caros; protege-os, como puderes; suaviza-lhes os pesares, fazendo-lhes perceber, pelo pensamento, que és mais ditoso agora e dando-lhes a consoladora certeza de que um dia estareis todos reunidos num mundo melhor.

Nesse, onde te encontras, devem extinguir-se todos os ressentimentos. Que a eles, daqui em diante, sejas inacessível, a bem da tua felicidade futura! Perdoa, portanto, aos que hajam incorrido em falta para contigo, como eles te perdoam as que tenhas cometido para com eles.

> Nota – Podem acrescentar-se a esta prece, que se aplica a todos, algumas palavras especiais, conforme as circunstâncias particulares de família ou de relações, bem como a posição social que ocupava o defunto.
>
> Se se trata de uma criança, ensina-nos o Espiritismo que não está ali um Espírito de criação recente, mas um que já viveu e que pode, mesmo, já ser muito adiantado. Se foi curta a sua última existência, é que não devia passar de uma completação de prova, ou constituir uma prova para os pais. (Cap. V, item 21.)

61. (Outra)[27] – Senhor onipotente, que a tua misericórdia se estenda sobre os nossos irmãos que acabam de deixar a Terra! Que a tua luz brilhe

---

[27] Nota de Allan Kardec: Esta prece foi ditada a um médium de Bordeaux, na ocasião em que passava pela sua casa o féretro de um desconhecido.

para eles! Tira-os das trevas; abre-lhes os olhos e os ouvidos! Que os bons Espíritos os cerquem e lhes façam ouvir palavras de paz e de esperança!

Senhor, ainda que muito indignos, ousamos implorar a tua misericordiosa indulgência para este irmão nosso que acaba de ser chamado do exílio. Faze que o seu regresso seja o do filho pródigo. Esquece, ó meu Deus, as faltas que haja cometido, para te lembrares somente do bem que haja praticado. Imutável é a tua justiça, nós o sabemos; mas imenso é o teu amor. Suplicamos-te que abrandes aquela, na fonte de bondade que emana do teu seio.

Brilhe a luz para os teus olhos, irmão que vens de deixar a Terra! Que os bons Espíritos de ti se aproximem, te cerquem e ajudem a romper as cadeias terrenas! Compreende e vê a grandeza do nosso Senhor: submete-te, sem queixumes, à sua justiça, porém, não desesperes nunca da sua misericórdia. Irmão! que um sério retrospecto do teu passado te abra as portas do futuro, fazendo-te perceber as faltas que deixas para trás e o trabalho cuja execução te incumbe para as reparares! Que Deus te perdoe e que os bons Espíritos te amparem e animem. Por ti orarão os teus irmãos da Terra e pedem que por eles ores.

Pelas pessoas a quem tivemos afeição

62. Prefácio. Que horrenda é a ideia do nada! Quão de lastimar são os que acreditam que no vácuo se perde, sem encontrar eco que lhe responda, a voz do amigo que chora o seu amigo! Jamais

conheceram as puras e santas afeições os que pensam que tudo morre com o corpo; que o gênio, que com a sua vasta inteligência iluminou o mundo, é uma combinação de matéria, que, qual sopro, se extingue para sempre; que do mais querido ente, de um pai, de uma mãe, ou de um filho adorado não restará senão um pouco de pó que o vento irremediavelmente dispersará.

Como pode um homem de coração conservar-se frio a essa ideia? Como não o gela de terror a ideia de um aniquilamento absoluto e não lhe faz, ao menos, desejar que não seja assim? Se até hoje não lhe foi suficiente a razão para afastar de seu espírito quaisquer dúvidas, aí está o Espiritismo a dissipar toda incerteza com relação ao futuro, por meio das provas materiais que dá da sobrevivência da alma e da existência dos seres de além-túmulo. Tanto assim é que por toda parte essas provas são acolhidas com júbilo; a confiança renasce, pois que o homem doravante sabe que a vida terrestre é apenas uma breve passagem conducente a melhor vida; que seus trabalhos neste mundo não lhe ficam perdidos e que as mais santas afeições não se despedaçam sem mais esperanças. (Cap. IV, item 18; cap. V, item 21.)

63. Prece. – Digna-te, ó meu Deus, de acolher, benévolo, a prece que te dirijo pelo Espírito N... Faze-lhe entrever as claridades divinas e torna-lhe fácil o caminho da felicidade eterna. Permite que os bons Espíritos lhe levem as minhas palavras e o meu pensamento.

Tu, que tão caro me eras neste mundo, escuta a minha voz, que te chama para te oferecer novo penhor da minha afeição. Permitiu Deus que te libertasses antes de mim e eu disso me não poderia queixar sem egoísmo, porquanto fora querer-te sujeito ainda às penas e sofrimentos da vida. Espero, pois, resignado, o momento de nos reunirmos de novo no mundo mais venturoso no qual me precedeste.

Sei que é apenas temporária a nossa separação e que, por mais longa que me possa parecer, a sua duração nada é em face da ditosa eternidade que Deus promete aos seus escolhidos. Que a sua bondade me preserve de fazer o que quer que retarde esse desejado instante e me poupe assim à dor de te não encontrar, ao sair do meu cativeiro terreno.

Oh! quão doce e consoladora é a certeza de que não há entre nós mais do que um véu material que te oculta às minhas vistas! de que podes estar aqui, ao meu lado, a me ver e ouvir como outrora, senão ainda melhor do que outrora; de que não me esqueces, do mesmo modo que eu te não esqueço; de que os nossos pensamentos constantemente se entrecruzam e que o teu sempre me acompanha e ampara.

Que a paz do Senhor seja contigo.

Pelas almas sofredoras que pedem preces

64. Prefácio. Para se compreender o alívio que a prece pode proporcionar aos Espíritos sofredores, faz-se preciso saber de que maneira ela atua, conforme atrás ficou explicado. (Cap. XXVII, itens 9,

18 e seguintes.) Aquele que se ache compenetrado dessa verdade ora com mais fervor, pela certeza que tem de não orar em vão.

65. Prece. – Deus clemente e misericordioso, que a tua bondade se estenda por sobre todos os Espíritos que se recomendam às nossas preces e particularmente sobre a alma de N...

Bons Espíritos, que tendes por única ocupação fazer o bem, intercedei comigo pelo alívio deles. Fazei que lhes brilhe diante dos olhos um raio de esperança e que a Luz divina os esclareça acerca das imperfeições que os conservam distantes da morada dos bem-aventurados. Abri-lhes o coração ao arrependimento e ao desejo de se depurarem, para que se lhes acelere o adiantamento. Fazei-lhes compreender que, por seus esforços, podem eles encurtar a duração de suas provas.

Que Deus, em sua bondade, lhes dê força de perseverarem nas boas resoluções!

Possam essas palavras repassadas de benevolência suavizar-lhes as penas, mostrando-lhes que há na Terra seres que deles se compadecem e lhes desejam toda a felicidade.

66. (Outra) – Nós te pedimos, Senhor, que espalhes as graças do teu amor e da tua misericórdia por todos os que sofrem, quer no Espaço como Espíritos errantes, quer entre nós como encarnados. Tem piedade das nossas fraquezas. Falíveis nos fizeste, mas dando-nos capacidade para resistir ao mal e vencê-lo. Que a tua misericórdia se estenda sobre

todos os que não hão podido resistir aos seus maus pendores e que ainda se deixam arrastar por maus caminhos. Que os bons Espíritos os cerquem; que a tua luz lhes brilhe aos olhos e que, atraídos pelo calor vivificante dessa luz, eles venham prosternar-se a teus pés, humildes, arrependidos e submissos.

Pedimos-te, igualmente, Pai de misericórdia, por aqueles dos nossos irmãos que não tiveram forças para suportar suas provas terrenas. Tu, Senhor, nos deste um fardo a carregar e só aos teus pés temos de o depor. Grande, porém, é a nossa fraqueza e a coragem nos falta algumas vezes no curso da jornada. Compadece-te desses servos indolentes que abandonaram antes da hora o trabalho. Que a tua justiça os poupe, e consente que os bons Espíritos lhes levem alívio, consolações e esperanças no futuro. A perspectiva do perdão fortalece a alma; mostra-a, Senhor, aos culpados que desesperam e, sustentados por essa esperança, eles haurirão forças na grandeza mesma de suas faltas e de seus sofrimentos, a fim de resgatarem o passado e se prepararem a conquistar o futuro.

Por um inimigo que morreu

67. Prefácio. A caridade para com os nossos inimigos deve acompanhá-los ao além-túmulo. Precisamos ponderar que o mal que eles nos fizeram foi para nós uma prova, que há de ter sido propícia ao nosso adiantamento, se a soubemos aproveitar. Pode ter-nos sido, mesmo, de maior proveito do que

as aflições puramente materiais, pelo fato de nos haver facultado juntar, à coragem e à resignação, a caridade e o esquecimento das ofensas. (Cap. X, item 6; cap. XII, itens 5 e 6.)

68. Prece. – Senhor, foi do teu agrado chamar, antes da minha, a alma de N... Perdoo-lhe o mal que me fez e as más intenções que nutriu com referência a mim. Possa ele ter pesar disso, agora que já não alimenta as ilusões deste mundo.

Que a tua misericórdia, meu Deus, desça sobre ele e afaste de mim a ideia de me alegrar com a sua morte. Se incorri em faltas para com ele, que mas perdoe, como eu esqueço as que cometeu para comigo.

Por um criminoso

69. Prefácio. Se a eficácia das preces fosse proporcional à extensão delas, as mais longas deveriam ficar reservadas para os mais culpados, porque mais lhes são elas necessárias do que àqueles que santamente viveram. Recusá-las aos criminosos é faltar com a caridade e desconhecer a misericórdia de Deus; julgá-las inúteis, quando um homem haja praticado tal ou tal erro, fora prejulgar a Justiça do Altíssimo. (Cap. XI, item 14.)

70. Prece. – Senhor, Deus de misericórdia, não repilas esse criminoso que acaba de deixar a Terra. A justiça dos homens o castigou, mas não o isentou da tua, se o remorso não lhe penetrou o coração.

Tira-lhe dos olhos a venda que lhe oculta a gravidade de suas faltas. Possa o seu arrependimento merecer de ti acolhimento benévolo e abrandar os sofrimentos de sua alma! Possam também as nossas preces e a intercessão dos bons Espíritos levar-lhe esperança e consolação; inspirar-lhe o desejo de reparar suas ações más numa nova existência e dar-lhe forças para não sucumbir nas novas lutas em que se empenhar!

Senhor, tem piedade dele!

Por um suicida

71. Prefácio. Jamais tem o homem o direito de dispor da sua vida, porquanto só a Deus cabe retirá-lo do cativeiro da Terra, quando o julgue oportuno. Todavia, a Justiça divina pode abrandar-lhe os rigores, de acordo com as circunstâncias, reservando, porém, toda a severidade para com aquele que se quis subtrair às provas da vida. O suicida é qual prisioneiro que se evade da prisão, antes de cumprida a pena; quando preso de novo, é mais severamente tratado. O mesmo se dá com o suicida que julga escapar às misérias do presente e mergulha em desgraças maiores. (Cap. V, itens 14 e seguintes.)

72. Prece. – Sabemos, ó meu Deus, qual a sorte que espera os que violam a tua lei, abreviando voluntariamente seus dias; mas também sabemos que infinita é a tua misericórdia. Digna-te, pois, de estendê-la sobre a alma de N... Possam as nossas preces e a tua comiseração abrandar a acerbidade dos sofrimentos que ele está experimentando,

por não haver tido a coragem de aguardar o fim de suas provas.

Bons Espíritos, que tendes por missão assistir os desgraçados, tomai-o sob a vossa proteção; inspirai-lhe o pesar da falta que cometeu. Que a vossa assistência lhe dê forças para suportar com mais resignação as novas provas por que haja de passar, a fim de repará-la. Afastai dele os maus Espíritos, capazes de o impelirem novamente para o mal e prolongar-lhe os sofrimentos, fazendo-o perder o fruto de suas futuras provas.

A ti, cuja desgraça motiva as nossas preces, nos dirigimos também, para te exprimir o desejo de que a nossa comiseração te diminua o amargor e te faça nascer no íntimo a esperança de melhor porvir! Nas tuas mãos está ele; confia na bondade de Deus, cujo seio se abre a todos os arrependimentos e só se conserva fechado aos corações endurecidos.

Pelos Espíritos penitentes

73. Prefácio. Fora injusto incluir na categoria dos Espíritos maus os sofredores e penitentes que pedem preces. Podem eles ter sido maus, porém, já não o são, desde que reconhecem suas faltas e as deploram; são apenas infelizes. Já alguns começam mesmo a gozar de relativa felicidade.

74. Prece. – Deus de misericórdia, que aceitas o arrependimento sincero do pecador, encarnado ou desencarnado, aqui está um Espírito que se há comprazido no mal, porém, que reconhece seus

erros e entra no bom caminho. Digna-te, ó meu Deus, de recebê-lo como filho pródigo e de lhe perdoar.

Bons Espíritos, doravante ele deseja ouvir a vossa voz, que até hoje desatendeu; permiti-lhe que entreveja a felicidade dos eleitos do Senhor, a fim de que persista no desejo de purificar-se para alcançá-la. Amparai-o em suas boas resoluções e dai-lhe forças para resistir aos seus maus instintos.

Espírito N... nós te felicitamos pela mudança que em ti se operou e agradecemos aos bons Espíritos que te ajudaram.

Se te comprazias outrora em fazer o mal, é que não compreendias quão doce é o gozo de fazer o bem; também te sentias por demais baixo para esperar consegui-lo. Do momento, porém, em que puseste o pé no bom caminho, uma luz nova brilhou aos teus olhos; começaste a gozar de uma felicidade que desconhecias e a esperança te entrou no coração. É que Deus ouve sempre a prece do pecador que se arrepende; não repele a nenhum dos que o buscam.

Para entrares de novo e completamente na sua graça, esforça-te daqui por diante não só para não mais praticares o mal, senão que para fazeres o bem e, sobretudo, reparares o mal que fizeste. Terás então satisfeito à Justiça de Deus; cada uma das boas ações que praticares apagará uma das tuas faltas passadas.

Já está dado o primeiro passo; agora, quanto mais avançares no caminho, tanto mais fácil e agradável ele te parecerá. Persevera, pois, e um dia terás a glória de ser contado entre os Espíritos bons e os bem-aventurados.

Pelos Espíritos endurecidos

75. Prefácio. Os maus Espíritos são aqueles que ainda não foram tocados de arrependimento; que se deleitam no mal e nenhum pesar por isso sentem; que são insensíveis às reprimendas, repelem a prece e muitas vezes blasfemam do nome de Deus. São essas almas endurecidas que, após a morte, se vingam nos homens dos sofrimentos que suportam, e perseguem com o seu ódio aqueles a quem odiaram durante a vida, quer obsidiando-os, quer exercendo sobre eles qualquer influência funesta. (Cap. X, item 6; cap. XII, itens 5 e 6.)

Duas categorias há bem distintas de Espíritos perversos: a dos que são francamente maus e a dos hipócritas. Infinitamente mais fácil é reconduzir ao bem os primeiros do que os segundos. Aqueles, as mais das vezes, são naturezas brutas e grosseiras, como se nota entre os homens; praticam o mal mais por instinto do que por cálculo e não procuram passar por melhores do que são. Há neles, entretanto, um gérmen latente que é preciso fazer desabrochar, o que se consegue quase sempre por meio da perseverança, da firmeza aliada à benevolência, dos conselhos, do raciocínio e da prece. Por meio da mediunidade, a dificuldade que eles encontram para escrever o nome de Deus é sinal de um temor instintivo, de uma voz íntima da consciência que lhes diz serem indignos de fazê-lo. Nesse ponto estão a pique de converter-se e tudo se pode esperar deles: basta se lhes encontre o ponto vulnerável do coração.

Os Espíritos hipócritas quase sempre são muito inteligentes, mas nenhuma fibra sensível possuem no coração; nada os toca; simulam todos os bons sentimentos para captar a confiança, e felizes se sentem quando encontram tolos que os aceitam como santos Espíritos, pois que possível se lhes torna governá-los à vontade. O nome de Deus, longe de lhes inspirar o menor temor, serve-lhes de máscara para encobrirem suas torpezas. No mundo invisível, como no mundo visível, os hipócritas são os seres mais perigosos, porque atuam na sombra, sem que ninguém disso desconfie; têm apenas as aparências da fé, mas fé sincera, jamais.

76. Prece. – Senhor, digna-te de lançar um olhar de bondade sobre os Espíritos imperfeitos, que ainda se encontram na treva da ignorância e te desconhecem, particularmente sobre N...

Bons Espíritos, ajudai-nos a fazer-lhe compreender que, induzindo os homens ao mal, obsidiando-os e atormentando-os, ele prolonga os seus próprios sofrimentos; fazei que o exemplo da felicidade de que gozais lhe seja um encorajamento.

Espírito que ainda te comprazes no mal, vem ouvir a prece que por ti fazemos; ela te há de provar que desejamos o teu bem, conquanto faças o mal.

És desgraçado, pois não se pode ser feliz fazendo o mal. Por que então te conservarás no sofrimento quando de ti depende evitá-lo? Olha os bons Espíritos que te cercam; vê quão ditosos são e se te não seria mais agradável fruir da mesma felicidade.

Dirás que te é impossível; porém, nada é impossível àquele que quer, porquanto Deus te deu, como a todas as suas criaturas, a liberdade de escolher entre o bem e o mal, isto é, entre a felicidade e a desgraça, e ninguém se acha condenado a praticar o mal. Assim como tens vontade de fazê-lo, também podes ter a de fazer o bem e de ser feliz.

Volve para Deus o teu olhar; dirige-lhe por um instante o teu pensamento e um raio da divina Luz virá iluminar-te. Dize conosco estas simples palavras: *Meu Deus, eu me arrependo, perdoa-me.* Tenta arrepender-te e fazer o bem, em vez de fazer o mal, e verás que logo a sua misericórdia descerá sobre ti, que um bem-estar indizível substituirá as angústias que experimentas.

Desde que hajas dado um passo no bom caminho, o resto deste te parecerá fácil de percorrer. Compreenderás então quanto tempo perdeste de felicidade por culpa tua; mas um futuro radioso e pleno de esperança se abrirá diante de ti e te fará esquecer o teu miserável passado, prenhe de perturbação e de torturas morais, que seriam para ti o inferno, se houvessem de durar eternamente. Dia virá em que essas torturas serão tais que a qualquer preço quererás fazê-las cessar; porém, quanto mais te demorares, tanto mais difícil será isso.

Não creias que permanecerás sempre no estado em que te achas; não, que isso é impossível. Duas perspectivas tens diante de ti: a de sofreres muitíssimo mais do que tens sofrido até agora e a de seres ditoso como os bons Espíritos que te rodeiam. A primeira será inevitável, se persistires na tua obstinação, quando um simples esforço da tua vontade bastará para te tirar da má situação em que te encontras. Apressa-te, pois, visto que cada dia de demora é um dia perdido para a tua felicidade.

Bons Espíritos, fazei que estas palavras ecoem nessa alma ainda atrasada, a fim de que a ajudem a aproximar-se de Deus. Nós vo-lo pedimos em nome de Jesus Cristo, que tão grande poder tinha sobre os maus Espíritos.

V – Preces pelos doentes e pelos obsidiados
Pelos doentes

77. Prefácio. As doenças fazem parte das provas e das vicissitudes da vida terrena; são inerentes à grosseria da nossa natureza material e à inferioridade do mundo que habitamos. As paixões e os excessos de toda ordem semeiam em nós germens malsãos, às vezes hereditários. Nos mundos mais adiantados, física ou moralmente, o organismo humano, mais depurado e menos material, não está

sujeito às mesmas enfermidades e o corpo não é minado surdamente pelo corrosivo das paixões. (Cap. III, item 9.) Temos, assim, de nos resignar às consequências do meio onde nos coloca a nossa inferioridade, até que mereçamos passar a outro. Isso, no entanto, não é de molde a impedir que, esperando tal se dê, façamos o que de nós depende para melhorar as nossas condições atuais. Se, porém, malgrado os nossos esforços, não o conseguirmos, o Espiritismo nos ensina a suportar com resignação os nossos passageiros males.

Se Deus não houvesse querido que os sofrimentos corporais se dissipassem ou abrandassem em certos casos, não houvera posto ao nosso alcance meios de cura. A esse respeito, a sua solicitude, em conformidade com o instinto de conservação, indica que é dever nosso procurar esses meios e aplicá-los.

A par da medicação ordinária, elaborada pela Ciência, o magnetismo nos dá a conhecer o poder da ação fluídica e o Espiritismo nos revela outra força poderosa na *mediunidade curadora* e a influência da prece. (Ver, no cap. XXVI, a notícia sobre a mediunidade curadora.)

78. Prece. (Para ser dita pelo doente.) – Senhor, pois que és todo justiça, a enfermidade que te aprouve mandar-me necessariamente eu a merecia, visto que nunca impões sofrimento algum sem causa. Confio-me, para minha cura, à tua infinita misericórdia. Se for do teu agrado restituir-me a

saúde, bendito seja o teu santo nome. Se, ao contrário, me cumpre sofrer mais, bendito seja ele do mesmo modo. Submeto-me, sem queixas, aos teus sábios desígnios, porquanto o que fazes só pode ter por fim o bem das tuas criaturas.

Dá, ó meu Deus, que esta enfermidade seja para mim um aviso salutar e me leve a refletir sobre a minha conduta. Aceito-a como uma expiação do passado e como uma prova para a minha fé e a minha submissão à tua santa vontade. (Veja-se a prece do item 40.)

79. Prece. (Pelo doente.) – Meu Deus, são impenetráveis os teus desígnios e na tua sabedoria entendeste de afligir a N... pela enfermidade. Lança, eu te suplico, um olhar de compaixão sobre os seus sofrimentos e digna-te de pôr-lhes termo.

Bons Espíritos, ministros do Onipotente, secundai, eu vos peço, o meu desejo de aliviá-lo; encaminhai o meu pensamento, a fim de que vá derramar um bálsamo salutar em seu corpo e a consolação em sua alma.

Inspirai-lhe a paciência e a submissão à vontade de Deus; dai-lhe a força de suportar suas dores com resignação cristã, a fim de que não perca o fruto desta prova. (Veja-se a prece do item 57.)

80. Prece. (Para ser dita pelo médium curador.) – Meu Deus, se te dignas servir-te de mim, indigno como sou, poderei curar esta enfermidade, se assim o quiseres, porque em ti deposito fé. Mas, sem ti, nada posso. Permite que os bons Espíritos me

cumulem de seus fluidos benéficos, a fim de que eu os transmita a esse doente, e livra-me de toda ideia de orgulho e de egoísmo que lhes pudesse alterar a pureza.

Pelos obsidiados

81. Prefácio. A obsessão é a ação persistente que um Espírito mau exerce sobre um indivíduo. Apresenta caracteres muito diversos, desde a simples influência moral, sem perceptíveis sinais exteriores, até a perturbação completa do organismo e das faculdades mentais. Oblitera todas as faculdades mediúnicas; traduz-se, na mediunidade escrevente, pela obstinação de um Espírito em se manifestar, com exclusão de todos os outros.

Os Espíritos maus pululam em torno da Terra, em virtude da inferioridade moral de seus habitantes. A ação malfazeja que eles desenvolvem faz parte dos flagelos com que a Humanidade se vê a braços neste mundo. A obsessão, como as enfermidades e todas as tribulações da vida, deve ser considerada prova ou expiação e como tal aceita.

Do mesmo modo que as doenças resultam das imperfeições físicas, que tornam o corpo acessível às influências perniciosas exteriores, a obsessão é sempre o resultado de uma imperfeição moral, que dá acesso a um Espírito mau. A causas físicas se opõem forças físicas; a uma causa moral, tem-se de opor uma força moral. Para preservá-lo das enfermidades, fortifica-se o corpo; para isentá-lo da obsessão, é preciso fortificar a alma, pelo que necessário se torna que o obsidiado trabalhe pela sua própria melhoria, o que as mais das vezes basta para o livrar do obsessor, sem recorrer a terceiros. O auxílio destes se faz indispensável, quando a obsessão degenera em subjugação e em possessão, porque aí não raro o paciente perde a vontade e o livre-arbítrio.

Quase sempre, a obsessão exprime a vingança que um Espírito tira e que com frequência se radica nas relações que o obsidiado manteve com ele em precedente existência. (Veja-se: cap. X, item 6; cap. XII, itens 5 e 6.)

Nos casos de obsessão grave, o obsidiado se acha como que envolvido e impregnado de um fluido pernicioso, que neutraliza a ação dos fluidos salutares e os repele. É desse fluido que importa desembaraçá-lo. Ora, um fluido mau não pode ser eliminado por outro fluido mau. Mediante ação idêntica à do médium curador nos casos de enfermidade, cumpre se elimine o fluido mau com o auxílio de um fluido melhor, que produz, de certo modo, o efeito de um reativo. Esta a ação mecânica, mas que não basta; necessário, sobretudo, é *que se atue sobre o ser inteligente*, ao qual importa se possa falar com autoridade, que só existe onde há superioridade moral. Quanto maior for esta, tanto maior será igualmente a autoridade.

E não é tudo: para garantir-se a libertação, cumpre induzir o Espírito perverso a renunciar aos seus maus desígnios; fazer que nele despontem o arrependimento e o desejo do bem, por meio de instruções habilmente ministradas, em evocações particulares, objetivando a sua educação moral. Pode-se então lograr a dupla satisfação de libertar um encarnado e de converter um Espírito imperfeito.

A tarefa se apresenta mais fácil quando o obsidiado, compreendendo a sua situação, presta o concurso da sua vontade e da sua prece. O mesmo não se dá, quando, seduzido pelo Espírito embusteiro, ele se ilude no tocante às qualidades daquele que o domina e se compraz no erro em que este último o lança, visto que, então, longe de secundar, repele toda assistência. É o caso da fascinação, infinitamente mais rebelde do que a mais violenta subjugação. (*O livro dos médiuns*, 2ª Parte, cap. XXIII.)

Em todos os casos de obsessão, a prece é o mais poderoso auxiliar de quem haja de atuar sobre o Espírito obsessor.

82. Prece. (Para ser dita pelo obsidiado.) – Meu Deus, permite que os bons Espíritos me livrem do Espírito malfazejo que se ligou a mim. Se é uma vingança que toma dos agravos que eu lhe haja feito outrora, Tu a consentes, meu Deus, para minha punição e eu sofro a consequência da minha falta. Que o meu arrependimento me granjeie o teu perdão e a minha liberdade! Mas, seja qual for o motivo, imploro para o meu perseguidor a tua misericórdia. Digna-te de lhe mostrar o caminho do progresso, que o desviará do pensamento de praticar o mal. Possa

eu, de meu lado, retribuindo-lhe com o bem o mal, induzi-lo a melhores sentimentos.

Mas também sei, ó meu Deus, que são as minhas imperfeições que me tornam passível das influências dos Espíritos imperfeitos. Dá-me a luz de que necessito para as reconhecer; combate, sobretudo, em mim o orgulho que me cega com relação aos meus defeitos.

Qual não será a minha indignidade, pois que um ser malfazejo me pode subjugar!

Faze, ó meu Deus, que me sirva de lição para o futuro este golpe desferido na minha vaidade; que ele fortifique a resolução que tomo de me depurar pela prática do bem, da caridade e da humildade, a fim de opor, daqui por diante, uma barreira às más influências.

Senhor, dá-me forças para suportar com paciência e resignação esta prova. Compreendo que, como todas as outras, há de ela concorrer para o meu adiantamento, se eu não lhe estragar o fruto com os meus queixumes, pois me proporciona ensejo de mostrar a minha submissão e de exercitar minha caridade para com um irmão infeliz, perdoando-lhe o mal que me fez. (Cap. XII, itens 5 e 6; cap. XXVIII, itens 15 e seguintes, 46 e 47.)

83. Prece. (Pelo obsidiado.) – Deus Onipotente, digna-te de me dar o poder de libertar N... da influência do Espírito que o obsidia. Se está nos teus desígnios pôr termo a essa prova, concede-me a graça de falar com autoridade a esse Espírito.

Bons Espíritos que me assistis e tu, seu anjo guardião, dai-me o vosso concurso; ajudai-me a livrá-lo do fluido impuro em que se acha envolvido.

Em nome de Deus Onipotente, adjuro o Espírito malfazejo que o atormenta a que se retire.

84. Prece. (Pelo Espírito obsessor.) – Deus infinitamente bom, a tua misericórdia imploro para o Espírito que obsidia N... Faze-lhe entrever as divinas claridades, a fim de que reconheça falso o caminho por onde enveredou. Bons Espíritos, ajudai-me a fazer-lhe compreender que ele tudo tem a perder, praticando o mal, e tudo a ganhar, fazendo o bem.

Espírito que te comprazes em atormentar N..., escuta-me, pois que te falo em nome de Deus.

Se quiseres refletir, compreenderás que o mal nunca sobrepujará o bem e que não podes ser mais forte do que Deus e os bons Espíritos. Possível lhes fora preservar N... dos teus ataques; se não o fizeram, foi porque ele (ou ela) tinha de passar por uma prova. Todavia, quando essa prova chegar a seu termo, toda ação sobre tua vítima te será vedada. O mal que lhe houveres feito, em vez de prejudicá-la, terá contribuído para o seu adiantamento e para torná-la por isso mais feliz. Assim, a tua maldade tê-la empregado em pura perda e se voltará contra ti.

Deus, que é Todo-Poderoso, e os Espíritos superiores, seus delegados, mais poderosos do que tu, serão capazes de pôr fim a essa obsessão e a tua tenacidade se quebrará de encontro a essa autoridade suprema; mas por ser Deus bom, quer Ele deixar-te o mérito de fazeres que ela cesse pela tua própria vontade. É uma mora que te concede; se não a aproveitares, sofrer-lhe-ás as deploráveis consequências. Grandes castigos e cruéis sofrimentos te esperarão. Serás forçado a suplicar a piedade e as preces da tua vítima, que já te perdoa e ora por ti, o que constitui grande merecimento aos olhos de Deus e apressará a libertação dela.

Reflete, pois, enquanto ainda é tempo, visto que a Justiça de Deus cairá sobre ti, como sobre todos os Espíritos rebeldes. Pondera que o mal que neste momento praticas terá forçosamente um limite, ao passo que, se persistires na tua obstinação, aumentarão de contínuo os teus sofrimentos.

Quando estavas na Terra, não terias considerado estúpido sacrificar um grande bem por uma pequena satisfação de momento? O mesmo acontece agora, quando és Espírito. Que ganhas com o que fazes? O triste prazer de atormentar alguém, o que não obsta a que sejas desgraçado, digas o que disseres, e que te tornes ainda mais desgraçado.

A par disso, vê o que perdes; observa os bons Espíritos que te cercam e dize se não é preferível à tua a sorte deles. Da felicidade de que gozam, também tu partilharás, quando o quiseres. Que é preciso para isso? Implorar a Deus e fazer, em vez do mal, o bem. Sei que não te podes transformar repentinamente; mas Deus não exige o impossível; quer apenas a boa vontade. Experimenta e nós te ajudaremos. Faze que em breve possamos dizer em teu favor a prece pelos Espíritos penitentes (item 73) e não mais considerar-te entre os maus Espíritos, enquanto te não contes entre os bons.

(Veja-se também, o item 75: "Preces pelos Espíritos endurecidos.")

> Observação – A cura das obsessões graves requer muita paciência, perseverança e devotamento. Exige também tato e habilidade, a fim de encaminhar para o bem.
>
> Espíritos muitas vezes perversos, endurecidos e astuciosos, porquanto há os rebeldes ao extremo. Na maioria dos casos, temos de nos guiar pelas circunstâncias. Qualquer que seja, porém, o caráter do Espírito, nada se obtém, é isto um fato incontestável, pelo constrangimento ou pela ameaça. Toda influência reside no ascendente moral. Outra verdade igualmente comprovada pela experiência tanto quanto pela lógica, é a **completa ineficácia dos exorcismos, fórmulas, palavras sacramentais, amuletos, talismãs, práticas exteriores, ou quaisquer sinais materiais**.
>
> A obsessão muito prolongada pode ocasionar desordens patológicas e reclama, por vezes, tratamento simultâneo ou consecutivo, quer magnético, quer médico, para restabelecer a saúde do organismo. Destruída a causa, resta combater os efeitos. (Veja-se: *O livro dos médiuns*, 2ª Parte, cap. XXIII – *Da obsessão. Revue spirite,* fevereiro e março de 1864; abril de 1865: exemplos de curas de obsessões.)

NOTA EXPLICATIVA[28]

> Hoje creem e sua fé é inabalável, porque assentada na evidência e na demonstração, e porque satisfaz à razão. [...] Tal é a fé dos espíritas, e a prova de sua força é que se esforçam por se tornarem melhores, domarem suas inclinações más e porem em prática as máximas do Cristo, olhando todos os homens como irmãos, sem acepção de raças, de castas, nem de seitas, perdoando aos seus inimigos, retribuindo o mal com o bem, a exemplo do divino modelo. (KARDEC, Allan. *Revista Espírita* de 1868. 1. ed. Rio de Janeiro: FEB, 2005. p. 28, janeiro de 1868.)

A investigação rigorosamente racional e científica de fatos que revelavam a comunicação dos homens com os Espíritos, realizada por Allan Kardec, resultou na estruturação da Doutrina Espírita, sistematizada sob os aspectos científico, filosófico e religioso. A partir de 1854 até seu falecimento, em 1869, seu trabalho foi constituído de cinco obras básicas: *O Livro dos Espíritos* (1857), *O Livro dos Médiuns* (1861), *O Evangelho segundo o Espiritismo* (1864), *O Céu e o Inferno* (1865), *A Gênese* (1868), além da obra *O Que é o Espiritismo* (1859), de uma série de opúsculos e 136 edições da *Revista Espírita* (de janeiro de 1858 a abril de 1869). Após sua morte, foi editado o livro *Obras Póstumas* (1890).

---

[28] N.E.: Esta Nota Explicativa, publicada em face de acordo com o Ministério Público Federal, tem por objetivo demonstrar a ausência de qualquer discriminação ou preconceito em alguns trechos das obras de Allan Kardec, caracterizadas, todas, pela sustentação dos princípios de fraternidade e solidariedade cristãs, contidos na Doutrina Espírita.

O estudo meticuloso e isento dessas obras permite-nos extrair conclusões básicas: a) todos os seres humanos são Espíritos imortais criados

por Deus em igualdade de condições, sujeitos às mesmas leis naturais de progresso que levam todos, gradativamente, à perfeição; b) o progresso ocorre através de sucessivas experiências, em inúmeras reencarnações, vivenciando necessariamente todos os segmentos sociais, única forma de o Espírito acumular o aprendizado necessário ao seu desenvolvimento; c) no período entre as reencarnações o Espírito permanece no Mundo Espiritual, podendo comunicar-se com os homens; d) o progresso obedece às leis morais ensinadas vivenciadas por Jesus, nosso guia e modelo, referência para todos os homens que desejam desenvolver-se de forma consciente e voluntária.

Em diversos pontos de sua obra, o Codificador se refere aos Espíritos encarnados em tribos incultas e selvagens, então existentes em algumas regiões do Planeta, e que, em contato com outros polos de civilização, vinham sofrendo inúmeras transformações, muitas com evidente benefício para os seus membros, decorrentes do progresso geral ao qual estão sujeitas todas as etnias, independentemente da coloração de sua pele.

Na época de Allan Kardec, as ideias frenológicas de Gall, e as da fisiognomonia de Lavater, eram aceitas por eminentes homens de Ciência, assim como provocou enorme agitação nos meios de comunicação e junto à intelectualidade e à população em geral, a publicação, em 1859 – dois anos depois do lançamento de *O Livro dos Espíritos* – do livro sobre a *Evolução das Espécies*, de Charles Darwin, com as naturais incorreções e incompreensões que toda ciência nova apresenta. Ademais, a crença de que os traços da fisionomia revelam o caráter da pessoa é muito antiga, pretendendo-se haver aparentes relações entre o físico e o aspecto moral.

O Codificador não concordava com diversos aspectos apresentados por essas assim chamadas ciências. Desse modo, procurou avaliar as conclusões desses eminentes pesquisadores à luz da revelação dos Espíritos, trazendo ao debate o elemento espiritual como fator decisivo no equacionamento das questões da diversidade e desigualdade humanas.

Allan Kardec encontrou, nos princípios da Doutrina Espírita, explicações que apontam para leis sábias e supremas, razão pela qual afirmou que o Espiritismo permite "resolver os milhares de problemas históricos, arqueológicos, antropológicos, teológicos, psicológicos, morais, sociais etc." (*Revista Espírita*, 1862, p. 401.) De fato, as leis universais do amor, da caridade, da imortalidade da alma, da reencarnação, da evolução constituem novos parâmetros para a compreensão do desenvolvimento dos grupos humanos, nas diversas regiões do Orbe.

Essa compreensão das Leis Divinas permite a Allan Kardec afirmar que:

O corpo deriva do corpo, mas o Espírito não procede do Espírito. Entre os descendentes das raças apenas há consanguinidade. (*O Livro dos Espíritos*, item 207, p. 176.)

[...] o Espiritismo, restituindo ao Espírito o seu verdadeiro papel na Criação, constatando a superioridade da inteligência sobre a matéria, faz com que desapareçam, naturalmente, todas as distinções estabelecidas entre os homens, conforme as vantagens corporais e mundanas, sobre as quais só o orgulho fundou as castas e os estúpidos preconceitos de cor. (*Revista Espírita*, 1861, p. 432.)

Os privilégios de raças têm sua origem na abstração que os homens geralmente fazem do princípio espiritual, para considerar apenas o ser material exterior. Da força ou da fraqueza constitucional de uns, de uma diferença de cor em outros, do nascimento na opulência ou na miséria, da filiação consanguínea nobre ou plebeia, concluíram por uma superioridade ou uma inferioridade natural. Foi sobre este dado que estabeleceram suas leis sociais e os privilégios de raças. Deste ponto de vista circunscrito, são consequentes consigo mesmos, porquanto, não considerando senão a vida material, certas classes parecem pertencer, e realmente pertencem, a raças diferentes. Mas se se tomar seu ponto de vista do ser espiritual, do ser essencial e progressivo, numa palavra, do Espírito, preexistente e sobrevivente a tudo cujo corpo não passa de um invólucro temporário, variando, como a roupa, de forma e de cor; se, além disso, do estudo dos seres espirituais ressalta a prova de que esses seres são de natureza e de origem idênticas, que seu destino é o mesmo, que todos partem do mesmo ponto e tendem para o mesmo objetivo; que a vida corporal não passa de um incidente, uma das fases da vida do Espírito, necessária ao seu adiantamento intelectual e moral; que em vista desse avanço o Espírito pode sucessivamente revestir envoltórios diversos, nascer em posições diferentes, chega-se à consequência capital da igualdade de natureza e, a partir daí, à igualdade dos direitos sociais de todas as criaturas humanas e à abolição dos privilégios de raças. Eis o que ensina o Espiritismo. Vós que negais a existência do Espírito para considerar apenas o homem corporal, a perpetuidade do ser inteligente para só encarar a vida presente, repudiais o único princípio sobre o qual é fundada, com razão, a igualdade de direitos que reclamais para vós mesmos e para os vossos semelhantes. (*Revista Espírita*, 1867, p. 231.)

Com a reencarnação, desaparecem os preconceitos de raças e de castas, pois o mesmo Espírito pode tornar a nascer rico ou pobre, capitalista ou proletário, chefe ou subordinado, livre ou escravo, homem ou mulher. De todos os argumentos invocados contra a injustiça da servidão e da escravidão, contra a sujeição da mulher à lei do mais forte, nenhum há que prime, em lógica, ao fato material da reencarnação. Se, pois, a reencarnação funda numa lei da Natureza o princípio da fraternidade universal, também funda na mesma lei o da igualdade dos direitos sociais e, por conseguinte, o da liberdade. (*A Gênese*, cap. I, item 36, p. 42-43. Vide também *Revista Espírita*, 1867, p. 373.)

Na época, Allan Kardec sabia apenas o que vários autores contavam a respeito dos selvagens africanos, sempre reduzidos ao embrutecimento quase total, quando não escravizados impiedosamente.

É baseado nesses informes "científicos" da época que o Codificador repete, com outras palavras, o que os pesquisadores europeus descreviam quando de volta das viagens que faziam à África negra. Todavia, é peremptório ao abordar a questão do preconceito racial:

> Nós trabalhamos para dar a fé aos que em nada creem; para espalhar uma crença que os torna melhores uns para os outros, que lhes ensina a perdoar aos inimigos, a se olharem como irmãos, sem distinção de raça, casta, seita, cor, opinião política ou religiosa; numa palavra, uma crença que faz nascer o verdadeiro sentimento de caridade, de fraternidade e deveres sociais. (KARDEC, Allan. *Revista Espírita* de 1863 – 1. ed. Rio de Janeiro: FEB, 2005. – janeiro de 1863.)

> O homem de bem é bom, humano e benevolente para com todos, sem distinção de raças nem de crenças, porque em todos os homens vê irmãos seus. (*O Evangelho segundo o Espiritismo*, cap. XVII, item 3, p. 348.)

É importante compreender, também, que os textos publicados por Allan Kardec na *Revista Espírita* tinham por finalidade submeter à avaliação geral as comunicações recebidas dos Espíritos, bem como aferir a correspondência desses ensinos com teorias e sistemas de pensamento vigentes à época. Em Nota ao capítulo XI, item 43, do livro *A Gênese*, o Codificador explica essa metodologia:

> Quando, na *Revista Espírita* de janeiro de 1862, publicamos um artigo sobre a "interpretação da doutrina dos anjos decaídos", apresentamos essa teoria como sim-

ples hipótese, sem outra autoridade afora a de uma opinião pessoal controvertível, porque nos faltavam então elementos bastantes para uma afirmação peremptória. Expusemo-la a título de ensaio, tendo em vista provocar o exame da questão, decidido, porém, a abandoná-la ou modificá-la, se fosse preciso. Presentemente, essa teoria já passou pela prova do controle universal. Não só foi bem-aceita pela maioria dos espíritas, como a mais racional e a mais concorde com a soberana justiça de Deus, mas também foi confirmada pela generalidade das instruções que os Espíritos deram sobre o assunto. O mesmo se verificou com a que concerne: à origem da raça adâmica. (*A Gênese,* cap. XI, item 43, Nota, p. 292.)

Por fim, urge reconhecer que o escopo principal da Doutrina Espírita reside no aperfeiçoamento moral do ser humano, motivo pelo qual as indagações e perquirições científicas e/ou filosóficas ocupam posição secundária, conquanto importantes, haja vista o seu caráter provisório decorrente do progresso e do aperfeiçoamento geral. Nesse sentido, é justa a advertência do Codificador:

> É verdade que esta e outras questões se afastam do ponto de vista moral, que é a meta essencial do Espiritismo. Eis por que seria um equívoco fazê-las objeto de preocupações constantes. Sabemos, aliás, no que respeita ao princípio das coisas, que os Espíritos, por não saberem tudo, só dizem o que sabem ou que pensam saber. Mas como há pessoas que poderiam tirar da divergência desses sistemas uma indução contra a unidade do Espiritismo, precisamente porque são formulados pelos Espíritos, é útil poder comparar as razões

> pró e contra, no interesse da própria doutrina, e apoiar no assentimento da maioria o julgamento que se pode fazer do valor de certas comunicações. (*Revista Espírita*, 1862, p. 38.)

Feitas essas considerações, é lícito concluir que na Doutrina Espírita vigora o mais absoluto respeito à diversidade humana, cabendo ao Espírita o dever de cooperar para o progresso da Humanidade, exercendo a caridade no seu sentido mais abrangente ("benevolência para com todos, indulgência para as imperfeições dos outros e perdão das ofensas"), tal como a entendia Jesus, nosso Guia e Modelo, sem preconceitos de nenhuma espécie: de cor, etnia, sexo, crença ou condição econômica, social ou moral.

A Editora

ÍNDICE GERAL[29]

A
ABNEGAÇÃO
devotamento e – VI,... 8
ABUSO
gozos terrestres e – II, .6
AÇÃO
autor e – introd., IV, XIII
cristão e – XVIII, ... 16
liberdade de – V, ... 24
preventiva contra o mal
– VIII, ... 17
valorização das pessoas
pela – introd., IV, XIII
ACEITAÇÃO
doutrina de Jesus e –
XVII,.......................... 5
ACIDENTE
ocorrência de – V, ... 6
ACUSAÇÃO
culpa e – X, ... 12
ADOLFO, BISPO DE ARGEL
beneficência, A. (Bordeaux, 1861) – XIII, .. 11
duelo, O (Marmande, 1861) – XII, ... 11
orgulho e a humildade, O (Marmande, 1862) – VII, ... 12
ADORAÇÃO
holocaustos e – I, ... 9

ADULTÉRIO
autoridade moral e – X, ... 12
participação em – XXII, ..5
pensamento e – VIII,.. 5
reforma íntima e – VIII, ..6
ADVENTO DO ESPÍRITO DE VERDADE
Espírito de Verdade, O (Paris, 1860, 1861; Havre, 1863) – VI, ... 5-8
AFABILIDADE E A DOÇURA, A
Lázaro (Paris, 1861) – IX, ... 6
AFABILIDADE
genuína – IX, ... 6
AFEIÇÃO
coisas materiais e – XI, .9
reinos da natureza e – XI, ... 9
AFINIDADE
paz e – XXV, ... 10
AGOSTINHO, SANTO
divulgador do Espiritismo – I, ... 11
duelo, O (Paris, 1862) – XII, ... 12
(Bordeaux, 1861) – XII, ... 15
felicidade que a pre-

ce proporciona (Paris, 1861) – XXVII, ...23
ingratidão dos filhos e os laços de família, A (Paris, 1862) – XIV, ... 9
mal e o remédio, O (Paris, 1863) – V, ... 19
mundos de expiações e de provas (Paris, 1862) – III, ... 13
mundos regeneradores (Paris,1862) – III, ... 16
progressão dos mundos (Paris, 1862) – III, ...19
AGRADECIMENTO
provas rudes e – XIV, .. 9
ÁGUA
real sentido de – IV, .. 8
ALEGRIA
boas ações e – XIII,......12
desespero e – XIII,... 11
tristeza e – V, ... 2
ALÉM-TÚMULO
alternativas no – IV, ...23
caridade e – XXVIII, ...67
desencarnação e despertamento no – XXVIII, ...40
ALIMENTO
material e espiritual – XXVIII, ... 3, IV

---

[29] N.E.: Remete aos números dos capítulos em romanos e dos itens em números arábicos.

ALMA
corpo físico e – introd., IV, XIX eternidade e – introd., IV, VII
graus de desmaterialização da – introd., IV, VIII
imortalidade da – II, 2; IV, 13; XXVIII, 50 migrações da – XIV, ... 8
penas eternas e – IV, 22
plano espiritual e – V, 21
posse de bens de uso da – XVI, ... 9
preexistência da – IV, 9; IV, 17; XXV, 2 vida futura e – XXVIII, ... 62

AMAI OS VOSSOS INIMIGOS
XII, ... 1-16

AMAR O PRÓXIMO COMO A SI MESMO –
XI, ... 1-15

AMBIÇÃO
lado positivo da – XVI, 8
natural e legítima – XXV, ... 2
nobre – III, ... 10

AMOR
divindade do – XI, ... 9
divórcio e – XXII, ... 5
evolução e – VIII, ... 19
fraternidade e – XI, ... 9
gradação da sublimidade do – XXIII, ... 2
infância intelectual e – VIII, ... 18
inimizade e – XII, ... 2
lei de – XI, ... 8
materno e sofrimento – VII, ... 11
ódio e – XII, ... 10
perdão e – X, ... 17
recapitulação por Jesus da lei de – XV, ... 2
recíproco – XI, ... 9
reencontro e – IV,..............
............20 sofrimento e – VIII, 19 união dos sexos e – XXII, 3

AMOR-EQUILÍBRIO
astros e – introd., IV, XVI

ÂNIMO
.... novo para Espírito sofredor – XXVII, ... 18

ANJO GUARDIÃO
assistência do – XXVIII, ... 11
doutrina de – introd., IV, V

ANJO GUARDIÃO, UM
Provas voluntárias. O verdadeiro cilício (Paris, 1863) – V, ... 26

ANJOS DECAÍDOS
doutrina dos – introd., IV, I

APARÊNCIA
reforma íntima e – VIII, 8

APEGO
bens terrenos e – XVI, 14; XXIII, ... 6
orgulho e – XVI, ... 14

ARREPENDIMENTO
conduta e – V, ...4
reparação e – XVIII, ...15

ÁRVORE
fruto e – XXI, ... 8
qualidade da – XXI,.... 8

ASSASSÍNIO
premeditado – XII, .. 13

ASSISTÊNCIA
condição de Jesus para – VI, ... 2
piedade filial e – XIV, ... 3
prestação de – XVI,.. 11
voluntária – XIII, ... 4

ASSISTÊNCIA ESPIRITUAL
dificuldades e – XXVII,...8
Espíritos bons e – XXVII, ... 12
médium e – XXVIII, ... 9
oração e – XXVIII, ... 23
pedido de – XXV, ... 5
situação de perigo e – XXVIII, ... 37
tentação e – XXVIII, .. 22
trabalho e – XXV, ... 1

ASTÚCIA
.... hipocrisia e – XI, 5

ATENDIMENTO
pedidos e – XXVII, ... 7

ATO
pensamento e – VIII, . 7

AUTOR
ação e – introd., IV, XIII

AUTORIDADE
humana e divina – I, 2
moral – X, ... 12; XIX, 1 responsabilidade e – XVII, ... 9

588   O Evangelho Segundo o Espiritismo

AVAREZA
preservação da – XVI, 3
prodigalidade exagerada e – XVI, ... 14
representação da – XVI, ... 6
riqueza improdutiva e – XVI, ... 6

B
BEM
aparência e – XIX, ... 9
desinteressado – XIII, ... 19
esforço continuado no – XVIII, ... 15
homem de – XVII, ... 3
mal e – V, 22; VIII, ... 14
 ostentação e – XIII, ... 1
trabalho no – XIX, ... 9
BEM-AVENTURADOS
os aflitos – V, ... 1-31
os pobres de espírito – VII, ... 1-13
os que são brandos e pacíficos – IX, ... 1-10
 os que são misericordiosos – X, ... 1-21
os que têm fechados os olhos. Vianney, cura d'Ars (Paris, 1863) – VIII, ... 20
os que têm puro o coração – VIII, ... 1-21
BEM-AVENTURANÇAS
brandura e – IX, ... 1
misericórdia e – X, ... 1

pacífico e – IX, ... 2
pobreza de espírito e – VII, ... 1
pureza e – VIII, ... 1
sofrimento e – V, .. 1-31
BEM E MAL SOFRER
Lacordaire (Havre, 1863) – V, ... 18
BEM-ESTAR
material – XVI, ... 12
procura de – II, ... 6
BÊNÇÃOS
humildade e – V, ... 1
BENEFICÊNCIA
amor aos inimigos e – XIII, ... 20
aproveitamento de – XIII, ...19
ausência de preconceito e – XIII, 4 caridade e – XIII, ...11
esquecimento do passado e – V, ...11
estímulo e – XIII, ...13
exclusiva – XIII, ...20
fraternidade e – XIII, ... 20
imposição de reconhecimento por – XIII, ...3
ingratidão e – XIII, ...19
modéstia e – XIII, ...3
mútua de encarnados e desencarnados – VI,.....5
óbolo da viúva e – XIII,..5
parábola do bom samaritano e – XIII, ... 20
prevenção da miséria e – XVI, ...13

promoção da – XIII, ...6
protecionismo e – XIII, ... 18
recursos financeiros e – XIII, ... 6
BENEFICÊNCIA, A
Adolfo, Bispo de Argel (Bordeaux, 1861) – XIII,............... 11
Cárita (Lyon, 1861) – XIII, ... 13 e 14
Espírito protetor, Um (Lyon,1861) – XIII,.... 15
João (Bordeaux, 1861) – XIII, ... 16
Vicente de Paulo, São (Paris, 1858) – XIII, .. 12
BENEFÍCIOS PAGOS COM A INGRATIDÃO
guia protetor (Sens, 1862) – XIII, ... 19
BENEVOLÊNCIA
felicidade e – VII, ... 12
manifestações da – IX, ... 6
mútua – VII, ... 12
orgulho e – VII, ... 12
ostentação e – XIII, ... 8
pobreza envergonhada e – XIII, ... 4
prática de virtudes e – II, ... 8
BENS EXTERIORES
bens terrenos e – IX, ...5
BENS TERRENOS
administração de – XVI, ... 10

Índice geral 589

apego aos – XVI, 2; XVI, 7; XXIII, ... 6
bens exteriores e – IX, ...5
desprendimento de – XXV, ... 6
distribuição de – XVI,. 10
insensatez e – XVI, ... 3
inveja e – V, 23 opção pelos – II, ... 5
prova dos – introd., IV, XIV; VI, ... 6

BERNARDINO, ESPÍ-RITO PROTETOR
dever-se-á pôr termo às provas do próximo? (Bordeaux, 1863) – V, ... 27

BÍBLIA
tradução da – .... I, 2

BONDADE
magnitude da * de Jesus – XX, ... 1

BRANDURA
bem-aventuranças e – IX, 1 falsa – IX, ... 6
misericórdia e – X, ... 4

BUSCAI E ACHAREIS XXV, ... 1-11

C
CALAMIDADES
impulso generoso e – XIII, ... 4

CALMA
sofrimento e – V, ... 23

CARACTERES DO VERDADEIRO PROFETA
Erasto (Paris, 1862) – XXI, ... 9

CARÁTER
. retidão de – introd., IV, XV

CARIDADE
alegria espiritual e – XIII, ... 12
além-túmulo e – XXVIII, ... 67
amor aos inimigos e – XXVIII, ... 46
aspectos da – XIII, .. 14
beneficência e – XIII,. 11
compreensão e – X, .. 21
crenças e – XV, ... 7
criminoso e – XI, ... 14
cumprimento da lei de – XIV, ... 3
dinheiro e – XIII, ... 6
egoísmo e – XI, 4 e 11; XV, ... 3
ensinos de Jesus e – XIII, ... 12
esmola e – XI, 14; XIII, .. 14
expositor espírita e – XIII, ... 14
fé e – XI, ... 13
fé, esperança e – XIX, ... 11
fraternidade e – XI, ... 3
indulgência e – XIII, .. 15
justiça divina e – XIII,...15
material e moral – XIII, 3; XIII, ... 9
misericórdia divina e – XXVIII, ... 69
mútuo amor e – XI, ... 12

necessidade da – XV, . 6
necessidade, supérfluo e – XIII, ... 5
oração e – XXVIII,..... 45
oração por outrem e – XXVI, ... 4
orfandade e – XIII, .. 18
parentela e – XIII, ... 14
Paulo, e – XV, ... 6
perdão e – IX, ... 7
piedade e – XIII, ... 17
pobres e – XIII, 14; XVI, ... 2
pobreza envergonhada e – XIII, ... 13
prática da – X, 18; XIII, ... 10 e 14
prática universal da – XV, ... 7
primazia da – XIII, ... 12
princípio da – XII, ... 3
provação alheia e – V, ... 27
próximo e – introd., IV, XII; XI, ... 4
recursos financeiros e – XIII, ... 15
retribuição e – XIII, ... 7
salvação e – XV, ... 1
sofrimento oculto e – XIII,........................... 4
verdadeira – XVII, 2; XXVIII, ... 48
virtudes e – XV, ... 7

CARIDADE MATERIAL E A CARIDADE MORAL, A

Espírito protetor, Um (Lyon, 1860) – Rosália, Irmã (Paris, 1860) – XIII, ... 9
CARIDADE PARA COM OS CRIMINOSOS
Isabel de França (Havre, 1862) – XI, ... 14
CÁRITA
. Beneficência, A (Lyon, 1861) – XIII, ... 13 e 14
CASAMENTO
conveniência e – XXII,...3
indissolubilidade do – XXII, ...1
separação e – XXII, ...1
uniões irregulares e indissolubilidade do – XXII, ... 4
CEGUEIRA
espiritual – V, 24; VII, ..9
expiação e – VIII, ... 20
moral – XVI, ... 12
CENSURA
direção da – X, ... 19
faltas alheias e – X, ..13
impertinência de – V, ..22
CERTEZA
fé e – XIX, ... 2
CHARLATANISMO
falsos profetas e – XXI, ... 11
CHEVERUS
Emprego da riqueza (Bordeaux, 1861) – XVI, ... 11
CIÊNCIA
atuação do Espiritismo e da – XXIV, ... 6
.coração e amor unidos à – I, ... 10
futuro da – I, ... 8
milagres, prodígios, sobrenatural e – XXI, ... 5
reconhecimento do elemento espiritual pela – I, ... 8
religião e – I, ... 8
CIVILIZAÇÃO
sabedoria e – XXV, ... 2
COBIÇA
riqueza e – XVI, ... 14
CODIFICAÇÃO ESPÍRITA
médiuns e – introd., I, nota
CÓLERA
caridade e – IX, ... 9
equilíbrio e – IX, ... 9
humildade e – IX, ... 9
CÓLERA, A
Espírito protetor, Um (Bordeaux, 1863) – IX, ...9
Hahnemann (Paris, 1863) – IX, ... 10
COLETÂNEA DE PRECES ESPÍRITAS
XXVIII, ... 1-84
COMPAIXÃO
sentimento de – XI,.... 3
COMPREENSÃO
condições para – IV, ..11
da vida espiritual – V, ..21
dificuldade de – III, ...11
revelação paulatina e – XXIV, ...4
sofrimento alheio e – XI, ...10
COMUNICABILIDADE
Agostinho, Santo e * dos Espíritos – I, ...11
COMUNICAÇÃO
apócrifa – XXI, ... 6 e 10
Espíritos e – XXVI, ... 8
CONCORDÂNCIA
coincidência e – introd., II
ensino e – introd., II
pureza doutrinária e o princípio da – introd., II
sanção da – introd., II
CONDENAÇÃO
venda de perdão, bênçãos divinas e – XXVI, ... 6
CONDUTA
alheia – X, ...13
espírita e vingança – XII, ...5
hipocrisia e – XVIII, ...9
lei de amor e – VII, 12; XII, ...10
moral desejável – XVII, ... 1
reciprocidade e – XI, ...7
regra de – XIV, ... 3
superioridade de – XVII, ... 1
CONHECIMENTO
culpa e – XVIII, ... 12
fatuidade do – introd., IV, XXI

negligência e – XVIII,...15
responsabilidade e – XVIII, ... 11
CONSANGUINIDADE
laços de família e – XIV, ... 8
CONSCIÊNCIA
respeito e – XXV, 11 voz da – XIII, ... 10
CONSELHO
espírita e – XXI, ... 8
oração e – XXVIII, ... 25
CONSOLAÇÃO
abrandamento das penas e – XI, ... 10
pranto e – V, ... 1
sofrimento e – VI, ... 2
CONSOLADOR
prometido por Jesus – VI, ... 3
CONSTANTINO, ESPÍRITO PROTETOR
últimos serão os primeiros, Os (Bordeaux, 1863) – XX, ... 2
CONTRASTE
doutrina de Jesus e – XXIII, ... 3
CONTROLE UNIVERSAL
ensino dos Espíritos e – introd., II
CONVERSÃO
tempo para – XXIV, ... 9
CONVOCAÇÃO
luta contra iniquidade e – XX, ... 4

reforma íntima e – XX, ..1
socorro a necessitados e – XIII, ... 16
CORAÇÃO
consentimento do – IX, ... 8
pureza de – introd., IV, XV; VIII, ... 2
simplicidade de – VII, ..2
CORAGEM
fé e – XXIV, 13
moral e suicídio – V, .. 16
necessidade de – XI, ..11
tomada de decisão e – XXVIII, ... 20
tribulações e – XXIV, ...19
CORPO FÍSICO
alma e – introd., IV, XIX
criação do – XIV, ... 8
cuidados com – V, .. 26
desencarnação e – XVI, 14 dever e – IV, ... 25
Espírito e – XVI, 12; XVII, 11; XXIII, ... 8
livre-arbítrio e – IV, .. 25
reencarnação e – IV, ..12
sadio – XVII, ... 11
CORRIGENDA
.... reprovação e – X, 20
vício e – IX, ... 10
CORRUPÇÃO
encarnação e – introd., IV, III
COSTUME
certeza na ajuda providencial e – XXV, ... 11
COVARDIA

moral e suicídio – V, .. 16
CRENÇA
em Espíritos íncubos e súcubos – I, ... 11
oração e – XXVIII, ... 1
CRIANÇA
desencarnação e – XXVIII, ... 60
desenvolvimento físico e mental da – VIII, ... 4
Jesus e – VIII, ... 18
oração pelo nascimento de – XXVIII, ... 54
pais e – XXVIII, ... 53
reencarnação e – VIII, ..3
CRIME
duelo e – XII, ... 11
punição e – V, ... 6
CRIMINOSO
caridade e – XI, ... 14
oração e – XI, 14; XXVIII, ... 70
CRISTÃO
egoísmo, orgulho, vaidade e – XI, ... 13
espírita e – XVII, ... 4
lei primeira do – IX, ... 4
seitas e – XXIII, ... 15
verdadeiro – XVIII, ... 16
CRISTIANISMO
adulterações e – VIII, ..10
paganismo e – XXIII,....14
paixões e conflitos no – XXIII, ... 18
práticas exteriores e – VIII, ... 10
revolução de ideias e –

592   O Evangelho Segundo o Espiritismo

XXIII, ... 9
Sócrates, Platão e – introd., IV timidez e – XXIV, ... 14
união entre Judaísmo e – introd., III vitória do – XXIII, ... 13
CRISTO
advento do – I, ... 10
coadjutores na missão do – introd., IV, XI consolador, O – VI, ... 1-8
presença do – XXI, ... 8
ultrajes ao – XII, ... 12
CRISTO ver também Jesus
Cuidar do corpo e do Espírito Georges, Espírito protetor (Paris, 1863) – XVII, ...11
CULPA
acusação e – X, ... 12
conhecimento e – XVIII, 12 faltas e – V, ... 7
grau de – XII, ... 15
sentimento de – X, .. 12
CULTO EXTERIOR
combate ao – I, 3 hipocrisia e – XXVII, ... 1
prática do – VIII, 8 e 9; XVIII, ... 2
CURA
fé e – XIII, 2; XIX, 1, 5 e 12
oração e – VIII, ... 20
simonia e mediunidade de – XXVI, ... 1

D

DÁDIVA
alarde e – XIII, ... 3
DAI GRATUITAMENTE O QUE GRATUITAMENTE RECEBESTES – XXVI, ... 1-10
DAR-SE-Á ÀQUELE QUE TEM ESPÍRITO AMIGO, UM (Bordeaux, 1862) – XVIII, 13
DECÁLOGO
caráter divino do – I, ... 2
lista dos mandamentos do – I, 2 moral cristã e – I, ... 9
supressão de palavras do – XIV, ... 4
DEIXAI QUE VENHAM A MIM AS CRIANCINHAS
Espírito protetor, Um (Bordeaux, 1861) – VIII, ... 19
João Evangelista (Paris, 1863) – VIII, ... 18
DELFINA DE GIRARDIN
Desgraça real, A (Paris, 1861) – V, ... 24
DEPÓSITO
posse e – XVI, ... 14
DESÂNIMO
resistência ao – V, ... 25
DESCOBRIMENTO
fato encoberto e – XXIV, ... 4
invenção e – XXV, ... 4
ocultação e – XXIV, ... 5
DESEJO
incessante do melhor – XXV, ... 2
DESENCARNAÇÃO
corpo físico e – XVI, ..14
desligamento do Espírito e – XXVIII, ... 40
destino do Espírito após a – IV, ... 14
erraticidade e – introd., IV, V
homem de bem e – V, ... 22
oração e – XXVIII, ... 41, 58 e 60
volta ao mundo espiritual e – introd., IV, I
DESENCARNADO
bagagem e – introd., IV, X
médium e – XIX, ... 10
oração pelo – XXVII, .. 19
respeito ao – XXIII, ... 8
DESERÇÃO
vantagens da vida física e – XVII, ... 5
DESGRAÇA REAL, A
Delfina de Girardin (Paris, 1861) – V, ...24
DESIGUALDADE
sofrimento e – V, ... 3
DESMATERIALIZAÇÃO
alma e – introd., IV, VIII
Espírito e – IV, ... 24
DESPRENDIMENTO
exemplos de – XII, ... 7
perturbação e – XXVIII, ... 59
riqueza e – XVI, ... 14

Índice geral   593

DESPRENDIMENTO DOS BENS TERRENOS
Lacordaire (Constantina, 1863) – XVI, ...14
DESPREZO
..ensinos do Evangelho e – XVII, ... 5
DESTINO
homem e – XI, ... 13
DESTRUIÇÃO
meio de transformação – III, ... 19
DEUS
amor a * e ao próximo – XV, ... 4
atributos de – V, 3; VII, ..9
bem agradável a – XIII, ... 19
criação do Universo e – XXVIII, 3, I povo hebreu e conceito de – I, 2 existência de – VII, 8; XXVIII, 3, I
leis humanas, leis morais e – I, 8...................
Mamon e – XVI, ... 1
paternal solicitude de – XXVIII, 3, I
perdão e – X, 17
poder de – VI, ... 8
representação semimaterial de – I, ... 9
sabedoria e bondade de – XVI, ... 8
DEVER
autoridade e – XVII,.... 9
cumprimento do – V,

18; XVII, 7 filial – XIV, ...2
humano – XV, 10 limites do – XVII, 7 moral – XVII, ... 7
oração diária como – XXVII, ... 22
DEVER, O
Lázaro (Paris, 1863) – XVII, ... 7
DEVER-SE-Á PÔR TERMO ÀS PROVAS DO PRÓXIMO?
Bernardino, Espírito protetor (Bordeaux, 1863) – V, ... 27
Deve-se expor a vida por um malfeitor?
........Lamennais (Paris, 1862) – XI, ... 15
DEVOTAMENTO
abnegação e – VI, ... 8
risco de vida e – XI,...15
DIFICULDADE
superação de – XXVII, 7
DIGNIDADE
aperfeiçoamento espiritual e – XXIV, ...15
DINHEIRO
caridade e – XIII, ... 6
DISCRIÇÃO
divulgação e – XIII, ... 2
DIVÓRCIO
casamento e – XXII, .. 5
DIVULGAÇÃO
Espiritismo e – XXIV, .. 8
verdade e – XXIV, ... 3
DOUTRINA ESPÍRITA

ver Espiritismo
DUELO
antigo juízo de Deus e – XII,............................ 13
caridade e – XII, ... 11
covardia moral – XII, ...12
grandeza da alma e – XII, ... 12
latrocínio e – XII, ... 15
DUELO, O
Adolfo, bispo de Argel (Marmande, 1861) – XII, ... 11
Agostinho, Santo (Paris, 1862) – XII, 12; (Bordeaux, 1861) – XII, .. 15
Francisco Xavier (Bordeaux, 1861) – XII, 14; nota
DUFÊTRE, BISPO DE NEVERS
indulgência, A (Bordeaux) – X, ... 18
DÚVIDA
autoconfiança e – XIX, 2
momentos de – XXVIII, ... 24
trabalho no bem e – XIX, ... 9
E
EGOÍSMO
afeto e – XI, ... 9
amor à parentela e – IV, ... 20
aprovisionamento de reservas

espirituais e – *XVI*, ... 3
ascensão da Terra e –
XI, ... 11
caridade e – *XI*, ... 4 e 11
combate ao – *XI*, ... 11
corrupção e – *VII*, ... 12
gênero de – *XVI*, ... 14
ingratidão e – *XIV*, ... 9
insulamento e – *XVII*,...10
piedade e – *XI*, ... 3
virtude e – *XVI*, ... 14
EGOÍSMO, O
Emmanuel (Paris, 1861)
– *XI*, ... 11
Pascal (Sens, 1862) –
XI, ... 12
**EMANCIPAÇÃO
DA ALMA**
lembrança do passado
e – *V*, ... 11
lucidez e – *III*, ... 9
provisória – *XXVIII*, ... 38
EMMANUEL
Egoísmo, O (Paris,
1861) – *XI*, ... 11
**EMPREGO
DA RIQUEZA**
Cheverus (Bordeaux,
1861) – *XVI*, ... 11
Espírito protetor, Um
(Cracóvia,
1861) – *XVI*, ... 12
Fénelon (Argel, 1860) –
XVI,........................... 13
EMPRÉSTIMO
aplicação de * divino –
XVI, ... 6

restituição e – *XVI*, .. 14
ENCARGO
entrega de – *XXI*, 9 pais
e – *XXVIII*, ... 55
ENCARNAÇÃO
benefícios da – *IV*, ... 25
corrupção e – introd.,
IV, *III* desregramento e
– *V*, ... 21
Espírito puro e – *III*, .. 5
família espiritual e – *IV*,
.... 19
lei de progresso e – *III*,
.... 5
limites da – *IV*, ... 24
mundos inferiores e –
IV, ... 24
necessidade da – *IV*, ..25
transitoriedade da – *IV*,
.... 25
ENCARNADO
missão de – *V*, ... 25
ENFERMIDADE
eutanásia e – *V*, ... 28
oração e – *XXVIII*, ... 58 e 78
ENFERMO
oração pelo – *XXVIII*, ..79
ENSINO
falsidade e – *XI*, ... 6
letra e espírito do – *XII*, ..8
moral e felicidade futura
– introd., I proporcional
à inteligência – *XXIV*, 4
técnicas de – *XXIV*, ...3
universalidade do – introd., II

ENTES QUERIDOS
desencarnação de – *V*,
.... 21
perda de – *V*, ... 6
EQUILÍBRIO
agressividade e – *XII*, 16
cólera e – *IX*, ...9
ERASTO
Caracteres do verdadeiro profeta (Paris,
1862) – *XXI*, ... 9
**ERASTO, ANJO DA
GUARDA DO MÉDIUM**
Missão dos espíritas
(Paris, 1861) – *XX*, ... 4
Erasto, discípulo de
Paulo
falsos profetas da erraticidade, Os (Paris,
1862) – *XXI*, ... 10
nova era, A (Paris, 1863)
– *I*, ...11
ERRATICIDADE
desmaterialização do
Espírito e – *IV*, ...24
estado dos Espíritos na
– *III*, ... 2
falsos profetas da –
XXI, ... 10
ERRO
difamação e – *X*, ... 20
lei humana e – *V*, ... 5
reincidência no – *X*, 12
responsabilidade pelo
– *XXVIII*, ... 18
ESCÂNDALO
causa de – *VIII*, ... 20

Índice geral

destruição da causa de – VIII, ... 17
necessidade do – VIII, ... 14
sentido evangélico do – VIII, ... 12
ESCOLHIDO
chamado e – XVIII, ... 1
ESCRAVO
prêmio e – VII, ... 4
ESCRIBAS
conceito de – introd., III
ESMOLA
caridade e – XI, ... 14
salário e – XVI, ... 13
ESPAÇO
 habitantes do – introd., IV, VI
ESPERANÇA
caridade e fé – XIX, ..11
ESPÍRITA
amor aos inimigos na visão do – XII, 4 bom – XVII, ... 4
conselho dos Espíritos ao – XVIII, 12 cristão e – XVII, ... 4
divulgação do Espiritismo e – XXIV, 10 imperfeito – XVII, ... 4
indulgência e – XII, ...5
missão do – XX, ...4
materialismo, eutanásia e – V, 28 parábola do semeador e categorias de – XVII, ... 6
suicídio e – V, ... 17

trabalhadores da última hora e – XX, ... 2
verdadeiro – XVII, ... 4
verdadeiro e cristão – XV, ... 10
ESPIRITISMO
adeptos do – XX, ... 4
ausência de mistérios no – XXIV, ... 7
caráter do – pref.; introd., II
causas dos sofrimentos e – VI, ... 4
confirmação do exposto no – introd., II dilatação do pensamento e – II, ... 7
divulgação do – V, 20; XXIV, 8 encarnação e – III, ... 4
ensinos de Jesus e – VI, ... 4
erro das revoltas e – VI, ... 6
força do – introd., II função do – XXV, ... 8
ingratidão filial e esclarecimentos do – XIV, ...9
iniciador do – VIII, ... 18
inimigos do – XXVIII, 50
missão do – I, ... 5
missão dos Espíritos e finalidade do – XIII, ... 6
moral e – XVII, ... 4
obra do Cristo – I, ... 7
oração e – XXVII, ... 10
oração pelos inimigos

do – XXVIII, 52 orações de credos e – XXVIII, . 1
palavra dos Espíritos e – V, ... 3
promessa de Jesus e – VI, 3; XXIII, ... 17
propagação do – introd., II proselitismo e – XXV, ... 11
publicidade de pontos não elucidados pelo – introd., II
reencarnação e – XI, ..8
resumo do – pref. revelações do – XXI, ... 6
suicídio e – V, ... 17
unidade futura do – introd., II vestígios do – introd., I
ESPIRITISTA
ver Espírita
ESPÍRITO
comunicação séria e – XXVI, ... 8
corpo físico e – IV, ... 8; XVI, 12; XVII, 11; XXIII, ...8
criação do – XIV, ... 8
desligamento do – XXVIII, ... 40
desmaterialização do – IV, ... 24
desprendimento e evolução do – IV, ... 24
humildade de – VII, ... 2
liberdade do – V, ... 22
salvação do – XV,....... 1
sono e – XXVIII, ... 38

trabalho e – XI, ... 8
ESPÍRITO AMIGO, UM
dar-se-á àquele que tem (Bordeaux, 1862) – XVIII, ... 13
paciência, A (Havre, 1862) – IX, ... 7
ESPÍRITO BOM
distinção entre o mau e o – XXI, ... 7
linguagem superior do – XXI, ... 6
qualidade do – XXI, .. 2
ESPÍRITO DE VERDADE
advento do – VI, ... 5
envio do – XXIII, ... 16
incentivo do – pref.
primeiro e segundo ensinos do – VI, ... 5
ESPÍRITO DE VERDADE, O
advento do Espírito de Verdade (Paris, 1860, 1861; Havre, 1863) – VI, ... 5-8
obreiros do Senhor, Os (Paris, 1862) – XX, ... 5
ESPÍRITO DESMATERIALIZADO
introd., II
ESPÍRITO ENGANADOR
introd., II
ESPÍRITO FAMILIAR, UM
órfãos, Os (Paris, 1860) – XIII, ... 18

ESPÍRITO HIPÓCRITA
conceito de – XXVIII, ...75
ESPÍRITO INFERIOR
oração por – XXVIII, .17 e 76
ESPÍRITO ISRAELITA, UM
nova era, A (Mulhouse, 1861) – I, ... 9
ESPÍRITO LEVIANO
– introd., II
ESPÍRITO MAU
conceito de – XXVIII, .. 75
ESPÍRITO PROTETOR
anjo guardião e – XXVIII, ... 11
fé e a caridade, A (Cracóvia, 1861) – XI, ... 13
missão de – XXVIII, ...11
oração e – XXVIII, ... 13
ESPÍRITO PROTETOR, UM
beneficência, A (Lyon, 1861) – XIII, ... 15
caridade material e a caridade moral, A (Lyon, 1860) – XIII, ... 10
cólera, A (Bordeaux, 1863) – IX, ... 9
deixai que venham a mim as criancinhas (Bordeaux, 1861) – VIII, ... 19
emprego da riqueza (Cracóvia, 1861) – XVI, ... 12
homem no mundo, O (Bordeaux, 1863) – XVII, ... 10

ESPÍRITO PURO
encarnação de – III, .. 5
ESPÍRITO SOFREDOR
oração por – XXVII, 18; XXVIII, ... 65, 66 e 74
tribulações e – V, 8
ESPÍRITOS
advertência dos – I, .. 10
classes de – introd., II
comunicabilidade dos – introd., IV, V distinção entre maus e bons – introd., IV, XIII famílias de – XIV, ... 9
habitação dos – introd., IV, VI instruções dos * e os preceitos evangélicos – introd., I oração e ação dos bons – XXVII, ...11
ESPÍRITOS SUPERIORES
evolução e – III, ... 8
princípios adotados nas revelações pelos – introd., II
ESQUECIMENTO DO PASSADO
benefícios do – V, ... 11
reencarnação e – IV, ...9
vivências anteriores e – V, ... 11
ESSÊNIOS
conceito de – introd., III
Jesus e os – introd., III
ESSEUS
estranha moral – XXIII, ... 1-18

significado da palavra – introd., III
ETERNIDADE
alma e – introd., IV, VII
grandes verdades e – introd., IV, XI
EUTANÁSIA
enfermidade e – V, 28
Espiritismo, materialismo e – V, ... 28
EVANGELHO
compreensão de passagens do
– introd., III; IV, ... 17
conversão ao – XXV, ...10
convite à prática do – introd., I
dificuldades no entendimento do – introd., I
ensino dos Espíritos e – XVIII, ... 12
ensinos e – XVII, ... 6
Espíritos reveladores e – introd., I
estrutura do – introd., I
estudo do – XIII, ... 12
pregação do – XVIII, ...2
refazimento e aprendizado do – VI, ... 1
EVANGELHOS
apreensão de pontos dos * e estudo do Espiritismo – introd., I
explicação das passagens obscuras dos – introd., I
partes dos – introd., I

EVANGELHO SEGUNDO O ESPIRITISMO, O
objetivo da obra – introd., I
EVOLUÇÃO
amor e – VIII, ... 19
moral – XVI, ... 12
posturas ante a – III...11
prática da lei de amor e – XI, ... 10
reencarnação e – introd., IV, IV
EXEMPLO
amor ao próximo e – XI, ... 12
conhecimento e – XVIII, ... 10
fé e – XIX, ... 11
prática da caridade e – XIII, ... 4
teoria e – XVIII, ... 6
EXPIAÇÃO
cegueira e – VIII, 20 habitação na Terra e – III, 14 provas e – V, ... 9
queixa e – V, ... 9
remorso e – XVI, ... 5
vinda para o planeta e – III, ... 14
EXPIAÇÕES E PROVAS, MUNDOS DE VER
Mundos de expiações e provas

F
FALIBILIDADE
humana – III, ... 18

FALSIDADE
profetas e – XXI, ... 5
FALSOS PROFETAS DA ERRATICIDADE, OS
Erasto, discípulo de Paulo (Paris, 1862) – XXI, ... 10
FALSOS PROFETAS, OS
Luís (Bordeaux, 1861) – XXI, ... 8
FAMÍLIA
corporal e espiritual – XIV, ... 8
encargo e – XXVIII, 56
entrecruzamento na – XXIII, ... 6
humana – XIV, ... 5
Jesus e renúncia à – XXIII, ... 4
reencarnação e – IV, 18
tirania doméstica e – IX, ... 6
FANATISMO
fé cega e – XIX, ... 6
FARISEUS
conceito de – introd., III
FASCINAÇÃO
.........crivo da razão, da lógica e – XXI, ... 10
FATALIDADE
iniciativa e – XXVII, ... 6
FAVOR
obtenção de – XXVIII,..28
oração e – XXVIII, ... 29
FÉ
abjuração forçada e –

XXVIII, ... 51
aquisição da – XIX, ... 7
caridade e – XI, ... 13
caridade e esperança – XIX, ... 11
cega e raciocinada – XIX, ... 6
coragem e – XXIV, ... 13
cura e – XIII, 2; XIX, ... 5
espírita e – V, ... 17
humana e divina – XIX, ... 12
justiça divina e – XII, ...8
poder da – XIX, ... 1 e 5
presunção e – XIX, ... 4
propagação da – XXVI, ... 2
raciocinada e cega – XIX, ... 6
razão e – XIX, ... 7
religiosa – XIX, ... 6
resignação e – V, ... 13
sinceridade e – XXIV, ..19
sincera e verdadeira – XIX, ... 2
sofrimento e – V, ... 19
vacilante – XIX, ... 2
vida futura e – XII, ... 8
FÉ, A: MÃE DA ESPERANÇA E DA CARIDADE
José, Espírito protetor (Bordeaux, 1862) – XIX, ... 11
FÉ E A CARIDADE, A
Espírito protetor (Cracóvia, 1861) – XI, ...13

fé transporta montanhas, A – XIX, ... 1-12
FELICIDADE
ânsia de – V, ...20
busca da – V, ...20
chave para a – XIII, ...12
distribuição desigual da – V, ...7
Espírito puro e – V, ...10
ilusão e – V, ... 24
melancolia e – V, ... 25
mundo e – V, ... 20
mundos de regeneração e – III, ... 17
oração e – XXVII, ... 23
sofrimento e – V, ... 18
FELICIDADE NÃO É DESTE MUNDO, A
François-Nicolas Madeleine, cardeal Morlot (Paris, 1863) – V, ... 20
FELICIDADE QUE A PRECE PROPORCIONA
Agostinho, Santo (Paris, 1861) – XXVII, ... 23
FÉNELON
emprego da riqueza (Argel, 1860) – XVI, ...13
lei de amor, A (Bordeaux, 1861) – XI, ... 9
nova Era, A (Poitiers, 1861) – I, ... 10
ódio, O (Bordeaux, 1861) – XII, ... 10
se fosse um homem de bem, teria morrido (Sens, 1861) – V, ... 22

tormentos voluntários, Os (Lyon, 1860) – V, ...23
FERDINANDO, ESPÍRITO PROTETOR
missão do homem inteligente na Terra (Bordeaux, 1862) – VII, .. 13
FIGUEIRA
infrutífera – XIX, ... 8
FILHOS
amor de * a pai e mãe – XIV, ... 2
ingratidão dos – XIV, ...9
rejeição de – XIV, ... 9
FLAGELOS
naturais – V, ... 6
FLUIDO UNIVERSAL
encarnados, desencarnados e – XXVII, ... 10
FLUIDOS
lei dos – XII, ... 3
FOME
fartura e – V, ... 2
sofrimento e – XIII, .. 11
FORA DA CARIDADE NÃO HÁ SALVAÇÃO
XV, ... 1-10
Paulo, o apóstolo (Paris, 1860) – XV, ...10
FORÇA
espiritual e ajuda a si mesmo – XXVII, ...8
FORTALECIMENTO
luta e – V, ... 25
FRACASSO
reencarnação e – XX, ... 2

Índice geral 599

FRANCISCO XAVIER
duelo, O (Bordeaux, 1861) – XII, ... 14; nota
FRANÇOIS DE GENÈVE
melancolia, A (Bordeaux) – V, ... 25
FRANÇOIS-NICO-LAS-MADELEINE
felicidade não é deste mundo, A (Paris, 1863) – V, ...20
superiores e os inferiores, Os (Paris, 1863) – XVII, ... 9
virtude, A (Paris, 1863) – XVII, ... 8
FRAQUEZA
amparo divino e – XXVIII, 3, VI
FRATERNIDADE
amor e – XI, ... 9
caridade e – XI, ... 3
família humana e – XI, . 10
prática da – introd., II
prova de – XXVII, ... 19
próximo e – XXV, ... 8
FRAUDE
credulidade e – XXI, .. 11
FRUTO
bom – XXI, ... 3
FUTURO
compreensão do – XI,. 10

G
GENTIOS
Evangelho e – XXIV, ...10

GERAÇÃO
fases de uma – XXIV, ...4
GEORGES, ESPÍRITO PROTETOR
cuidar do corpo e do Espírito (Paris, 1863) – XVII, ... 11
GUERRA
seitas cristãs e – XXIII, ... 15
GUIA PROTETOR
benefícios pagos com a ingratidão (Sens, 1862) – XIII, ... 19

H
HÁ MUITAS MORADAS NA CASA DE MEU PAI
III, ... 1-19
HAHNEMANN
cólera, A (Paris, 1863) – IX, ... 10
HARMONIA
ciência e religião em – I, ... 8
HAVERÁ FALSOS CRISTOS E FALSOS PROFETAS
– XXI, ... 1-11
HEBRAICO
tradução do – XXIII, .. 3
HEBREUS
primeiro convite aos – XVIII, ... 2
HENRI HEINE
últimos serão os primeiros, Os (Paris, 1863) – XX, ... 3
HERANÇA
direito de – XVI, ... 15
reencarnações e – V, .11
HILELISMO
Hillel e – introd., III, nota
HIPOCRISIA
aparências e – IX, ... 6
conduta e – XVIII, 9; XXVIII, ... 15
culto e – XXVII, ... 1
defeitos alheios e – X, ..9
luta contra a – X, ...21
malícia e – XI, ...5
torpezas e – XXI, ...9
HOMEM
alternativas no além-túmulo e – IV, ... 23
desobediência do – XVIII, ... 16
destino do – XI, ... 13
deveres do – XV, ... 10
falibilidade do – III, .. 18
morte e – VII, ... 11
mundo e – XVII, ... 10
produção moral do – XXI, ... 1
progresso do – XI, ... 8
religião e – VIII, ... 10
Terra e missão do – XVII, ... 9
vicioso – introd., IV, XVI
HOMEM DE BEM
autenticidade e – introd., IV, X
oração do – XXVII, ... 13

qualidades do – XVII, .. 3
HOMEM NO MUNDO, O
Espírito protetor, Um
(Bordeaux, 1863) –
XVII, ... 10
HONRAI A VOSSO PAI E A VOSSA
mãe – XIV, ... 1-9
HUMANIDADE
alavanca de progresso da – I, ... 9
insensatez da – X, ... 10
população da Terra e – III, ... 6
sistemas utópicos e – XIX, ... 9
união de homem e mulher na origem da – XXII, V
HUMILDADE
bem-aventurança da – V, ...2
bênçãos e – V, ...2
encarnações sucessivas e – VII, ...6
Espírito possuidor de – VII, ...2
honraria e – VII, ...5
Jesus e o princípio da – VII, ...6
orgulho e – VII, 2 e 11; XV, ...3
primazia da – VII, ...11
servo e – VII, 4 virtude e – XVII, ...8

I

IDEIA
combate à nova – XXIII, ... 12
nova e amor – XXVIII, ..51
IDIOMA
hebraico e pobreza de linguagem – XXIII, ... 3
oração e – XXVII, ... 16
IDOLATRIA
advertência contra a – XX, ... 4
Israel e – VII, ... 11
IGNORÂNCIA
crítica e – introd., IV, XVIII
IGREJA
salvação e – XV, ... 8
IGUALDADE
desiguais e – VII, ... 11
diferença de sentimento e – XII, ... 1
diferença para melhor na – XVII, ... 1
princípio da – XV, ... 8
sofrimento e – XVII, ... 7
virtudes e – VII, ... 11
ILUSÃO
felicidade e – V, ... 24
IMORTALIDADE
alma e – introd., IV, I; XXVIII, ... 50
certeza da – IV, ... 14
ensino do Cristo e – II, .2
princípio da – II, ... 3
IMPERFEIÇÃO
oração e – XXVIII, ... 19
repreensão e – X, ... 19

IMPOSTO
pagamento de – introd., III
INCREDULIDADE
exigências e – VII, ... 9
zombaria da – VII, ... 2
INCRÉDULO
...amor aos inimigos na visão do – XII, ... 4
ÍNCUBOS
Espíritos – I, ... 11
INDIFERENÇA
culposa – XIII, ... 17
moral – IX, ... 8
INDULGÊNCIA
caridade e – XIII, ... 15
erros e – X, ... 13
espiritista e – XII, ... 5
faltas alheias e – VII, 11; X, ... 17
julgamento e – X, ... 11
perdão e – X, ... 16
severidade e – X, ... 16
INDULGÊNCIA, A
Dufêtre, bispo de Nevers (Bordeaux) – X, ... 18
João, bispo de Bordeaux (1862) – X, ... 17
.José, Espírito protetor (Bordeaux, 1863) – X, ... 16
INFÂNCIA
combate aos maus instintos na – XIV, ...9
intelectual e amor – VIII, ... 18
orfandade e – XIII, ... 18
pureza e – VIII, ... 3

Índice geral 601

INFELICIDADE
conceitos de – V, ... 24
INFERIOR
superior e – XVII,........ 9
INFLUÊNCIA
efeito da oração e *
dos bons Espíritos –
XXVII, ... 14
INGRATIDÃO
abandono e – XIV, ... 3
beneficência e – XIII, . 19
egoísmo, família e –
XIV, ... 9
perseverança na – XIII,
.... 19
prática do bem e – XIII,
.... 19
INGRATIDÃO DOS FILHOS E OS
laços de família, A
Agostinho, Santo (Paris, 1862) – XIV, ... 9
INIMIGO
encarnado e desencarnado – XII, ... 6
ternura e – XII, ... 3
INIMIZADE
amor e – XII, ... 2
desencarnação e – XII,
.... 5
oração e – XXVIII, ...
47 e 68
reconciliação e – X, ...
.... 5 e 7
INJÚRIA
violência e – IX, ... 3
perdão e – X, ... 14

INOCÊNCIA
.. anterioridade da alma
e – VIII, ... 4
INSENSATEZ
.... vícios, ódio, orgulho
e – XVIII, ... 7
INSPIRAÇÃO
oração e – XXVIII, ... 25
INSTINTO
lei de amor e – XI, ... 9
INSTRUÇÕES DOS ESPÍRITOS
I, 9-11; II, 8; III, 8-19; IV, 24 e 25; V,
18-31; VI, 5-8; VII, 11-13; VIII, ... 18-21;
IX, 6-10; X, 14-21; XI, 8-15; XII, ... 9-16;
XIII, 9-20; XIV, 9; XV, 10; XVI, ... 9-15;
XVII, 7-11; XVIII, 13-16; XIX, ... 11 e 12;
XX, 2-5; XXI, 8-11; XXVII, ... 22 e 23
INTELIGÊNCIA
emprego da – VII, ... 13
humana, ciência e religião – I, ... 8
missão e – VII, ... 13
necessidades materiais e – XXV, ... 7
razão e – XXVII, ... 6
INTERCÂMBIO
mediúnico – XIII, 12; XIX, ... 10
INTERCESSÃO
sofrimento e – XXVIII, . 42

INTERESSE
maioria e – X, ... 21
INTERPRETAÇÃO
palavras de Jesus e –
XIV, ... 6
INTUIÇÃO
passado e – XIV, ... 9
INUTILIDADE
esterilidade e – XIX, ... 8
INVEJA
moderação e – V, ... 13
prova da riqueza e –
XVI, ... 14
riqueza e – V, ... 23
INVENÇÃO
descobertas e – XXV, .. 4
IRRADIAÇÃO
poder de – XXVIII, ... 5
ISABEL DE FRANÇA
caridade para com os
criminosos (Havre, 1862)
– XI, ... 14
ISRAEL
idolatria e – VII, ... 11
vizinhos de – XXIV, .. 10

J

JEREMIAS E OS FALSOS PROFETAS
Luoz, Espírito protetor
(Carlsruhe, 1861) – XXI, 11
JESUS
caminho para – XXIII, ...1
chamamento de * e regiões inferiores – VIII, .
.... 18

602   O Evangelho Segundo o Espiritismo

doutrina de * e os essênios – introd., IV
exemplo de – introd., IV, XV; I, ... 4
família de – XIV, ... 5
interpretação da palavra de – XIV, ... 6
humildade e – VII, ... 11
identificação de – IV, .. 1
magistério de – I, ... 4
missão de – I, ... 3
modificação da lei mosaica e – I, ... 3
palavras de * mal compreendidas – XIV, ... 6
presença de – XXVIII, .. 4
promessa de – V, 3; XIV, ... 4
reino de – II, ... 4
Terra e – II, ... 8
vida corpórea, espiritual e – II, ... 4
Zaqueu e – XVI, ... 4
JESUS VER TAMBÉM CRISTO
JOÃO
beneficência, A (Bordeaux, 1861) – XIII, ...16
JOÃO BATISTA
reencarnação do profeta Elias e – IV, ... 3
JOÃO, BISPO DE BORDEAUX
indulgência, A (1862) – X, ... 17
JOÃO EVANGELISTA
deixai que venham a mim as criancinhas (Paris, 1863) – VIII, ... 18
JOSÉ, ESPÍRITO PROTETOR
fé, A: mãe da esperança e da caridade (Bordeaux, 1862) – XIX, ... 11
indulgência, A (Bordeaux, 1863) – X, ... 16
JUDEUS
festas principais dos – introd., III
reencarnação e – IV, ..16
JUÍZO
fé ingênua e * de Deus – XII, ... 13
JULGAMENTO
abstenção de – XI, .. 14
apressado – XXVII, ... 3
bons, maus e – XV, ... 1
critério único de – XV, 3
defeitos do próximo e – introd., IV, XVIII indulgência e – X, ... 11
orgulho e – X, ... 9
próximo e – XVIII, ... 14
JÚLIO OLIVIER
vingança, A (Paris, 1862) – XII, ... 9
JUSTIÇA
sofrimento e – V, ... 1 e 3
JUSTIÇA DIVINA
abrandamento da – XXVIII, ... 71
aplicação da – II, ... 3
caridade e – XIII, ... 15
incessante – V, ... 7
penas eternas e – XXVII, ... 19
preço para a – XXVI, 4
JUVENTUDE
desencarnação na – V, ... 21
ilusões e – VII, ... 11

L
LACORDAIRE
bem e mal sofrer (Havre, 1863) – V, ... 18
desprendimento dos bens terrenos (Constantina, 1863) – XVI, ... 14
orgulho e a humildade, O (Constantina, 1863) – VII, ... 11
LAMENNAIS
deve-se expor a vida por um malfeitor? (Paris, 1862) – XI, ... 15
LÁZARO
afabilidade e a doçura, A (Paris, 1861) – IX, ... 7
dever, O (Paris, 1863) – XVII, ... 7
lei de amor, A (Paris, 1862) – XI, ... 8
obediência e resignação (Paris, 1863) – IX, ... 8
LEI
áurea – introd., IV, XII
áurea e reciprocidade – XI, ... 7

cumprimento da – I, .. 1
perenidade da – I, ... 1
LEI DE AMOR, A
Fénelon (Bordeaux, 1861)
– XI, ...9
Lázaro (Paris, 1862) –
XI, ...8
Sanson, ex-membro da
Sociedade Espírita de
Paris (1863) – XI, ...10
LEI DE CAUSA E EFEITO
aplicação da – V, ...7
justiça das aflições e –
V, ...3
pena de talião e – VIII,.
..................................16
superior, inferior e –
XVII, ...9
LEI DIVINA
aplicação na Terra inteira – I, ...3
eficácia da oração e imutabilidade
da – XXVII, ...20
lei civil e – XXII, ...2
percepção e – VII, ...7
prática da – XXVIII, 3, II
rebeldia e descumprimento da – XXVII, ...12
resumo da – XXVII, ..21
LEI DO PROGRESSO
. diferentes moradas dos Espíritos e – III, ...1
submissão à – III, ...19
LEI DO TRABALHO
...Espíritos reveladores

e – XXV, ...4
LEI HUMANA
erros e – V, ...5
LINGUAGEM
pobreza da * humana –
XII, ...3
superior dos bons Espíritos – XXI, ...11
LISONJA
vícios e – VII, ...12
LITERATURA
pessimismo e – V,....16
LIVRE-ARBÍTRIO
dever e – XVII, ...7
sofrimento e – V, ...13
LÓGICA
fé raciocinada e – XIX,
..................................7
LOUCURA
suicídio e – V, ...14
LUÍS
falsos profetas, Os (Bordeaux, 1861) –
XXI, ...8
LUÍS, SÃO
é permitido repreender os outros... (Paris, 1860) – X, ...19-21
limites da encarnação (Paris, 1859) – IV, ...24
necessidade da encarnação (Paris, 1859) –
IV, ...25
proveito dos sofrimentos para outrem (Paris, 1860) – V, ...31
sacrifício da própria

vida (Paris, 1860) – V, .
.........................29 e 30
será lícito abreviar a vida de um doente que sofra sem esperança de cura? (Paris, 1860)
– V, ...28
transmissão da riqueza (Paris, 1860) – XVI, .. 15
LUOZ, ESPÍRITO PROTETOR
Jeremias e os falsos profetas (Carlsruhe, 1861) –
XXI, ...11
LUTA
fortalecimento e – V, ..25
fratricida – XXIII, ...16

M
M., ESPÍRITO PROTETOR
(Bruxelas, 1861). A verdadeira propriedade –
XVI, ...9
MÃE
filhos e rejeição por –
XIV, ...9
MAGISTÉRIO
Jesus e o exercício do
– I, ...4
MAGNETISMO
fé e – XIX, ...12
MAL
bem e – V, ...22
caminho do – XVIII, ...5
causa primária do – XXVIII, 3, VI

escândalo e – VIII, ..13
pensamento e – VIII, .7
resistência ao – XII, ..7
vingança e – XII, ...7
MAL E O REMÉDIO, O
Agostinho, Santo (Paris, 1863) – V, ...19
MALEDICÊNCIA
erro e – X, ...20
MAMON
Deus e – XVI, ...1
MANDAMENTO
maior – XI, 1; XV, ...4
recapitulação por Jesus de – XIV, 1; XVI, ...2
MANEIRA DE ORAR
... V. Monod (Bordeaux, 1862) – XXVII, ...22
MÃOS
imposição das – VIII, ..
..............................20
MARIA
relacionamento de Jesus com – XIV, ...7
MATERIALISMO
..o nada e – introd., IV, IX
propagação do – V, ...16
MATERIALISTA
eutanásia, espírita e – V, ...28
MATURIDADE
senso moral e – XVII, ..4
MAU
prosperidade momentânea do – V, ...6
MÉDICO
enfermos e – XXIV, ... 12

MÉDIUM
atuação de – XXI, ...2
autenticidade e – XXI, ..3
conceito de – XXVIII, ...9
curador – XXVI, ...10
ensino dos Espíritos e – XXVIII, ...9
Espírito desencarnado e – XIX, ...10
Espírito enganador e – XXI, ...11
Espíritos e – XXVI, ...7
facilidade na comunicação e – XXIV, ...12
fé e – XIX, ...1
mistificação e – XXI, ..3
oração e – XXVIII, ...10
produção de – XXI, ...2
responsabilidade do – XVIII, ...12
revelação e – XXI, ...2
MEDIUNIDADE
comunicação pela – introd., IV, VI curadora – XXVI, ...10
desobsessão e – XIX, 1
dom da – XVIII, 14; XIX, 10; XXIV, ...12
Espírito enfermo e – XIX, ...1
exercício da – XXVIII, ...8
gratuita – XXVI, ...7
leviandade e – XXI, ...3
moral e – XXIV, ...11
mundo invisível e – XXVIII, ...9
paga – XXI, ...11

perda da – XXIV, ...12
perda e estagnação da – XVIII, ...15
prática da – XXVI, ...7 e 9
profissionalização da – XXVI, ...9
simonia e – XXVI, ...2
MELANCOLIA
felicidade e – V, ...25
MELANCOLIA, A
François de Genève (Bordeaux) – V, ...25
MENTIRA
profecias e – XXI, ...11
MÉRITO
bem praticado e – XIII, .3
prática da caridade e – XVI, ...14
sacrifício e – VII, 4; XVI, ...13
MEU REINO NÃO É DESTE MUNDO
II, 1-8
MIGUEL
piedade, A (Bordeaux, 1862) – XIII, ...17
MILAGRE
causas desconhecidas e – XIX, 12; XXI, ...5
MISÉRIA
causas da – III, ... 6
criança e – XIII, ... 9
oculta – XIII, ... 11
MISERICÓRDIA
amor ao próximo e – XV, ...2
bem-aventuranças e –

Índice geral   605

X, ... 1
brandura e – X, ... 4
perdão e – X, ... 2
próximo e – XV, ... 2
MISSÃO
confiança em Deus e – XXI, ... 9
 Cristianismo e – XXIII, 9
encarnado e – V, ... 25
espírita e – XX, ... 4
Espírito protetor e – XXVIII, ... 11
 humana na Terra – XVII, ... 9
inteligência e – VII, . 13
Jesus e – I, ... 3
parentela e – XIV, ... 7
profetas e – XXI, ... 4
MISSÃO DOS ESPÍRITAS
Erasto, anjo da guarda do médium (Paris, 1861) – XX, ... 4
MISTIFICAÇÃO
médium e – XXI, ... 3
MODERAÇÃO
inveja e – V, ... 13
MODÉSTIA
virtude e – XVII, ... 8
MOISÉS
decálogo e – I, ... 2
legislação e – I, ... 2
lei de talião e – XII, ... 8
lei do divórcio e – XXII, . 1
MONOD, V.
maneira de orar (Bordeaux, 1862) –

.... XXVII, 22
MONOTEÍSMO
pregação do Evangelho e – XXIV, ... 9
MONTANHA
conceito de – XIX, ... 2
MORADAS
lei do progresso e – III, ... 2
MORAL
decálogo e – I, ... 9
Espiritismo e – XVII, .. 4
estranha – XXIII, ... 1
evangélica – introd., I
mediunidade e – XXIV, ... 11
preconceito – XXIV, . 12
MORTE
fatalidade da – VII, .. 11
inimizade e – X, ... 6
MORTO VER **DESENCARNADO**
MOVIMENTO ESPÍRITA
ideias de justiça, de renovação e – XI, ... 10
MUITOS OS CHAMADOS
poucos os escolhidos – XVIII, ... 1-16
MULHER
adúltera e parábola – X, ... 12
MUNDO
felicidade e – V, ... 20
homem no – XVII, ... 10
inferior e superior – III,... 8

MUNDO DE REGENERAÇÃO
. transição para – III, 19
MUNDO DITOSO
Deus e – III, ... 12
perenidade da paz e – III, ... 10
MUNDO ESPIRITUAL
. reencontro e – introd., IV, XI
MUNDO INVISÍVEL
.negação da existência do – VII, ... 2
MUNDO PRIMITIVO
Espíritos imperfeitos e – VIII, ... 15
MUNDO SUPERIOR
Terra e – V, ... 20
MUNDOS DE EXPIAÇÕES E DE PROVAS
Agostinho, Santo (Paris, 1862) – III, ... 13
 habitantes dos – III, 13
variedade infinita de – III, ... 15
MUNDOS DE REGENERAÇÃO
amor e – III, ... 17
características dos – III, ... 16
MUNDOS EVOLUÍDOS
banição do mal e – VIII, ... 15
MUNDOS HABITADOS
diferentes condições dos – III, ... 3

distinção e classificação dos – III, ... 4
pluralidade dos – introd., IV, XX
MUNDOS HABITADOS
VER TAMBÉM PLURALIDADE DOS MUNDOS HABITADOS
MUNDOS PRIMITIVOS
Espíritos recém-criados e – III, ... 13
MUNDOS REGENERADORES
Agostinho, Santo (Paris, 1862) – III, ... 16
N
NADA
vida futura e o – introd., IV, IX
NÃO PONHAIS A CANDEIA DEBAIXO DO ALQUEIRE
XXIV, ... 1-19
NÃO SAIBA A VOSSA MÃO ESQUERDA
XIII, ... 1-20
NÃO SE PODE SERVIR A DEUS E A MAMON
XVI, ... 1-15
NÃO SEPAREIS O QUE DEUS JUNTOU
XXII, ... 1-5
NÃO VIM DESTRUIR A LEI
I, ... 1-11
NASCIMENTO

adversidade desde o – V, ... 6
herança com o – V, ...11
oração pelo * de criança – XXVIII, ... 54
NATUREZA
amor universal como lei da – introd., IV, XVI
imutabilidade da lei da – XXII, ... 2
NAZARENOS
conceito de – introd., III
NECESSÁRIO
caridade, supérfluo e – XIII, ... 5
providência divina e – XXV, ... 6
supérfluo e – IX, 5; XVI, 14; XXV, ... 7
NECESSIDADE DA ENCARNAÇÃO
Luís, São (Paris, 1859) – IV, ... 25
NEGLIGÊNCIA
conhecimento e – XVIII, ... 15
NICODEMOS
diálogo de Jesus com – IV, ... 5
missão de Jesus e – IV, ... 5
reencarnação e – IV, ...5
Reino de Deus e – IV, .. 5
NINGUÉM PODE VER O REINO DE DEUS
IV, ... 1-26
NOVA ERA

ideias de liberdade e – I, ... 9
prosseguimento na – I, ... 9
NOVA ERA, A
Espírito israelita, Um (Mulhouse, 1861) – I, .. 9
NOVIDADE
resistência à – XXVIII,...51
O
OBEDIÊNCIA
.... amor e – VIII, 19
.... ensinos evangélicos e – XVIII, 16
.........orgulho, egoísmo e – IX, 8
..... resignação e – IX, 8
OBEDIÊNCIA E RESIGNAÇÃO
Lázaro (Paris, 1863) – IX, ... 8
ÓBOLO
caridade e * da viúva – XIII, ... 5
OBRAS É QUE SE RECONHECE O CRISTÃO, PELAS SUAS
Simeão (Bordeaux, 1863) – XVIII, ... 16
OBREIRO *VER* TRABALHADOR
OBREIROS DO SENHOR
Espírito de Verdade, O (Paris, 1862) – XX, ... 5
OBSESSÃO

cura da – XXVIII, ... 84
encarnado e – X, ... 6
médium e – XXI, ... 10
obsidiado e – XXVIII, 81
oração e – XXVIII, ... 82
ÓDIO
amor e – XII, ... 10
aos pais – XXIII, ... 1
ÓDIO, O
Fénelon (Bordeaux, 1861) – XII, ... 10
OFENSA
esquecimento completo da – X, ... 15
esquecimento de – X, 4; XXVIII, ... 46
perdão e – X, 14; XXVIII, 3, V próximo e – X, .. 14
OLHOS
abertos e fechados – VIII, ... 20
OPINIÃO
coragem e – XXIV, ... 15
orgulho e – VII, ... 10
OPOSIÇÃO
ideias novas e – XXIII, ... 12
ORAÇÃO
ação da – XXVII, ..9 e 12
amor e – XXVIII, ... 63
anjo guardião e – XXVIII, ... 12 e 14
assistência espiritual e – XXVIII, ... 23
ato de – XVII, ... 10
caridade e – XXVIII, ... 45
coletiva – XXVII, ... 15

comunhão de pensamento e – XXVIII, ... 5
conselho e – XXVIII, .. 25
conteúdo da – XXVII, ..22
crença e – XXVIII, ... 1
criminoso e – XXVIII, 70
cura e – VIII, ... 20
desencarnação e – XXVIII, ... 41 e 60
dever da – XVII, ... 1
diariamente – XXVII,.. 22
dominical – XXVIII, ... 2
eficácia da – XXVII, ... 5
endereço da – XXVII, ..10
enfermidade e – XXVIII, ... 58
enfermo e – XXVIII, .. 79
Espírito inferior e – XXVIII, ... 17 e 76
Espírito sofredor e – XXVII, 18; XXVIII,... 65 e 74
Espíritos e – XXVIII, ... 1
favor e – XXVIII, ... 29
fé e – V, ... 18
felicidade e – XXVII, .. 23
finalidade da – II, ... 8
forma da – XXVII, ... 22
imperfeição e – XXVIII, ... 19
inimigos do Espiritismo e – XXVIII, ... 52
inimizade e – XXVIII,..... 47 e 68
inspiração e – XXVIII,...25
inteligível – XXVII,.... 16; XXVIII, ... 1
intercessora – XXVII, 14

..íntimo do ser e – XVIII, ... 9
médium e – XXVIII, .. 10
médium curador e – XXVIII, ... 80
multiplicidade de palavras e – XXVII, ... 4
.nascimento de criança e – XXVIII, ... 54
natureza de pedidos e – XXVII, ... 7
objetivo da – XXVIII, .. 1
objeto da – XXVII, ... 9
obsessor e – XXVIII, 84
obsidiado e – XXVIII, ... 82 e 83
paga – XXVI, ... 3
paga e inconveniências – XXVI, ... 4
pensamento e – XXVIII, ... 1
perigo e – XXVIII, ... 35
poder da – XXVII, ... 14
por nós mesmos, pelos encarnados e desencarnados – XXVIII, 3, nota proferida pelo doente – XXVIII, ... 78
...qualidade da – XXVII, 1; XXVIII, ... 1
repouso e – XXVIII, .. 39
resignação e – XXVIII, ... 31
reunião e – XXVIII, ... 6
socorro e – XXVIII, ... 37
sofrimento e – XXVIII, 27; XXVIII, ... 43

submissão e – XXVIII, ... 61
suicida e – XXVIII, ... 72
tempo, lugar e extensão da – XXVII, ... 15
tentação e – XXVIII, 21
ORADOR
sinceridade de – XIX, ...9
ORFANDADE
infância e – XIII, ... 18
ÓRFÃOS, OS
Espírito familiar, Um (Paris, 1860) – XIII, ... 18
ORGULHO
apego à fortuna e – XVI, ... 14
cegueira espiritual e – VII, ... 10
cólera e – IX, ... 9
dissimulação dos próprios defeitos e – X,... 10
escândalo e – VIII, .. 12
ferido – IX, ... 9
fonte de todos os males – VII, ... 12
humildade e – VII, .. 2 e 11
humilhações e – V, ...26
imperfeições e – introd., IV, XVIII indulgência e – VII, ... 12
julgamento e – X, ... 9
obstáculos ao progresso e – introd., ... IV, XVIII
opinião e – VII, ... 10
personalismo e – XVII, .5
posição privilegiada e –
VII, ... 5
prática do bem, desinteresse e – XIII, ... 19
reconhecimento do mundo invisível e – VII, ... 2
surgimento do – XII, ...14
virtude e – XVII, ... 8
ORGULHO E A HUMILDADE, O
Adolfo, bispo de Argel (Marmande, 1862) – VII, ... 12
Lacordaire (Constantina, 1863) – VII,......... 11
OSTENTAÇÃO
benevolência e – XIII, 8
bens e – XIII, ... 1
caridade, humildade e – VII, ... 11

P
PACIÊNCIA
desventuras e – V,.... 15
sofrimento e – IX, ... 7
PACIÊNCIA, A
Espírito amigo, Um (Havre, 1862) – IX, ... 7
PAGAMENTO
oração e – XXVI, ... 4
PAGANISMO
Cristianismo e – XXIII,..14
PAI NOSSO
oração do – XXVIII, ... 2
PAIS
criança e – XXVIII, ... 53
erros dos – XIV, ... 3
ódio aos – XXIII, ... 2
responsabilidade dos – XIV, ... 9
PALAVRA
despojamento da *
odiar da acepção atual – XXIII, ... 3
ideia e entendimento da – XXVII, ... 17
ofensiva – IX, ... 4
PARÁBOLA
caridade e * do bom samaritano – XV, ...2
ensino essencial pela – XXIV, ... 6
Espíritos evoluídos e – XXIV, ... 6
sentido oculto da – XVIII, ... 2
**PARÁBOLA
DA CANDEIA**
divulgação e – XXIV, .. 1
PARÁBOLA DA FIGUEIRA QUE SECOU
narração da – XIX, ... 8
PARÁBOLA DO FARISEU E DO PUBLICANO
humildade e – XXVII, .. 3
PARÁBOLA DO FESTIM
de bodas narração da – XVIII, ... 1
PARÁBOLA DO MAU RICO
narração da – XVI, ... 5
PARÁBOLA DO SEMEADOR
explicação por Jesus

Índice geral   609

da – XVII, ... 5
narração da – XVII, ... 5
PARÁBOLA DOS TALENTOS
narração da – XVI, ... 6
responsabilidade na vida terrena e – XVI, .. 6
PARÁBOLA DOS TRABALHADORES DA ÚLTIMA HORA
narração da – XX, ... 1
PARENTELA
corporal e espiritual – XIV, ... 8
PASCAL
egoísmo, O (Sens, 1862) – XI, ... 12
PASSADO
relações do – XIV, ... 8
PASSE
espiritual – VIII, ... 20
médium curador e – XXVI, ... 10
PATRIMÔNIO
desigualdade de – V, ...3
PAULO, APÓSTOLO
perdão das ofensas (Lyon, 1861) – X, ... 15
fora da caridade não há salvação (Paris, 1860) – XV, ... 10
PAZ
ausência do mal e – III, ... 10
boa vontade e – XXV, ..
.... 10
sofrimento e – V, ... 23

PECADO
pensamento e – VIII, . 6
PEDI E OBTEREIS
XXVII, ... 1-23
PEDIDO
recusa divina a – XXVIII, ... 26
PENAS ETERNAS
. justiça divina e – XXVII, ... 19
negação das – IV, ... 13
remorso, arrependimento e – XXVII, ... 20
PENSAMENTO
adultério pelo – VIII,... 6
expressão exata do * de Jesus – XV, ... 10
liberdade de – XXVIII, ... 51
mau – VIII, 6; XXVIII, .. 20
multiplicidade de palavras e – XXVII, ... 1
oração e – XXVIII, ... 1
oração e transmissão do – XXVII, ... 10
oração sincera e – XXVII, ... 17
poder da oração e – XXVII, ... 15
pureza de – VIII, ... 6
PERCEPÇÃO
clara por pessoas simples e pobres – VII, ... 8
maturidade espiritual e – XVIII, ... 13
PERDA DE PESSOAS AMADAS

Mortes prematuras. Sanson, ex-membro da Sociedade Espírita de Paris (1863) – V, ... 21
PERDÃO
amor aos inimigos e – XII, ... 3
amor e – X, ... 17
aparente – X, ... 15
caridade e – IX, ... 7
cristão – X, ... 15
diferença no – X, ... 4
força do – X, ... 3
ilimitado – X, ... 3 e 14
indulgência e – X, ... 16
misericórdia e – X, ... 2
ofensa e – introd., IV, XII; X, 14; XXVIII, 3, V
prática do – X, ... 6
reconciliação e – XXVII, ... 2
vantagens do – X, ... 15
verdadeiro – X, ... 15
vingança e – XII, ... 9
PERDÃO DAS OFENSAS
Paulo, apóstolo (Lyon, 1861) – X, ... 15
Simeão (Bordeaux, 1862) – X, ... 14
PERDIÇÃO
egoísmo, orgulho e – XV, ... 5
PERFEIÇÃO
absoluta – XVII, ... 2
aparente limpeza e – VIII, ... 9

610   O Evangelho Segundo o Espiritismo

busca da – III, ... 10
caracteres da – XVII, ... 1
Deus e – XVII, ... 2
essência da – XVII, ... 2
.... virtude e – XVII, 10
PERGUNTA
dúvidas, objeto de – XXVIII, ... 24
PERIGO
consequências do – XXVIII, ... 34
devotamento e abnegação frente a – V, ... 30
exposição premeditada a – V, ... 29
iminente – XXVIII, ... 34
oração e – XXVIII, ... 35
socorro e – XXVIII, ... 37
PERISPÍRITO
mundos de regeneração e – III, ... 17
transformação do – IV, ... 24
PERMITIDO REPREENDER OS OUTROS..., É
Luís, São (Paris, 1860) – X, ... 19-21
PERSEGUIÇÃO
. ideia nova e – XXIII, 10
sofrimento da – V, ... 1
PERSONALISMO
orgulho e – XVII, ... 5
PIEDADE
caridade e – XIII, ... 17
egoísmo e – XI, ... 3
filial – XIV, ... 3

miséria e – XIII, ... 17
virtude e – XIII, ... 17
PIEDADE, A
Miguel (Bordeaux, 1862) – XIII, ... 17
PLANO ESPIRITUAL
chegada ao – VII, 6; XVI, ... 9
falsos profetas no – XXI, ... 10
formação de família no – IV, ... 18
PLATÃO
Cristianismo, Espiritismo e – introd., IV
missão de Sócrates e – XXIII, ... 14
resumo das ideias de – introd., IV
PLURALIDADE DAS EXISTÊNCIAS VER Reencarnação
PLURALIDADE DOS MUNDOS HABITADOS
alma e – XVIII, ... 5
erraticidade e – III, ... 2
mal e – introd., IV, XX progresso e – III, ...19
reencarnação e – V, .. 20
PLURALIDADE DOS MUNDOS HABITADOS
ver também Mundos habitados
POBRES DE ESPÍRITO
entendimento sobre – VII, ... 2
POBREZA

prova da – XVI, ... 8
supérfluo e – XIII, ... 9
PODER
demonstrações de – XXVI, ... 3
divino – VII, ... 9
oração e – XXVII, ... 14
PORTA ESTREITA
entrada pela – XVIII, .. 3
PORTA LARGA
desequilíbrio interior e – XVIII, ... 4
PORTAGEIROS
conceito de – introd., III
POSSE
depósito e – XVI, ... 14
PRAZER
benefício a outrem e – XXVIII, ... 44
opção por * mundano – XVIII, ... 2
PRECE VER ORAÇÃO
PRECEITO VER ENSINO
PRECONCEITO
ausência de – introd., II
moral – XXIV, ... 12
reencarnação e – XI, ...9
PRECURSORES
ideia cristã e – introd., IV
PREEXISTÊNCIA
alma e – IV, ... 17
progresso e * da alma – XXV, ... 2
PRESCIÊNCIA
de Jesus – XXIII, ... 15

Índice geral 611

PRESENÇA
convidados ao banquete celestial e – XVIII, .. 1
de Jesus – XXVIII, ... 4
espiritual – XIII, ... 13
participação no banquete celestial e – XVIII, ... 2
PREVIDÊNCIA
vida virtuosa e – XVIII, ..9
PRINCÍPIO INTELIGENTE
princípio material e – IV, ... 8
PRODIGALIDADE
avareza e – XVI, ... 14
generosidade e – XVI, ... 14
PROFECIA
mentiras e – XXI, ... 11
PROFETA
caracteres do – XXI, .. 5
credulidade alheia e impostura de falso – XXI, ... 9
desprezo às advertências de – XVIII, ... 2
falso – XXI, ... 5 e 11
falso entre desencarnados – XXI, ...6 e 10
missão do – XXI, ... 4
verdadeiro – XXI, ... 9
PROGRESSÃO DOS MUNDOS
Agostinho, Santo (Paris, 1862) – III, ... 19
PROGRESSO

doutrina antirreencarnacionista e – IV, ... 21
individual e dos mundos – III, ... 19
influência da matéria e – III, ... 3
trabalho e – XXV, ... 2
PROPRIEDADE
uso e abuso de – XVI, ... 10
usufruto da – XVI, ... 9
verdadeira – XVI, .. 9 e 10
PROSELITISMO
divulgação do Espiritismo e – VII, ... 9
Espiritismo e – XXV, ... 11
PROSPERIDADE
espiritual – XXV, ... 6
momentânea do mau – V, ... 6
PROVA
capacidade para suportação da – XIV, ... 9
rude – XIV, ... 9
sofrimento e – XIV, ... 9
PROVAÇÃO
alheia e caridade – V, ... 27
expiação e – V, ... 9
livre-arbítrio e – V, ... 13
pureza de coração e – V, ... 10
reencarnação e – VIII, ... 11
sofrimento e – V, ... 26
PROVAS
escolha das – V, ... 19

finalidade das – V, ... 26
resignação e – VI, ... 6
resistência a – V, ... 18
PROVAS VOLUNTÁRIAS. O verdadeiro cilício anjo guardião, Um (Paris, 1863) – V, ...26
PROVEITO DOS SOFRIMENTOS PARA OUTREM
Luís, São (Paris, 1860) – V, ... 31
PROVIDÊNCIA DIVINA necessário e – XXV, ... 6
sabedoria da – XXIV, . 5
PRÓXIMO
amor e – XV, 2 bem do – V, ... 26
caridade e – introd., IV, XII; XI, ... 4
fraternidade e – XXV, ... 8
julgamento e – XVIII, . 14
misericórdia e – XV, .. 2
prazer em beneficiar o – XIII, ... 8
repreensão e – X, ... 19
trabalho útil ao – XIII 16
PRUDÊNCIA
instruções dos Espíritos reveladores e – XXIV, ..7
PUBLICANOS
conceito de – introd., III
PUNIÇÃO
crime e – V, ... 6
progresso humano, des-

vios morais e – V, ... 5
responsabilidade pelo
mal e – VIII, ... 16
PUREZA
aparências de – VIII, ..10
verdadeira – VIII,....... 8

Q
QUEDA
decadência moral e –
VII, ... 12
QUEIXA
expiação sem – V, ... 9
sofrimento e – V, 26;
XII, ... 4

R
RAINHA DE FRANÇA,
Uma realeza terrestre,
Uma (Havre, 1863) – II,
.... 8
RAZÃO
.consentimento da – IX,
.... 8
dever e – XVII, ... 7
fé e – XIX, ... 7
REABILITAÇÃO
certificada – XIII, ... 2
REALEZA
TERRESTRE,
Uma Rainha de França,
Uma (Havre, 1863) – II,
.... 8
REBELDIA
infrações à lei de amor
e – XXVII, ... 12
sofrimento e – V, ... 12

RECAPITULAÇÃO
mandamentos e * por
Jesus – XIV, ... 1
RECOMPENSA
Deus e – II, ... 3
mérito e – V, ... 18
prática do bem e – introd., IV, IX promessa de Jesus e – XIV, ... 4
RECONCILIAÇÃO
inimizade e – X, ... 5
necessidade de – X, ..8
perdão e – XXVII, ... 2
precedência na – X, ...8
vida futura e – X, ... 6
RECONHECIMENTO
sinais para * do espírita – XX, ... 4
REENCARNAÇÃO
abono dos bons Espíritos e – XXVIII, ...54
aprendizado e – XXVIII,
.... 56
aproveitamento da – IV,
.... 26
continuidade da tarefa e – XX, ... 3
crença na – IV, ... 2 e 4
ensinos de Jesus e – XIV, ... 7
Espiritismo e – XI, ... 8
estado de transição para – VIII, ... 4
expiação e – XXVIII, ..53
explicação de Jesus sobre – IV, ... 11
família e – IV, ... 18

família humana e – XIV,
.... 8
famílias no plano espiritual e – XIV, ... 9
fracasso e – XX, ... 2
indagações do profeta Jó e – IV, ... 15
missão e – XXVIII, ... 53
Nicodemos e – IV, ... 5
novas gerações de trabalhadores e – XX, 1 órfão e – XIII, ... 18
pluralidade dos mundos habitados e – XVIII,
.... 5
postulado da – IV, ... 9
preconceitos e – XI, .. 9
provação e – VIII, ... 11
reforma íntima e – V, . 5
repartição dos bens terrenos e – XVI, ... 8
saída do mundo espiritual e – introd., IV, I
sanção de Jesus para o princípio da – IV, ... 6
sofrimento e – introd.,
IV
REENCONTRO
afeição e – IV, ... 20
REFORMA ÍNTIMA
adultério e – VIII, ... 6
aparência e – VIII, ... 8
Espírito e – XVII, ... 11
hipocrisia e – XXVIII, ...15
humildade e – VII, ... 4
porta estreita e – XVIII, ..4
pureza e – VIII, ... 10

Índice geral 613

reencarnação e – V, .. 5
REGENERAÇÃO
fé e – XIX, ... 11
meio para – XVI, ... 14
nova experiência na carne e – IV, ... 7
REINO
de Jesus – II, ... 4
REINO DOS CÉUS
compra da entrada no – XXVI, ... 6
entrada no – pref., 21; II, 8; XII, 1; XVIII, ... 6
ida para o – XVIII, ... 1
maior no – VII, ... 3
RELIGIÃO
ciência e – I, ... 8
fé e – XIX, 6; XIX, ... 12
futuro da – I, 8 homem e – VIII, ... 10
posse exclusiva da verdade e – XIX, ... 6
reconhecimento das leis materiais pela – I, 8
REMÉDIO
médico das almas e – VI, ... 7
REMORSO
aniquilamento do próximo e – XII, ... 14
expiação e – XVI, ... 5
RENÚNCIA
Jesus e * à família – XXIII, ... 4
sacrifício e – XI, ... 15
valores materiais e XXIV, ... 18

REPARAÇÃO
arrependimento e – XVI, 4; XVIII, ... 15
meios de – XII, ... 14
próximo e – X, ... 6
REPOUSO
oração e – XXVIII, ... 39
sono e – XXVIII, ... 38
REPREENSÃO
próximo e – X, ... 19
REPRESÁLIA
VER VINGANÇA
REPROVAÇÃO
corrigenda e – X, ... 20
RESGATE
dívida e – V, ... 12
RESIGNAÇÃO
motivos de – V, ... 12
obediência e – IX, ... 8
oração e – XXVIII, ... 32
provas e – VI, ... 6
sofrimento com – V, 12, 19 e 31; XXVIII, ... 30
RESPEITO
direito do próximo e – XI, ... 5
mortos e – XXIII, ... 8
RESPONSABILIDADE
pais e – XIV, ... 9
RESPOSTA
responsabilidade da – XI, ... 6
tarefa determinada e recusa na – XXIII, ...7
RESSENTIMENTO
desejo de vingança e – XXVIII, 3, ... V

RESSURREIÇÃO
reencarnação e – IV, ... 4
RESUMO
da lei divina – XXVII, .. 21
RETRIBUIÇÃO
caridade e – XIII, ... 7
mal, bem e – XII, ... 1
REUNIÃO
abertura da – XXVIII, .. 6
em nome de Jesus – XXVIII, ... 5
oração e – XXVIII, ... 7
presença de Jesus e – XXVIII, ... 4
término da – XXVIII, ... 7
REVELAÇÃO
entendimento gradual e – XXIV, ... 4
Espiritismo e – XXI, ... 6
gradação da – introd., II
personificação da – I, 6
prática da – VII, ... 8
REVELAÇÕES
as três – I, ... 1
REVOLUÇÃO
Cristianismo e * de ideias – XXIII, 10 moral – I, ... 10
RIQUEZA
avareza e – XVI, ... 2
desigualdade da – XVI, ... 8
desprendimento da – XVI, ... 14
egoísmo e – XVI,... 2 e 7
emprego da – XVI, .. 11
esbanjamento da – XVI,

.... 14
mau uso da – XVI, ... 2 e 5
missão da – XVI, ... 13
miséria e – XVI, ... 7
orgulho e – XVI, ... 7
progresso intelectual e
– XVI, ... 7
prova da – XVI, ... 7
proveito próprio da –
XVI, ... 14
rejeição à – XVI, ... 14
repartição da – XVI, .. 8
salvação e – XVI, . 2 e 7
transmissão da – XVI, .
.... 15
ROSÁLIA, IRMÃ
caridade material e a
caridade moral, A (Paris, 1860) – XIII, ... 9

S
SABEDORIA
aparente contradição e
– XXIII, ... 11
dádiva com – XVI, ... 11
ignorância e – introd.,
IV, XXI posse da verdadeira – introd., IV, II
SACRIFÍCIO
alívio do próximo e – V,
.... 26
da própria vida – V, ..29
inimizade e – X, ... 7
mérito e – VII, ... 4
perigo iminente para o
próximo e – V, ... 30
vida eterna e – XVI, ... 7

SACRIFÍCIO DA PRÓPRIA VIDA
Luís, São (Paris, 1860)
– V, ... 29 e 30
SADUCEUS
conceito de – introd., III
SALÁRIO
esmola e – XVI, ... 13
trabalhador e – XX, ... 2
trabalhadores animosos e – XX, ... 5
trabalho no bem e –
XXV, ... 9
SALVAÇÃO
caridade e – XV, ... 1
caridade, humildade e
– XV, ... 5
igreja e – XV, ... 8
liberdade de crença e –
XV, ... 8
perdição e – XVIII, ... 3
riqueza e – XVI, ... 2
verdade e – XV, ... 9
SAMARITANO
parábola do bom – XV,...2
SAMARITANOS
conceito de – introd., III
SANGUE
laços espirituais e do –
XIV, ... 8
SANSON,
ex-membro da Sociedade Espírita de Paris
lei de amor, A (1863) –
XI, ... 10
perda de pessoas amadas. Mortes prematuras

(1863) – V, ... 21
se fosse um homem de
bem, teria morrido Fénelon (Sens, 1861) – V,
.... 22
SEDE PERFEITOS
XVII, ... 1-11
SEGURANÇA
caridade e – XI, ... 12
SEMEADOR
parábola do – XVII, ... 5
SENSO
vida sadia e bom –
XVIII,........................... 7
SENSO MORAL
maturidade e – XVII, .. 4
SENTIMENTO
pureza de – VIII, ... 10
SEPARAÇÃO
alma, corpo físico e –
XXII, ... 3
antagonismos e – XV 9
casamento e – XXII, .. 1
da alma e do corpo –
XXVIII, ... 57
exclusivismo e – XV, .. 8
SERÁ LÍCITO ABREVIAR A VIDA DE UM DOENTE QUE SOFRA SEM ESPERANÇA DE CURA?
Luís, São (Paris, 1860)
– V, ... 28
SERENIDADE
revezes, decepções e –
V, ... 14
SERMÃO DO MONTE

bem-aventuranças e – IX, ... 1
Jesus e – I, 1; V, 2; VIII, 1 e 5; XI, 2; XII, 1; XIII, 1; XVI, 1; XVII, 1; XVIII, 6-8; XXI, 1; XXIV, 1; XXV, 1 e 6; XXVII, 1; XXVIII,..... 2 e 50
SERVO
humildade e – VII, ... 4
SEVERIDADE
indulgência e – X, ... 16
SEXOS
união dos – XXII, ... 2
SIMÃO PEDRO
mediunidade e – IV, .. 1
SIMEÃO
pelas suas obras é que se reconhece o cristão (Bordeaux, 1863) – XVIII, ... 16
perdão das ofensas (Bordeaux, 1862) – X, ... 14
SIMONIA
combate à – XXVI, ... 5
mediunidade e – XXVI, 1 oração e – XXVI, ... 3
SIMPATIA
anterioridade da – IV, ... 19
SIMPLICIDADE
bem-aventurança da – VIII, ... 2
indispensável no coração a – VII, ... 2
pureza de coração e –

VIII, ... 2
SINAGOGA
conceito de – introd., III
SINCERIDADE
fé e – XXIV, ... 19
oração e – XXVII, ... 4
SÍNTESE
lei e profetas em – I, . 3
SISTEMA PLANETÁRIO
mundos integrantes de outro – III, ... 16
SOCIEDADE
insulamento e afastamento da – V, ... 26
SÓCRATES
Cristianismo, Espiritismo e – introd., IV
missão de Platão e – XXIII, ... 14
resumo das ideias de – introd., IV
SOFRIMENTO
.alheio e alívio – V, 27 e 31; XVI, ... 14
alívio ao – V, 1; XXVII, . 19
ânimo e – XIII, ... 17
bem-aventuranças e – V, ... 1-2
causas anteriores do – V, ... 6
causas atuais do – V, .. 4
causas de – V, 3; XXVII, ... 12
consolação e – VI, ... 1
culpa e – V, 4 e 6 fé e – V, ... 19

felicidade e – V, ... 18
função do – XXVII, ... 7
intercessão e – XXVIII, . 42
justiça do – V, ... 3
oculto e caridade – XIII, 4
oração e – XXVIII, ... 27 e 43
origem do – V, ... 4
pensamento mau e – VIII, ... 7
rebeldia e – V, ... 12
reencarnação e – introd., ... IV
..resignação e – V, 12 e 26; XXVIII, ... 30
responsabilidade pelo – V, ... 4
riqueza e – V, ... 2
verdadeiro – V, ..24 e 26
vida anterior e – VIII, .. 21
vida presente e – VIII, ... 21
voluntário – V, ... 23
SOLIDARIEDADE
aperfeiçoamento e – IV, ... 18
trabalho e – XX, ... 5
SONO
encontro de Espíritos e – XXVIII, ... 38
repouso e – XXVIII, .. 38
SUBMISSÃO
desígnios divinos e – XXVIII, ... 3, III
fé, firmeza e * à vontade de Deus – V, ... 18
súplica e – XXVIII, ... 33

SÚCUBOS
Espíritos – I, ... 11
SUGESTÃO
amparo contra má – XXVIII, ... 19
Espíritos maus e – XXVIII, 3, VI
SUICIDA
oração pelo – XXVIII, . 72
SUICÍDIO
descontentamento e – V, ... 15
Espiritismo e – V, ... 17
incitantes ao – V, ... 16
intencional – V, 29; XII,. 13
loucura e – V, ... 14
SUPÉRFLUO
caridade, necessidade e – XIII, ... 5
necessário e – IX, 5; XVI, 14; XXV, ... 7
pobreza e – XIII, ... 9
SUPERIOR
inferior e – XVII, ... 1 e 9
SUPERIORES E OS INFERIORES, OS
François-Nicolas-Madeleine (Paris, 1863) – XVII, ... 9
SUPERSTIÇÃO
oração repetitiva e – XXVIII, ... 2
SUSPEITA
falsos profetas e – XXI, ... 9
monopólio da verdade e – XXI, ... 8

T
TALENTOS
parábola dos – XVI, ... 6
TEMPLO
expulsão de mercadores do – XXVI, ... 5
TEMPO
ajuda ao próximo e emprego do – XIII, ... 16
TEMPOS CHEGADOS
significado de – pref.
TENTAÇÃO
assistência espiritual e – XXVIII, ... 22
oração e – XXVIII, ... 21
TEORIA
exemplo e – XVIII, ... 6
razão e bom senso para exame de – introd., II
TERAPEUTAS
conceito de – introd., III
TERNURA
inimigo e – XII, ... 3
TERRA
ascensão espiritual da – III, ... 7
condições de vidas diferentes das da – III, . 9
destinação da – introd., IV, XX; III, ... 6
herdeiros da – XV, ... 1
origem, destino e razões da vivência do homem na – IV, ... 17
participação de Espíritos degredados em expiação na – III, ... 14
participação nos bens da – XIII, ... 16
período de transição – VII, ... 11
predominância do mal na – introd., IV, XX
produção da – XXV, ... 8
reino de Jesus e – II, ..8
TESTEMUNHO
cristão – XXIV,........... 17
de gratidão por favor divino – XXVIII, ... 28
TORMENTOS VOLUNTÁRIOS, OS
Fénelon (Lyon, 1860) – V, ... 23
TRABALHADOR
Jesus e – XX, ... 5
perfil do * da primeira hora – XX, ... 3
salário do – XX, ... 2
última hora – XX, ... 1
TRABALHADORES DA ÚLTIMA HORA, OS
– XX, ... 1-5
TRABALHO
assistência espiritual e – XXV, ... 1
Espírito e – XI, ... 8
gratidão pelo – XX, ... 4
intelectual – IX, ... 8
senção do – XXV, ... 3
necessidade do – XXV, ..4
produção e – XXV, ... 3
progresso e – XXV, ... 2

solidariedade e tolerância – XX, ... 5
TRABALHO ESPIRITUAL
Espírito bom e – XIII, . 13
TRADUÇÃO
língua hebraica e – XXIII, ... 3
mutilada do primeiro mandamento – I, 2, nota
TRANSIÇÃO
da Terra para mundo de regeneração – III, ... 19
TRANSMISSÃO DA RIQUEZA
Luís, São (Paris, 1860) – XVI, ... 15
TRIUNFO VER VITÓRIA
TÚMULO
igualdade e – XV, ... 8
TÚNICA
nupcial – XVIII, ... 1

U
UBIQUIDADE
processo de – XXVIII, .. 5
ÚLTIMOS SERÃO OS PRIMEIROS, OS
Constantino, Espírito protetor (Bordeaux, 1863) – XX, ... 2
Henri Heine (Paris, 1863) – XX, ... 3
UNIÃO
de homem e mulher na origem da humanidade – XXII, ... 5
UNICIDADE
pluralidade e * das existências – IV, ... 21
UNIVERSALIDADE
ensino dos Espíritos e – introd., II
opiniões individuais e – introd., II
UNIVERSO
diferentes moradas no – III, ... 1
espécie humana e – III, ... 6
USO
mau e bom * dos bens – XVI, ... 13

V
VAIDADE
importância da personalidade e – X, ... 10
VERDADE
absoluta e relativa – XV, ... 9
conhecimentos e – XV, ... 9
culto da – VIII, ... 5
encobrimento da – XXIV, ... 5
revelação da – XXI, 10; XXIV, ... 2
salvação e – XV, ... 9
voz da – II, ... 1
VERDADEIRA PROPRIEDADE, A
M., Espírito protetor (Bruxelas, 1861) – XVI, ... 9
VIANNEY, CURA D'ARS
bem-aventurados os que têm fechados os olhos (Paris, 1863)– VIII, ... 20
VICENTE DE PAULO, SÃO
beneficência, A (Paris, 1858) – XIII, ... 12
VÍCIO
corrigenda e – cap. 9, it. 10
lisonja e – VII, ... 12
reação e – VIII, ... 14
VIDA
aflições e – XXVIII, ... 26
continuação da – introd., IV, XI
progresso espiritual e períodos de – III, ... 9
VIDA ESPIRITUAL
existência terrestre e – XXIII, ... 8
ideia da – XVIII, ... 2
VIDA FUTURA
– II, ... 1
alma e – XXVIII, ... 62
bens espirituais para a – XVI, ... 9
certeza da – I, ... 11
e presente – XXIII, ..5-7
e terrestre – II, ... 5
Espiritismo e – II, ... 3
humanidade e – II,.... 2
judeus e – II, ... 3
o nada e – introd., IV, IX

618 O Evangelho Segundo o Espiritismo

VIDA PASSADA
prática do mal em – V, 6
reencarnação e – introd., IV, ...V
VIDA PRESENTE
e futura – XXV, ...6
VIDAS SUCESSIVAS
VER REENCARNAÇÃO
VINGANÇA, A
Júlio Olivier (Paris, 1862) – XII, ...9
VINGANÇA
atraso humano e – XII, ...9
bom procedimento e – XII, ...5
condenação à – XII, ..8
desejo de – XXVIII, 3, V
falsidade e – XII, ...9
perdão e – XII, ...9
vítima de – X, ...6
VIOLÊNCIA
injúria e – IX, ...3
lei mosaica e – IV, ...10
VIRTUDE
conquista da – introd., IV, XVI
egoísmo e – XVI, ...14
orgulho e – XVII, ...8
perfeição e – XVII, ...10
VIRTUDE, A
François-Nicolas-Madeleine (Paris, 1863) – XVII, ...8
VISÃO
futura e atual – II, ...5
VITÓRIA

ideia nova do Cristianismo e – XXIII, ...13
VONTADE
divina – XXVIII, 3, III
VOZES DO CÉU
convite das – pref. esclarecimento do Evangelho
pelas – introd., I, ...26
Espiritismo e – I, ...6
universalidade do ensino dos Espíritos e – introd., II

Z

ZAQUEU
Jesus e – XVI, ...4

Índice geral

619

O evangelho dos animais

Sandra Denise Calado
ditado por Equipe Espiritual da Asseama

Quando Amanda viu sua querida cachorrinha Fifi morrer vítima de um acidente, seu coração se partiu e enfrentou a depressão. Embora espírita, não conseguia encontrar de início na Doutrina Espírita as respostas sobre a alma dos animais. Queria saber oque havia acontecido com Fifi, o porquê de tudo que ocorrera e qual a razão da relação que os animais mantém conosco.

Em sua busca, encontrou outros companheiros, cujas histórias emocionantes de vida os levaram ao espiritismo, também interessados sobre conhecer melhor os animais. Foi assim que iniciaram um grupo de estudos sobre a alma dos animais. O livro traz as histórias destes companheiros dedicados e o resultado de seus estudos, mantendo-se fiel às diretrizes da Doutrina Espírita, encontrando as respostas sobre a alma animal, sua vida após a morte, o reencarne dos animais, o desenvolvimento da consciência e da inteligência, entre outras, iluminando a consciência sobre os animais e sobre nós mesmos. Vale a pena!

www.boanova.net | 17 3531.4444

COLEÇÃO
REVISTA ESPÍRITA

 www.boanova.net

DEPOIS DA MORTE
Léon Denis

Vida no além
Formato: 16x23cm
Páginas: 304

Quem de nós, em algum momento da vida, não teve a curiosidade de se perguntar qual seria seu destino após a morte do corpo físico? Existe realmente um mundo invisível para onde iremos?

O grande pensador Léon Denis responde a essas e a muitas outras perguntas relativas à vida e à morte nesta obra. Para apresentar suas conclusões, o autor retorna no tempo e pesquisa a Grécia, a Índia, o Egito, além de várias outras culturas, em busca de respostas. Aprofundando-se em temas complexos como a existência de Deus, a reencarnação e a vida moral, trata ainda dos caminhos que temos à disposição para chegarmos ao "outro mundo" com segurança e o senso de dever cumprido.

 www.boanova.net

 www.facebook.com/boanovaed

 www.instagram.com/boanovaed

 www.youtube.com/boanovaeditora

Entre em contato com nossos consultores e confira as condições
Catanduva-SP 17 3531.4444 | boanova@boanova.net

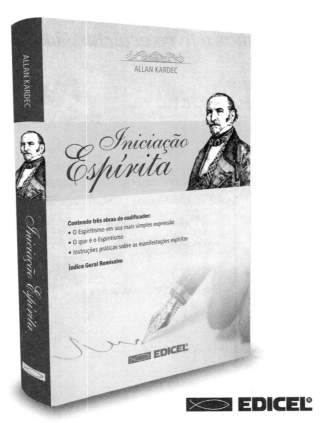

INICIAÇÃO ESPÍRITA
Allan Kardec | Apresentação e notas de J. Herculano Pires

Doutrinário | 14x21 cm | 368 páginas

Evite o desastre moral e espiritual estudando a doutrina na fonte, com o respeito e a humildade de quem compreende que está lidando com a mais elevada sabedoria já concedida à espécie humana. Espiritismo quer dizer SABEDORIA DOS ESPÍRITOS SUPERIORES. É a Ciência do Espírito que se desdobra em Filosofia e Religião. Pense bem nisto: se a Ciência dos homens e as religiões feitas pelos homens exigem anos de estudo, como se pode querer adquirir a Sabedoria dos Espíritos de uma hora para outra?

CATANDUVA SP - 17 3531.4444 | www.boanova.net | boanova@boanova.net

Levamos o livro espírita cada vez mais longe!

 Av. Porto Ferreira, 1031 | Parque Iracema
CEP 15809-020 | Catanduva-SP

 www.**boanova**.net

 boanova@boanova.net

 17 3531.4444

 17 99257.5523

Siga-nos em nossas redes sociais.

@boanovaed   boanovaeditora

CURTA, COMENTE, COMPARTILHE E SALVE.
utilize #boanovaeditora

Acesse nossa loja   Fale pelo whatsapp